U0362311

天商法律评论

（2017年卷）

主　编　齐恩平

副主编　邹晓玫

南开大学出版社

天　津

图书在版编目(CIP)数据

天商法律评论. 2017年卷 / 齐恩平主编. —天津：
南开大学出版社，2017.7
ISBN 978-7-310-05373-5

Ⅰ. ①天… Ⅱ. ①齐… Ⅲ. ①民法－研究－中国
Ⅳ. ①D923.04

中国版本图书馆CIP数据核字(2017)第076364号

南开大学出版社出版发行
出版人：刘立松

地址：天津市南开区卫津路94号　　邮政编码：300071
营销部电话：(022)23508339　23500755
营销部传真：(022)23508542　　邮购部电话：(022)23502200

*

三河市同力彩印有限公司印刷
全国各地新华书店经销

*

2017年7月第1版　　2017年7月第1次印刷
240×170毫米　16开本　26.75印张　2插页　434千字
定价：82.00元

如遇图书印装质量问题，请与本社营销部联系调换，电话：(022)23507125

目　录

宪法理论研究

民商法热点探析

刑事法律制度探微

宪法理论研究

论宪法序言的整体有效性
——从序言中的叙事部分切入

孟稳涛

（天津商业大学法学院 天津 300134）

[摘要]本文通过对宪法序言语言特点的分析,引出学者对其的效力争议。在分析现有各序言效力学说的基础上,针对我国宪法序言的特点,提出宪法序言的整体有效说,以此回应学术界对于序言中占较大比例的叙事部分的质疑。本文以我国宪法文本为依据,着重分析了我国宪法序言中叙事部分所起的作用,以及宪法序言整体有效性的具体表现。

[关键字]宪法序言;效力;整体有效说;叙事

一、由宪法序言的语句特点所引起的效力争议

一直以来,对于宪法序言的效力,学界争论不断,各种效力学说在学术舞台上尽力展示着自己学说的优越之处。但仔细对各学说进行分析思考后,我们能够发现,对于宪法序言的效力虽然充斥着各种学说,但各学说均存在着理论上的缺憾。而本文将在现有学说的基础上,总结前人观点,提出宪法整体有效说,以弥补现行学说存在的不足,尤其针对序言中诸如历史叙事等非规范性部分的效力解释不充分问题。

宪法序言是伴随着美国 1787 年宪法而产生的,序言以简短的语句宣示了制宪者的制宪意志,表达了制宪目的与期待。之后世界很多国家均于宪法中设立序言用以表达制宪意志。序言通常冠以前言、序文的称谓,但也有国家的宪法序言无标题。由于各国的制宪历程与制宪者对宪法的看法存在着不同,因此,各国宪法序言的内容存在着差异。一般宪法序言包括四项内

容,即"建国原则、历史作用、方针条款、道德或宗教"①,从该四项内容中可以看出,除了建国原则容易用规范性的法律用语表达出来,其他三项则主要是以非规范性的宣示性语句进行描述。当然,也存在着规范性很强的序言,如1958年法国宪法序言。宪法序言和正文一般是同时产生的,虽然说比较理想的形式是,规范性语句写入正文,非规范性语句写入序言,但何者置于序言、何者置于正文,多取决于制宪者们当时的自由裁量,并不是按照较严密的逻辑进行,存在着较多的偶然性因素,而制宪者多倾向于将不便于在条文中规定的叙事性事项置于序言之中。这也因此出现了以下现象,即相同的内容在不同时期,由于制宪者或修宪者的裁量,可能会置于宪法的不同位置。例如,对于四项基本原则在我国宪法中的位置正是由1975年宪法的正文移至1982年宪法的序言部分。因此单纯根据所处位置的不同来推断文本的效力,显然是种较为武断的行为。根据以上所述可以看出,因宪法序言本身所规定的事项的特点和制宪者的裁量权,导致序言较适合用非规范性的、宣示性、抽象性的语句阐述,而这种语言特点,使得宪法序言自其产生之日起,就隐藏着对其效力争议的伏笔,似乎序言成了宪法的"阿喀琉斯之踵"。

虽然存在部分国家已经明确承认本国宪法序言具有法律意义上的效力,但本文还是本着谨慎的态度,不采用简单的类比推理草率得出我国宪法需要具有效力的结论,而将在下文中结合我国实际情况以及选择性地借鉴国外理论来分析序言的效力。

二、关于我国宪法序言效力的代表性观点

对于宪法序言效力存在的各学说,宪法学界已有很多学者进行了整理论述,由于该部分内容是理解本文的基础性知识点,所以本文将再次简要地论述各学说。序言效力大致包含四类学说:无效力说,部分效力说,有效说以及模糊效力说。首先,无效力说,顾名思义全面否认宪法序言的法律效力,该学说如今已被学界所抛弃,很少还会有学者持这种观点。其次,部分效力说,何华辉教授曾于《比较宪法学》中详细论述过该观点,该观点并没有一下全部否定序言的效力,而是认为对于序言中所叙述的历史事件等客观陈述的部分完全没有效力,其中所揭示的基本原则部分须和宪法正文的规

①　陈新民.宪法学释论[M].台北:三民书局,2008:48—49.

范性条文结合论述才有法律效力，而序言中用规范性语言阐述的部分具有完全的法律效力①。而模糊效力说，在肯定部分效力说的基础上认为，"宪法序言原则性内容须与其他条文结合发挥效力，但不能硬性加以分割的特点，认为正因为该部分具有效力的模糊性，才为该部分效力的不确定性做了精确的描述，同时也为该部分与具体条文结合适用提供了条件"②。最后，有效说，许崇德教授持此观点。他认为宪法序言作为宪法的组成部分应该是有效的，宪法在全国人大通过的时候是作为整体通过的，同时通过李鹏委员长曾公开谈及序言的效力③，该讲话可认为属于全国人大常委会行使的解释宪法、监督宪法实施的职权，因此了结了宪法序言是否有效的争议。④

对于上述的几种学说，如今法学界较为赞同的是有效力说与部分效力说，但是这两种学说似乎在面对序言中历史叙事部分的效力的态度时，都难以令人信服。首先，部分效力说彻底否定占序言如此大篇幅的历史叙事，是轻率的。其次，对于有效说在阐释序言效力时，似乎在有意回避历史叙事，顾左右而言他，而不能直视叙事部分的效力。所以下文将对此提出新的效力学说。

三、序言整体有效性——一种新的宪法序言效力说

对于存在宪法序言的各国宪法中，在序言中保有大段叙事部分的序言并不占多数，并且这种存在宏大历史叙事的序言多存在于社会主义国家的宪法中。所以对于我国将大段的叙事放在序言的这种非常态做法，学术界难免会对其具有的效力存在质疑。通常认为，此类叙述多采用非规范性语句，并且存在着大量的纯粹历史事实叙述，如果此时认为存在法学意义，过于牵强。同时这些抽象性、原则性规定，使该部分根本不具有现实可操作性。

（一）序言整体有效性的含义

针对众多学者产生的对序言中叙事部分效力的质疑，本文提出序言的

---

① 何华辉.比较宪法学[M].武汉:武汉大学出版社,1988:43—44.

② 殷啸虎,李莉.宪法序言的功能与效力研究[J].上海交通大学学报(哲学社会科学版),2004(6):15.

③ 李鹏于2001年全国法制宣传日上的讲话:"特别是宪法序言,最集中地体现了党的基本主张和人民的根本意志,是宪法的灵魂,同宪法条文一样,具有最高法律效力。违反宪法序言,就是在最重要的问题上违反了宪法。"

④ 许崇德.中华人民共和国宪法史(下)[M].福州:福建人民出版社,2005:481—482.

整体有效说作为回应。序言的整体有效与已存在的各学说都存有差异,它并不同于全部有效说,更不同于其他效力学说。序言的效力是通过其所表现出的整体理念、核心精神反映出来的,我国宪法序言可以作为整体而体现自身的效力,并且序言又可以分为数个部分,每个部分都反映出一个核心思想,单独作为一个小的整体对外发生效力,这样我们就不至于总纠结于每句话是否有效。全部有效说在叙事部分的效力问题上虽持肯定态度,但很难以充分的理由回应对其的质疑。正如张千帆教授所说:"像八二宪法序言的开头一句话,谁也看不出它会有什么样的法律效力。"①而整体有效说则不会引发此种质疑,在整体有效说中序言的效力并没把有效狭隘理解成一字一句一个标点都有法律效力,它是作为整体而对外展现出效力,"宪法《序言》从总的说来具有规范性和法律效力,但并不意味着其中每一个表述都是这样"②。序言是作为一个整体、一个系统,不能将各部分孤立起来,应该看到各部分的联系,以及部分与整体的联系。"每一方只有与另一方的联系中,才能获得它自己的本质规定"③,生活中存在的事物不能孤立看待,而应该用联系的眼光看待,否则将会对该事物产生狭隘的认知,事物应该从属于全体,应作为全体中不可缺少的环节,其所代表的意义只有全体才能将其反映。正如我们对于我国古代诗词的赏析,如果孤立看待其中的字词,而不讲究整体意境,那将索然无味。同时,如果按照以每字每句的效力推断序言整体效力的逻辑来窥探包括我国宪法在内的世界各国宪法,那么世界绝大多数的宪法文本将失去效力。

至于对序言中的语句过于抽象原则、太多宣言式语句的质疑,正如没人能因为我国宪法正文中存在这类语句而否认正文效力一样,当然也不能因此而否认序言的效力。同时仍有人会质疑序言中此类叙述性语句过多,而正文中仅包含一小部分,当然不能将序言与正文的效力相提并论。本文认为,这种主观上判断叙述性语句所占比例多少的认识,不具有可操作的客观标准,并不能因此作为理由否认序言效力。由此可能引出另一个隐患,由于对何者为叙述性语句,本身就存在着不同见解,使得已有效力说存在着巨大的缺憾,可能导致不同人对于序言中的同一部分存有不同的效力观点,出现本应具有法律效力的部分被认为无效的现象,使得序言效力处于岌岌可危

---

① 张千帆.宪法序言及其效力争议[J].炎黄春秋,2013(6):7.
② 王叔文.宪法[M].成都:四川人民出版社,1988:50.
③ [德]黑格尔.小逻辑[M].贺麟,译.北京:商务印书馆,1980:254—255.

的状态。并且这种以量化的眼光看待叙述性语句与序言的关系,仍没能突破以往序言效力学说看待问题较为机械僵硬的视角,而忽视了以整体性的视角对待序言效力。

(二)序言法律效力的表现方面

在此需要澄清的另一个问题是,在论及宪法序言具有法律效力时,并不表示可以将其直接作为可引用的规范性条文适用于法院。如果按照是否适用法院来判断法律效力的有无,那么我国宪法将失去法律效力,但这完全有悖于理论与实践。同样对于承认宪法序言具有法律效力的国家,也并不因此认为序言可直接引用来做出裁判,而一般主张间接适用。芦部信喜教授认为,虽然宪法序言与正文有着相同的法意义上的性质,但"这并不意味着连宪法前言作为裁判规范的性质也可承认"①。日本学者佐藤功同样持序言不能作为直接的裁判规范的观点,同时日本最高法院实际上也采用此说。② 对于宪法序言的法规范效力,我国台湾学者陈新民教授总结其规范的可能性有三种:第一,作为释宪的依据;第二,作为界定修宪的底线;第三,作为直接的法规范。对于第三种可能,仅是在宪法序言如《法国第四共和国宪法》序言那样规范得具体、明确的情况下,才予以承认。③ 而对于我国宪法序言的效力,王叔文在结合我国宪法序言的基础上认为,"我国宪法序言具有法律效力,主要表现在以下三个方面:第一,序言规定的基本原则,是解释宪法的基础;第二,序言是进行日常立法的基础;第三,序言是一切组织和公民的根本活动准则"④。

从上述学者的总结,可以看出,宪法序言主要发挥着正确理解宪法文本、掌握宪法精神的指引作用。在亟须完善宪法监督制度的今天,对宪法的解释尤为重要,而宪法序言在此时则处于较为突出的位置。1982年宪法虽然是中华人民共和国成立后制定的相对完备的宪法,但是面对这个急剧变革的时代,仅仅依靠较为僵硬的宪法条文,已很难应对改革洪流下的时代变迁。此时,宪法序言所明确的核心精神或原则为宪法文本找到了僵硬与灵活的平衡点,为宪法解释设定了明确的轨迹。也唯有如此,才能真正做到为进一步深化改革保驾护航。"序言和总纲中所确定的社会制度的根本原则

① [日]芦部信喜. 宪法[M]. 林来梵,译. 北京:北京大学出版社,2006:33.
② [日]佐藤功. 日本宪法序言的法律效力[J]. 法学译丛,1983(3):41—42.
③ 陈新民. 宪法学释论[M]. 台北:三民书局,2008:53.
④ 王叔文. 宪法[M]. 成都:四川人民出版社,1988:51.

都是理解宪法其他章节中法律条文规定含义的直接依据","序言预想了一部能应付或适应这类变化的宪法"。① 同时这并非是我国所独有的现象,外国也存在类似做法,南斯拉夫宪法序言中就有此规定②。20 世纪 70 年代被称为法国的"马伯里诉麦迪逊"案中,法国宪法委员会实际上确认了宪法序言中存在着可以用作宪法解释的基本原则。

四、我国序言整体有效性的具体体现

如果"根据整体的特征及于部分的形式逻辑,假如规范文件是有效的,那么作为其组成部分的序言自然也应具有效力"③,同样,如果序言作为整体是有效力的,那么组成序言的各个部分也将具有效力。我国宪法序言共 13 个自然段,约 1800 多字,作为一个整体对外发生效力。同时序言本身又可分为三个部分,每部分作为一个整体对外发生效力。第一至第七自然段作为一个整体,通过总结历史经验,得出坚持四项基本原则以及国家的根本任务;第八至第十二自然段分别阐述了我国重要的内部政策与对外政策;最后一段宣告了宪法的根本法地位和最高法律效力。

对于第一部分的历史叙事来说,它并不是单纯为了叙事而叙事,也不仅是向国人展示近代以来的历史。这部分的历史叙事是作为证明目的的材料、手段,是引出四项基本原则的基础性论据。"从辩证唯物主义和历史唯物主义的基本原理出发,自然地、合乎逻辑地得出坚持四项基本原则的结论。"④历史叙事与四项基本原则二者是不可分割的一个整体。序言对历史的叙述为坚持四项基本原则提供了事实的支撑,同时赋予了制宪权的合法性,以及由此产生的宪定权的合法性。因此,从第一段到第七段是作为一个整体而不可分割的。如果否认历史的叙事,其实就是否认了四项基本原则存在的基础,否认了制宪权的合法性,也是对于整个宪法文本的否认。而对于四项基本原则的法律效力问题,学界对此虽有争议,但是通常认为其具有效力。"一个时期以来,资产阶级自由化思潮滋长、蔓延,否定四项基本原则

---

① 莫纪宏.宪政新论[M].北京:中国方正出版社,1997:91,152.
② 南斯拉夫宪法序言规定:"宪法的这一部分表明社会主义自治社会及其发展的基本原则,是解释宪法和法律的基础和依据。"
③ 黄惟勤.论我国宪法序言的法律效力[J].法学杂志,2010(2):105.
④ 肖蔚云.论新宪法的新发展[M].太原:山西人民出版社,1983:49.

是违背宪法,违背全国人民的根本利益和共同意志的,必须坚决反对。"①

　　同时,我们应认识到,宪法正文所列举的规范性条文实际上是序言阐释的一系列宪法基本原则和基本精神的延展与阐述,是序言的具体化。"条文中规定的各项制度都是为了实现国家的根本任务;国家的根本任务,又是在四项基本原则指导下制定的,也必须在四项基本原则指导下实现"②。如果承认宪法条文的效力,却否认源头的效力,无异于本末倒置。在笔者查阅到关于宪法效力的文章中,谢维雁教授曾于《论宪法序言》中提到"我国现行宪法序言的法律效力是一种整体效力。所谓整体效力,是指宪法序言作为一个整体被认为是具有法律效力的",虽然该文中提到了整体效力的说法,但在对待历史部分时,却持怀疑态度,"从历史中寻求合法性,实在是误入歧途,且会适得其反"③。本文认为制宪者在制定宪法时,既然愿意用如此大的篇幅比例来叙述历史叙事部分,那么该部分必然是具有重要意义的,制宪者不会也不可能花费如此巨大精力于无意义之事上。正如王广辉教授所说:"特别是对国家斗争和发展历史及所坚持的基本原则规定,在社会主义国家宪法的序言中占突出和重要的地位,这大概是因为社会主义制度同以往各种类型国家所实行的制度从理论基础、指导思想到基本原则、具体内容都有很大不同,需要在序言中进行详细的阐释和说明,以引起人们的重视,促使人们去接受和适应。"④

　　宪法序言中的第一部分论述完结后,自然过渡到了为实现国家根本任务所需要的国内外条件上,分别论及了正确认识和处理现在的阶级斗争、祖国统一、多党合作和政治协商制度、民族政策和对外政策等一系列问题。而各部分均指导着现行制度的形成。正确认识和处理阶级斗争成为我国《刑法》中危害国家安全的犯罪、严重经济犯罪和其他严重的刑事犯罪的依据。在全国人大常委会对《反分裂国家法(草案)》的说明中,明确提到序言中关于台湾是我国领土的论述⑤,该论述是制定《反分裂国家法》的宪法依据。多党合作和政治协商制度指导着我国现行政治生活的正常运行,是我国各

---

　　① 1987年1月22日第六届全国人民代表大会常务委员会第十九次会议通过的《关于加强法制教育维护安定团结的决定》中所述。

　　② 刘庆华.宪法确定的四项基本原则[J].中南政法学院学报,1987(2):2.

　　③ 谢维雁.论宪法序言[J].社会科学研究,2004(5):78,81.

　　④ 王广辉.比较宪法学[M].武汉:武汉水利电力大学出版社,2000:144—145.

　　⑤ 《中华人民共和国宪法》序言第十段为"台湾是中华人民共和国的神圣领土的一部分。完成统一祖国的大业是包括台湾同胞在内的全中国人民的神圣职责。"

党派和谐共存的基础。而序言中民族政策是我国民族区域自治制度的重要渊源,正文中第四条的民族政策条款以及第六节民族自治地方的自治机关也可以看作是该部分的展开,是对该部分精神的具体阐释。和平共处五项原则是制定外交方面法律文件的基本原则,是开展外事活动的基础。每部分均作为一个整体,对外发挥着法律效力。这些部分中,都存在着或多或少的非规范性的叙述性语句,但这些非规范性的语句是作为理解各项制度的重要注脚,而不能用孤立的眼光来简单否定其存在的作用。

宪法序言的结尾①为序言的整体有效性提供了最有力的证明,这段文字明确提出了宪法具有法律效力。假如否认宪法序言的效力,就等于间接否认了该段文字的效力,那么我国宪法正文的效力就将处于摇摆的状态,这明显与事实相违背。同时该段特别提到了"根本制度与根本任务",可以看出二者是我国宪法的核心内容,而"根本制度与根本任务"在序言中的体现比正文中更加明显,序言中的历史叙事部分则为顺利引出此二者做足了铺垫。

五、结语

"可发现法治国家宪法的前言亦是一份具有规范力之文件",②虽然本文以整体有效性学说力图证明我国宪法序言叙事部分的效力,但是并不代表本文对序言中存在大量的历史叙事等非规范性语句持完全赞成态度。对于一部具有最高法律效力的根本法,要将何种规定写入其中,应持谨慎态度。我国现行宪法序言在当时的历史条件下,写入此类非规范性的语句具有一定的历史原因以及合理性,如这类非规范性语句使得宪法文本更易被普通群众所接受,有利于宪法精神的普及;"文化大革命"刚结束,人民在政治信仰方面存在着动摇,明确写入这些有利于缓和社会上存在的躁动思想。但在全面推进依法治国时期,我们应减少序言中非规范性语句的使用,增加序言的规范性,使一切组织和人民更好地履行宪法义务,享受宪法权利,保障宪法的实施。

---

① 《中华人民共和国宪法》序言结尾为"本宪法以法律的形式确认了中国各族人民奋斗的成果,规定了国家的根本制度和根本任务,是国家的根本法,具有最高的法律效力。全国各族人民、一切国家机关和武装力量、各政党和各社会团体、各企业事业组织,都必须以宪法为根本的活动准则,并且负有维护宪法尊严、保证宪法实施的职责。"

② 陈新民.宪法学释论[M].台北:三民书局,2008:58.

全面从严治党背景下从严执纪的正当程序

邱鹏

（天津商业大学法学院 天津 300134）

[**摘要**]党在我国特殊的执政党地位使得党内纪律执行和国家行政管理存在诸多共通之处。从严执纪是从严治党的核心，虽然执行纪律是党的内部管理活动，但从我国党的执政党地位和党管干部的实践来看，执纪活动的影响已经远远超出了普通党内自我管理的范畴。执纪部门执行纪律也应当遵循基本的法治原则，坚持正当法律程序，合理规制执纪活动，避免全面从严背景下矫枉过正侵犯党员权利。

[**关键字**]全面从严治党；从严执纪；正当程序；党员权利

引言

近日，两起针对教师的通报批评引发舆论哗然。一起是因为山西屯留县 24 名教师为庆祝教师节，放假后 AA 制在一家饭店饮酒聚餐被县纪律检查委员会全县通报批评①；另一起则是因为福建两名教师在占道经营摊点买菜被全县通报②。在通报批评的文书中更是出现了"给全县教育系统和广大教师抹了黑"这样严重贬损教师名誉的表述。虽然这两则通报事后都被证明错误而被上级纪委及时予以撤销并对责任人进行了处理，但是在全面从严治党的大背景下，执纪工作仍然有矫枉过正之虞。通报批评是执纪部门在执行纪律过程中常见的一种工作方式，执纪部门通过通报批评的形式向外界披露其在执纪工作中查处的违纪事实并予以申诫。通报批评虽然

---

① 参见：中青在线，"山西 24 名老师自费聚餐饮酒遭纪委通报批评"：http://news.cyol.com/content/2016-10/12/content_14240931.htm，最后访问时间：2016 年 11 月 02 日。

② 参见：观察者网，"福建两名教师在占道经营摊点买菜被通报官方回应：不针对教师"：http://www.guancha.cn/society/2016_10_25_378297.shtml，最后访问时间：2016 年 11 月 02 日。

不属于《中国共产党纪律处分条例》规定的纪律处分,但通报批评对于被通报人也是有不利影响的。不当通报不仅会对党员权利造成侵害,也会削弱执纪工作的公信力。因此,如何在全面从严治党的背景下保证执纪的适当性和准确性,仍然值得进一步思考。

一、全面从严治党背景下的从严执纪

自党的十八大以来,以习近平总书记为核心的党中央领导集体将"从严治党"提升到"全面从严治党"的崭新境界。从严治党的全面性要求包括执纪部门及其工作人员在内的全体党员同志和党组织都必须严格履行党内职责,模范遵守党内纪律及国家宪法和法律。党纪之所以严明,不在于其处分的高概率而在于适用的精准性。从严执纪既要保证违反纪律的党员必被追责,也要保障无辜党员不受错误的追责。党的纪律从制定、执行到遵守都必须严格把关,从严治党侧重于党的治理活动,其关键在于从严执纪。但是,在全面从严治党的大背景下容易导致个别地方执纪部门为响应口号而滥用执纪权力,从而纠枉过正。全面从严治党要求党的一切工作都不能脱离党纪的规制,执纪工作本身也应当严格限制在党的纪律框架下开展。全面从严治党对执纪工作的要求体现在以下四方面。

（一）严格履行党纪赋予的执纪职责

党的纪律是一切执纪活动的权力来源和依据,也是执纪部门的职责和界限所在。十八大以来,中国共产党高度重视"扎紧全面从严治党的制度笼子",党内制度建设取得了突破性成果,初步形成了由党章、准则、条例、规则、规定效力位阶自高到低的制度体系,全面囊括从严治党的方方面面。规章制度的生命在于被执行,江泽民曾指出:"从严治党,必须严格执行党的制度……制度问题更带有根本性、全局性、稳定性和长期性"[①]。完备的党内纪律给党员同志的行为规范提供了制度指引,同时也对执纪部门严格履行职责提出了要求。在丰富的党内制度规范中,作为执纪工作的依据主要有党内的《巡视工作条例》《问责条例》《纪律处分条例》。党内规章制度要求执纪部门以先进的思想作为行动的指南。执纪部门应当在严格遵守党章以及其他党内规范确定的指导思想的同时,在具体执纪工作中,既要注重恪尽职守地履行党内规章赋予的职责,又要注意不能超越党内规章行使权力。执

---

① 江泽民.江泽民文选(第3卷)[M].北京:人民出版社,2006:29.

纪部门必须积极履行自己的职责，执纪工作没有禁区，覆盖党内工作的方方面面，党纪规定的范围不得有执行遗漏，也不允许任何人有例外。不得以信任代替监督，不搞好人主义。同时应当尊重党章党纪，在党章党纪的制度框架下行使权力，不得超出纪律的范围行使权力，更不得以超越党章甚至宪法、法律的方式行使权力。

（二）严格遵循党纪规定的执纪程序

我国长期存在着只重视实体而忽视程序的错误观念，无论是执纪工作还是执法工作常常由于对程序把握不严，导致实体处理结果的偏差。近年来，党在程序性制度建设上已取得一定的成果，如 2013 年 5 月颁布了《党内法规制定条例》和《党内法规和规范性文件备案规定》等专门的程序性规定，这些制度虽然是程序性规范，但并不涉及执纪程序。由于纪律执行程序的多样性，目前党尚未制定专门的执行纪律程序规则，但是从分散在各个党内规范中的程序规定可以总结出党内的执纪程序包括以下特点：第一，强调决策层面的民主集中。民主集中制是党在具体工作中坚持的一项组织原则和运行机制，强调少数服从多数，防止决策臆断。第二，执行过程中的当事人参与。允许执纪相对人申辩，并且有权替他人作证、辩护或获得他人的辩护，以保证事实的全面客观性。第三，对执纪决定的事后监督。执纪相对人不同意执纪部门认定的事实和做出决定时，得向上级党组织反映直至党中央，以保证上级党组织对下级党组织的监督。目前我党关于执纪的程序规定相对缺乏，尤其是对于决策之前的程序规定较为空泛，缺乏可操作性。但是法治的基本逻辑可以为科学从严治党提供参照，依法治国是人类国家治理理论发展的伟大成果，其中的公共管理逻辑完全可以作为党依法执政和从严治党的参照。

（三）严肃对待党员的权利

党员的权利包括党员作为我国公民享有的公民基本权利，以及《党章》第一章第四条所列举的党员在党内享有的基本权利。在全面从严治党的大背景下，容易导致个别执纪机关片面强调从严治理而忽视党员权利的保护，从而过多地介入党员的正常生活领域，导致矫枉过正，使广大党员同志噤若寒蝉，大大挫伤党员同志工作的积极性。在执纪过程中，执纪部门应当尊重和保障党员的权利，确保执纪工作在宪法、法律以及党的内部法规中活动。除此之外，执纪工作不得侵犯党员的人身、自由以及财产等权利，并给予被调查人员行使申辩、作证和辩护等权利的便利。尤其是拟对被调查人员做出不利决定时,应当具备充分的事实支撑和纪律根据,充分考虑受不利对待执纪相对人的陈述与辩解,并对其提出的申辩意见和辩护意见予以回应。

(四)构建从严治党责任体系

各级党组织和各职能部门都应当严格履行党内法规赋予的责任,既不能怠于行使自己的职责也不能滥用自己的权力。抓早抓小、惩前毖后是对执纪部门积极执行纪律监督党员的职责要求,长期以来党内执纪工作存在着一种错误的思维惯性:对党员干部违纪但尚不构成违法的行为视作"小节"而予以忽视,只关注大案要案。"小节"被放纵往往酿成大祸,执纪工作必须转变思维,树立严格的责任意识,但凡是违反党内纪律的,案件不分大小,防微杜渐,都应当予以执纪监督①。坚持权力与责任相统一,对于不积极落实全面从严治党方针、怠于执行纪律的责任人予以处罚。同时防止纪律执行部门不谨慎对待执纪权力,防止执纪机关恣意或者滥用权力,对于滥用权力做出的执纪决定或超出纪律授权范围的执纪决定应当及时予以撤销使之归于无效。给党员权利造成侵害或者带来财产损失的,应当予以纪律处分,违反法律的,依法追究法律责任。

二、完善纪律执行的程序规定

完善执行纪律的程序性规定不仅是提高纪律执行适当性的有效途径,也是落实《中国共产党党章》具体规定的内在要求。在执纪程序中引进行政法的正当程序原则可以有效地完善纪律执行程序,在确保严格执行纪律的同时,避免执纪程序不当而做出错误的执纪决定。进而从程序上保障党员权利不受不当执纪行为的侵害,激发党员同志履行职务的积极性。

(一)执纪程序引入正当程序原则的合理性

一般认为,行政法的调整对象是国家机关及其工作人员行使公权力的外部行政行为。但是,党执行纪律属于内部自律活动,党组织享有较高的自主性。因此,将程序正当这一行政法的基本原则应用于纪律执行似乎显得过于严苛。但是由于中国共产党在我国特殊的宪法地位,将正当程序原则引入纪律执行程序仍然具有充分的合理性。

首先,行政法是最直接的治官制权法,行政法的约束对象主要是行政官员,其作用在于规范政府行为。行政法与党的纪律在规制对象上具有高度

---

① 熊惊峰.运用监督执纪"四种形态"贯彻落实从严治党[J].中国党政干部论坛,2016(1).

的重合性。该重合性集中体现在我国党管干部的实践中，党员干部和行政官员具有高度的重合性，党管干部也就是在管理国家的行政官员，党纪约束干部的行为同时也是在规范行政官员的行为。

其次，随着公共管理实践的发展，行政法调整范围已经不再局限于行政机关的外部行政行为，而是发展到非国家机关的内部管理活动。传统的行政法认为行政法调整的对象是行政主体对外行使公权力产生的法律关系，主要表现为外部行政关系。随着现代行政法的发展，新行政法调整的领域已经不再局限于国家机关，而逐步向非国家组织扩张。中国共产党虽然不是国家行政机关，但是，作为使命型执政党，它能直接行使一定的国家行政权力，各级党组织在国家行政管理体系中也发挥着重要作用。纪律执行虽然是党内管理活动，但是其产生的实际影响也已经不再局限于党内，对国家机关的行政行为也有着较强的约束力。

再次，正当程序原则是程序正义的必然要求，而程序正义既能保障实体正义的实现，其本身也是一种独立的价值追求。程序正义要求禁止权力恣意，防范行政行为不当给当事人造成损失，这一价值追求同纪律执行活动是统一的。

又次，执纪活动与行政活动已经在我国存在交叉的实践。中国共产党是使命型政党与国家公共权力的复合。因此，西方国家有关政党和行政法的普通理论不能直接适用于我国特殊的党和国家理论①。党的执政党地位决定了党的执纪行为必然会和国家行政发生或大或小的联系，尤其是对党员干部的纪律处分将直接影响党员干部在国家行政中的角色和作为。党的十六大就已经提出了中国共产党要"依法执政"，从而使部分规范国家公权力的行政法，如政府信息公开条例、官员财产申报法等，也同时适用于中国共产党的机关和组织。

最后，正当程序原则在中国共产党党章中已有渊源。《中国共产党党章》第一章第四条党员权利中明确了党员"在党组织讨论决定对党员的党纪处分或做出鉴定时，本人有权参加和进行申辩，其他党员可以为他作证和辩护。"这一规定直接体现了程序正当原则对于相对人参与和提供救济途径的要求。

---

① 唐亚林.论民主集中制向民主集中负责制的转型[J].新疆师范大学学报（哲学社会科学版），2015(2).

（二）执纪程序对正当程序原则的应用

正当程序原则,在英国也被称作自然公正原则,在英美国家最先得到广泛应用,其内涵既包括形式上正当也包括实质上正当。正当程序原则的中心含义是指:任何遭受权力行使不利对待的相对人,都应当享有知情权和表达自己的意见并要求听证的权利。

虽然《中国共产党党章》中有关于正当程序的原则性规定,但是在具体的执纪规范与实践当中,正当程序原则并未获得良好的贯彻。当然,在执纪过程中引入正当程序原则需要把握好度的问题,正当程序原则具有保障权力行使的中立性和理智,限制恣意的作用。但它的适用应当从具体的客观实际出发,正当程序并非一成不变、放之四海而皆可适用的正当程序。运用正当程序时应当考虑客观情境,全面考虑程序正义的效益与成本。① 毕竟执行纪律是中国共产党的党内活动,执纪活动相对执法活动对当事人权利的影响相对较小。此外,党要保持绝对的权威,而过于严苛的程序会增加执行纪律的成本和效率,可能会削弱党的绝对权威。但是同时又要谨慎对待党员的权利,确保执纪部门及其工作人员的执纪程序在党的纪律和国家法律的框架内。因此,执纪活动应当符合正当法律程序,但是只需要较低限度地适用正当法律程序。执纪程序中的正当程序原则应当得到如下应用:

(1)回避原则。回避原则源于"自己不做自己的法官"的自然正义②。这一原则要求执纪部门及其工作人员在执行纪律的过程中涉及与自己有利害关系的事务或执纪决定与自己有利害关系的嫌疑时,应当及时回避。纪律执行应当依纪办事,不偏私、不枉纵。无论执纪工作对执纪人员有利或者弊都有可能影响执纪工作的公正性。严格的正当程序原则要求调查和提出指控的机关不能同时是做出裁决的机关。但是执行纪律,甚至是做出纪律处分,是中国共产党党内自律行为,相对刑事追究和行政处罚对于相对人的影响较小,太过严苛的程序反而增加执行纪律的成本,不利于党的自我管理,因此没有必要做出如此严厉的程序要求。但是,在执行纪律的过程中,尤其是涉及对党员同志进行纪律处分或者嘉奖的工作,应当最低限度地适用回避原则以尽可能保证执纪活动的公正性。

(2)执纪公开原则。执纪公开原则要求执纪部门在执行纪律的过程中

---

① 何海波.正当程序的正当性——一场模拟法庭辩论[J].政法论坛,2009(5).

② 关于"正然正义",王名扬教授在其《英国行政法》一书中有详尽的阐释。王名扬.英国行政法[M].北京:中国政法大学出版社,1987:151-160.

应及时向外界通报纪律执行的过程、结果和依据,涉及党和国家秘密、商业秘密、个人隐私等不宜公开的情形除外。尤其是在对党员同志做出不利决定的纪律执行决定时,必须向接受不利决定的党员同志说明理由。任何涉及党员权利的执纪决定所依据的党内法规必须是公开的,决定书必须向执纪相对人和相关人送达,不搞秘密处罚。执纪公开是对执纪活动的有效监督,可以充分发挥党员同志和人民群众的监督力量,为党员同志和人民群众对党的工作提建议提供了事实上的基础。

(3)听取陈述和申辩。由于执纪部门在执行纪律的过程中往往处于强势地位,往往会忽略尊重相对人的话语权。执纪部门在可能做出对党员同志不利的执纪决定时,应当充分听取党员同志的陈述和申辩,并允许他人为其作证和提供辩护。在党员收到处罚决定后,应当为其提供适当的救济途径。执纪部门不仅要求听取涉事党员的陈述和申辩,还应当听取其他知情的党员同志的作证或者辩护。执纪部门在对党员同志做出鉴定或者处分时,应当充分考虑本人陈述申辩或者他人的作证辩护,以便获得全面、客观的事实依据。与此同时,应当给执纪相对人提供事后救济的途径,允许其向原机关申请复核或向上级机关申请复议。

三、小结

从严执纪必须放在全面从严治党的背景下加以考察,而全面从严治党也不是单独、孤立的,它是"四个全面"整体框架中重要的一环,与全面建成小康社会、全面深化改革、全面推进依法治国构成了整体的战略布局。"四个全面"彼此相互连接,互为内容。因此,在从严执行纪律的工作中也应当兼顾全面建成小康社会、全面深化改革和全面推进依法治国的要求。而在这"四个全面"中,全面推进依法治国与全面从严治党彼此联系最为紧密。党的纪律无论是在内容和执行上都应当严于国家法律,党纪对党员的约束范围应大于国家法律,例如,国家法律不过问的个人作风问题却在纪律的调整范围内,而作风好坏与干部违法之间往往存在直接的联系。但是,执行纪律行为本身也应当受到党内法规和国家法律的约束,这也是党内法治的题中之意。

因此,必须做好执纪工作与执法工作的衔接问题。首先,党内纪律和国家法律应当为执纪工作和执法工作的衔接提供规范依据,党内纪律应当明确要求执纪人员在执纪工作中发现有违法甚至犯罪行为的,应当及时将案件移送执法部门或者司法部门处理;国家法律对于故意不移送违法犯罪案件材料的,甚至故意包庇窝藏的行为予以法律制裁。其次,应当提高执纪人员的法治意识,在执行纪律的过程中也不得使用法律保留的调查手段和措施,不能以党的纪律处分取代国家法律的制裁,也不能通过党的纪律处分影响国家法律的制裁。《中国共产党纪律处分条例》对于受到行政处罚、行政处分以及刑事追究的党员同志规定了严厉的纪律处分,但在实践中存在不少在行政处罚、行政处分和刑事判决生效前已做出的纪律处分决定。这样的做法既违反了《中国共产党纪律处分条例》的程序规定,也有影响法律处罚结果公正性的隐患。虽然党的纪律处分和国家的法律制裁有着密切的联系,大量纪律处分都是以行政处罚或刑事判决作为党员处分的直接事实依据。但是,党的纪律处分和国家法律制裁还是应当各自遵守自己的程序规则,党的纪律不能突破国家宪法、法律的框架,党的行为也应当在宪法、法律规定的框架内。

1954 年宪法中的历史文化初探

赵倩倩

（天津商业大学法学院 天津 300134）

[摘要] 1954 年宪法（以下统称五四宪法）是我国历史上第一部社会主义宪法，其在内容设置上，不仅体现了我国的社会主义性质，也受到了中华民族文化和我国传统政治制度的影响。儒家的"大一统"观念、"和而不同"思想、传统的国家结构形式以及民族政策都在五四宪法中有不同程度的体现。其中，儒家的"大一统"观念与单一制的国家结构形式在五四宪法的国家形式设定中有所吸收和保留；而民族政策的设置更是在借鉴了我国传统民族政策的基础上，融合儒家"和而不同"思想的创造性产物。

[关键词] 五四宪法；单一制；和而不同；民族政策

引言

1954 年宪法是中国历史上的首部社会主义宪法，也是我国现行宪法的根源，正确认识五四宪法是正确理解我国现行宪法的首要条件。然而，学界在对于五四宪法的研究中一直忽略了我国历史文化传统的影响①。一方面这是中华人民共和国成立初始破旧法、立新规的影响，另一方面自 1919 年五四运动之后，"批孔"一度成为社会风尚，对旧文化、旧制度、旧思想的摒弃已经成为当时学界的一种潮流。尤其是对于 20 世纪 50 年代的学界而言，运用阶级分析的方法去认识和分析宪法才是"正统"，我国传统的制度理念

---

① 以中国知网为例，以"1954 年宪法"为标题进行查找，共 40 篇文章，其中制宪领导人的思想影响有 12 篇，宪法的实施有 6 篇，时代背景有 7 篇，对现行制度的影响有 12 篇，外国宪法的影响有 3 篇；以"五四宪法"为题的共有 78 篇，同样集中在制宪思想与理念(18 篇)、制度建设与反思(24 篇)以及外国宪法的影响(7 篇)几个方面。

理所当然不能被新宪法所吸收和借鉴①。然而,法律不仅仅是阶级意志的体现,也是一种民族文化的沉淀。就我国五四宪法而言,从其诞生的那一刻开始就已经深深打上了中华民族的烙印。

一、单一制国家与"大一统"观念

中国自古以来就是一个统一的多民族国家。尽管五四宪法中并未明确指出我国的国家结构形式,只是在序言中进行了笼统的定位②,但毋庸置疑的是,不管是在学术界还是民间,都认定我国的国家形式是单一制。自秦始皇通过征战结束自西周末年以来的政权林立而建立起统一的集权式封建王朝之后,秦朝在全国范围内废除分封制度、设立郡县到元朝设立行中书省、明清改土归流,中央政府对地方的控制力逐步强化,从中央集权到中央极权,长时间有效的同一化国家管理方式使统一和单一制的国家形式成为各民族之间的共识。1919 年五四运动后,中国广泛接受了马克思主义学说,单一制的国家结构形式再次成为我国国家结构设置的首选③,而这与我国传统的国家结构形式不谋而合。所谓单一制,童之伟教授在其早年的论文中有如此的论述:在宪法学中,单一制是指国家权力行使配置和运用过程中全国政府单独享有全部权力④。童之伟也指出,我国的国家结构形式是民主集中制下的单一制,即中央政府独享全部权力,但同时地方享有一定的自治权力。

我国古代国家结构形式选择单一制(中央集权)与儒家思想有很大的关系。儒家首先主张国家要保持一个一元化的政治统治中心。从孔子的"礼乐征伐自天子出"到孟子的"天无二日,民无二王",再到秦王朝"废封建""行郡县"建立起统一的中央集中制国家及至汉朝大儒董仲舒提出"大一统"思想⑤,无不在强调中央政府权力的最大化,我国五四宪法也确实符合这一思想观念:序言中明确指出我国是各民族人民组成的团结大家庭;第 3 条中不仅规定了国家的统一,更进一步明确了民族自治以国家的统一为前提。这

---

① 1953 年前后,学界曾以"旧法能否被继承"为题进行探讨,囿于阶级分析的研究方法,众多学者均认为旧法、旧制度不足以为新法(五四宪法)所继承、借鉴。如万山的《驳"继承祖国法的遗产论"》一文中更明确指出新旧法律制度之间不存在借鉴继承关系,而应当是相对立,而无丝毫的内在联系。

② 童之伟.论有中国特色的民主集中单一制[J].江苏社会科学,1997(5):61.

③ 詹真荣.马克思主义民族理论及其在中国的实践[J].江西广播电视大学学报,1999(4):10.

④ 童之伟.单一制、联邦制的区别及其分类问题探讨[J].法律科学,1995(1):32.

⑤ 郝铁川.儒家思想与当代中国法制[M].郑州:河南大学出版社,1994:69.

些从原则上保证了我国政权的统一。第 21 条和 22 条规定了我国最高的权力机关及唯一的立法机关；第 47 条规定了中央人民政府，并在第 49 条中明确了其有领导全国性的国家事务，对下级机关有命令、修改撤销下级命令和决议的权力，统领全国范围内的外交事务和武装力量；第 60 条规定地方权力机关，在其第 3 款中明确了权力机关上下级之间的领导负责制度；第 61 条规定了权力机关对选民及选举单位负责；第 64 条规定政府上下级之间的领导负责制度。第 70 条规定民族自治区域制定条例应当报请最高权力机关批准；第 72 条确定了各上级机关对自治机关自治权力行使的协助义务。这些条文的设置符合我国历代对权力纵向配置的传统，地方政府的权力行使主要是依赖于上级政府。

当然，儒家的"大一统"思想并不一味地强调中央政府权力的无限扩大，同样也十分注重对地方自治权的设置与保护。自秦汉设郡县以来，中央政府虽然对地方事务保有最终裁决权，但同时也为地方政府保留一定的自治权，比如在人事上的任免权，尤其在唐宋之前，各郡的最高行政长官拥有自聘幕僚，并对幕僚拥有监察、举荐、考绩之权[1]。同样的，五四宪法在其权力纵向分配的设置上，也为地方政府（包括地方自治机关）保留了一定的自治权力，如宪法第 60 条第 1 款和第 64 条第 1、3 款——地方权力机关和地方政府行使权力以宪法和法律所授予其的职权为合法性依据。

五四宪法在对我国民族关系和民族政策的处理上，运用"大一统"思想创设了民族区域自治制度。有学者曾经指出，我国的民族政策在一定程度上是对苏联政府民族政策和制度的简单抄袭，这种说法是不对的。苏联与我国一样是一个多民族的统一国家，其民族矛盾众多，地方主义、民族主义泛滥，为了在极大范围内团结各族人民，列宁创造性地建立了民族自决制度，民族内部自行决定其政治生活与生产。早期的苏维埃政权完全照搬苏联模式，但这显然不是解决我国民族问题的方法[2]，也不符合我国的历史传统。在我国长达两千多年的民族融合中，各民族逐渐形成了一个互为唇齿、具有相同文化需求的利益共同体。中国各民族的先民共同开发和拓展了中国的领土，缔造了统一多民族的中国。"大统一"是中国历史上各民族关系

---

[1] 郝铁川.儒家思想与当代中国法治[M].郑州:河南大学出版社,1994:70.
[2] 从 1922 年中共二大至中共七大,共产党人在对中国民族问题的解决上一直延续"在民族自决的基础上建立联邦共和国"的理念。

发展的共同思想基础,以中原为中心和正统的观念深入人心①。五四宪法创造性地将民族自治与传统的"大一统"思想进行结合,在少数民族聚居地区设置民族自治区,因地制宜、因俗制宜地管理本地区的事务,而没有直接效仿苏联采用"民族自决",使"区"变成了"国",保证了国家的统一、单一制的延续。

二、五四宪法中的"和而不同"

"和而不同"出自《论语·子路》:君子和而不同,小人同而不和。许慎在《说文解字》中对"同"的解释为"同,合也"。段玉裁在《说文解字注》中写道:口皆所覆之下是同之意也。从段玉裁的解释来看,"同"是在层层覆压之下的"合会",是盲目的附和②。晏子曾经从食、乐之道来阐述"同"之含义,盲目地顺从他人的观点,而毫不考虑自身的特点,"以水济水"只能是索然无味,用重复他人的观点来附和他人也只是徒劳无用的行为。

冯友兰在《中国现代哲学史》中总结出:在中国古典哲学中,"和"与"同"并不一样,"同"不能容"异","和"不但能容"异",而且有"异"才能称之为"和"③。中国文化融合了各民族、各地区文化于一体,其主要特征即统一前提下的多种文化的有机并存。在五四宪法的制定中,我们一样可以看到"和而不同"的传统观念在熠熠发光。坚持"和而不同"思想首先就是要承认在整体中客观存在着"异",并尊重这种存在的"异",拒绝一切以强力来掩盖差异、消除差异,强求同一的行为。其次是对各个个体进行结合与优化,在差异中求得"和谐",在和谐中谋求共同进步。

(一)人民民主统一战线

统一战线的产生本身就是"不同"利益集团趋同的结果。④ 五四宪法对这些"不同利益集团"的保护分为两个方面。一方面在原则上对"异"予以确认,另一方面从制度上对这些"异"进行保护与整合,主要表现在经济领域内的求同存异。

---

① 孙懿.中国民族区域自治的历史过程[J].黑龙江民族丛刊,2009(1):9.
② 孙光贵."和而不同"疏证[J].长沙师范专科学院学报,2005(1):78.
③ 杨晨霞.和而不同,走中国特色社会主义道路[J].西安社会科学,2009(5):73.
④ 民主战线的产生是基于同一目的(建立新中国)下的不同阶层的联合,本身就伴有利益的妥协与谦让。

　　五四宪法对民主统一战线"异"的原则性确认集中在宪法序言当中。①在其表述中,五四宪法并没有抹去阶级、党派、团体之间的差别,首先,以一个"各"字点明不同团体、阶层的存在,说明了五四宪法在制定时充分肯定了各阶级、各党派、各团体之间差异的客观存在。其次,以"动员和团结全国人民"指出了其共同的职责所在,说明了国家对差异进行合理、有序的调配,并最终以"完成国家过渡时期的总任务""反对内外敌人"为目标。既有相同的目标和共同利益的一致性,也存在着利益和要求的差异性及一定的矛盾。在五四宪法制定中,充分尊重了统一战线中存在的"异",并在统一目标(利益)——祖国的繁荣富强的前提下,求同存异,谋求发展。

　　在经济领域中对各阶级的"差异"进行制度上的保护与引导。早在1950 年在党的七届三中全会上,毛泽东就对"提早消灭资本主义,统一实现社会主义"的错误思想进行了批评,并指出要调动现有工商业,认真、谨慎地做好统一战线工作,促进整个国家经济的恢复和进步。诚如前文所述,五四宪法在对经济制度进行规定时,并没有直接粗暴地选择社会主义所有制——全民所有制和集体所有制,而是顺应时代背景,团结广大群众,保护统一战线中各团体、各阶层的利益,选择了多种所有制并存这一基本经济制度。在五四宪法之中对经济制度的规定有 6 条,占据了其所在章节条文的三成之多。其中,第 5 条从整体上论述了我国的经济制度②,第 6 条至第 10条分别论述了每一种所有制③。统一战线中各主体之间的差异除了在阶级构成上之外,最主要的就是在经济利益上的不同。而五四年宪法是学界公认的社会主义宪法,但在其制定过程中,结合我国传统的"和而不同"文化,并不强求经济领域的同一化,而是在充分考虑当时的社会构成,承认统一战线中各阶层、各主体之间的差异下,尊重这种客观实在的"异",在对"异"的认可之上谋求共同发展。在这些法律条文中除第 5 条、第 6 条④外,每一条的第 2 款中都明确定位了国家对各种所有制度的宪法性定位⑤,这些不同的政策定位一方面是对现实中"异"的制度性保护,是各种所有权存在的法律依据,另一方面在不同政策的指导下为社会主义改造打下了基础,在社会

---

①　参见 1954 年宪法序言第 4 段的相关规定。
②　参见 1954 年宪法第 5 条的规定。
③　参见 1954 年宪法第 6 至 10 条第 1 款的规定。
④　第 5 条是对经济制度加以综述,第 6 条规定了全民所有制度。
⑤　参见 1954 年宪法第 7 至 10 条第 2 款的规定。

主义改造中"求同存异",和谐共进,并最终为社会主义国家的构成与发展贡献自己的力量。

(二)民族制度中的"和而不同"

我国自古以来就是一个统一的多民族国家,历史上的中央王朝与各民族及其政权之间都采用了"以夷治夷"、按照当地习俗治理当地事务的民族管理方略①。五四宪法在吸收传统的民族政策的基础上提出了民族区域自治政策。一方面是对苏联相关政策与制度的学习,另一方面也是我国"和而不同"思想的具体制度化。

五四宪法中关于民族的相关规定贯穿始终,并坚持"和而不同",在承认各民族差异的前提下,对各民族进行管理与国家统治。五四宪法在总纲一章中规定承认与保留各民族之间的差异存在。如第3条第3款规定各民族对自己的文化习俗有保留或变革的权利,这是五四宪法在客观上对各民族"异"的承认以及在原则上为保留"异"所提供的法律依据。第4款指出在民族聚居地实行民族区域自治,则是在制度上为保留"异"提供了可能性。在第2章中以整个第5节来阐述对于民族差异性的制度化保护,如第68条规定的自治机关中,各个相关民族都应有适额的代表;第70条第2款规定,自治机关在制定条例法规时应当以当地民族的习俗特征为主要依据;第71条和第77条更是从政治生活、司法生活中语言文字运用的细微角度,对各种不同民族的文化予以保护。

以上都是五四宪法对于民族差异性的承认与保护。尽管存在各种差异,各民族仍然是中华人民共和国的组成部分,所以,在差异性的基础上,五四宪法也对"和"加以规定。首先,在五四宪法的序言当中,我国被定位为一个"民族大家庭",即不同民族在各自利益与文化习俗之外,形成了共同的文化需求,有了共同的利益指向,即中华民族的共同文化与利益。其次,第2章第5节虽然极大程度地保证了民族差异的存在,但是也一样以民族共同利益的落脚点——中国为基点。第67条和69条分别明确了民族自治机关的设立组织原则以及职权都与其他地方国家机关相同。第70条规定前两款从自治权的行使、财政管理以及公安部队的组织上都以国家宪法和法律为准绳。第72条规定了上级国家机关对自治机关自治权的实现应当予以保障,并在第2款中规定其应当对少数民族地区的建设与发展进行帮助。

---

① 如明朝时期的土司制度,任命当地部落首领为长官,对部落进行统治与管理。

这些规定都将民族区域自治放置在中国这一大环境下,置于统一的宪法与法律之下,寻求各民族之间的共同点,以达到各民族之间的和谐与发展。

三、五四宪法对古代民族行政管理制度的借鉴

对于我国这样一个多民族国家,如何解决中央政权与少数民族之间的行政管理问题一直是历朝历代中央政府所考虑的头等大事。中国历代王朝统治者都认识到不同民族之间具有较大的差异,在行政管理方面十分慎重,其中羁縻政策是我国古代最为重要的统治方式。《汉宫仪》有云:制四夷如牛马之受羁縻也①。其含义为用马骆头来控制马匹,用靷环来控制牛,在民族问题上引申为以当地部族首领来进行政治上的统治与管理。这当然带有贬低其他少数民族的意味,但同时也是"因俗而治""以夷治夷"政策的集中体现。

自先秦至明清,历经数千年,民族政策从探索到完善,形成了一套独特的适用于我国民族状况的制度,也造就了我国这一统一的多民族国家。在中华人民共和国成立之后,这种政策中的优秀部分自然就成为五四宪法制定之时的借鉴对象。

(一)国家统一是前提

不论是夏商周时期的承认"天下共主",还是秦汉以后所延续的羁縻政策、土司制度,抑或是乱世时的为了国家统一而进行的民族之间的征战与融合,都无不显示了"统一"是国家处理民族问题的前提。

历朝政府都在中央或地方设官职或机关,统一管理民族事务,如汉朝的大鸿胪、唐以后成为常设机构的鸿胪寺和西汉时期的西域都护府,唐朝时期的安西都护府等。唐宋之后,实行土流双官制度,在少数民族地区,不仅任命部落首领为行政长官,管理民族事务,也由中央统一任命流官与当地土官共同进行管理。明清时期,中央政府在西南地区进行改土归流,一方面是因为该地区长期存在的土司制度严重阻碍了当地人口的增长与社会的发展,另一方面,部落首领坐拥自大,妄图脱离中央的掌控也是一大原因。为了加强封建王朝的管理,维护国家的统一,明清政府在西南地区,颁布律法,撤销土司制度,改派流官。在五四宪法中,这种以统一为前提的思想也被完整地保留了下来。在宪法第3条第3款中规定了民族区域自治的前提是"祖国

---

① 徐杰舜.中国民族政策史研究的若干问题[J].黑龙江民族丛刊,1997(4):34.

统一不可分裂"。第 49 条规定由国务院统管民族事务。

（二）"以夷治夷""因俗而治"是核心

在古代的民族政策中最引人瞩目的一点就是历朝历代的中央政权都能认识到少数民族的特殊性，"以夷治夷""因俗而治"。顺应少数民族的信仰，不改变他们的习俗，将政令统一到中央政府，却不强迫少数民族进行生产生活方式的改变，这种统治思想自秦汉以来就是中央政府处理民族事务的基本理念。如我国古代历来所实行的羁縻政策，就是任命部落首领为当地的行政长官，在保证国家统一的前提下，根据部落的习俗而进行统治。在宋朝时，羁縻制度更是有了进一步的发展，在少数民族部落范围内，可以不完全地以"中国教法"为管理依据，而依据其当地部落的风俗习惯实施行政管理、进行法律裁判。

五四宪法第 3 条第 4 款对少数民族风俗、语言的规定，其保持或变革完全听从于民族自愿，而不是出于国家的强制性命令，在第 71 条[①]和 77 条[②]更是对民族语言的保护进行了制度化的规定。第 68 条规定了自治机关的人员中要有各相关民族的代表。第 70 条规定自治机关有制定适用于当地民族风俗的地方行政法规的权力。

五四宪法创造性地将我国古代的民族政策与现代新民主主义国家相联系，开创了民族区域自治制度。自治机关名称的设立也极大地考虑到当地少数民族的称呼习惯，除省级自治机关统称自治区外，其他自治机关依当地习俗可以称为"自治旗""自治盟"等。

四、小结

我国历史文化源远流长，宪法作为我国近代引入的外来性文化，不可避免地要打上中华文化的烙印，这种印记在很大程度上就表现为我国宪法在制定时对历史传统文化、制度的吸收与借鉴。五四宪法是我国历史上的第一部社会主义宪法，其制定必然是多种文化互相碰撞交融的结果。正如共产党人所坚信的那样：所有一切有利于国家稳定与发展的文化都可以也应当应用于新社会的建设之中。我国传统的政治探索与传统的优秀文化自然是也应当是五四宪法制定时所吸收借鉴的对象。五四宪法的条文设置中有

---

① 参见 1954 年宪法第 71 条。
② 参见 1954 年宪法第 77 条。

大量中国传统文化的印痕,要正确把握五四宪法,就要正确认识五四宪法与传统文化的关系,一方面,五四宪法是中华民族文化流传与积淀的产物,另一方面,传统的政治制度、文化思想又是历史范畴内的概念,与今日我国宪法制度不可同日而语。

对"立法根据宪法"的反思

陈林

（天津商业大学法学院 天津 300134）

[摘要] 宪法是根本法，它同其他法律之间秉承"母法"和"子法"的关系，立法应以宪法为根据，这已成学界的通说，但本文认为，立法不抵触宪法，就足以体现了宪法的根本法地位。而立法必须依据宪法，与立法实践并不完全吻合。

[关键词] 宪法；根据；不抵触

一、法律文本中明示"根据宪法，制定本法"的本质含义

"根据宪法，制定本法"（以下简称"根据宪法"）在规范层面有三重意义：一为表明宪法之法律效力的最高性，它是其他法律的效力根基。二为体现法律之间的效力等级，下位法不能违反宪法。三为显示法律在内容和价值上对宪法的跟随，是宪法的具体化。[①]

"根据宪法"在法源内涵上是表示法律的内容源自宪法，即依据宪法的条款并将其细化，实质目的在于表达法律的合法性、有效性的根源，并非表示立法机关的立法权是根据宪法而为之的。立法权法定，是法治目标和宪政精神的应有之意，因此，对权力的约束是绝对必要的。而且宪法的根本性也表现于它具有控权性，[②]对立法机关的权力实行控制，使其依宪法行使，也是毋庸置疑的要求。

---

① 韩大元. 由《物权法（草案）》的争论想到的若干宪法问题[J]. 法学，2006(3)：28—29.
② 蒋德海. 析宪法制约权力的内涵[J]. 探索与争鸣，2003(3)：1—2.

二、对传统"根据"观的阐析

(一)"根据"论的理由

梁启超在《政论选》中表述道:"宪法是国家所有法律的根源。"①我国宪法序言也明确规定了宪法为根本法,是所有权力及权利主体的根本活动准则。正因为宪法的最高性、根本性特征,因此立法必须以宪法为立法的根据。而"根据宪法"的用语则正是一门能用法律语言将宪法的根本性和最高性显现出来的立法手段。②

由于宪法拥有至上的法律效力,因而其通常也被称为母法。母法专指宪法,子法是指除了宪法以外的所有法律,③是宪法的具体细则。宪法的母法性表现为给立法提供依据,体现立法的基本原则,并是审查普通立法内容正当性的唯一标准。

"根据"论的另一观点认为,立法实质上就是解释宪法,使之具体化的过程,当然需要根据宪法而为之。我国以往凡是基本的、与宪法关系较密切的法律,都明确有"根据宪法"的表述,有些法律虽然未做此表述,"根据"论者也认为它们至少是根据宪法的原则与精神制定的。

(二)"根据"论存在的问题

首先,"根据"论对宪法根本法地位及最高法效力产生了误读。根本法的观念源自于英国,是指一种高于实定法的不受质疑、不得违反的绝对稳固的自然法或者自然理性,它不因人的意志而转移,且约束着国家的立法行为。宪法只是这种根本法的实证化或成文化。④ 而成文宪法作为根本法的原因,还可归结于"制宪权"和"立宪时刻"。⑤ 以及它规定着国家的根本制度和根本任务。随着时代推移,根本法还融入了限制公权力以及保障基本权利、个人自由的新内涵。因此,宪法作为根本法,拥有相对于国家权力(包括立法权)的优越性,但并不当然地从中推导出其他法律的制定必须有宪法上的依据的结论。相反,宪法作为国家实定法的核心与基础,具有至上性,统率着下位法,即下位法不得抵触宪法,而不是必须根据它。

---

① 梁启超. 政论选[M]. 北京:新华出版社,1994:26.

② 胡峻."根据宪法,制定本法"作为立法技术的运用[J]. 法治研究,2009(7):13.

③ 吴家麟. 宪法学[M]. 北京:群众出版社,1992:22.

④ 郑贤军. 作为根本法的宪法:何谓根本[J]. 中国法学,2007(4):180—181.

⑤ 陈端洪. 论宪法作为国家的根本法与最高法[J]. 中外法学,2008(4):492.

其次，"根据"论表面上凸显了宪法的权威，但过于绝对。宪法若为所有法律的依据，前提是宪法是一部能兼顾各方、包罗万象的法。而逻辑上不可能存在一部囊括所有社会关系的法律，因此这只能是一种奢望。并且在"根据"条件下，也难以审查法律与宪法的依据关系，法律中没有确切地指出到底是依据宪法的哪些规范制定的。这种理论和实践上的含糊不清，也会影响对立法的合宪性判断。而若要全面落实"根据"的要求，则需要对宪法的条款进行系统、深入的规范性分析。但当前的宪法研究是无力回应这样的要求及承担这样的成本。

最后，母法专指宪法的论调也存在偏颇。母法并非唯一的，而是只要产生了下位法，即为母法。将所有法律皆视为宪法的子法，视立法皆是其规范的具体化或解释活动，则是大谬之谈。由于其他法律的范围和内容比宪法更广大，以至于无法完全依据宪法；而且大多数法律并非宪法的子法，如刑法、民法等在产生时间上均早于宪法，如此岂不产生母子颠倒的逻辑错误。因此，若断言立法必须根据宪法规范，便会造成一些法律缺乏宪法上直接依据的困境，从而使其合法性、正当性无法落实，也等于公开承认我国现行合同法、婚姻法、专利法等未规定"根据"字样的法律违宪。

三、对"根据"论的挑战

（一）非"根据"论的强势来袭

非"根据"论从根本上否定了宪法为立法之基础和对立法的拘束力，主张立法无须寻求宪法上的依据。

1. 非"根据"论的理由

（1）民法至上观。哈耶克把法律分为"自由的法律"与"立法的法律"，前者指自发形成的规则，后者是指规范政府部门的规则，它以维护自发秩序为要务，且在时间上晚于前者。① 因此，非"根据"论认为，民事规则是市民社会规则的总和，即每个人自主决定各自生活的社会关系的总和，②属于自由的法律，它相对于宪法而言，具有历史上的先在性。既然民法比宪法发生早，那么从时间上它便无法依据宪法，不是宪法的实施细则和具体化。反倒是民法蕴含了宪法的实质内容，对宪法具有根本性，故理应是宪法依据民法

---

① ［英］哈耶克.法律、立法与自由［M］.邓正来等，译.北京：中国政法大学出版社，2010：67.
② 赵万一，周清林.再论民法与宪法之间的关系——与童之伟教授商榷［J］.法学，2007（4）：23.

来制定。从而否认了宪法在民事法律中的依据地位和最高效力，①得出"不依据宪法"，而以民法为立法依据的结论。

（2）主权机关论。《物权法（草案）》第一条加上了"根据宪法，制定本法"的术语，引起法学界对其违宪与合宪问题的广泛争论。据此，梁慧星教授撰文，提出"根据宪法"是"三权分立"体制之国家的"立法权源"条款，用以表明议会的权力源自宪法的授权，具有合法性，在立法时不得超越其宪法上所设定的权限，故而法律中均应列明"立法权源"的条款。但我国物权法若加上此句，则会导致人民代表大会制度与"三权分立"制度相混同。人民代表大会制度的形成并不归因于宪法，它是通过革命缔造的，从成立之初便获得了（含制宪权）在内的所有国家权力。因此，其立法权不是由宪法"授权"，而是人民授予的，所以无须规定"根据宪法"的字样。②

上述观点实质上属于主权机关论，把全国人大当作主权机关，③因而它拥有制宪权，且权力不受宪法的限制。或者是全国人大为最高权力机关，而制宪权是国家权力的最高体现，④从中推导出全国人大的立法无须根据宪法的结论。

（3）国际通例。纵观西方法治国家，基本上重要的法律都未做类似"根据宪法"的规定。《世界著名法典选编》中所收录的西方民事法典全都未规定"根据宪法"的内容，甚至没有提到过宪法。而西方的刑事法典，也一样未涉及此规定。因此我国立法也没有必要规定依据宪法制定。

2. 对非"根据"论的回应

（1）民法至上观的补正。针对上述持"根据"观的学者所认为的，民法为根本法的论点有一定合理性，但是由发生上的联系推到法律体系上的联系是缺乏逻辑根据的。法律效力位阶说是如此表达的："一般的法律是上位法，特殊的法律是下位法，下位法的效力来自其上位法，终于宪法，而宪法的效力来自假定。"早在美国成文宪法之前，1758 年就有人将宪法和根本法联系起来。且从各国的通例来看，均规定宪法才是根本法，虽然各自的理由基础不尽相同。例如，美国采用人民意志说，《联邦党人文集》第 78 篇提及宪

---

① 薛军."民法—宪法"关系的演变与民法的转型以欧洲近现代民法的发展轨迹为中心[J].中国法学,2010(1):78—95.

② 梁慧星.不宜规定"根据宪法,制定本法"[J].社会科学报,2006(1):1.

③ 江国华.宪法的形而上之学[M].武汉:武汉出版社,2004:380—397.

④ 叶海波."根据宪法,制定本法"的规范内涵[J].法学家,2013(5):23—26.

法为根本法是在于它体现了人民的意志。日本的学者则提出了人权保障说,认为宪法为根本法在于其约束了国家权力,体现了对人权的维护。而我国认定宪法为根本法,则是从内容上说的。此外还有制宪权说、政治契约说、政治决断说等,均表现出承认宪法为根本法的观点。同时许多国家的制度设计,也充分体现了宪法与普通法律的关系,如违宪审查制度,按照宪法修改民法的制度等,均表达了宪法为根本法的观点。

虽然民法不是依据宪法创造的,但它的形成必须借助国家权力,由宪定的立法机关予以确认。① 因此,对民事立法进行合宪性追问体现了权力制约的原则,属该当之举。某些民法学者一味强调民法的根本性,否认宪法对民事立法的约束力,但又寄托于宪定立法机构来制定理想的民法。这便导致了其理论内部的"逻辑分裂"。

(2)主权机关论的谬误。从根源上看,人大制度完全是由法律创立的,人大的权力与三权分立体制下的议会一样均源于宪法。1949 年的《共同纲领》《中央人民政府组织法》这两部宪法性文件确认了人大的概念,并规定了它的地位、职权及组织和活动原则。第一届中国人民政治协商第一次全体会议就相当于是制宪会议。某些学者坚持,第一届全国人大才属于制宪机关。但纵使如此,也不能得出后继的全国人大仍为制宪机关,还拥有制宪权。一个国家政权中的制宪权只能行使一次,当第一届全国人大第一次会议行使完制宪权,其"制宪机关"的地位便自动终止了。其后的任何国家机关,即使名称一样,存续的性质也不同了,也都只有修宪权而无制宪权,只能作为代议机关适用宪法而不可违宪。② 他们是其他机关之上、宪法之下的"最高"权力机关,不可能拥有制宪权。

再者,主权机关论忽略了人民与其代表机关的区别。人大作为代表机关,不是人民本身,只能行使人民通过宪法赋予它的部分权利。③ 而宪法正是集中承载了人民委托其代行部分权力之根本意志的委托书。因此,全国人大制定的法律不能完全抛开宪法、违背宪法,否则就等于私自篡改人民的委托书,违背人民的意志。这也违背了人大"对人民负责"的基本原则,破坏了代议制民主。而且地方人大也属于权力机关,则依上述逻辑来看,地方人

① 陈道英.宪法与民法关系论争的总结与回应[J].厦门大学法学评论,2007(14):256.
② 童之伟.立法"根据宪法"无可非议——评"全国人大立法不宜根据宪法说"[J].中国法学,2007(1):21—25.
③ 叶海波."根据宪法,制定本法"的规范内涵[J].法学家,2013(5):25.

大也应是地方的主权机关。这甚至否定了我国现今单一制的国家结构,而类似于联邦制了,因此明显是错误的。

(3)对国际通例的正解。西方国家的法律大都未做出"根据宪法"的规定,是因为立法应根据宪法、不抵触宪法,是全社会周知并公认的法理,是否在法律文本中写入无关宏旨。而三权分立制度下,议会在立法时必须写明"根据宪法",则主要是为了维持以宪法为根本和基础的法律体系,而非基于其立法权来源于宪法的授权。①

(二)部分"根据"论的日渐盛行

1.公法"根据"宪法,私法"根据"民法论

有的学者从民法非根据宪法而来的事实出发,以私法和公法、市民社会和国家的二元区分为前提,得出根本法并非唯一的,民法和宪法并列为根本法,并在各自的"辖区"内具有最高性的论断。故制定公法与私法时,应该区别注明"根据宪法"或"根据民法"。该论调并不彻底否认"根据"论,而只是意图说明私法和公法的渊源不同,②所以私法无须根据宪法来制定。

2.创制性立法"依据",确认性立法"不抵触"论

该观点认为创制性立法与确认性立法在对宪法的遵从上应采用不同的标准。创制性立法指"发明"新的法律规则;确认性立法则指立法机关将"发现"的既存的社会规则转化为法律。将宪法中的规范进行细化、具体化来创立出同类法律的立法,具有创制性立法的功能,必须直接根据宪法来制定。而确认性立法是对已形成的规则给予国家强制力,并非将宪法规范具体化,因此不必依据宪法。但立法机关在确认时,也应当遵守宪法,不得确认抵触宪法的规则。③

3.对部分"依据"论的回应

对于第一种划分公法与私法的依据标准之观点,看似新颖,但实则公法、私法是一种学术上的归类方式,非立法上的划分标准,更无法律明示过自身为公法或私法,二者均是由国家制定的法律规范。而根本法则是从法律地位上讲的,宪法虽然在学术上被划归为公法,但不影响其作为根本法的地位,这两种法律身份可以兼具。所以应该克服宪法是公法的偏颇,④认识

---

① 童之伟.再论物权法草案中的宪法问题及其解决路径[J].法学,2006(7):4.
② 张文显.法理学[M].北京:高等教育出版社,北京大学出版社,1999:58.
③ 叶海波."根据宪法,制定本法"的规范内涵[J].法学家,2013(5):31.
④ 童之伟.《物权法(草案)》该如何通过宪法之门[J].中国宪法年刊,2006:146—147.

到并非是公法统领私法,而是根本法对囊括了私法在内的法律体系的统领。

第二种区别对待创制性立法与确认性立法的观点,虽意识到宪法母法论的谬误,将非宪法具体化的确认性立法区别对待,但是此观点的概念分类并不准确。创制性立法的主体为行政机关,因此,遗漏了人大及其常委会创立法律的情形,它的主体范围并不周延。

(三)"不抵触"论的应运而生

1. "不抵触"论的理由

以上观点均具有理论逻辑或实践运行上的弊病和漏洞,因此,"不抵触"论应运而生。梁慧星教授曾提到"法律秩序犹如金字塔式的阶层结构,最上层是宪法,其次是法律,再次是法规。法规范之效力的高低,依其位阶而定。"①"不抵触"论正是宪法的根本性和至上性的体现。

"不抵触"论,也取决于宪法自身的特性和作用。② 宪法的根本性及最高性,从侧面也显示着它的底线性,它规定着社会生活中最基本的根本原则。而立宪主义时代,宪法为控权法,又有最终救济的属性。这意味着它是社会秩序的最后一道防线,任何法治国家都必须绝对禁止对它的破坏。从而决定了宪法是底线法,是一切法的合法性基础。③ 一方面,它规定了所有法律都有不可逾越的底线和范围;④另一方面,底线上又具有多元性、开放性,使下位法拥有灵活的立法空间,可以与宪法有所不同,只要不与宪法相抵触,就是合宪的。例如,禁止公民的自由言论,突破了其言论自由权利的底线,就抵触了宪法,属于违宪。但如果法律规定以何种方式实现公民的言论自由,不触及公民选举权的底线,便可有很大的自由空间。而"不抵触"论正是相对于底线法而言的。

在"不抵触"的情形中,对下位法规范与宪法之间存在的矛盾与冲突也更加容易判断和审查。⑤ 宪法只需设定根本的底线,一旦法律涉足底线便属于违宪,若未逾越宪法的底线,即能得到合宪性基础。而且确立"不抵触"原则后,那些未写明"根据宪法,制定本法"的法律脱离宪法的问题也就迎刃

---

① 梁慧星. 论法律解释方法[J]. 比较法研究,1993(1):56.
② 蒋德海. 从宪法"不抵触"原则透视宪法与其他法的关系[J]. 法学论坛,2008(1):15.
③ 蒋德海. 从宪法"不抵触"原则透视宪法与其他法的关系[J]. 法学论坛,2008(1):16.
④ [美]肯尼思·W. 汤普森. 宪法的政治理论[M]. 张志铭,译. 北京:生活·读书·新知三联书店,1997:107.
⑤ 莫纪宏. 现代宪法的逻辑基础[M]. 北京:法律出版社,2001:237.

而解了。因此本着现实情况,立法同宪法的关系也应该以消极的"不抵触"为原则。

2. 不抵触的例外

不抵触宪法应是所有法律统一遵循的原则,但宪法的子法由于母子关系,不能只是消极的"不抵触",而须是积极的"根据"。除此之外,行政权是国家最主要、最普遍的权力,应该绝对遵从"法不授权不可为",而宪法是依法行政的终极依据,对其起着规范和引导的作用。因此关系到这种公权力的立法,要有更多的限制,应对其采用比"不抵触"要求更高的"根据"原则。

综上所述,笔者认为"不抵触"论最符合理论逻辑与现实情况,是当前最适当的选择。

四、采用"不抵触"原则需注意的问题

(一)"不抵触"是否应在法律文本中写明

立法不抵触宪法,是不言自明的事情,法律中写与不写都无关紧要。而且它比"根据"论在与宪法的契合度上要求更低。若要求"根据"时,立法除了不能抵触宪法,还必须考量宪法上的依据,下位法的内容被严格限定在宪法所规定的范围内,否则便不合宪。① 而在"不抵触"的情况下,下位法的内容不必与宪法规范一致,其范围广于宪法,并且只要不突破宪法底线,便容许立法机关进行"自主性"的立法。再从国际通例来看,要求更高的"根据"在法律中也大多未做规定,因此笔者认为无须在法条中注明"本法不抵触宪法"之类的文字。

(二)宪法条文间存在抵触时的不抵触问题

贯彻"不抵触"原则的前提是宪法条文之间不能相互抵触。但现实中存在着某些法律既与宪法中一些条款抵触,又与另一些条款相符合的现象。例如,《人口与计划生育法》与《宪法》第 25 条的国家计划生育目标,以及第 49 条的夫妻有计划生育的义务相符合,但又抵触了第 33 条的尊重和保护人权的规定。然而宪法中的这些条文只存在形式上的编排顺序之差。那么此种情况下,该如何落实"不抵触"原则呢?

针对此问题,可以从宪法规范的效力位阶来解答。宪法中包含着各种不同的规范,它们之间具有位阶等级之分,这种等级体系决定了规范之间的

---

① 胡峻."根据宪法,制定本法"作为立法技术的运用[J].法治研究,2009(7):15.

效力范围。① 宪法规范的等级,由高至低依次为:宪法制定规范、宪法核以及宪法律。宪法制定规范指宪法的来源及制宪权相关的规范。宪法核是一种原则性的、为宪法提供合理性根据的规范。宪法律则是一种派生性的规范。当不同位阶的规范发生冲突时,下位规范应服从上位规范,即当某部法律符合宪法律,但与宪法核相抵触时,便判定它抵触宪法。

而当相同位阶的规范相矛盾时,则可以通过正式解释宪法的方法来抹平宪法条文间的矛盾。即以相同的价值取向,统一地对相互冲突的条文进解释,消除文字上的矛盾,使之和谐统一。

五、结语

立法不抵触宪法论,化解了我国当前理论与现实中的部分难题,凸显了宪法的根本性、最高性地位,也是宪法的实质统一性要求。“不抵触”无疑是解决立法与宪法之间关系问题的最佳选择。但是“不抵触”的规定本身还存在一些缺陷,同时“不抵触”审查机制和后果机制等都未构建健全,妨碍“不抵触”观真正贯彻的痼疾沉疴仍然存在。因此只有克服这种痼疾沉疴,才能全面贯彻不抵触原则,宪法才能“活起来”,我国的宪政、法治才有希望。

---

① 韩大元.论宪法规范的至上性[J].法学评论,1999(4):28—29.

区分言论自由与语言暴力

鲍雨晨

（天津商业大学法学院 天津 300134）

[摘要] 网络语言暴力的危害已经日渐严重,在微博等社交平台上各种不堪的留言比比皆是,而行为人又往往以言论自由为自己开罪,因此想要真正消除语言暴力,就必须区分语言暴力与言论自由,因为言论自由是基本人权,不可以被剥夺,而语言暴力则是必须被消除的。本文认为语言暴力与言论自由最本质的不同在于所谈论的对象不同,不适当的言论仅仅针对非公共事件和非公共人物而言,一般情况下,对于公共事件和公共人物的言论属于言论自由。消除语言暴力需要政府和社会的共同努力。

[关键词] 言论自由;语言暴力;公共事件

引言

在当今社会,无论是在现实生活中还是在网络社会中,语言暴力现象频繁发生,其产生的严重影响也越来越引起人们的注意。语言是人们日常交流的重要武器,文明语言可以促进人们的交流,促进良好社会关系的形成,而语言暴力不是文明语言的一部分,不但会扼杀文明语言的发展,更会阻碍和谐社会的构建,在网络环境中,这种不良后果的影响更加明显。行为人会在网络中留下一些讽刺、诽谤的言论,而这些语言暴力一旦相对集中,就会造成网络污染,这样的言论脱离了理性的范围,把网络变成了暴徒正义的空间,因此必须消除语言暴力,才可能拥有更加文明、健康的语言体系。

一、网络语言暴力概述

《增广贤文》的谜面就有"良言一句三冬暖,恶语伤人六月寒"。网络语言暴力是将现实社会中的语言暴力转战到互联网社会中,本质上并没有不同,但其结果更为恶劣。要消除网络语言暴力,首先需要明白什么是语言暴力,笔者认为所谓网络语言暴力是指一个或者几个网络用户基于一定目的,在网络上公布一定的信息或者转发他人已经发布的信息,继而引发更多的网络用户对该信息中涉及的当事人的谩骂、诽谤等言语攻击,甚至是人肉搜索,造成被害人的人格权益和财产权益损害的行为。其特点在于:第一是大量网友的参与,表现为大量的评论和转发等;第二是网民在意见表达中使用贬义、侮辱性的词汇;第三是网友不良甚至是不实的舆论对当事人构成物质性和非物质性伤害。

关于网络语言暴力产生的原因,笔者认为主要有以下两点:

第一,"低年龄、低学历、低工资"是网络用户的主力军。根据《中国互联网络发展状况统计调查》,中国网民年龄 30 岁以下的占到了近五分之三;网民的学历中大学本科以上的网友仅仅占到了十分之一;而网民的职业结构中学生、自由职业者和无业的比例最大。根据国外的一项评估,超过一半以上的博客是由 19 岁以下的青少年和孩子所写,博客作者变得越来越年轻。最普遍的博客作者是"十来岁的女生,她们主要利用这个媒介与 5～10 个朋友交流"。① 全球的网络使用者都呈现出低年龄、低学历、低工资的现象,"三低人员"在现实社会中产生的不良情绪无法在现实社会中发泄,于是他们转战互联网,在互联网上肆意实施网络语言暴力行为,这或许可以解释网络中各种低俗段子的疯狂流传,恶意留言的层出不穷,还有大量为了吸引眼球的煽动性言论的来由。网络低龄化使得在互联网上关注的焦点往往不是一些与国计民生相关的大事,而是各种明星的绯闻八卦,以及容易引起争议的新闻事件。另外,未成年人自己的判断和辨别能力不强,容易受到外来信息的影响,既有强烈的表达欲望又偏向于直接表达自己,因此造成网络上语言暴力事件层出不穷。

第二,网络本身的匿名性带来的负面影响。匿名对于言论自由是不可或缺的。美国最高法院曾经指出:"匿名小册子、传单、手册,甚至是书本,在人类的发展中,扮演了一个重要的角色。在整个历史上,从古至今,受迫害的团体和教派可以匿名或完全不具名地批判压迫性的做法及法律。"②匿名

---

① G. Jeffrey MacDonald. Teens:It's a Diary. Adults:It's Unsafe[J]. Christian Science Monitor, 2005.

② Talley v. California, 362 U. S. 60(1960).

让人民更勇于实验和作怪,却用不着冒着名声受损的风险。①

　　匿名性对于言语的实际表达是至关重要的,因为匿名可以消除读者的偏见,可以增加内容的神秘感。人们可能希望匿名,否则他们会担心因为自己的言论而失去工作甚至被其他人排斥。没有匿名,有些人可能不愿意公布有争议的想法,若没有人愿意公开自己真实的想法,没有人愿意提出不同的观点、发出不同的声音,表面上看起来似乎社会和谐,但实际上已经为社会危机埋下了种子。但是任何事物都有好坏两面,匿名也不例外,匿名可以保护人们的隐私,同样也可以引诱人们侵犯他人的隐私。在匿名的情况下,人们会有和实名制中完全不一样的行为表现,匿名可能使人们受到更少的追究,承担更少的责任,一方面可以使人们更加愿意坦率地表达自己的声音,但另一方面也诱惑着人们做出不好的行为。亚当·斯密认为,当人们可以匿名时,人们的行为会有所不同。匿名会诱惑人们表现得很糟糕,会使人们的言语往往变得更加肮脏和不文明。当我们不需要负责任的时候,很容易做出伤害别人的事情。因为当我们谈论他人时,我们不仅影响他人的声誉,而且影响我们自己的声誉。如果有人传播不当的东西,泄露秘密,散布假传言和谎言,那么他自己的声誉也可能被破坏,人们会认为这个人不值得信任,他们可能永远不会和这个人分享秘密,他们也可能会停止相信那个人说的话,因此在实名制的情况下,即使为了自己的名誉,行为人也不会随意做出语言暴力的行为,但匿名则完全不一样。

　　关于为什么在网络上极易发生大规模的网络语言暴力事件,按照法国著名的社会心理学家古斯塔夫·勒庞(Gustave Le Bon)的观点:"孤立的个人很清楚,在孤身一人时,他不能焚烧宫殿或洗劫商店,即使受到这样做的诱惑,他也很容易抵制这种诱惑。但是在成为群体的一员时,他就会意识到人数赋予他的力量,这足以让他生出杀人劫掠的念头,并且会立刻屈从于这种诱惑"。② 现实社会中,人们面对争议事件避而远之,几乎不会当着争议当事人的面做出任何评价,更不用提一些侮辱性的语言;在微博中却可以明显发现,在一些有关争议事件内容的博客下面的评论,辱骂、侮辱的留言往往"成群结队"地出现,还会有大量的网友转发这些留言,甚至很多网友为了

---

① Gary T. Marx. Identity and Anonymity:Some Conceptual Distinctions and Issues for Research [J]. Documenting Individual Identity,2001:311,316,318.

② [法] Gustave Le Bon. The Crowd:A Study of the Popular Mind[M]. 冯克利,译. 北京:中央编译出版社,2005:23.

"搏头条""蹭热度",故意做出一些辱骂、侮辱性的留言来吸引他人注意。网络的匿名性增加了群体的去个性化的程度,使得在现实生活中分散了个人变成了古斯塔夫·勒庞认为的在网络社会中的心理群体,原本独立的个人会因为这些心理群体的刺激和鼓励展现出个人所达不到的巨大攻击力,通过语言暴力行为给当事人带来精神上和物质上的伤害,网络语言暴力侵权行为就此发生了。

二、言论自由概述

1958 年,约翰·斯图亚特·密尔在他的著作《论自由》中说明了言论自由的重要意义,他认为人们不可以盲目地认为自己永远是对的,而别人永远是错的,就算别人的观点确实存在一定的错误也不可以粗暴地否认他人的一切,任何事物都有两面,只有让不同的观点相互交流才有可能更加接近真理。事物是不断发展的,没有永恒的真理,也不存在绝对的错误。

虽然 1791 年问世的美国的宪法第一修正案就有关于言论自由的规定,但是美国对言论自由的判定标准也是一波三折。1794 年,国会通过《防治煽动法》宣布批评联邦政府行为构成犯罪,詹姆斯·麦迪逊(宪法之父)与杰弗逊(时任副总统)强烈反对。因为该法的施行,很多人"因言获罪",引起民众强烈不满,使绝大多数美国人意识到言论自由和出版自由在民主社会的重要性,杰弗逊任总统之前,该法名存实亡。而后,因为对言论自由的判断标准始终不确定,大法官会刻意回避,如果回避不了,会遵循布莱克斯通关于"煽动诽谤政府"的判断标准,即某种言论只要有不适当的倾向(指以后可能会引发对社会不当影响的言论,而对社会产生不当影响在当时并没有一个确切的判断标准,是否会产生"对社会的不当影响",完全由法官判断),就可以为维护社会利益追究言语者。但是汉德大法官并不认同这种所谓的判断标准,他认为只有当言论在现实生活中引发实际非法行为时,才应当予以制裁,也就意味着故意带有恶意的但并没有引发现实危害的言论也属于自由言论的范畴。作为判例法国家,对于言论自由在美国的判定标准是由几个重大案件一步步构建起来的。"申克诉美国案"中,霍姆斯认为如果当事人申克的传单确实会产生效果,必会对战事造成不利影响,既然潜在的危险如此严重,必须先发制人,而不是基于平时对相关行为的危害性的判断,即确立一种"明显而即刻的危险",只是这种说法很模糊;"艾布拉姆斯诉美国案"中霍姆斯在他的异议中除了进一步明确和细化了"明确而即刻的危险"

的标准外,又为判断言论自由是否有现实危害增加了"迫在眉睫"和"刻不容缓"这两个构成要件。

关于言论自由含义的激烈争议,贯穿了整个 20 世纪 20 年代,在"吉特洛案"("恐共"风潮案)中,在爱德华·桑福德大法官主笔的判决意见中首次确认,宪法保护言论自由和出版社自由免受各州侵权,如此一来,言论自由保护事业有了飞跃性发展。布伦南大法官确立了对于美国言论自由有重大影响的"沙利文案标准",此案件的判决进一步证明了第一修正案的核心承诺是:关于公共事务的辩论应该是无限制的、有活力的和广泛的。从美国言论自由的发展中可以看出,有关于言论自由和语言暴力的区别是行为人是否应该承担相应责任的争论点。

三、语言暴力与言论自由的核心区别在于针对的对象不同

言论自由是我们最为珍视的权利之一,但它同时也是充满争议的领域[1]。对于语言暴力和言论自由的区别,不应该聚焦于表达方式和表达内容上,而应该限定在针对对象的不同上。

笔者认为针对事件,尤其是对公共事件的讨论和评价永远不构成语言暴力,严厉的话语不等于语言暴力。言论自由是最大的社会利益,那些被政府官员深恶痛绝的批评言论实际上是赋予政府合法性的权利之源。[2] 言论自由是政府自治的基本条件,不应该有人因为批评政府官员而受到惩罚。人民享有自由监督公众人物以及公众事务的权利。需要肯定的是,即使在言论自由的前提下,法律也不允许任何人用伤害他人情感的方式来"自由"表达自己的观念和思想,正如小塞缪尔·阿利托大法官在"斯奈德案"中曾提出的:"就算在一个可以公开、充分讨论公共事务的社会,也不应当让无辜者受到这样的残忍对待。"

被誉为"美国现代言论自由之父"的泽卡赖亚·查菲认为只有直接煽动违法的言论,才应受处罚。2014 年 5 月 13 日,济宁市兖州区的一名男子因为对自己遭到违章停车处罚而对兖州交警心情不满,在百度兖州贴吧里发帖发泄,称兖州交警"真孬种"。而后兖州公安以其对人民警察进行侮辱,造成恶劣社会影响,对这名男子处以行政拘留 5 天。笔者认为该言论虽然偏

---

① [美] Owen M. Fiss. The Irony of Free Speech[M]. 常云云译,北京:北京大学出版社,2015:1.

② Blasi. Learned Hand and the Self-Government Theory of the First Amendment:Masses Publishing Co. v. Patten. 61 University of Colorado Law Review 1, 1990.

激,但这样的观点并不会产生任何实质性的危害,也没有煽动实施违法行为的意思,套用霍姆斯大法官"明显而即刻的危险"的标准,这样的言论对社会产生的实质危害性是几乎不存在的。动用公安机关对发帖人进行行政处罚,难免有滥用职权的意思。正确的结论应该来自多元化的声音,而不是权威的选择,只有将不同的观点放到意识形态市场上去交流,才可能愈加接近真理。在上文提到的"斯奈德"案件中,原告弗瑞德·菲尔普斯是"韦斯特伯勒浸礼会"的创始人,二十年来,一旦有士兵被埋葬,菲尔普斯都会带领教会的教徒出现在葬礼场所附近,亮出各种非常让人不舒服的标语:感谢上帝,杀死士兵……菲尔普斯对同性恋极为敌视,他认为美国军队太容忍同性恋,在外国土地上被杀死的士兵是上帝惩罚美国的证明。当阿尔伯特·斯奈德主持了心爱的儿子的葬礼时,菲尔普斯又出现在殡仪馆附近进行抗议,于是斯奈德以诽谤、侵犯隐私、故意造成精神伤害等理由将菲尔普斯告上法庭,但是菲尔普斯认为自己完全有权利这样做,依据第一修正案关于言论自由的规定,自己拥有言论自由的权利。可是菲尔普斯一审败诉,于是他继续上诉,官司很快打到联邦最高法院。联邦最高法院以 8 比 1 的票数,判决菲尔普斯胜诉。执笔判决意见的首席大法官约翰·罗伯茨认为:菲尔普斯的抗议是"令人不愉快的",但他的行动是针对军队的同性恋政策,而不是战士,应该被视为"对公共事务的讨论",而不应仅仅是为抗议者的言论"不值得尊重或者令人憎恶"而对其加以限制,为了确保政府不抑制公众的自由讨论,即使是损害公众的感情的言论也应该受到保护。

　　宪法保护的表达自由权利,在这个人口众多、日趋多元的社会里,无疑是一剂良药。创设这一权利,就是为了解除政府对公共讨论施加的种种限制,将讨论何种议题的决定权最大限度交到我们每个人手中。允许这一自由的存在,或许甚至会有一些冒犯性的言论。但是,在既定规范之下,这些仅是扩大公共讨论范围导致的一点点副作用罢了。容许空气中充满和谐的声音,不是软弱的表现,而是力量的象征。[①] 小奥利弗·温德尔·霍姆斯大法官在"美国诉艾姆拉姆斯案"中曾说道,在已经花费了太多的时间去斗争之后,人们将更加相信,达到它的心中至善的最好的方式,就是交流不同的想法。也就是说,如果我们想确定一个想法是否是真理,就应该允许将这种

---

① [美] Anthony Lewis. Make No Law: The Sullivan Case and the First Amendment[M]. 何帆,译. 北京:北京大学出版社,2015:270.

想法在意识形态市场的竞争中进行测试,因为只有真理才能保证我们的梦想成为现实。

针对个人和普通民众的不当评论、不实信息则构成语言暴力侵权。网络语言暴力侵权行为可以损害受害人的隐私、名誉,甚至影响受害人在现实中的正常生活。虽然我们坚定地保护自由表达言论的权利,即使这些言论可以造成很大的伤害也是一样的,因为言论自由对我们自己的生存和社会民主是至关重要的,但这只限于公共事务和公众人物;保护一般公众的隐私和声誉的民主和自由发展则需要更高的标准。路易斯·D.布兰代斯在《隐私权》里描述了应受限制而不宜公开的事务[①]:它们关涉到私人生活、习惯、行为以及个人关系,并且与他是否适合担任或所寻求或被推荐担当的官职没有法定联系,与他在公职或准公职职责范围内的所作所为也没有联系;有一些事务,不论是否属于公共生活的范围,人们都有权利隔离于公众猎奇之外;而另一些事务之所以具有私密性,只是因为与之有关的人没有担任某一职务,而这一职务可以使其所作所为成为公共合法调查的对象。

公众人物由于他们特殊的社会角色,他们的隐私会在一定程度上被限制,具体来说就是与公众利益有关的,与他们的职责有关的,与公众有合理知情权有关的内容关注不受隐私法律保障。"中国第一狗仔"卓伟称呼歌手汪某为"赌坛先锋",引起汪某的不满,并以名誉侵权为由将卓伟等媒体告上法庭,但是法院认为以"赌坛先锋"一词难以认定构成对汪某的侮辱或诽谤,因为汪某之前有一些出入赌场的照片和相关新闻,将汪某和"赌博"联系起来并不是完全虚构的,而汪某有一定的社会知名度,属于公众人物类,应该履行更大的社会公允容忍义务。相类似的案例还有著名的"尼尔苏明尼苏达州案"中,明州周报主编因揭露当地检察官操纵赌场捞钱,被检察官以诽谤为由起诉,使得明州周报被停刊。而联邦最高法院却做出明尼苏达州封杀明州周报的判决违反宪法修正案的最终判决。对此,首席大法官查尔斯·埃文斯·休斯表示,不能认为媒体和公民正在滥用他们的权利,尤其当媒体和公民对公众人物做出不好的评价,认为公职人员的所作所为蔑视了公职人员的权利,因为与伟人遭受的个人攻击相比,这样的评论根本算不了什么。如今,我们的行政框架越来越机械,渎职和腐败的可能性急剧增加。公民的权益被官员忽视,犯罪的罪行已经对人民的生命和财产构成了巨大威

---

① ［美］路易斯·D.布兰代斯等.隐私权［M］.宦盛奎,译.北京:北京大学出版社,2014:31—32.

胁,因此更加需要保护公民和媒体的言论自由。

四、结语

作为世界互联网应用和增长最快的国家之一,中国互联网中的语言暴力所带来的恶果已经十分严重。某门户网站的一项调查表明,五分之三左右的受访者曾遭遇过网络人身攻击;五分之四左右的人感觉网络人身攻击现象普遍。我国一直非常关注网络方面的立法规制,从 1989 年至 2013 年,我国颁布了 5 部法律、16 部司法解释、13 部行政法规和 85 部部门规章来规范网络社会,但是这些法律法规主要是关于信息安全、网络交易方面的,而规制网络言论方面的却几乎没有。不过,从 2014 年开始,我国已经开始越来越关注网络言论,接连发布了《2014 年中国微信发展报告》《2014 年网络空间安全发展研究报告》《2014 年中国互联网金融发展报告》,还有 2015 年颁布了被称为"昵称十条"的《互联网用户账号名称管理规定》等一系列法律规范,这预示着我国将越来越注重对网络言论方面的规制。此外,2016 年最高人民法院、最高人民检察院、公安部为进一步遏制网络语言暴力也联合下发了相关规定①。

我们生活在一个令人兴奋又美好的时代里。互联网把数据图书馆带进我们所有人的家中。博客圈彻底民主化,任何人说些有趣的事——或者,说任何事情——那是一种全球性的声音。博客与社交网站,让人们能够表达他们以往所不能表达的想法。它们鼓励人们与陌生人分享他们的生活,并且向全世界打开他们的日记本。如同一个博客作者写的,经营博客让你"在发现其他人生活之时,发现你自己"②。但是,在缺乏监管的互联网世界,网上的轻率留言、不堪言论和虚假信息比比皆是。在网络世界里,习惯性地指点江山,大发讨论,没有看到整个事实就直接跳到结论;习惯性地猜测他人有恶意动机;习惯性地使用情感而不是理性做出判断,各种诽谤、谣言等令人难以忍受的言论在网络上无处不在,更有甚者在网络上购买"水军"疯狂

---

① 明确网页、微博客、朋友圈、贴吧、网盘等网络平台发布的信息属于电子数据,法院、检察院和公安机关有权依法向有关单位和个人收集、调取电子数据。电子数据还包括:短信、邮件、即时通信、通信群组等网络应用服务的通信信息;用户注册信息、身份认证信息、电子交易记录、通信记录、登录日志;文档、图片、音视频、数字证书、计算机程序等电子文件。此项规定于 2016 年 10 月 1 日以后实施。

② Marie-Chantale Turgeon, 10 Reasons to Blog, http://www. meidia. ca/archives/2005/06/10_reasons_to_b. php? 1=en.

刷屏,导致民众难以区分信息的真假。随之而来的"羞辱文化""网络暴力""人肉搜索"……不管其他人的隐私如何,这些恶劣行为给现实社会和网络环境都造成了不良影响,令人不寒而栗。成千上万的网民凭借它化身为"福尔摩斯",如同杀人蜂一般在一次次网络围剿事件中成了网络道德的"审判官",伤害着事件中的当事人。如果我们不限制网络语言暴力就等于变相地鼓励在网络语言中实现暴力,将微博或微信朋友圈这些公共社交平台一步一步地变成"语言垃圾转储箱"。为了净化网络环境,不仅需要法律的规范,还需要网络服务提供商和网络用户的共同努力。

通过非法证据排除救济公民宪法权利的
域外考察

刘婷婷

（天津商业大学法学院 天津 300134）

[摘要] 在国家追诉犯罪的过程中，存在着一对相互冲突和对抗的主体——公民与国家，相比于强大的国家权力，公民的权利很容易受到侵犯，近年来频发的冤假错案即是典型代表。非法证据排除规则被认为是刑事司法领域救济公民宪法权利最有效的手段。2012年我国在立法层面引入了非法证据排除规则，但是在近三年的实践中该规则的表现却差强人意，究其原因，是由于我国目前对该规则的认识不够全面深入，制度的建构应当以坚实的理论为基石。因此，有必要对该规则进行正本溯源的分析，同时对该规则在不同法系的国家的运行路径进行对比研究，探究不同法系的国家如何通过此项规则保护公民的基本权利，希望在此基础上对我国正确建立该制度有所裨益。

[关键词] 公民宪法权利；非法证据排除；权利保障

引言

在和平时期，刑事诉讼被认为是公民个人与国家产生冲突的领域，为追查犯罪、恢复被犯罪破坏的社会秩序，各国都赋予刑事侦查机关以权力来对公民的某些权利进行限制与剥夺，与其他部门法通常只涉及对公民的财产进行限制或剥夺不同，刑事诉讼法不仅涉及对公民的财产进行限制或剥夺，而且往往涉及对公民的生命、自由等进行限制或剥夺。比如在案件侦破过程中，警察为了尽快破获案件，取得犯罪人的供述，可能会对犯罪嫌疑人实施殴打、体罚等刑讯逼供手段，又如检察官的违法追诉行为等，如果公民在受到国家公权力侵害的过程中得不到有效的救济，最终将会沦为国家追究犯罪的牺牲品,宪法保障人权的目标也难以实现。而倘若无罪之人屈打成招,有罪之人逃之夭夭,冤假错案频发,这既违背了刑事诉讼法保护人权的基本目的,也不利于打击犯罪,维护社会公平正义。

非法证据排除规则作为一项程序性救济措施,被认为是保障公民宪法权利最有效的一种方法,之所以如此,是因为相对于其他措施,非法证据排除规则有其自己独特的优势,其他救济方式,如民事、刑事救济方法,要么只能对权利遭受侵害者进行补偿,要么只能对实施违法者进行惩罚,而非法证据排除规则既能对实施违法者进行惩罚,也能对受害人遭受的侵害进行补偿,它起源于美国宪法,有着深厚的宪法基础,它通过否定该证据的可采性来救济在追诉犯罪过程中受到不当侵害的公民,最终达到保障公民个人权利的目的。通过此种方式,将公权力机关人员非法取得的证据,否定其进入法庭的资格,既是对现有非法行为的制裁,又能进一步纠正和规范公权力机关人员的执法行为,最终督促公权力机关人员严格执法,因此非法证据排除规则现在已经是一项通行于世界各国的救济制度。

一、美国刑事诉讼中公民宪法权利的保护与非法证据排除规则

美国联邦宪法第 4[①]、第 5 修正案[②]对公民的基本权利做出了规定,但是在这些宪法性权利受到警察、检察官等的恣意侵犯时应该如何获得救济却长期无法可依。传统的证据法坚持证据需要符合三性,即合法性、关联性和客观性,本着发现案件事实的目的,只要取得的证据符合这三个条件,无论其来源如何、取得方式如何,都与证据的可采性无关。实践中警察为了迅速破案,常常采用非法的手段来获取证据,这种手段往往对公民的宪法权利造成直接或间接的侵犯,使得联邦宪法第 4、第 5 修正案的权利保障条款如同虚设,美国最高法院的法官因此开始关注此问题。随着时间的推移,联邦最高法院的法官们发现非法证据排除规则是救济公民宪法权利最重要、也是最有效的手段,继而开始在实践中大量运用并不断完善这一规则。

---

① 美国联邦宪法第 4 修正案规定:"人民保护其人身、住房、文件和财物不受无理搜查扣押的权利不得侵犯;除非有合理的根据认为有罪,以宣誓或郑重声明保证,并详细开列应予搜查的地点、应予扣押的人或物,不得颁发搜查和扣押证。"

② 美国宪法修正案第 5 条规定:"非经大陪审团提出报告或起诉,任何人不受死罪和其他重罪的惩罚,唯在战时或国家危急时期发生在陆、海军中或正在服役的民兵中的案件不在此限。任何人不得因同一犯罪行为而两次遭受生命或身体伤残的危害;不得在任何刑事案件中被迫自证其罪;未经正当法律程序,不得剥夺任何人的生命、自由和财产;非有恰当补偿,不得将私有财产充作公用。"

非法证据排除规则在美国最早可以追溯到 1886 年的"波伊德诉美国联邦政府案",在该案例中,被告人波伊德被迫交出了与运输文件相关的发票,但是在法庭审判阶段,被告人认为不应该将该发票用作指证他犯罪的证据,理由是该项证据违反了不得强迫自证其罪的规定。最高法院经过审理认为,扣押个人的物品并用来指证他犯罪其实质就相当于强迫被告人自证其罪,所以最后做出裁定,通过强制搜查获得的文件材料由于违反了第 4 修正案,因此不能用于证明被告人有罪,该证据应该予以排除。大法官布拉德利还对第 4 修正案的历史进行了详尽的叙述。他指出,宪法修正案的缔造者意图通过制定权利法案,连同其他手段来保护本国的人民。这些保障从英国发展起来,意在保护人民不受不合理的搜查、扣押——如根据政府签发的一般令状所授权的搜查和扣押,扣押公民的私人文件,用以支持对公民真实的或虚构的指控,这种搜查和扣押侵犯了公民的住宅和隐私。根据在美国殖民地时期签发的协助收缴走私物品令,上述不合理的搜查扣押也获允许。对这些做法的反抗,确立起一项原则:一个人的家是他的城堡,不受搜查或扣押其物品和文件的任何概括性授权的侵犯。这一原则已被纳入宪法第 4 修正案中。

真正以联邦宪法第 4 修正案为基础的判例是 1914 年的"威克斯诉美国联邦政府案",被告人因为涉嫌在抽彩或附送赠品活动中以邮件邮寄的方式倒卖代表着一定中奖或折扣份额的票证或优惠券,被一名警察在没有逮捕令状的情况下逮捕,随后又对被告人住宅实施了两次搜查,而且两次均未持有搜查令状,同时通过搜查扣押了在他家里找到的一些物品与信件,这些证据后来被用于证明威克斯的犯罪事实。在州法院对案件的审判过程中,被告人威克斯辩称,警察在没有令状或其他授权的情形下,非法进入其住宅中进行搜查,并扣押了他所有的书、信件、钱包、文件、股票等财产,此种行为侵犯了美国联邦宪法赋予他的权利。最高法院最终采纳了被告人的抗辩,大法官在发表该案的判决的意见时,对第 4 修正案和第 5 修正案做了如下论述:人格尊严和自由的原则,是经过多年的抗争后才在英国得以确立。波伊德案表明,两个宪法修正案都意欲以其最大效力,通过宪法规定的形式,使人格尊严和自由的原则永存,以此将其完整的形式引入我们的制度,而不受未来立法变化可能带来的影响。不论该公民是否被指控犯罪,这种保护遍及所有类似的情形;并且,对所有联邦制度下被委托执法的人而言,推动第 4 修正案的生效和实施是其必须履行的义务。在任何情形下,法院都承担着维护宪法的职责,处于任何情形下的人们都有权为维护这样的基本权利而上诉。

非法证据排除规则起初只适用于联邦政府,其在制度运作上被推延到各州源于"马普诉俄亥俄州案",在该案中,警察无证强行进入被告人马普的房间进行搜查并扣押了一些淫秽物品,并以此指证马普违反了《俄亥俄州修订法典》,明知并持有和控制淫秽、色情的书籍、图片和照片。俄亥俄州最高法院认为尽管该判决的主要依据是在对被告人住宅的非法搜查中,非法扣押所得的淫秽、色情书籍和图片,但该有罪判决仍然是成立的。本案被上诉到联邦最高法院,主要争议点是对于非法搜查和扣押取得的证据,各州是否应当禁止其在自己的法庭上采用。美国联邦最高法院认为,所有以违反宪法的搜查和扣押方式取得的证据不但在联邦法域甚至在州法域也不可采用,否则,就像没有威克斯规则保证反对不合理的联邦执法官员的搜查和扣押,第 4 修正案就会形同具文,在人类自由的永恒篇章中将变得不值一提。

从以上的分析中可以看出,非法证据排除规则是将那些通过违反联邦宪法权利内容获得的证据予以排除的一项规则,那么对于那些并非由违宪行为直接获取而是经由违宪行为进一步取得的证据是否应该排除呢?例如警察通过非法监听被告人的通话内容而获得了一些信息,并进一步通过该信息获得了其他证据,那么是否应该禁止警察使用以该项非法监听获得的其他证据?美国联邦最高法院在"西尔弗索恩案"中对此做出了回答。联邦最高法院指出,无论是通过不正当方式直接获取的证据,还是经由该证据再次获得的其他证据,都应当否定其资格,将其排除于法庭之外,这就是著名的"毒树之果"规则。这主要是考虑到,最初违法获取的证据已经污染了后续获取证据的源头,所以以此证据为基础继而取得的证据也因此受到了违宪行为的影响,如果适用此项证据,也会对公民的宪法权利造成侵害,因此法庭在审理案件的过程中同样应该排除此种类型的证据。

综上所述,我们可以看出非法证据排除规则自从美国诞生之初,就与宪法紧密相连,与公民的基本权利息息相关,它是从联邦宪法中产生的权利。它从设立之初就是为保护公民权利,使得宪法的权利条款不至于落空而成为一纸具文。非法证据排除规则与公民的宪法权利存在如此密切的关系,正如有学者指出,"如果将公民的宪法权利比喻为大树,则非法证据排除规则就是公民宪法权利这棵大树结出的花"。① 因此,我们不能仅仅将其作为刑事诉讼的一项规则去研究,而应该看到其背后深刻的宪法根源,只有这样,才能对该规则有透彻而全面的了解。

二、德国刑事诉讼中公民宪法权利的保护与证据禁止制度

在德国,著名学者柏林首先提出了证据禁止制度,在他的诉讼法理论中,他反对将发现实体真实作为追诉犯罪首要原则的传统见解,他认为不应该以牺牲公民宪法权利为代价来发现案件事实。虽然证据禁止制度是作为一种刑事诉讼法上的概念在德国发展起来的,但是第二次世界大战后,刑事诉讼法与宪法的联系日益加强,一方面宪法中的权利保障条款对刑事诉讼法的发展产生了深远影响,宪法具有最高法律效力,将刑事诉讼的基本制度上升为宪法制度加以规定,将有利于这些制度在现实生活中得到切实遵守与执行;另一方面,宪法的规定也不可能具体到每一个细节,因而宪法所规定的权利内容要想在执法与司法实践中得到切实贯彻,还必须依靠刑事诉讼法。德国联邦宪法法院很好地调和了这种关系,它在司法实践中,将被告人受宪法保障的基本权利与证据禁止制度联系起来,使得证据禁止制度逐渐发展成为救济公民宪法权利的一项有效措施。

(一)证据禁止的概念和分类

在德国法中,证据禁止是对侦查机关追诉犯罪活动的限制。证据禁止可以进一步划分为两大类,一类是对证据搜集取得程序等的限制,称之为证据取得之禁止,受此类规范限制的对象主要是在侦查过程中追诉犯罪的警察、检察官,当然对法官而言,其依据职权调查取证时也受此规则的限制。也即证据取得禁止是法律为追诉犯罪的活动创设的一系列的程序标准,它不同于证据的可采性,换言之,警察通过违反法定程序取得的证据适用与否是不确定的,有可能该证据最终被排除,但也有可能法官选择采用此证据。因此,证据取得禁止并不等同于证据排除。

作为证据禁止第二类的是证据使用禁止,这种规则主要适用于法官,它是指法官在审理案件的过程中将某类证据予以排除,否定其证据资格,这大体上与证据排除规则类似,但又有其自己的特色。证据排除规则排除的证

---

① 易延友.公民宪法权利的刑事程序保护与非法证据排除规则——以美国联邦宪法第四修正案为中心展开[J].清华法学,2011(4):81.

据首先要是非法的,而证据使用禁止则不同,作为被法官禁止使用的证据,既有可能是违反法定的标准取得的证据,也有可能是完全采用符合标准程序的手段取得的证据,只需要判断采用该证据是否会对基本法规定的权利产生不利影响,而不区分其来源,这是德国证据禁止制度的一项特色。

（二）自主性证据使用禁止

证据使用禁止又可以继续分为以下两类:一类是自主性证据使用禁止,自主性证据使用禁止是由法官在审理个案的过程中具体分析判断得出的,它不是依据成文法的禁止性规范做出排除的,而是由法官自行分析在取证过程中,侦查人员的行为是否会损害基本法规定的公民权利,如果造成损害则予以排除,如果没有造成损害,则不会予以排除。在这样的情况下,即使侦查人员是通过合法手段取得的证据,但是法院仍有权决定禁止使用此类证据。但该规则却不是适用于德国所有的法院,这主要源于在德国对违反宪法的行为进行审查的是宪法法院。

根据联邦宪法法院的司法判例,警察、检察官所收集的私人物品,即使是通过正当的手段获得的,也应该否定其进入法庭的资格。宪法法院对此类证据进行排除并不是基于侦查人员使用违法手段或没按照法定程序获取了这些证据,而是基于德国基本法第 1 章的规定,该章规定了公民的基本权利,而这些基本权利受宪法的严格保护。当然这种排除也并不是绝对的,法官在可能存在自主性证据使用禁止的场合下,通常会考虑两个因素:首先,会考量该获取证据的行为是否侵犯到隐私部分或者隐私的核心部分。如果侵犯到隐私部分或者隐私的核心部分,尽管该取证行为没有违反任何法定规范,但该证据也因直接侵犯宪法基本权利而导致被排除的命运;相反,如果根本没有侵犯到隐私部分或者隐私核心部分,所得证据就应当具有证据能力。例如,绑架儿童的勒索电话被儿童家人录音,可以作为后来确认该被追诉人的证据。其次,要考量该刑事追诉与被追诉人人格尊严的保护之间的比重关系。例如,对于私人私自在与被告人谈话时对被告人叙述的放火罪所做的录音,就因具有证据能力而免于排除;相反,针对那些涉及轻罪,如侮辱罪或毁损罪的诉讼证明,这些秘密录音就不具有证据能力而应予以排除。①

---

① ［德］克劳斯·罗科信.刑事诉讼法［M］.北京:法律出版社,2003:218.

（三）非自主性证据使用禁止

非自主性证据使用禁止是另一种证据使用禁止，主要是针对违法取证导致证据被禁止的一项制度，换言之，违法即排除。德国在其刑事诉讼法典中做了一些具体的规定，例如该法典①规定了针对非法讯问所得的证据应当不予采纳的规则。虽然刑事诉讼法典对此类规则做出了一些具体的规定，但是成文法的规则毕竟是有限的，纵观当今德国的证据禁止制度，也远远超过了刑事诉讼法典的规定，究其原因，是因为该项证据使用禁止受到了联邦基本法权利条款的深刻影响，德国联邦最高法院在一系列的司法判例中，将二者紧密结合在一起。最高法院法官认为，其实该项证据使用禁止实质仍然在于保护公民的个人权利，因为使用非依法定程序取得证据本身就会对公民造成侵害，如果法院继续使用此证据来认定被告人的犯罪事实，则会造成被告人基本权利的二次侵犯。基于这一立场，联邦最高法院认为依据非自主性证据使用禁止的排除范围并不完全局限于刑事诉讼法的规定，原则上，只要某一讯问手段侵犯了被告人的自由意志和自由活动，即应该被排除。这一做法既弥补了成文法的漏洞与不足，又进一步巩固了基本法的权利保障条款，为公民的宪法权利提供了周密的保护方式。

从以上分析我们可以看出，德国的证据禁止制度也与公民的宪法权利密不可分，有些证据的排除是直接以德国基本法的权利保障条款为依据，有些虽然是以德国刑事诉讼法典为直接依据，但其本质却是来源于基本法权利保障条款所确立的精神和理念。德国联邦宪法法院和最高法院的法官们，一直致力于用一系列的司法判例和解释弥补现行法律的不足与漏洞，以期更好地保护公民受宪法保障的基本权利。

三、小结

综合上述分析我们可以看出，美国与德国在使用非法证据排除规则对公民宪法权利进行救济的过程中既存在相似之处，又各有特色。美国的排除规则根源于联邦宪法规定的基本权利，美国联邦最高法院在近一百年中，

---

① 《德国刑事诉讼法典》第136条a：（一）对被指控人决定和确认自己意志的自由，不允许用虐待、疲劳战术、伤害身体、服用药物、折磨、欺诈或者催眠等方法予以侵犯。只允许在刑事诉讼法准许的范围内实施强制。禁止以刑事诉讼法的不准许的措施相威胁，禁止以法律没有规定的利益相许诺。（二）有损被指控人记忆力、理解力的措施，禁止使用。（三）第一、二款的禁止规定，不顾及被指控人承诺，必须适用。对违反这些禁令所获得的陈述，即使被指控人同意，也不允许使用。

将该规则确立并普遍使用于各州,不断扩大和拓展该项规则对公民宪法权力保障的力度和范围,也在这个过程中不断完善着该项规则,它始终以保护宪法确立的基本权利为中心,通过排除非法证据,制约和规范国家机关的行为模式,维护司法公正廉洁,最大限度地落实宪法所确立的公民基本权利。而德国的证据禁止制度虽然是一项诉讼法上的规则,但也与德国基本法息息相关,它显示出了联邦德国希望通过规范和限制国家权力,保护宪法赋予公民的个人权利的意图。德国宪法法院和联邦最高法院一直致力于通过司法判例和解释不断丰富和完善这项制度,以便更好地落实基本法的权利保障条款。但无论是美国模式还是德国模式,通过该规则都产生了良好的影响,都值得我们学习与借鉴。我国2012年将非法证据排除规则写入刑事诉讼法修正案,这在当时掀起了很大的热议,大家都在热火朝天地讨论非法证据排除规则的价值理念、制度确立、规则设置,但是几年过去了,与学界的激烈探讨形成鲜明对比的是实践中非法证据排除规则的适用可谓非常冷清。尽管有法律规定,但许多法院在实践中对于如何适用该规则表现得非常茫然,以至于使该规则形同虚设,这显然违背了我国引入非法证据排除规则的初衷。究其原因,是我国各界对于该规则的认识不足,并没有从非法证据排除规则的本源出发,以至于忽略了其最重要的本质,导致了该规则在实践中步履维艰,形同虚设。易延友教授就曾指出,我国的学者们和司法实践部门在被非法证据排除规则这朵绚烂的鲜花所夺目的时候,却对这朵花背后的宪法权利这棵大树视而不见。① 但纵观美国与德国我们可以发现,非法证据排除规则自诞生之初就与公民受宪法保护的基本权利密不可分,它脱胎于宪法基本权利,又充当着公民宪法权利的保护伞。因此,本文对非法证据排除规则追本溯源,探究其本质,分析域外的经验教训和有益成果,希望能增进对非法证据排除规则的认识,并在深入理解的基础上,结合我国的具体国情,建立中国特色的非法证据排除规则,更好地保障我国公民的基本人权,让每个公民都能切实感受到宪法赋予自己的基本权利。

① 易延友.公民宪法权利的刑事程序保护与非法证据排除规则——以美国联邦宪法第四修正案为中心展开[J].清华法学,2011(4):81.

《监督法》中的执法检查程序问题研究

温茹

（天津商业大学法学院 天津 300020）

[摘要]"天下之事,不难于立法,而难于法之必行。"执法检查制度作为人大常委会法律监督的一种常规手段,不是舶来品,是总结全国各地二十多年来成功经验形成的制度。但是,执法检查制度先实践、后规范这一特性导致执法检查程序存在诸多不完善的地方。譬如,语义的模糊性、执法检查组人员资格不明、法律责任制度设计缺失等问题。本文以《监督法》文本为视角,挖掘执法检查程序存在的问题以及空白点,以增强其操作性,提高执法检查的实效性。

[关键词]《监督法》;执法检查程序;实效性

引言

自《监督法》颁布后,各地结束了执法检查无法可依的局面,执法检查初步呈现出一定的程序性。但是《监督法》文本规定得过于粗糙、不完善,在执法检查过程中呈现出无所适从的状态。

一、语义的模糊性

法律语言不同于普通的自然语言,它所表达的是人民的共同意志,是人民的权利义务,具有人民性、强制性、权威性的特点。为了反映法律强制性这一特点,精准性便成了法律语言最主要的特点,精准性是法律的血液,使其拥有生命力。我国法治建设要求法律具有精准性,法律精准性可以指引人们的行为活动,为人们的行为活动提供可预测性。模糊的法律语言会导致法官滥用自由裁量权,任意解释法律,不利于保障人权,阻碍法学研究的进步。

但遗憾的是,由于立法者自身水平的原因、法律的滞后性和纷繁复杂的现实生活,立法者在立法时会有意无意地使用模糊语句,导致运用模糊语句的现象俯拾皆是。有学者指出,法律是通过语言表达的,我国语言又有着丰富的含义,因此法律语言具有模糊性是无可厚非的。但立法语言与普通法律语言还是有区别的,它体现的是全民的共同意志,是全体公民共同遵守的准则,因此立法语言必须精准,不允许有半点歧义和模糊。立法机关制定的法律必须是准确、清晰的,全体公民可以快速、清楚地明白自己所享有的权利和承担的义务,知道有所为、有所不为。

又有学者指出,法律的模糊性是为了保持社会稳定。法律作为人们活动的依据,这就要求不可能反复无常,但法律又具有滞后性,不可能涵盖社会的方方面面,甚至有些条款随着客观情况的变化而失去意义。因此,为了使法律不僵硬,使法律可以得到很好贯彻,立法者在制定法律时设置了模糊条款,赋予法官自由裁量权,在一定程度上可以弥补法律的空白。法律保持稳定性固然重要,但大量地适用模糊语句会偏离我国的立法目的,与立法精神背道而驰;同时还会使司法人员和行政人员滥用国家权力;法律的模糊性会加大法律实施的难度,使得法律实施变得困难。任何一部法律只有得到切实实施,才能谓之有生命力,否则法律就会成为"稻草人"。

法学理论上的"模糊性",即是为了维持法律的内在稳定性,顺应时代发展,同时为了防止法律僵硬化,又赋予法律自由裁量权,在不同的社会背景下有最适宜的解释。这种"模糊性"的出发点是为了适应客观变化。① 但是,"模糊性"条款的设置应有一个标准,有客观依据,不应当是随意产生的,应设置一定的幅度。立法者在立法过程中应实际考究现实情况以及准确定性,科学界定"模糊性"语句的边界,设置一个模糊度,不可滥用模糊语句,既要使之灵活又要使之准确。法律的准确性对法律实施有着举足轻重的作用。但我国法律因为各种因素,法律语言语义模糊现象随处可见。下面笔者以《监督法》执法检查程序为例进行简要分析。

《监督法》从性质上来说属于宪法性相关法律,是落实宪法有关监督方面内容的规定,因此《监督法》不应与《宪法》一样只做抽象性的规定,应该细化内容,为地方制定办法提供依据。但是从执法检查制度来看,《监督法》规定得还比较模糊、语义不清楚,各地在操作上出现无所适从的状态,大大降

---

① 李韩.对法律学意义上"模糊性"的探讨[J].鲁行经院学报,2003(5):62.

低了执法检查的实效性。

《监督法》第 25 条是对委托执法检查的规定。① 那么,"需要"的具体标准是什么? 各个地方各个人大常委会有各自的需要便利,任何情形皆可以以"需要"为借口推脱所有的责任。语义模糊性一方面可以赋予人大常委会自由裁量权,使之具有活力,富有弹性;另一方面,这种"模糊性"又会滋生自由裁量权的滥用现象,人大常委会滥用自身权力,执法检查监督功能大打折扣。笔者建议应对"需要"一词做出明确界定,不给权力机关留下"权力寻租"的空间,以不完全列举的形式阐释"需要"的情形,一方面可以保留人大常委会部分自由裁量权,另一方面又可以很好地限制人大常委会的权力,防止其恣意滥用权力,同时也响应了党"把权力关在笼子里"的号召。

《监督法》第 26 条规定,执法检查组应及时将检查报告交由审议。② 法律的精准性不仅体现在语句上,法律上所涉及的时间期限更应体现具体的幅度和精确性。时间期限的精准性有其自身的特殊性,笼统的时间期限会为国家权力机关人员滥用权力留下空间,同时还会降低法律的操作性,使得执法检查监督的功能落空。执法检查报告中的"及时"是一个时间期限,但此处的规定过于笼统,应该有一个明确的时间界定或时间幅度,否则会给执法者留下"权力寻租"的空间,同时也会让执法者在具体实施法律时,无从下手,不知所措。

同理,《监督法》第 27 条规定了"一府两院"要根据执法检查报告内容进行改进,并将改进成效向人大常委会反馈。③ 那么,"一府两院"在多长时间内将整改的情况反馈给人大常委会?《监督法》没有明确规定。但 1993 年《全国人民代表大会常务委员会关于加强对法律实施情况检查监督的若干

---

① 参见《监督法》第 25 条:"全国人民代表大会常务委员会和省、自治区、直辖市的人民代表大会常务委员会根据需要,可以委托下一级人民代表大会常务委员会对有关法律、法规在本行政区域内的实施情况进行检查。"

② 参见《监督法》第 26 条:"执法检查结束后,执法检查组应当及时提出执法检查报告,由委员长会议或者主任会议决定提请常务委员会审议。"

③ 参见《监督法》第 27 条:"常务委员会组成人员对执法检查报告的审议意见连同执法检查报告,一并交由本级人民政府、人民法院或者人民检察院研究处理。人民政府、人民法院或者人民检察院应当将研究处理情况由其办事机构送交本级人民代表大会有关专门委员会或者常务委员会有关工作机构征求意见后,向常务委员会提出报告。"

规定》限定了六个月的时间期限。①　遗憾的是,《监督法》最终舍弃了这一规定,但部分省份在制定地方实施办法时仍保留了这一期限,有的甚至时间更短。

另外,法律最主要的目的就在于保障人权,因此,这就要求法条在表达公民权利义务时不能使用含糊不清的语句。为了保障公民的权利义务,必须以精准规范的语句表达,忌模糊不清语句。除此之外,执法检查事关公民、法人和其他组织的权利和利益,拖得时间太长,累积的问题也就越多,处理起来也就更加困难。因此,笔者建议,本着效能原则,《监督法》应该限定"一府两院"将改进情况反馈给常务委员会的时间。

根据《监督法》第 27 条的规定,人大常委会只是在"必要时",对"一府两院"反馈的整改报告进行审议。也就是说,《监督法》对"一府两院"反馈的整改报告的审议,设置了前提条件,即"必要时"。何谓"必要"? 有观点认为,这里所说的"必要"有两个层次含义:一是指常委会不满意"一府两院"的整改情况,认为其整改认识还不够深刻、措施还不到位、成效还不够明显;二是指"一府两院"虽已采取措施进行整改,但整改目标的实现还需要不断推进。基于不同的执法检查者的认识水平不同,对语句的认识也不同,这就会造成在执法检查过程中的混乱。因此,笔者认为应对"必要"一词做出准确界定,只有审议才能提出整体评价。否则,执法检查报告的整个过程就是中断性的,而不是一贯的循环性。

综上所述,法律条文只有准确、具体,才会具有可操作性,才能对人们的行为活动起到指引作用,实现法治建设。否则,语义模糊、表述不清,就会降低法律的可操作性,使人无所适从,与立法的精神背道而驰。法律条文与准确性是鱼与水的关系,法律条文离开了准确性,是与法治相悖的,不符合立法目标,是法治不健全的表现。

二、执法检查组人员资格不明

《监督法》第 24 条规定了执法检查组的人员组成。②　那么,具有人大代

① 参见《全国人民代表大会常务委员会关于加强对法律实施情况检查监督的若干规定》第 9 条:"全国人大常委会会议审议的执法检查报告和审议意见,由委员长会议以书面形式交法律实施主管机关。有关机关应切实改进执法工作,并在六个月内将改进的措施以及取得的效果向常委会做出书面汇报。"

② 参见《监督法》第 24 条:"人大常委会执法检查组从本级人民代表大会常务委员会组成人员以及本级人民代表大会有关专门委员会组成人员中确定,并可以邀请本级人民代表大会代表参加。"

表身份的执法检查的领导成员能否成为执法检查组的成员?《监督法》未做明确说明。

在各地具体实践中,最常见的情形是"一府两院"人员与人大常委会共同进行执法检查活动。尤其是具有人大身份代表的执法机关领导人员直接参与执法检查工作,无疑会给执法检查工作带来诸多便利,但由此带来的问题是会导致"联合执法检查"。在"联合执法检查"过程中,执法检查会流于形式,采取的执法检查形式有限,降低了执法检查监督的权威性。

此外,由于我国《代表法》对代表的学历、专业知识没有要求,所以人大代表真正参政议政的能力不是很高。就人大常委会执法检查组的组成人员来看,具有较高法律素质的人屈指可数。同时,为了适应社会发展,我国立法的数量越来越多,需要执法检查的法律也随之增多,由于执法检查组人员的法律知识有限,做到熟悉各个法律法规不太现实。因而,在执法检查的过程中,经常出现"外行"检查"内行"的现象,在某种程度上影响了执法检查的实效性。

因此,为了解决现实中出现的主客体混乱问题,《监督法》有必要对执法检查人员的资格做出限制性的规定。

三、法律责任设计缺失

法律的生命力在于实施。制定法律责任可以确保执法检查制度得到全面的贯彻与实施。自《监督法》颁布以来,各级人大常委会如火如荼地开展执法检查活动。但是,《监督法》只设置了执法检查主体和客体的义务条款,而未设置责任条款。

关于法律规范,法学界有不同的观点。本文采取法学界的通说即新三要素说,法律规范由假定条件、行为模式和法律后果三个部分构成。从法律规范的表现形态来看,每一条法律条文不是必须包含这三个部分,但从逻辑结构来看,这三个部分在每个法律条文中都是不可或缺的。法律条文缺少法律后果的设置,是缺乏规范性的表现,这种规定会导致法律在实施过程中操作性不强。只有惩治违法行为,让其承担法律责任,保障公民权利的立法目的才会得以实现。因此,执法检查制度也需要国家强制力得以实施,违反执法检查规定的行为都必须要承担其不利后果。

有学者认为责任条款设置的缺失是合理的,指出:"由于各个法律都有自己的个性,法规的性质、表达的内容以及发挥的作用都不一样,所以,必不

是每部法律尤其是关于国家建设方面的法律都要制定法律责任条款".①
笔者对于这种观点解释法律责任的缺失持否定态度。《监督法》在立法过程
中一个重要原则即是,先对地方成熟经验加以总结,以文本的形式展示;对
经验不成熟的或缺乏的,就先予以保留,待条件成熟时再通过文本加以完
善。② 按照当时立法思路来看,没有制定法律责任条款是因为在《监督法》
出台前,人大常委会监督缺乏有效的法律规范。因此,法律责任设置的缺失
是由于立法条件不成熟的客观条件导致的。再如表1所示,改革初期1979
—1985年间,法律文本设置法律责任条款仅占立法总数的26.2%,因为改
革初期我国的立法水平较低,立法技术落后,所以立法者有意无意地会规避
法律责任的设置。到2006—2016年期间,随着我国立法水平的提高,立法
技术的进步,法律文本设置法律责任条款占立法总数的比例达到90%以
上,尤其到2011—2016年间,几乎制定的每部法律都有专门的法律责任一
章。通过立法实践,从侧面体现出我国立法对法律责任设置的重视,法律责
任缺失是不正常的,是存在问题的。"有权必有责、用权受监督"是普通公众
一直信仰的理念,如果仅有权力,而无责任,公众就会慢慢不相信法律,法律
权威性也会随之降低,法治就会因为监督的疲软而失去监督功能。

表1 法律文本设置法律责任条款占立法总数的变迁情况(1979—2016年)

时间分布	1979—1985	1986—1990	1991—1995	1996—2000	2001—2005	2006—2010	2011—2016
比例	26.2%	56.8%	76.1%	73.2%	65.3%	90.1%	95.7%

根据上文介绍,包括《监督法》在内的每部法律都需要设置法律责任条
款,法律责任的设置对我国法治建设起着至关重要的作用。除此之外,《监
督法》设置法律责任条款还有法律依据。《宪法》第5条规定,国家机关要遵
守宪法和法律。一切有悖于宪法和法律的活动都要予以追责。③《监督法》
也规定了人大常委会要按照宪法和法律的规定行使监督权。所以,如果违
反《监督法》执法检查的规定也不例外,理所应当承担其行为引起的不利

---

① 李培传.论立法[M].北京:中国法制出版社,2004:411.

② 乔晓阳.《中华人民共和国各级人民代表大会常务委员会监督法》学习问答[M].北京:中国民主法制出版社,2006:13.

③ 参见《宪法》第5条:"一切国家机关和武装力量、各政党和社会团体、各企事业组织都必须遵守宪法和法律。一切违反宪法和法律的行为,必须予以追究。任何组织或个人都不得有超越宪法和法律的特权。"

后果。

鉴于当时的立法水平与立法指导思想,《监督法》由于客观条件没有设置法律责任条款,更没有对违反执法检查制度规定应承担责任做出规定。《监督法》作为宪法相关法,与其他监督方面的法律相比,属于"监督基本法",有着监督的最高属性,如果没有法律责任作为法律执行的坚强后盾,那么监督的功能就会化为一张白纸,只剩下本本上的意义。一个制度要想得到有效的运行,就要有完善的体系,设置法律责任条款势在必行。

法律责任是法学理论与执法检查实践的"媒介",是保证执法检查贯彻执行的助推器。深究人大常委会执法检查不力的原因主要归结于以下两个方面:一方面,执法检查主体在实际执法检查过程中有"好人"情结,不愿意与"一府两院"正面交涉,能敷衍就敷衍,致使监督环节出现空缺,影响执法检查的实效性;另一方面,作为执法检查客体的"一府两院",面对人大常委会执法检查时不积极配合,要么是事先安排好做表面文章,要么是刻意回避监督,降低执法检查的实效性。只有义务性条款而无责任条款是导致以上问题出现的源泉,一旦明文规定,人大常委会和"一府两院"势必会增强其程序意识和责任意识,有利于实现执法检查的目的与功能,提高执法检查效果。

如上文所述,执法检查增设法律责任章节有着一定的法律依据和必要性,但《监督法》并没有对其规定,因此,笔者试图分析违反《监督法》执法检查规定应承担怎样的法律责任。

关于法律责任的定性,法学界有多种学说观点,本文采取"后果说"这一观点加以论述。"后果说"即指是否承担法律责任以其是否对国家、社会与他人造成危害后果作为评定依据。[①] 关于对法律责任进行归类研究,有的按照违反法律的行为性质分类,有的以法律部门为划分标准。那么,违反执法检查规定的行为应承担什么样的法律责任?笔者试图以法律部门为分类准则,认为违反执法检查规定应承担如下两个方面的法律责任。

(一)实体法律责任

我国《宪法》规定"一府两院"受人大监督。《监督法》明文规定了执法检查主体进行执法检查监督活动的具体内容、形式与步骤,同时也规定了其客体应履行的义务。但对违反执法检查的有关内容只字未提,如人大常委会

---

① 王钢.人大监督法律责任论——以监督法为考察对象[J].人大研究,2009(1):20.

进行执法检查活动违反《监督法》规定或"一府两院"拒绝执法检查监督等等。事实上,这些都是与"一府两院"受人大监督原则相悖的,容易导致国家权力失衡。因此,人大常委会及其"一府两院"如果行使国家权力超越《宪法》规定的权力边界,违反《监督法》实体内容的规定,必须要承担宪法及相关法律的责任。

(二)程序法律责任

执法检查的落实与实施需要通过其程序得以实现,遵守程序能够保障执法检查制度有序进行。只惩罚违反实体法行为,不惩罚违反程序法的行为,那么执法检查的功能则很有可能会化为泡影。因此,笔者建议,不仅要规定违反实体法要承担法律责任,更要规定违反程序要承担相应的法律责任,以此确保执法检查制度得到有效贯彻。

《监督法》对于执法检查没有专门规定法律责任,但地方在落实《监督法》时,积极探索,先行立法,譬如贵州省《监督法监督条例》专章规定了"法律责任"。地方性的综合性配套法规可以说是对《监督法》文本的创新,地方的实践为完善法律责任提供了蓝本。

为了全面监督"一府两院"的执法行为,增强执法检查的可操作性,提高执法检查实效性,就必须制定完善的法律责任机制。对此,笔者建议增设法律责任一章,完善执法检查程序,确保执法检查的贯彻落实。

四、结语

吉尔兹说,"法律就是地方性知识"。[①] 执法检查制度不是舶来品,是我国各地多年来不断摸索,积极探索,整合全国各地执法检查成功经验,在实践中不断发展起来的土生土长的制度。正因为执法检查先实践、后规范这一特性导致在理论和操作方面还存在着不足之处。因此,全国人大常委会要建立与加强执法检查作用的长效机制,完善《监督法》程序规定,使其运作程序化,增强执法检查的可操作性,保障人大常委会执法检查真正发挥作用,提高执法监督的实效性,推进我国法治建设的进程。

---

① 利福德·吉尔兹.地方性知识:事实与法律的比较透视[M].邓正来,译.北京:北京三联书店,1998:126.

民商法热点探析

夫妻共有房屋的善意取得问题探究

安昱睿

（天津商业大学法学院 天津 300134）

[摘要] 善意取得制度的建立为有效解决民法实践中的无权处分问题提供了依据。目前我国的善意取得制度趋于完善，基本已形成固定的适用条件及使用模式，但在许多细节上仍然存在诸多值得探讨的地方，因夫妻一方擅自处分共有财产尤其是共有房屋而与第三人发生的纠纷是其中之典型。夫妻共有房屋的善意取得涉及善意第三人合同利益和夫妻中隐名一方的房屋所有权利益之权衡，而我国法律规定和具体实践都偏向于保护善意第三人。本文从婚姻法、物权法入手，结合侵权法的相关规定展开探讨，旨在探求加强对隐名房屋共有人的利益的保护。

[关键词] 夫妻共有房屋；善意取得；隐名共有人权益保护

一、问题的提出

（一）我国现行法律规定

善意取得是一种传统的法律拟制第三人在一定条件下优先取得物之所有权的制度，各国对此制度都有或细致或概括的规定。我国则在原有法律的基础上通过最新的物权法解释中对一些细节性概念进一步具体化，进一步完善了制度体系，使得该制度在维护市场经济稳定运行和平衡当事人利益方面发挥更加有效的作用。但舶来品要适应具体国情着实不易，善意取得制度在我国无论是立法规范上还是制度体系上仍存在很大的改进和完善空间。诸如本文将要阐述的夫妻共有房屋的善意取得问题，依然广受诟病，亟待调整。

法律赋予所有权追及效力，同时基于市场利益考量而承认第三人在符合要求时取得物之所有权，而原权利人的损失则由无权处分人赔偿。但是在夫妻共有房屋的善意取得中,法律却未赋予权利受损方不以离婚为前提的损害赔偿请求权。

此外,法律仅给予夫妻一方为日常生活需要处分共有财产的自由,该目的范围以外的则需协商一致或是征得对方的同意。但在第三人有理由相信为共同处分表示时,则另一方不得再以不同意或者不知道来推翻合同,换言之,该第三人仅符合善意取得的一般要求,则该夫妻共有财产归其所有,且受损害一方不得主张追回。此即为理论上以及通说对家事代理权的理解,这一概念的存在且不完善也给夫妻共有房屋的善意取得带来了诸多困惑。

(二)我国现行相关法律规定的问题

可见,夫妻共有房屋的善意取得与一般不动产在要件上并无区别,但在对失权一方配偶的救济上却不及普通不动产善意取得完善。

善意取得往往以保护市场交易为名,强调维护所谓善意第三人的利益,从而摒弃了夫妻中的未登记在证人(学理有命名为"隐名房屋共有人"[①])的合法权益,使得该隐名房屋共有人的合法物权遭到了实际的侵害。而依各国立法及理论,夫妻一方的婚内行为给对方造成损失的,受损害方仅可在离婚时主张损害赔偿,也就是说在婚内,受损害方是得不到法律救济的,如此设定可能是出于对夫妻关系的特殊性的肯定及维系,但是事实上其实又偏执于夫妻整体而忽略了夫妻一方的独立性,有剥夺其在婚姻存续期间维护自己合法权益之嫌。善意取得制度本是为了均衡维护交易安全与保护私有权利的价值,但我国法律对于夫妻共有房屋的此项规定,在实质上却造成了另一种价值失衡。

法律对共有财产特别是共同共有财产的处分规定了严格的限制,而夫妻对房屋的共有作为一种典型的共同共有的形式,与一般的不动产买卖相比,应当具有根本上的优越性,夫或妻一方对房屋的共同共有之所有权应当具备超越普通善意第三人的优先性,而我国现行法律规定却并未重视这种优越性。从这个意义来看,我国目前法律对于夫妻共有房屋善意取得的规定明显违背了对共有人利益优先保护的需求。从法律整体而言,这也有损于法律思想价值的体系性。

---

① 林艳婷.论对夫妻共有房屋中隐名共有人的保护[J].法制与社会,2009(35):53—55.

二、利益失衡问题出现的原因

（一）法律在价值取向上偏向于保护善意第三人

依照我国现行法律规定,在夫妻一方无权处分夫妻共有房屋的情况下,善意第三人只要尽到了合理的注意义务,且其与无权处分人所签的合同不存在无效事由,其便可取得房屋所有权,失权一方既无法从第三人处追回,也不能从无权处分一方处获得任何赔偿。据此得出,法律传递的信息是:对善意第三人与无权处分人之间房屋买卖的交易安全的保护高于对隐名共有人物权的保护。诚然,保护善意第三人的利益对社会经济发展有重要意义。然而,隐名一方夫妻当事人对房屋享有的物权涉及家庭成员的利益和夫妻感情,对于维护家庭和谐具有更重要的意义,甚至也会影响到社会和谐,法律这种严重的倾向性保护无疑是超出了必要限度,在试图维持利益平衡中跳进了另一个失衡的圈子。因此,即使对于善意第三人对不动产享有的利益与隐名夫妻一方当事人对不动产享有的利益在理论上不便做出轻重划分,要在法律上维护双方的平衡,则需要法律在价值上予以均衡。

（二）家事代理权概念模糊不清

法律赋予夫妻双方同等的日常家事代理权,具体是指夫妻一方,享有无须告知对方代理权而在日常生活上以某一方或双方名义与第三人订立合同等的权利,并视该行为为双方决定之结果。而正是这一并不明确的概念,给夫妻一方擅自处分共有房屋提供了并不充分但却得到普遍支持的依据。

家事代理权实际为一种法定代理权,夫妻双方依此而可平等处分部分财产。但在我国并未直接使用"家事代理权"的字眼,且法律仅是笼统规定,概念的界定也多依赖于理论界的建议,缺乏立法体现。往往导致在实践中这种代理权外延的扩大,损害"被代理一方"的利益。简言之,我国目前对家事代理权的理解仅限于在对内效力上规定必须用于满足夫妻共同生活的需要,而忽视了在外延上对不动产隐名共有人所有权的保护。因此,在理论上有许多学者主张夫妻一方也可基于该权利处分共有房屋,以致在实践中出现类似问题时,"代理"与"侵权"便难以做出界定[①]。

（三）现行制度对夫妻共有房屋的善意取得无特殊规定

随着社会发展和法律完善,能作为善意取得之对象的"财产"范围不断

---

① 杜江涌,刘静.论我国日常家事代理制度之构建[J].中国法学会婚姻法学研究会,2010.

扩大。传统的财产包括动产和不动产,善意取得制度首先将它们"收入囊中"自是为了使得该制度有足够的涵盖面,但是夫妻共有的不动产在意义和价值上明显不同于其他一般不动产,善意取得也将其同条件地包含进去则有失妥当。作为婚姻家庭住房的共有房屋和一般的不动产在居住成员的身份关系上、家庭可取得的房屋数量上、家庭成员对房屋所有权的共有问题上以及在住房职能上等都有明显的区别,夫妻共有房屋是家庭关系维系、子女健康成长和更好地赡养老人的最基本物质基础。可见,夫妻共有房屋在诸多方面不同于一般的不动产,因此在善意取得制度的构建中也应当予以特殊对待。

三、夫妻共有房屋善意取得的特殊性

（一）夫妻共有房屋具有功能上的特殊性

如前所述,夫妻共有房屋为整个家庭提供居住条件,在实际上发挥着空间作用,但在观念和社会效应上,夫妻共有的房屋更是连接配偶关系、维持家庭和睦的纽带。配偶关系是家庭的基础单元,家庭是社会的小细胞,我国有着浓重的"家"的传统观念,而房屋正是这种需求的承载和寄托,是夫妻关系中必不可少的一环。由此可见,夫妻共有房屋除了具有普通的居住功能外,更具有一定的人身性、身份性①。

相比较而言,一般的不动产,诸如刚开发建成的商品房,尚不担负这种"家庭利益",其买卖及善意取得也仅仅是单纯的金钱债权债务关系,这就给法律的价值选择提供了重要的指导依据。作为法律制度固然有其局限性,难以两全其美,那么,单纯的交易安全与维系着社会稳定利益的特殊私权相比,法律何以做出偏废后者而青睐前者的选择? 经济发展固然重要,但经济建设没了社会基础,又何谈发展?

（二）对夫妻失权一方的救济应有的特殊性

从我国相关法律规定可以看出,仅因无权处分并不影响合同效力,而第三人仅需主观善意且履行了在正常取得不动产时所应履行的手续便可以得到物之所有权。又依据合同的相对性,失权人与该第三人之间无任何法律关系,此时只能找无权处分者主张损害赔偿。归根结底,善意取得制度即是

---

① 张雪桃.论夫妻一方擅自处分共同财产相关利益的平衡与保护[D].大连:大连海事大学,2012.

因保护"善意"的利益而舍弃了另一个并无"恶意"的权利。

但在夫妻共有不动产的善意取得中,法律却并没有赋予失权一方配偶向无权处分一方及时请求损害赔偿的权利,除非终止配偶关系。这样的规定或许是考虑到夫妻之间很难实现相互赔偿或是认为在婚内双方本就有特殊的扶养义务,互相赔偿有些多此一举。而且,依据我国现行法律规定,更多地将婚内的关系归为道德调整,法律作为"旁观者"没有给失权方提供救济的立法或是理论途径。夫妻共同财产虽然产生在婚内,但并不等于双方因此完全没有单独所有的财产,过错方完全可以以个人财产甚至个人借贷来赔偿受损失方的损害,而且夫妻之间的扶养义务是法律的强制性规定,这种私自处分共有房屋的行为实质上就是违反扶养义务的表现,侵权就应当承担后果,失权就应得到救济①。

而在该过程中,无权处分方取得了财产,善意第三人取得了房屋物权,而失权方在意志相逆的情形下失权却得不到及时救济,仅在离婚时可提出损害赔偿请求,如此显然有失公允。而且,这种无权处分并不必然直接导致离婚,法律也没有理由逼受害方以放弃婚姻、解散家庭来实现对自身权利的救济,感情破裂或许会发生在无权处分之后很长时间,或者还会缘于之后其他原因,这也不利于证据的保存,反倒对夫妻生活的不和谐起到了"促进"作用。在笔者看来,这样的设计违背了法律的本意。

四、具体完善建议

夫妻共有房屋有其社会意义、家庭意义及经济意义上的特殊性,与普通不动产相比,本应享有相应的特殊保护,但在我国善意取得制度中,它的特殊性非但没有体现出来,还受到了法律偏向于保护交易安全的制度设计的危害。就此,笔者认为,应当采取一些措施,使得夫妻共有不动产的特殊性可以彰显,得到法律的尊重和优先保护。

（一）优化法律的价值选择

1. 着眼现实,实现法律实质公平

公平作为法的基本价值之一,法律上的公平主要是指个人无差别的法律地位,具有参与社会活动的同等机会。然而,事实上个体之间在经验、智力、机遇等各个方面存在的差别往往会导致实质上的不公平,从而造成某方

---

① 林艳婷.论对夫妻共有房屋中隐名共有人的保护[J].法制与社会,2009(35):53－55.

面的弱势个体在社会活动中实际处在不利的境地,这类人轻则丧失在社会中自由发展的空间,重则直接丧失基本的生存条件。保障弱者的基本人权是法律的职责,也是对实质公平的追求。优先保护夫妻共有房屋的权利,实质上就是保障家庭成员中如妇女、儿童和老人等弱者的居住权益的体现,是法律追求实质公平的体现①。当然,在出现善意第三人以筹备夫妻家庭用房为目的而购买房屋的情况时,便是另一种利益冲突形态的权衡。事实上,善意第三人在市场经济条件下以合理价格购房时,拥有很多的选择空间,完全可以另行选择其他房源,由此产生的费用可以由无权处分人个人承担;而对于原房屋所有权人而言,放弃现居住用房而再寻找其他可供居住的房源,则会产生预期之外的不必要的成本和费用。可见,优先保护原权利人的所有权,不但不会导致公平缺失,反倒有利于法追求实质公平价值理念的彰显。

2.优化制度设计,追求法律效益

法律效益体现在,一方面积极优化模式,提高程序保障,以争取最优化的实际效果;另一方面则要追求效益的最大化,减少不必要的资源浪费。优先保护夫妻共有房屋,有利于增强立法效益,从而减轻人民法院的诉累,体现法的效益价值。我国颁行的物权法确立了一种对社会交易安全倾向保护的善意取得制度,使得婚内夫妻一方要求确认财产共有权并在房屋产权证书上加名的诉讼明显增加。这种房屋产权加名案件的大量出现,明显加重了法院和登记部门的工作负担,也反映出婚姻家庭成员要求住房权得到法律优先保护的现实需求。可见,这种价值取向下的立法效益并不高。因此,对夫妻共有房屋之善意取得的适用做出必要限制,从而优先保护共同所有权,有利于实现法律的效益价值。

3.考虑特殊价值,实现法之社会秩序

秩序是各种规范协同合作而力图达到的有序化状态,法利用其强制性来实现秩序价值,采取利益划分和规范设置等措施来引导和评价人们的行为,以保障井然有序的社会环境。因此,夫妻共有房屋所有权得到优先保护有其必要性,是法追求秩序价值的应然要求。家庭构成了社会基础,家庭的和谐才能保证社会基础的稳定,能在制度上得到优先保障的夫妻共有房屋,则是家庭稳定的重要物质性条件。有人认为,优先保护夫妻共有房屋会损

---

① 陈苇.论婚姻家庭住房权的优先保护[J].法律科学一西北政法学院学报,2013(4):7.

害交易安全和善意第三人利益,事实上,第三人即使最终不能得到房屋所有权,他还可以依据有效的合同请求合同违约赔偿,而对于夫妻、家庭而言,失去赖以维系生活的物质基础的同时,法律竟未赋予其在婚内实现损害赔偿请求权的依据。或者,在制度设计中,对房屋买受人提出更高的谨慎义务也不为过。可见,承认夫妻共有房屋的特殊性,并给予优先保护,是维护家庭及社会秩序稳定的有力措施,将凸显法对秩序价值的追求。

综上所述,任何制度的建设发展都要立法先行,要保护夫妻共有不动产权益,就要从立法价值上确立对夫妻中隐名共有人的优先保护。立法应当权衡利益天平,鼓励和保护交易安全和善意第三人利益固然重要,但也不能忽视夫妻共有房屋的特殊性所产生的社会影响,只片面追求刺激经济而偏废了其他社会价值。

(二)落实原则设计,细化立法规定

1.适当借鉴外国法律制度的规定

国外立法考虑到夫妻共有房屋在婚姻家庭养老育幼等方面负担的重要职能,在其法律制度中有关于对夫妻共有房屋给予优先保护的设计,值得我国借鉴。首先,根据住房所有权归属于一方或双方的情况,分别立法。在夫妻双方共同所有房屋时,可以借鉴意大利、法国、瑞士等国,对擅自买卖夫妻共有房屋的合同效力做出限定,赋予受损失方在另一方未经其同意处分共有房屋后的一定期间内对该行为得以主张撤销的权利;而当房屋属于夫妻一方享有时,则可借鉴英国立法,赋予无权一方的居住权利对抗合同相对人的效力[①]。其次,对夫妻共有房屋的功能转换、权属处置设定严格的程序条件,这也符合我国对于共有财产处置的一般原理,依据我国法律,对于共同共有财产的重大修缮、处分都需要全体共有人的一致同意,而在此处则不应该让这一理念屈从于对交易安全的保护。同时,也可以参考外国法律关于转让夫妻共有房屋时登记审批制度的规定。最后,将保障夫妻共有房屋所有权稳定、维护对方及家庭成员权作为夫妻对彼此重要的扶养义务加以明确,强化受损害一方在利益受损后得以请求赔偿的权利前提。此外,我国理论界对借鉴外国立法赋予公民居住权的呼声日益高涨,希望能尽快完善到制度设计中来,尤其是可以优先给予家庭成员居住权,既可在法律保护下积极行使,也可在受害时获得赔偿填平。

---

① 陈苇.论婚姻家庭住房权的优先保护[J].法律科学—西北政法学院学报,2013(4):7.

2.从现实出发,着眼全国,学习先进地区

在我国,物权具有公示公信的效力,我们在尊重登记效力、坚持以登记作为不动产权属表征的前提下,为有力保障夫妻、家庭成员的住房权益,还可以借鉴国内个别地区在办理房屋权属登记实践中的先进经验。在我国南方诸如重庆等个别地区已经在实践中探索出一些可以较好权衡二者利益的可行性办法,法律可对这些实践经验进行总结,固化为全国性的统一规定。依据先进地方实践经验,我们可规定:出卖人在与他人订立房屋买卖合同时,除须出具一般的房屋权属证明和材料外,尚须提供婚姻状况证明、配偶意见等书面证明材料,买受人应尽到更加严格的审查和注意义务,做到防患于未然。

（三）完善家事代理权

我国目前对于家事代理权的规定并不完备,缺乏明确的界限限定和条件制约,对于隐名共有人利益的保护不够重视,导致对其保护不力。对此,具有代表性的大陆法系国家可以为我国提供参考。如在德国法中,行使家事代理权须符合如下条件:首先,代理行为须出于满足基本生活需要的目的;其次,该代理要为特定的家庭成员服务;最后,该代理须具有相当性,即要符合该家庭的经济状况和生活习惯。日本法也认为必须要根据家庭生活所在地的日常风俗并充分参考某种法律行为的形态与目的等来严格认定日常代理的类型和属性①。此外,我国台湾地区还通过排除现象的方式细化了家事代理权的外延:"夫妻在日常家务中互为代理人,例如保全财产之诉讼行为,公司之事务等非属该范围之内。"

可见,上述国家立法在规定日常家事代理权的同时都对其适用条件做出了较为严格的限制,使得普通民众或是法官很难做出任意扩大的解释。我国也应明确不属于家事代理范围的事项。依据我国的国情和传统观念,同时分析各国完备立法和司法实践可见,家事代理必须是出于对日常生活需求的满足,为家庭服务,而诸如擅自处分夫妻共有房屋等可能会动摇家庭根基的重大事项则非但不为家庭服务,反倒是对家庭利益的侵犯,不应归于可自由代理的范围之内。夫妻共有房屋作为构成家庭的基本性财产,对其任意处分不仅会对隐名共有人的权利造成损害,而且会对家庭产生决定性的影响,类似的纠纷也在实践中不断显露。因此,应该明确限定家事代理权

---

① 王葆莳.论日常家事代理权的行使范围及限制[J].京师法律评论,2011.

的行使范围,禁止一方在未经对方同意的情况下直接代理而处分房屋,不论是登记在一方名下或者双方名下,一方单独处分时,均需要有他方的明确授权①。

(四)限制对夫妻共有房屋的善意取得以加强对失权人的救济

对夫妻就共有房屋所享有的权利的优先保护,是对家庭成员生存权的基本保障,也是法律保护妇女、老人以及儿童等弱势群体之立法精神的体现。第一,据联合国人权相关文件:家庭作为社会天然的、基本的单元,社会和国家应当为个人能在衣食住行、教育医疗等基本生活方面得以维持自己和家人最基础的生存需要提供保障,且任何人的个人空间都应得到尊重而不得被任意打扰。同理,夫妻共有住房权是个体基本生存权的基础,对其优先保护即为保护人权的题中应有之义。第二,我国《宪法》明确了对婚姻、家庭、母亲、儿童的保护,且通过出台专门的文件对这类弱势群体给予特殊的关注。据此可得,住房权作为该类社会弱势群体应当享有的基本权利之一,应当得到法律给予的特殊保护。夫妻共有房屋往往承载着这类弱势群体的住房利益,当这些弱势群体的居住权与善意第三人的利益及市场交易安全发生冲突时,为了切实贯彻法律基本原则,有效保障这类人群的基本利益,对夫妻共有房屋权利的稳定性应当予以优先保护。

但同时也应当明确,优先保护此种利益,并不意味着放弃善意第三人的利益。有观点认为应当将夫妻共有房屋排除在善意取得制度之外,笔者认为,社会实践中存在大量的无权处分夫妻共有房屋的现象,如果仅仅排除在传统制度之外,会使得这种现象陷入没有法律调整的境地,只会更加混乱。鉴于夫妻共有房屋功能属性上的特殊性,在适用善意取得制度时也应进行严格的限制,加重善意第三人的审慎审查注意义务,对夫妻共有房屋的转让登记设计更为严格的程序要求,从源头上、过程中限制善意第三人对非夫妻双方共同意思表示而处分的房屋所有权的取得。

同时也应该注意,虽然可以在立法上完善制度规范、细化概念范畴,但并不代表可以从根本上杜绝这种利益冲突的出现。因此,法律必须同时设计较为完善的救济制度,一旦发生了夫妻共有房屋的擅自买卖,即使法律对于原权利进行了优先保护,这种处分行为也会给夫妻中失权一方造成经济上、精神上等损害,况且在我国现行法律背景下,第三人往往可以基于善意

---

① 杨科.论夫妻日常家事代理权行使[D].呼和浩特:内蒙古大学,2014.

和合理价款、有效登记而取得房屋的所有权,此时,失权人所受的损失更是显而易见的。夫妻关系虽具有特殊性,但并不能因此而否定夫妻一方的正当法律权益,即与一般侵权一样,受损害一方有权在婚内获得无权处分一方以个人财产进行的赔偿。同时,如前所述,依据我国现行法律对离婚时损害赔偿请求权的规定会产生诸多的问题,因此赋予受损害方婚内损害赔偿请求权是制度设计对于夫妻房屋隐名所有权人权益的最基本的保障底线①。除了一方面限制这类房屋善意取得的条件外,还应当尊重夫妻各方在婚姻状态下各自人格的独立,推进侵权责任法与婚姻家庭相关法律的有效衔接,为失权人提供完善的法律保护和救济制度体系。

五、结论

夫妻共有房屋在诸多方面具有与一般不动产本质上的区别,也具有相当大的社会效益,于此相应的制度规定也应当具有特殊性。同时,对于这种特殊性的强调并不能导致对夫妻个人平等法律权益的无视。因此,不能一味地强调这种夫妻关系的特殊性而摒弃了夫妻个人在法律上的独立,而在一方婚内侵权时不给受害人请求赔偿的权利,夫妻在独立人格和权益方面应当受到与一般人同等的保护和救济。具体到善意取得制度而言,夫妻共有房屋作为不动产,纳入到善意取得制度中符合法律系统需要,但同时它又不同于一般的不动产,在立法时忽略其特殊性而对其不做任何限制地纳入现有制度,显然不能实现对该权利全面有效的保护,且法律选择优先保护交易安全的价值倾向有重经济、轻人权之嫌。

此外,在发生夫妻共有房屋的善意取得后,又试图以夫妻关系的特殊性掩盖夫妻个人独立的法律地位,限制甚至剥夺了受损害方及时获得的损害赔偿权,却以离婚作为最终请求损害赔偿的前提条件欠缺合理性,事实上"有损害,无救济"的现实也有违法律的精神意旨。

综上所述,对于夫妻共有房屋的善意取得,不能仅按照传统制度做笼统的规定,应当进行特殊规定,进一步细化现有概念的内涵及外延,加强制度建设、理念完善以及夫妻行为限制,以在公平的法律框架下实现对个体权益的更完备保护。

---

① 陈苇,姜大伟.论婚姻家庭住房权的优先保护——与"否定说"商榷[J].现代法学,2013(6).

论我国农村集体资产量化范围的法律规制

蔺飞

（天津商业大学法学院 天津 300134）

[摘要] 城镇化水平的不断提高使得不少农村地区的集体资产规模迅速扩大，党和国家明确提出了对农村集体资产进行股份化改革的要求。但由于现行法律体系中并没有关于农村集体资产的内涵以及量化范围的相关规定，导致不但改革实践中各地做法不一，而且学术界也存在较大争论，争议的焦点主要集中在资源性资产和非经营性资产是否应当予以量化上。本文通过分析农村集体资产包括的具体内容，对其概念进行了统一的界定。从资源性资产的流通性和非经营性资产的公益性等角度对其进行了不予量化的法理分析，主张二者暂时不宜纳入当前改革的量化范围，为我国将来农村改革相关的立法提供了一定参考和借鉴。

[关键词] 农村集体资产；资源性资产；股份化改革；量化折股；非经营性资产

引言

近年来，随着我国城镇化进程的加快，城市有不断"吞噬、包围"农村的趋势，农村地区正在经历着深刻的变革，土地等资源迅速增值，加之自实行家庭联产承包责任制以来三十多年的积累，农村集体资产的数额已今非昔比。但是，其长期处于权属不清晰的状态，加上经营管理不善，导致其流失严重、保值不能。由此而引发的利益冲突日益剧烈，不少地区农民不断上访，干群关系一度十分紧张，其已成为制约我国农民生活水平提高和农村社会稳定的瓶颈。因此，改革势在必行。正所谓"农民利益无小事"，党和国家历来都高度重视农民利益的维护，近年来也不断出台一系列政策，明确提出加强农村集体"三资"的管理，鼓励推进股份合作制改革，创造条件让更多农民拥有财产性收入。此次改革是以维护农民利益为出发点和落脚点,主要是探索资产量化到人、进行股份合作的实现路径,寻找农民对其股份相关权能的实现方式。然而,此次改革的必经之路便是对资产予以量化,也即通过制定相应的标准,将农村集体资产折股到人。① 本文将以量化范围为主题,争议焦点集中于资源性资产与非经营性资产是否属于将来农村改革相关立法中量化范围的规制对象。

一、概念的厘清

"农村集体资产"是近年来在改革中频繁提及的术语,但在现行法律体系中使用"集体资产"一词的规定并不多见。② 然而,与"集体资产"含义相近的词语却有"集体所有""集体财产"。具体而言,如我国《宪法》第六条规定我国的社会主义经济制度包含劳动群众集体所有制,也即农村生产资料归农村劳动群众集体所有;第九条和第十条都具体规定了一些属于集体所有的财产。《民法通则》第七十四条也规定劳动群众集体组织的财产属于劳动群众集体所有。《物权法》第五十八条更是通过四款条文将集体所有的财产进一步明确地分为动产和不动产两大类。如今,关于农村集体资产的定义大多源自于《国务院关于加强农村集体资产管理工作的通知》。③

在理论界,农村集体资产一般是指农村集体经济组织成员在合作化初期以土地、耕畜、农具入股及其后长期生产经营积累形成的公共资产。④ 概言之,即是集体经济组织成员以各种形式投资入股、投劳经营、接受馈赠以

---

① 黄延信,余葵,师高康.对农村集体产权制度改革若干问题的思考[J].农业经济问题,2014(4):9.

② 主要有:其一,《中华人民共和国农业法》第十条第三款:"农村集体经济组织应当在家庭承包经营的基础上,依法管理集体资产,为其成员提供生产、技术、信息等服务,组织合理开发、利用集体资源,壮大经济实力。"其二,《中华人民共和国村民委员会组织法》第三十四条:"村民委员会和财务监督机构应当建立财务档案。财务档案包括:……集体财务账目,集体资产登记文件……"其三,《中华人民共和国村民委员会组织法》第三十五条:"村民委员会成员实行任期和离任经济责任审计,审计包括下列事项:……本村资金管理使用以及本村集体资产、资源的承包、租赁、担保、出让情况,征地补偿费的使用、分配情况……"

③ 《国务院关于加强农村集体资产管理工作的通知》中指出:"农村集体资产是指归乡、村集体经济组织全体成员集体所有的资产,属于组(原生产队)集体所有的资产,仍归该组成员集体所有。集体资产包括:集体所有的土地和法律规定属于集体所有的森林、山岭、草原、荒地、滩涂、水面等自然资源;集体所有的各种流动资产、长期投资、固定资产、无形资产和其他资产。集体资产所有权受国家法律保护,任何单位和个人不得侵犯。"

④ 刘水长.农村集体资产管理立法若干问题探析[J].农村合作经济经营管理,2001(6):8.

及政府拨款等形成的各种财产和财产权利。一般而言,按资产性质和流动性的差异,可将其分为经营性资产、非经营性资产(公益性资产)和资源性资产三种。① 具体而言,经营性资产一般是指能够投入生产经营带来收益的资产,包括固定资产、流动资产、无形资产及上述资产所产生的收益,如机械设备、知识产权等;非经营性资产又称为公益性资产,指一般不投入生产经营但关乎农村社会的公共利益的资产,如农村的路灯、公园、学校等;而资源性资产是指依照法律的规定属于集体所有的土地、森林等自然资源。②

由此可见,现行法律体系中关于农村集体资产的规定屈指可数,而且并没有释明其具体的概念和内涵,当然也更没有提及如何确定量化的范围。统一、明确的法律概念的缺位使得各地在具体的改革实践中缺乏权威的指引,导致资产量化的范围差异性较大,不少地区并未将本应属于集体成员的资产全部予以量化,此便使得改革陷入不统一、不彻底的危险。因此,国家应当尽快出台农村改革相关的立法,统一其概念和内涵,发挥法律的指引作为,提供明确、有力的指导,以消除此次农村集体资产股份化改革实践中各地做法混乱的现象。

二、实践的探索

一场以"资产变股权、农民当股东"的改革大幕在我国农村已经拉开。但如前所述,由于缺乏具体的法律规范作指引,导致实践中各地的做法大有不同。

上海市松江区是改革较为彻底的典范,其统一制定了《松江区 XX 镇农村集体经济联合社章程》以及《松江区 XX 镇 XX 村集体经济合作社章程》,章程均单独设有"资产"一章,明确列举了十项具体集体资产的表现形式,为本区的改革明确了具体的范围和方向。其具体做法是将本区范围内镇、村、队三级的集体资产全部进行清产核资,将三类资产全部纳入量化的范围。③

上海市闵行区则遵循了"因地制宜、一村一策"的思路,根据不同村的历史发展和现实状况而采用有差别的量化方式,避免了改革"一刀切"的缺陷。

---

① 段龙龙,刘晓茜.农村集体资产股份量化改革:模式、争鸣与出路[J].经济体制改革,2014(6):75.

② 方志权.农村集体产权制度改革:实践探索与法律研究[M].上海:上海人民出版社,2015:32.

③ 李宽,熊万胜.农村集体资产产权改革何以稳妥进行——以上海松江农村集体产权改革为例[J].南京农业大学学报(社会科学版),2015(2):11.

首先,对于已经撤制的村,考虑到其集体经济组织已不复存在,故将三类资产全部纳入量化的范围;其次,对于尚未撤制的村,则采用仅量化经营性资产,土地等资源及非经营性资产计入台账,相应的收益由原所有集体成员共同享有的改革方式;最后,对于以农业为主的村镇,则规定土地承包经营权也可纳入量化的范围。①

浙江省则出台了《关于全省农村经济合作社股份合作制改革的意见》以对改革中的资产量化问题做出统一的指导。一般而言,其仅仅量化经营性资产,土地补偿费、集体资产置换增值等收益应追加入总股本。若通过试点积累了丰富经验的地区,其也能够将土地承包权予以量化,但是其一般不量化公益性资产。温州的"三分三改、资地分离"模式是股份化改革的典型模式,其具体做法便是只将经营性资产纳入量化范围。但在实践中也已有新的突破,如萧山区不但将经营性资产进行量化折股,而且也将公益性净资产全额纳入量化的范围。②

成都市温江区的"两股一改"模式也具有较强的代表性,其主要做法是将集体经营性净资产纳入量化范围并设置成"资产股",同时将集体资源性资产纳入量化范围并设置为"土地股",而非经营性资产直接计为"公积公益金"。③

广州市天河区因地处改革开放较早的珠三角地区,其城镇化水平高、股份化改革试点早,1989年以后全区就已均实现了股份化改革,其资产量化的范围主要包括经营性资产以及土地出让所得收益。同样地处珠三角的广东南海地区的做法与天河区便有所差异,南海地区除将经营性资产和土地资源纳入折股范围之外,还允许将土地承包经营权予以量化。其值得借鉴之处在于农民可以土地承包经营权入股分红,并且允许股权自由流转。④

综上,由各地的实践探索可知:第一,针对改革地区的分布而言,其主要集中在经济发达的东部沿海地区,该类地区相较于西部农村地区,其集体资产具有积累时间久、发展程度高、资产总量大等特点。并且由于其城镇化水

①　宋洪远,高强.农村集体产权制度改革轨迹及其困境摆脱[J].改革,2015(2):112.

②　农业部农村经济体制与经营管理司调研组.浙江省农村集体产权制度改革调研报告[R].农业经济问题,2013(10):4—5.

③　四川省社会科学院课题组.成都"试验区"建设中的农村土地产权流转制度创新——以成都市温江区"两股一改"为例[J].农村经济,2009(9):4—6.

④　毛科军,于战平,曲福玲.中国农村资源资产市场化资本化研究[M].太原:山西经济出版社,2013:181.

平高,农民也迫切要求将其资产进行量化折股、带股进城;第二,针对改革量化的范围而言,各地做法的差异性明显,但差异也主要集中在资源性资产和非经营性资产是否应当予以量化上。

此外,虽然各地实践探索中的具体做法不尽相同,但是大致也都遵循了以下原则:其一,依法依规原则。即严格遵循《宪法》《物权法》《土地法》等相关法律,同时也要遵循关于集体资产股份化改革相关的地方性法规或指导性意见。即使暂时没有法律和政策依据的,也需要进行民主决策。其二,因地制宜原则。即根据参差不齐的农村现实状况,可以适当因地制宜地确定量化的范围,避免"一刀切"的风险,但这也必须是在遵循法律法规的前提下进行。其三,维护利益原则。即进行股份化改革要随时铭记改革是以维护农民的利益为出发点和落脚点,不是"为了改革而改革",必须把握好改革的方向,铭记改革的初衷,不能将改革最终变为走形式、走过场。

三、资源性资产不予量化的法理分析

如前所述,经营性资产应当纳入量化范围已无争议,但资源性资产是否应当予以量化,在学术界存在肯定说和否定说之争。肯定说从改革的全面性和资源性资产价值量大等方面进行论证[①],认为此次农村集体资产股份化改革应当将资源性资产纳入量化范围,只有这样才能真正保障农民的财产权益;而否定说则主要认为土地等资源性资产的流动性受到用途等政策性限制[②],将其纳入量化范围会造成与现行法律、政策相违背。笔者认为,此次我国农村集体资产股份化改革暂时不宜将资源性资产纳入量化范围,理由如下:

第一,针对肯定说认为改革应当全面的观点,笔者认为,从理论上讲,改革是发展的动力,改革也应当尽可能地全面、深化以避免重复改革造成人力和财力的浪费。但是,此次我国的农村集体资产股份化改革不能"一刀切",也不能一蹴而就。毋庸置疑,集体资产股份化改革必须依赖于一定的经济基础和社会基础,即较高的城镇化水平和相当规模的集体资产。然而如前所述,就目前我国农村的现实状况而言,各农村地区起点有差异、进程有快

① 段龙龙,刘晓茜.农村集体资产股份量化改革:模式、争鸣与出路[J].经济体制改革,2014(6):75.

② 毛科军,于战平,曲福玲.中国农村资源资产市场化资本化研究[M].太原:山西经济出版社,2013:285.

慢、水平有高低,东、西部农村地区相差尤为悬殊。加之我国农村集体资产表现形式多而杂乱、分布范围广而分散,同时涉及多个行业与部门,并且此次股份化改革影响范围广泛、前无先例可循、旁无经验可借、情况错综复杂。所以,有学者甚至认为我国目前的农村集体资产股份化改革具有明显的地域性特征,暂时并不适于在全国范围内推广。[①] 同时,土地等资源性资产是农民的生存之本,是农村经济最重要的组成部分,事关广大农民群众最根本的利益,贸然地将资源性资产折股分红、自由流转,存在极大风险,稍有不慎便将严重损害农民的合法权益,不利于农村社会的和谐与稳定。由此可见,"全面改革"的思想不具有可行性。

　　第二,针对肯定说认为因资源性资产价值量大就必须将其纳入量化范围的观点,笔者认为,虽然暂时不将土地等资源性资产本身纳入股份化改革的量化范围,但并不意味着对因征地、拆迁等获得的土地补偿费以及资源性资产增值等收益放任不管。在此存在相应的替代解决方案:其一,将土地之上的动产、不动产以及其上所附的建设用地使用权等他物权视为经营性资产而予以量化;其二,将土地补偿费以及资源性资产增值等收益直接计入集体资产的总收益之中。如此一来,不仅能够克服在现行经济体制下对土地等资源性资产本身进行评估作价带来的困难,同样也能够将资源性资产带来的巨大收益进行折股分红,依然能使农民享受农村集体资产带来的收益。虽然所采取的方式有所差异,但依旧达到了此次股份化改革的最终目的,与将资源性资产本身纳入量化范围的改革方式殊途同归。

　　第三,此次改革并不同于原有"吃光分尽"的征地补偿金分配模式,并非单纯地将资产按份额分钱了事,而是要通过引入现代企业制度为农民所持股份找到一个合适的载体去承载和经营。一方面,改革使得农民对集体资产由原来的集体共同共有转变为社员按份共有,[②]最终所持有股份应当能够进入市场自由流转。另一方面,在生产资料公有制的制度安排下,成员不可以单独行使所有权的各项权能,更不可以在退出时要求分割共有的资产。[③] 显然此二者存在矛盾冲突。实践中许多地方为维护公有制地位、避免农民对土地等资源进行不当处置,其对农民所持股权的流转进行了严格的限制,例如上海松江区规定量化折股后的股权一律不能买卖、转让;其他

　　① 卢向虎,张正河.我国农村集体土地、资产股份化问题研究[J].调研世界,2006(11):14.
　　② 方志权.农村集体经济组织产权制度改革若干问题[J].中国农村经济,2014(7):4.
　　③ 黄延信.发展农村集体经济的几个问题[J].农业经济问题,2015(7):5.

有的地区规定土地股不得流转;大部分地区一般均规定所持股权可以内部流转,但禁止对外转让。当然,利之所在,弊亦随之,股权的生命力正在于其具有流动性,此乃资本市场具有活力的源泉。① 仅具有分红权能的股权失去了活力,如此残缺不全的股权当然难以实现集体资产的保值增值,最终不能达到此次集体资产股份化改革的目的。同时,这也与"流转顺畅"的现代产权制度要求不契合。

综上,笔者认为,应当先积极开展经营性资产股份量化的试点探索工作,充分评估改革效果,积累改革经验,待有发达的交易市场为依托,有完善的立法做保障之后,再将情况更为复杂的资源性资产本身纳入量化折股的范围,也避免使此次农村集体资产股份化改革最终陷入"画虎不成反类犬"的尴尬局面。

四、非经营性资产不予量化的法理分析

针对非经营性资产是否应当纳入此次农村集体资产股份化改革的量化范围,学术界同样存在肯定说与否定说之争。肯定说依然坚持改革应全面、彻底的观点②,而否定说则主要从非经营性资产的公益性角度进行了论证。③ 笔者认为此次股份化改革暂时也不宜将非经营性资产纳入量化范围,理由如下:

第一,从非经营性资产的性质角度讲,如前所述,其表现出较强的公益性。这也意味着非经营性资产往往不能带来直接的经济收益,反而可能需要承担一定的经济负担。如果勉强将其纳入量化范围并折算成股权,便会陷入以下尴尬的局面:一方面,若允许此类股权自由流转,其容易因不具有收益性而被变卖,显然这不利于农村基础设施的建设和农民基本生活的保障;另一方面,若不允许其自由流转,则量化后的股权既不具有分红权能又不能变卖、流转,无形之中便增加了农民的经济负担。除此之外,对于农村基础的公共设施,政府应当负有一定的建设职责,将非经营性资产纳入量化范围有转嫁政府财政支出负担之嫌。以上显然与此次农村集体资产股份化改革的初衷背道而驰。

---

① 刘俊海.现代公司法[M].北京:法律出版社,2015:272.
② 方志权.农村集体经济组织产权制度改革若干问题[J].中国农村经济,2014(7):9.
③ 四川省社会科学院课题组.成都"试验区"建设中的农村土地产权流转制度创新——以成都市温江区"两股一改"为例[J].农村经济,2009(9):4.

　　第二,从对非经营性资产的处理方式上讲,不将非经营性资产纳入此次股份化改革的量化范围也并非意味着对其置之不理,在此依然存在相应的替代解决方案,即将非经营性资产纳入集体经济组织的"公积公益金"账户。① 将非经营性资产作为公积公益金进行核算与管理,不仅避免了上述量化折股后进退维谷的尴尬局面,而且依旧能够发挥其作用,保障农民的合法权益,与将其量化折股有异曲同工之妙。

　　综上所述,为使得我国此次农村集体资产股份化改革顺利推进,最终赋予更多的农民财产性收入,求同存异,笔者认为,在尚无明确的政策作引导,无完善的法律作保障的情形下,目前较为妥当的改革方式是暂时仅仅对经营性资产进行量化的试点探索。如此一来,不仅能实现集体资产的"归属清晰",而且也能保证量化折股后的股权"流转顺畅"。同时,还为后续集体资产的管理与运营究竟是采用公司制、合伙制抑或是股份合作制提供了较大的选择空间。

五、结语

　　农村集体资产股份化改革是针对农村、农民问题上一项重大的制度创举,改革任重而道远,这不仅是做大蛋糕的问题,更大程度上是在分蛋糕,处理不好的话,农民不但不能享受到改革带来的利益,其合法权益反而会遭受严重的损害。因此,确定集体资产的具体量化范围应坚持试点先行,暂时将量化范围仅限定于经营性资产是目前具体可行的改革路径,待积累充足经验之后,再将改革量化的范围延伸到其他类型的资产。当然,若集体经济组织成员一致同意将三类资产全部予以量化折股,只要不违背相关的法律法规,原则上应当尊重其意愿。但也一定要以维护农民利益为出发点和落脚点,同时要建立起规范的监管制度,扎好防范风险的"篱笆",避免集体资产沦为少数人的资产。此外,经济的发展不仅受到技术和资源的限制,更受到政策和法律的约束,当前相关法律的缺位使得改革如履薄冰。目前应当加快改革相关的立法,通过具体的法律规范明确农村集体资产的内涵及量化范围,为此次改革提供制度性保障。如此一来,才能更加顺利地盘活农民手中"沉睡的资本",最终使其变为真正拥有集体资产的股民。

---

　　① 根据财政部印发的《村集体经济组织会计制度》,公积公益金是村集体经济组织从收益中提取的或从其他来源取得的用于扩大生产经营、承担经营风险以及集体文化、福利、卫生等公益事业的专用基金。

论农村集体经济组织独立法律地位的研究

马凌云

（天津商业大学法学院 天津 300134）

[摘要] 农村集体经济组织随着经济的发展，在不同的历史阶段都能不同程度地找到其特殊性。在农村问题成为热点的今天，本文通过对农村集体经济组织的回顾以及目前立法概况的分析，立足于农村集体经济组织仍需继续保留这一基本立场，就为何确立农村集体经济组织的独立法律地位进行分析，并且就推动农村基层"政社分离"的具体方案进行设计。

[关键词] 农村；集体经济组织；独立性；政社分离

一、确立农村集体经济组织独立法律地位的理论和制度前提

（一）理论前提

1.学理论争

在研究农村集体经济组织的内涵这一问题时，笔者发现学者对于这一问题有不同的理解，梳理出大致以下几种观点：观点一，多数学者认为该组织是我国特有的社会制度下的一种经济组织形式，其核心是集体享有所有权，其内容是依据一定的地域区划，在该农村地区按照一定的方式实现和分配利益。观点二，认为农村集体经济组织其本质是一种类似合作性质的并能发挥经济功能的一种组织，成立的前提是根据平等自愿、互利互惠的原则。观点三，认为农村集体经济组织类似于基于某种纽带而形成的共同体，而这个载体就是农民赖以生存的土地。① 观点四，也有学者提出根据历史的原因进行划分，可分为两种不同说法的农村集体经济组织，一是传统，二

---

① 陈永超.关于征拆补偿纠纷中农村集体经济组织成员资格确认问题的探讨[J].长沙审判研究，2006（2）：26.

是新型。之所以称为传统,既因为该经济组织依赖的是我国既特色又传统的集体所有这一项制度,又因为依赖的是实行已久的乡村区划范围;之所以称其为新型,是因为农村集体经济制度在时间的流逝中发展出新的样态和特征,集体中的人员随着这种发展会追求更稳定更现实化的利益,为了满足集体成员的利益需求,这种所谓的新型的农村集体经济组织应运而生。①从这些不同的理解中可以看出,我国目前对于农村集体经济组织并没有一个统一的概念,还仅限于学理上的探讨。

在实践中,一些省份对其进行了立法,并在概念上进行了界定。随后又列举了各种具体的形式,比如包括经济联合总社、股份合作经济社等各种有名的经济组织。② 笔者认为该项地方立法在承认农村集体经济组织历史性的基础上,又规定了具体的集体经济组织的专门名称,具有一定的规范性和可操作性。此项立法中所体现出来的特点对下文中的理论构建具有一定的参考价值。

2. 笔者的理论构建

首先,根据我国现行《宪法》第 8 条,该条对集体所有制经济按不同的地域划分,分两个层次做了概述性的规定。首先,第一款规定的是农村区域内的集体所有下的经济组织名称。评阅此款可看出法律明文规定农村地区有名称的经济组织有四种,然后第二款里规定的是城镇地区的内容。因本文讨论的是农村范围内的集体经济组织,第二款涉及城镇的内容,所以对第二款里的规定不予评价,仅就第一款进行分析。从第一款里可以看出,我国农村集体经济组织按照不同的作用可以划分为不同的形式,名称也不尽相同,如供销社、信用社等。本文是站在对农村的生产资料进行投资生产,从而创造经济利益的这一角度,所以本文特指集体所有下具有生产性质的组织,即前文所述的四种形式下的第一种。

此外,以宪法的修订过程为视角,可以看出农村集体经济制度在不同的阶段被赋予的含义也不同。从主体上看,1982 年《宪法》把人民公社和生产合作社规定为经济组织的主体,随着时代变迁,1993 年《宪法》规定了以家庭联产承包为主的形式;从组织名称上看,1982 年《宪法》在组织名称上有明确具体的名称,在法律规定上具有明确性,此外又规定了一个兜底性的条

---

① 姜法芹.农村集体经济组织的定义辨析[J].农业经济,2007(10):4.
② 杜国明.农村集体经济组织立法探析[J].法学杂志,2010(5):39.

款,即其他生产形式的合作经济,1993 年《宪法》则去除了具有历史特征的名称,也不再规定具体的名称,而是将其统一称之为生产形式的合作经济;现行《宪法》在规定集体经济组织时,明确了它自主参加经济活动的能力。从宪法的修订过程中可以看出,在不同的时代背景下,随着经济的发展和历史背景的变迁,农村集体经济组织的名称和外延也会发生变化,由此笔者认为,此概念具有时代性和历史性,在以后的发展中此概念还会进行不断扩张。

在此基础上,笔者将本文的农村集体经济组织界定为:在新型的历史条件下,在以往集体经济组织发展的基础上,特定农村区划内的成员为了追求更稳定更现实的经济利益,通过自发或改革的方式形成的带有某种合作特点的经济组织。

(二)制度前提

1.历史制度

探析我国农村集体经济组织的制度前提,首先可从历史上溯本探源。我国的农村集体经济制度,经历了长时间的发展,在研究上也可依据不同的时间标准进行划分。本文将从 1949 年以后开始探讨,以 1978 年作为一个分界点。中华人民共和国成立后至 1978 年前,我国的集体经济制度在农村地区经历了曲折的发展,最终形成了以人民公社为主的这样一种局面。改革开放以后,随着农村集体经济的重新萌芽,人民公社因不符合时代发展的脚步而逐渐退出,单一形式的农村集体经济组织不复存在,逐渐朝着多元化的方向发展。随着萌芽的不断深入,农村开始实行以家庭为单位对土地进行承包,且个人承担责任为主的经济发展模式。1982 年的宪法从法律层面规定了人民公社由以前的"政经合一"局面改为"政社分离";到 1985 年,为了构建完整的层层递进的政权模式,我国的政权组织正朝着三级模式,即乡政府、村委会、村民小组的方向基本建立起来。但是作为经济职能的农村集体经济组织因为历史原因的复杂性,在我国尚处于一片空白状态。

纵观其历史发展,各种形式上的农村集体经济组织都是农民在一定制度、技术条件下,为追求自身更大的利益与发展而采取的相应合作方式,且一直都存在于我国的农村地区。只是在不同的时代背景下,呈现出了不同的样态,展现出不同的特征,且都是不完美或者尚有缺失的。然而,随着经济的发展和农业经营模式的改变,集体经济组织将发挥更加显著的作用,确是毋庸置疑的。在农村集体经济组织日益重要且发挥作用的今天,讨论确立其独立性的问题就显得意义非凡。

2. 现行制度

目前我国针对农村集体经济组织这一问题,无论是在强制性的规范,还是在许多重要的涉农文件中都有涉及,且对其提出了明确的要求。依据法的效力进行分类,可以梳理出以下四种:首先是全国人大在制定法律时,涉及具体内容的约 30 部;其次是国务院在农村集体经济组织发展的过程中,在对其进行规制和考量时涉及约 40 部的行政法规;再次是各部委在履行职能时从各部门的角度对农村集体经济组织进行的规制,约 100 多部;最后是各省市区在各地方推行农村集体经济组织改革的过程中对其进行规制的地方性法律规范以及政策性文件,其数量在近些年来数不胜数。①在对以上的立法概况进行梳理时可以看出,我国关于农村集体经济组织的规定种类纷繁,条文众多。不难看出,我国关于农村集体经济组织这一问题,无论是法规级别的规定、涉农文件级别的提及,还是国家制定的政策都频繁出现在我们的视野当中,但就现行统一的的法律规范来说,立法领域尚是处于缺位状态。但在所熟知的法律法规中可以找到关于农村集体经济组织的条文。具体来说,《宪法》第 8 条具有总括性的作用,概述性地规定了农村集体经济组织的分类和性质,具有统领全局的地位;《物权法》则以物权的角度对其进行了规定;《农村土地承包法》则是在确立和推广土地制度的同时提到了该组织,《土地管理法》以及其他法律规范也从不同的侧面对其进行了规范。②由此可以看出,分散及不完备是目前我国关于农村集体经济组织的现状。目前,因其立法领域的不统一和不完善,我们对农村集体经济组织的了解也仅限于涉及它的法律规范及不同层级颁布的涉农文件上。但从这些正在实行的法律和文件中管中窥豹,可以得出农村集体经济组织所具有的某些特质,比如农村集体经济组织是依靠土地等具有集体性质的资产而存在的;其是连接了一定范围的地域的;是关系到农民生计以及利益的;并且它是中国公有制经济必不可少的重要组成部分;而且在农村发挥着重要的作用。而这些特质,都是以后确立其独立法律地位的必不可少的条件。

综上,因为到目前为止,虽然立法条文和中央颁布的涉农文件很多,但还是未能从法律上规范一个明确的定义,但就是因为近期颁布的诸多条文

---

① 杜国明. 农村集体经济组织的法律地位辨析[J]. 生态经济,2011(3):107.
② 赵保军. 浅析农村集体经济组织的独立法律地位[J]. 中国市场,2015(8):159.

和文件中关于农村集体经济组织的甚多,我们才可窥见它的重要性,确认农村集体经济组织独立的法律地位已经刻不容缓。

二、确立农村集体经济组织独立法律地位的原因

(一)农村集体经济组织与村委会之间矛盾重重

理顺两者之间的关系问题,对于确立后者独立的法律地位具有基础作用。这两种组织本来是两个性质不同的组织,它们在工作目标和侧重点等方面都是有区别的。村民委员会作为一种准政权组织,由专门的法律进行完善系统的规定,《村民委员会组织法》此时就担当这样的角色。从组织法中看出村民委员会的任务是进行社会服务,具有公共管理的职能,其本质在宪法中加以规定,而改制后的农村集体经济组织主要负责集体内部资产的经营管理,并就收益所得按商议确立的一定标准分配给组织内部的成员,其主要目的是在经济组织的框架下发展经济,类似于公司法人以营利来获取市场上的竞争优势,体现经济职能。两者拥有不同的职权,承担不同的角色,应当发挥不同的价值和作用。但是目前从现实的状况来看,村委会越权的现象十分普遍,替农村集体经济组织行使职权的现象也时常发生。所以很有必要对目前两者所处混乱的状态进行梳理,从不同的角度分析,得出不同的结果:首先,从立法考察上看,两者的关系并不稳定,有时相互并列,有时又相互取代,其关系不清,关系重叠易产生立法的混乱;其次,从强制规范上看,虽然立法上已经规定了村委会的性质,但对于两者关系的规定在法律上却是模糊和混乱的,所以造成了现实中村委会将农村集体经济组织取而代之的局面;再次,从社会效果角度看,农村社会的社会矛盾频发,跟村委会和农村集体经济组织的关系混乱、职能不清有直接的关系;最后,从制度发展角度看,如若两者关系长期这样混乱并且发展下去,会对村民自治的发展产生负面影响。在对以上现存的状态进行梳理的过程中,笔者发现目前学界几乎都承认两者是两个性质不同的组织,应分属两种权能。以上观点只是从不同的角度阐述了目前两者确实存在性质、职能以及人员方面交叉重合,职能不明,甚至存在村委会取代农村集体经济组织的现象以及所产生的后果。

具体来说,目前引起最大争议的就是《村民委员会组织法》第 5 条以及第 3 条。该条赋予了村民委员会一些经济上的职能,规定村民委员会可以依法管理集体财产。笔者认为此条甚为不妥,主要原因有以下几个方面:首

先,此条违反了宪法规定的"政社分离"机制,政治组织发挥行政职能,经济组织管理经济事宜,这是两个不同的范畴,不可混为一谈;其次,目前我国关于村委会职能的法律条款规定得尚有缺陷,赋予村委会经济上的职能明显已经超越了其自身所享有的社会公共职能,该条是在农村集体经济组织立法空白时期规定的,虽然有替其分担事务和弥补空白的意图,但在实际上已经干涉了其本身作为经济组织的职能;最后,如果说规定村委会的经济职能是为了保护我国现有条件下的集体所有制度,那么这种想法显然得不到支持。因为只有各部门各司其职,权责分明,才能使集体财产得到更有效的保护。如此说来,赋予村委会经济职能并不利于明晰两者的权利义务范围,不利于保护集体经济组织开展经济活动的完整性。由此可以看出,村委会在职能上逾越取代农村集体经济组织,最根本的原因是单独立法上的空白。因此从长远来看,从规范力的角度对农村集体经济组织进行定位就变得无比重要。

(二)农村集体经济组织不能作为市场主体引发诸多问题

在农村集体经济组织从事经济活动的过程中,会发现其本身并不具备独立从事经济活动的资格,从而引发了一系列的问题,甚至造成了恶性事件,这是确立农村集体经济组织独立法律地位的直接推动力。随着交易和经济的发展,农村在市场上进行交易的次数日益频繁。在我国现行的民商法律体系中,关于公司企业法人资格和管理机关由《民法通则》等法律对其进行了具体详细的规定,但我国在对法人类型的规定中并没有农村集体经济组织,这就造成了农村集体经济组织市场主体资格的缺位。从实践上看普遍存在的现象表现为,农村集体经济组织因没有市场主体资格,无法签订对外具有法律效力的合同,只好屈居村委会之下,作为隐形的合同主体。在签订的合同文书中,显示的是村委会的公章,这就容易造成交易主体的混乱,从而引发纠纷和问题。[①] 更有甚者,因农村集体经济组织不具备独立的法人资格,无法办理银行业务中的贷款,就出现了公款私存,违反法律的现象。可见,在农村集体经营过程中主体不明晰确实造成了一些乱象,这是从法律上确定农村集体经济组织独立性的直接原因。

(三)农村社区自身的局限性

农村社区自身具有的局限性,是农村集体经济组织确立独立法律地位

① 杜国明.农村集体经济组织立法探析[J].法学杂志,2010(5):39.

的内在原因。单从语义上看,首先农村集体经济组织是在"农村"区域的基础上才得以成立,其次落脚点在"集体"上,可见其建立需要以这两项为基础。在农村,经济发展有其特殊之处,其局限性也是可见的,如交易的重复性、关联性及封闭性。在某种意义上,农村社区性为农村集体经济组织提供了一套特殊的微观治理机制,使其在成员物质产权不明晰的情况下仍能在一定条件下具有相当的竞争力。但随着经济的发展,让单个农户独自面对市场竞争无论是在规模经济、风险分担方面,还是在改善农民市场地位方面,都存在着严重缺陷。所以,随着历史和经济的发展,需要将分散的农民采取某种方式组织起来,此时农村集体经济组织应运而生。随着我国农村集体经济组织改革的不断推进,光从实践上改革是远远不够的,还需要有法律和政策上的支持和认同。可以拿来类比的是我国改革开放初期在农村实行的家庭联产承包责任制,实行初期,也是采取先试点后推广的方式,最后从立法上确立其法律地位。实践证明,普遍实行的农村土地承包责任制的确产生了不错的效果,农村地区的经济水平和农户的积极性都有普遍的提高。虽然不能从此例中完全推出其立法的必然性,但农村集体经济组织为了更好地发挥优势作用,确立其独立的法律地位就显得十分必要。

三、明确农村集体经济组织独立法律地位的途径

（一）制定《农村集体经济组织法》或试行相关条例

因我国目前针对农村集体经济组织的统一立法尚处于缺位中,所以在统一的强制性规定未成文前,针对其是否独立这一问题的态度不甚明了。虽然一些地方已经从地方性的法规或政策上承认了该组织的市场主体地位,但如前文所说,针对该组织统一的具有规范力的法规尚不存在。为了防止实践中村委会的"手伸得太长",为了避免村委会几乎涵盖或代行了农村集体经济组织的权力和职能,关于开展农村集体经济组织的立法调研工作已迫在眉睫,制定一部统一的法规不仅可以使其在法律地位上得到承认,而且对于以后开展和研究农村集体经济组织各方面的活动具有方向性的作用。

（二）具体落实"政社分离"的方针

通过第二节原因分析中可以看出,在推进集体经济组织改革的过程中,一些农村地区依然存在村委会和农村集体经济组织职能不清、人员混同、经费混乱的情况,而解决这一问题最根本的办法可以用四个字进行概括,即

"政经分离",有的也叫"村经分离"或"政社分离"。所谓"政经分离",字面意思是政府职能部门和经济职能部门要实现人员、经费等方面的分离,具体是指村委会和新型农村集体经济组织这两个组织在上述两个方面的分离,其中最需要分离的是经费和人员这两个方面。[①] 目前我国《宪法》也已经针对农村集体经济组织规定了大致的基本方针,即上述所说的"政经分离"。但大体上都是宏观的指导性的方针和政策,对于如何分离,笔者提出以下几点具体的建议。

1. 在农村集体经济组织中设立专门的资产管理部门

首先,想要村委会和该组织并列而行,互相分离,最重要的分离是经济基础的分离。在农村集体经济组织内部设立专门的资产管理部门,使其拥有专项的资产和人员,得以进行组织内部的经济活动和资金的专项使用,使其完成最基本的工作任务。如北京市通州地区从 2009 年开始改革试点实现独立核算。对新型农村集体经济组织进行全区统一的登记台账式管理,并印制统一的会议记录册。[②] 无论是从理论还是从实践中都可以看出,因村委会主要开展行政工作职能,作为准政权组织,在开展活动的过程中所产生的费用理应属于公共费用的支出,由国家的财政给予保障,而农村集体经济组织作为产权改革下的一种组织形式,所履行的仅仅是经济组织内部的经济职能。所以两者在进行活动的过程中,费用使用的目的和作用并不相同,基于此种不同,在设立账目时应对集体经济组织设立单独的账目。

2. 为管理人员设立严格的准入标准

为了防止村委会对农村集体经济组织在进行经济活动时予以干涉,可从以下几个方面对资产管理人员进行限制:首先,资产管理人员必须是农村集体经济组织内部的成员,即满足最基本的入围资格;其次,须符合一定的资质,比如对学历、工作经验等方面进行一定的要求,即满足相应的选拔条件;再次,可通过投票选举的方式选拔,在特定的成员内部选举产生,既有民主性又可提高成员的参与性和积极性;最后,农村集体经济组织资产管理部门的管理人员不能是村委会的领导人员或者有直接利害关系的人员,这也是防止重蹈以往经费不清的最严格的限制条件。

---

① 方志权.农村集体经济组织产权制度改革若干问题[J].中国农村经济,2014(7):13.
② 陈水乡.北京市农村集体经济产权制度改革历程[M].北京:中国农业出版社,2015:189.

3.加强"政经分离"理念的理论和政策指导

在推进改革的过程中,为提高产权改革的质量,需要在理念上加以指导。如北京各区县结合本地实际,普遍制定了具体的配套政策和措施。市里由相关部门人员组成改革工作指导小组,全面加强对区县改革工作的指导和培训。为确保农村集体经济产权改革的质量,每年都要举办产权改革理论培训班,并采取由小组负责一片或负责一乡的方式,加强对改革的理论指导。昌平区先后从 40 个职能部门抽调熟悉农村工作的干部 150 名,组建包村工作队 40 多支,全程指导服务改革工作。怀柔区聘请了本区已经退休的农口老同志,专门成立了政策咨询组,强化指导。[1] 这种指导对于落实"政经分离"的方针具有方向性的作用,可在实践中加以借鉴。

(三)明确农村集体经济组织的市场主体地位

在经济发展的今天,农村作为特殊的地域在市场上交易的频率次数越来越多,此时明确农村集体经济组织作为农村在市场交易的主体,就显得尤其重要。而明确农村集体经济组织的市场主体地位,就意味着其可以在市场中不依附地进行经济活动。但由于目前国家层面缺乏法律规范,当前条件下的新型农村集体经济组织的市场主体地位尚未明确,其在注册登记、财政扶持、税收优惠以及金融支持等方面缺乏法律依据。据统计,2012 年,北京市在工商部门登记的村仅有 179 个,仅占 3804 个完成改革村的 4.7%。[2]不仅如此,市场主体地位不明确,更意味着在经济活动中,农村集体经济组织既无法作为主体对外签合同,也无法作为出资人进行投资,更不能在法人制度中拥有一席立足之地。实际上,这并不利于集体经济组织的成功转型。[3] 针对农村集体经济组织在经营过程中无法独立自主地进行交易,笔者认为,近期政府应出台相应的扶持政策,给予农村集体经济组织在市场上一定的立足之地;从长远来看,应从法律层面确立农村集体经济组织的市场主体地位,对相关问题予以明确,从而营造合理自主的交易氛围。实践中,有许多地方都是以地方管理办法的方式从不同的角度承认其独立的市场主体资格的,例如湖北省针对该问题颁布了《农村集体经济组织管理办法》,该办法承认了集体经济组织的法人地位,而且免去了一些行政法上规定的程序。可以说在还没有全国性的针对农村集体经济组织立法时,它无疑以规

---

①　陈水乡.北京市农村集体经济产权制度改革历程[M].北京:中国农业出版社,2015:182.

②　陈水乡.北京市农村集体经济产权制度改革历程[M].北京:中国农业出版社,2015:183.

③　方志权.农村集体经济组织产权制度改革若干问题[J].中国农村经济,2014(7):14.

范性的方式赋予了其合法的市场经济下的法人地位，这不仅对湖北农村集体经济组织的可持续发展以及后续工作的开展具有开创性的意义，而且对以后制定统一规范的工作具有参考和借鉴的价值。

土地承包经营权期限问题

宋方元

（天津商业大学法学院 天津 300134）

[摘要]"长久不变"政策的出台对实现土地承包经营权物权化起到了促进作用。但是，该项政策真正得到落实还需要走一段很长的路，该项政策的规定，没有给出具体的实施内容，只是为我们在处理土地承包关系期限问题上指引了方向，实践中无法真正得到贯彻落实，这也就为一些问题的出现留下了缺口，如"长久不变"期限的界定、"三十年承包期"与"长久不变"期限的衔接方式、与相关利益主体协调等问题。本文在兼顾公平与效率理论的基础上，提出一些解决之道。同时，还认识到该项政策要想得到落实，还应该与其他相关制度如社会保障制度、征收补偿制度和户籍制度等有一定的协调互动。

[关键词] 土地承包经营权；物权化；公平与效率

引言

1978 年我国开始推行农村土地制度改革，这一过程获得国家承认后，国家便通过政策文件对其进行指导和大力推广，经过一定时间的实践，再由国家出台相应的法律予以规范。因此，在相应法律规范未制定时，国家出台的《全面深化改革若干重大问题的决定》（简称《决定》），为正在进行的农村土地制度改革提供了思路。在《决定》中，最突出的一个内容是给农民较为广泛的财产权利，体现了"确权先行"的基本思路，又基于现行法律规定对农民享有的土地权利进行诸多限制，因此，"赋权强能"成为农民财产权利的重要内容。若要使农民自由行使对土地的承包经营权，应加速促进土地承包经营权物权化的完全实现。这一过程需要解决农村土地改革中出现的许多问题，比如土地承包经营权期限问题等。本文从相关的政策指引和法律规范角度,论证"长久不变"政策的必要性,分析其中存在问题,最后提出解决方式,同时,提出土地承包关系"长久不变政策"的实施,需要其他制度的协调互动,如社会保障制度、征收补偿制度和户籍制度等。

一、相关政策和法律规定

由《民法通则》第 6 条可以看出,国家政策在没有法律规定时,起到补充的作用,这为国家政策在解决具体问题时的指引作用提供了合法依据。比如农村土地承包经营权制度的发展趋势,便是随着国家政策的变化而左右摇摆的,所以在了解我国政策发展变化的基础上,才能更好地把握和理解我国土地承包经营权从有期限到长久不变转变的背景及其意义。

(一)相关政策规定

在维持承包关系上,党和国家的政策指导发生了三次转变:第一,1984年 1 月 1 日,《中共中央关于一九八四年农村工作的通知》指出,承包时间应在 15 年以上……①1993 年 11 月 5 日,《中共中央、国务院关于当前农业和农村经济发展的若干政策措施》中指出,为稳固现存的土地关系,原来的期限截止后,再增加 30 年,此内容在 1995 年再一次被提出。第二,2008 年 10月 12 日出台的《中共中央关于推进农村改革发展若干重大问题的决定》中更进一步指出,现存的承包关系维持不变以致一直存续。2009 年 12 月 31日公布的《中共中央国务院关于加大统筹城乡发展力度进一步夯实农业农村发展基础的若干意见》认为三十年的期限截止后仍要继续维持承包关系。第三,2013 年 11 月 12 日通过的《关于全面深化改革若干重大问题的决定》再次声明,维持承包关系至长久期限。

从以上党和国家政策对土地承包经营权期限规定发展变化的过程可以看出,土地承包经营权制度的发展趋势首先便是实现其期限的长久不变甚至永久不变,从而为逐步走向土地承包经营权达至物权化提供保障。

(二)相关法律规定

对于土地承包经营权期限,在党和国家政策指引下,相关法律规定也在不断发生变化,大致分为两个阶段:第一,1998 年 8 月 29 日出台的《土地管理法》第 14 条第 1 款规定"土地承包经营权期限为三十年"。2003 年 3 月 1日始执行的《土地承包法》又将承包经营权的期限具体化。第二,2007 年颁

---

① 参见《中共中央关于一九八四年农村工作的通知》(1984 年 1 月 1 日)。

布的《物权法》第 126 条在《土地承包法》关于期限规定的基础上增加了承包期截止后按国家有关规定继续承包。

虽然土地承包经营权期限从原先的三十年到三十年期满按法律规定续期,再到长期稳定,最后达到长久不变,但是,要真正实现"长久不变"的政策,现实中存在许多问题,这要求我们在充分认识问题所在的基础上,进行总结及反思,从而提出相应对策。

二、"长久不变"政策的必要性

在现行农村土地改革制度安排下,承包期限相对较长,且到期后可以依据相关法律规定得以续期,但是,相关法律规定还是从根本上维持了土地承包经营权的期限性,即现行法律条款中,并没有任何一项条款明确规定土地承包经营权的期限是长久不变甚至是永久不变的,这也就造成立法跟不上国家民事政策的窘境。在这一过程中难免产生问题,具体问题如下:

(一)减损土地使用价值

首先,期限性承包经营权对实现土地适度集中经营存在障碍。美国、法国等国家采用大农场主模式,实行土地的规模管理。中国是人口大国,但是土地面积和人口数量不成比例,因此,更需要适度集中土地,当然并不是说非要采用美国、法国等国家集中土地的模式,但我们完全可以根据自身的情况,采取对应的模式实现土地适度的集中经营。然而实现这一目标,最重要的前提是如何把一定量的土地集中起来。有期限的土地承包经营权不仅不利于达成交易,而且使交易后的土地承包经营权面临期限届满后重新洗牌的法律风险,非常不利于土地的适度集中。① 其次,期限性承包经营权容易破坏土地性质。农民使用土地也在于追求土地的增值,如果该土地不属于自己,那么,难免会造成肆意使用土地的状况。最后,期限性的土地承包经营权会使农民在建造农业设施时出现短期行为和浪费行为。

(二)减损土地交换价值

承包土地的交换价值主要体现在其流通过程中。首先,期限性的承包经营权在此过程中,会阻碍交易的完成或者即使有交易相对方,交易相对方也会压低交易价格,这是因为交易相对方需要承担期限截止后交还承包土

---

① 王金堂.土地承包经营权制度的困局与解破——兼论土地承包经营权的二次物权化[M].北京:法律出版社,2013:106.

地的风险,可能会影响其利用土地获得更多经济效益的期待性,因此,交易相对方自然会压低交易价格,以平衡日后可能发生的经济利益损失。其次,期限性的土地承包经营权面临转让后期限截止承包土地的权利归属问题,交易相对方付出的对价是承包经营权的剩余时间,那么,期限截止后该承包土地的去向成为问题,并且这一问题在现有的立法上存在空白,在实践中也没有统一的解决方式。

因此,土地承包经营权的期限性已不能解决实际生活中发生的问题。党和国家为了解决承包土地期限性带来的这些问题,提出了"长久不变"的政策。"长久不变"政策的发布为解决土地承包关系中发生的问题提供了指引和方向,这无疑是我国农村土地改革制度中的一大亮点。

三、"长久不变"政策存在的问题

"长久不变"政策的发布,学界给予了密切注意。如前文论述,"长久不变"的承包期限相较于有期限的承包关系,更有存在的合理性和必要性,但是,有期限的土地承包关系已经存在几十年,现在还没有到期,这就出现了"长久不变"和"三十年承包期"两者如何对接的问题,主要表现为如下几个问题:

(一)"长久不变"政策起算时点问题

杨久栋、苏强认为:应开始将农村承包经营权期限适当延长,渐渐地实现"长久不变"乃至"永久不变",而不能一步达至目的,农村承包应本次时限截止后再开始计算下一次承包时间。[①] 覃刚认为,起算时点应以第二批土地延包开始时间为准。[②] 刘灵辉认为:"长久不变"政策起算时点应界定在第二次承包期截止之时,除一些地方外,全国必须在相对一致的时间段内实施该项政策。[③] 由此可见,关于"长久不变"政策的起算时点学界存在争论,未达成理论共识。存在争议的政策,就不能很好执行下去,因而便不能达到预期的效果。

(二)"三十年承包期"与"长久不变"政策衔接方式问题

处理二者的关系牵涉到是否有必要开展第三轮土地承包即第二轮土地

---

① 杨久栋,苏强. 农地产权"长久不变"的法律创新及其实现[J]. 农业经济问题,2015(4).
② 覃刚. 如何理解农村土地承包关系"长久不变"[J]. 当代贵州,2010(16).
③ 刘灵辉. 土地承包关系"长久不变"政策的模糊性与实现形式研究[J]. 南京农业大学学报(社会科学版),2015(6).

承包期限届满后再一次重新分配的情况，如果否定第三轮承包的可行性，又应该采取何种方式由"三十年承包期"过渡到承包期"长久不变"。同时不可避免地会涉及是否要进行土地调整的问题。在相关法律没有规定的情况下，理论上有两种应对方式：第一，修改相关法律，直接改为长久不变；第二，在第二次承包期截止后，实行第三次承包，改为长久不变。这两种方式均存在一定的弊端，无论采取第一种方式还是第二种方式，都会损害到其他相关农民的利益，特别是采取第二种方式本身就意味着对全国现有土地进行一次大规模的重新洗牌，这必将影响现有土地关系的稳定性，严重者会造成社会动乱。

（三）相关利益主体的利益衡量问题

任何法律和政策在其制定甚至实施过程中，首先，应该考虑的是如何协调所涉各个主体利益衡量的问题。当然，土地承包关系"长久不变"政策的实现也理应兼顾不同主体的利益平衡。然而，现行国家政策只是为土地承包经营权的期限问题指引了大致的方向，没有提出相对应的具体实施措施。在土地承包经营权实现"长久不变"政策的过程中，首先牵涉到政府部门的利益。在土地承包关系"长久不变"政策下，土地征收过程中有关部门、单位或个人均直接与农户协商或谈判。① 以前政府部门在土地征收法律关系中处于强势地位，可以说农民的话语权受到很大程度的限制，若现在改为双方协商或者谈判的形式，这势必阻碍政府部门单方征收决定的实现，政府的财政收入来源将减少一项，那么对于政府部门因此种情况的发生而失去的财政收入该如何补足？其次，关于集体经济组织的利益问题。有学者认为"长久不变"政策最终会走向土地私有化的道路，集体组织将失去对承包土地的支配权。然而，深入思考这个问题，最终应回到如何保证集体经济组织对土地的所有权的地位。最后，因各种原因不再享有承包经营权人的利益问题。如有的农民把自己的土地全部转让出去后，还期待将来三十年承包时限截止后，重新得到土地的承包经营权。若采取"长久不变"的土地承包经营权，那么这部分农民的期待利益势必落空。这就需要考虑，如何保证这一部分失去土地农民的利益。

---

① 张亚. 长久不变，不变促变，寓变于不变之——推进农村土地制度创新[J]. 淮阴师范学院学报，2009(3).

四、"长久不变"政策存在问题的解决之道

尽管土地承包关系的长久性在农村土地配置及流转等方面起到很大的作用,但也存在上文提到的诸多问题,解决上述问题的目的,最终是土地承包关系"长久不变"政策应以何种形式实现。这涉及公平与效率的价值选择问题。在土地承包关系中,公平要求本集体的成员享有均等分配土地的权利,实现每一个成员享有同等份额的土地。然而,这只是理想化的状态,因为土地一旦分配完成,必然会有一定的存续期,就如现在法律规定的三十年的土地承包期限,期限届满之前,不再调整土地,从而也就意味着日后新加入的成员不能享有土地的权利。有学者提出可以继承制度满足新增成员的土地权利,从而实现公平。但在最初分配时,各个家庭结构和人员数量不同,后续的人员通过继承制度所得到的土地在量上必然是不同的,从而也不能满足公平性的要求。但是,通过频繁地调整土地,不顾土地利用效率来实现集体成员在土地承包经营上的平均分配,这种做法也有失妥当。因此,在如何实现土地承包关系"长久不变"政策问题上,应从同时兼顾公平与效率的视角出发,解决这一政策实现过程中出现的问题。具体解决方式如下:

(一)"长久不变"政策起算时点的界定

本文较为赞同刘灵辉教授的观点,即认为"土地承包关系'长久不变'政策起算时点应界定在第二轮土地承包期届满之时,除个别试点地区外,全国各地应在相对统一的时间段内有序地贯彻落实该政策"。[①] 首先,从 2008年 10 月 12 日提出的稳定土地承包关系的长久不变到 2013 年在《决定》中又一次提出相同内容,由此可见,"长久不变"期限的起算时点不必急于定在这几年,因为自第二轮承包开始到三十年期限届满至今还有十几年的时间,这也从侧面反映了我国将来法律规定的"长久不变"期限的起点不在三十年承包期限的剩余期限内。其次,目前"长久不变"的衔接过渡方式以及可能诱发的社会后果等问题尚不明确,因此,这种变革应当采取循序渐进的方式。[②] 一项政策从执行到落实即达到预期目标,总需要一段时间,在这段时间内,随着社会的发展进步,可能会出现新问题,因此,要适当留一段时间观察社会发展走向及出现的新问题,然后通过完善相关法律,对实施该项政策

① 刘灵辉. 土地承包关系"长久不变"政策的模糊性与实现形式研究[J]. 南京农业大学学报(社会科学版),2015(6).

② 高允,余雪源. 由成都市瓦窑村土地承包期长久化引发的思考[J]. 经营管理者,2014(19).

所涉及的问题进行明确解释和规定。

（二）"三十年承包期"与"长久不变"政策合理的衔接方式

王金堂教授认为："最优的选择是通过修改《物权法》，明确土地承包经营权到期后自动无条件续期从而实现永久化。"①对此观点，本文表示赞同。第一，《物权法》第126条的规定从侧面表明立法者有意希望将土地承包经营权无限期的延期，再者，我国的土地承包经营权制度仍承担着较多的社会职能，还有上文提到的土地承包经营权制度中仍存在许多问题，若贸然规定在三十年承包期内的任何一个时点开始实行土地承包关系的长久不变，可能又会出现其他的社会问题。比如，若农民不愿交出土地，抵抗重新分配时必然会在集体经济组织与农民之间产生冲突。第二，第二轮的土地承包关系已经存续很长的一段时间，农民对自己分到的土地也已经形成了较为深厚的财产意识，而且，有些农业生产本就存在一定的期限性，在一定期限到来时才会得到相应的成果，此时如果一律重新分配，必然会损害一些农民的期待利益，从而会牵涉到一系列的补偿赔偿问题，虽然实现了公平，但是土地经营效率却严重降低。第三，如果为了实施"长久不变"的政策而对土地肆意调整，不仅会损害原承包关系，也在一定程度上动摇了法律的权威性。

（三）相关主体利益衡量机制的构建

在处理承包关系时要实现公平，不仅需要保护现在享有承包经营权的农民，还要平衡和协调其他相关主体的权益。首先，实行土地承包关系"长久不变"政策，会减少政府部门在土地方面的经济来源，因此，为了不损害政府的部分利益，必要另找来源，补足这部分财政收入，如可由税收收入替代土地收入。其次，承包经营权永久化以后，集体组织对已经存在承包经营权的土地，会丧失些许的支配力。有学者认为，承包经营权达到物权化状态，等同于实现了土地的私有化，这个想法可进一步商榷。在执行"长久不变"政策的过程中，并不是一定要损害集体经济组织的利益，剥夺其对集体土地享有的权利。由相关法律可知，发包方的权利不仅包含发包的权利，还有监督的权利，这说明集体组织对土地出让仍享有一部分权利，只是国家考虑到农地的最大化流转，而赋予了农民更多权利，而这些土地权利的享有还远远达不到实现土地私有化的程度。因此，一般情况下，土地上其他权利可以由

---

① 王金堂.土地承包经营权制度的困局与解破——兼论土地承包经营权的二次物权化[M].北京：法律出版社，2013:299.

拥有承包经营权的农民享有。最后,由于土地被征收或者全部承包出去等原因而不再享有土地承包经营权人的利益保护,应首先理清此过程中涉及的当事方之间的关系,增加对这些丧失土地农民的补偿额度,从而达到各当事方之间的利益均衡。

在农村土地改革的过程中,会牵涉到其他的制度问题,如与社会保障制度、征地补偿制度及户籍制度的协调互动。(1)社会保障制度的跟进。"中国大陆当前实行的把承包土地和农民身份锁定,用限制农户处置权办法建立所谓社会保障实质上是官逼民自保。"①然而土地承包长久不变政策的实行其中一个目的,就是充分发挥土地承包经营权流转功能,实现其交换价值。由此可见,土地的这部分社会保障功能已失去存在的合理性,即这项政策的实施使人多地少家庭的土地保障能力减弱。因此,在实施土地承包关系长久不变的政策时,应当完善相应的社会保障制度,对利益受到影响的农民的生活予以充分保障。(2)征地补偿制度的协调。如今征收机制的缺陷是:其基本架构建立在农地产权主体制度的基础上,若农地产权主体不清晰,征收补偿的主体便无法确定,因为只有失去利益的人,才能得到补偿。因此,征地补偿制度对"长久不变"政策的回应,最终还将回到确定农地产权问题上。(3)户籍制度改革的互动。"农转非"引发的问题会形成城市居民转向农村生活的制度障碍,城市与农村居民难以达成充分流动的规则。因此,户籍制度改革应顺应农村土地改革的潮流,使二者处于较好的互动状态。

---

① 秦晖.优化配置? 土地福利? ——关于农村土地制度的思考[J].新财经,2001(8).

人格权侵权中适用惩罚性赔偿初探

宋慧

（天津商业大学法学院 天津 300134）

[摘要] 2015 年版《中华人民共和国民法典·人格权法编专家建议稿（征求意见稿）》第 104 条明确规定侵害他人人格权益，造成严重后果的，被侵权人有权请求相应的惩罚性赔偿。这对惩罚性赔偿纳入我国人格权益保护具有划时代的意义。但惩罚性赔偿的特殊性质和惩罚功能备受争议。本文深度结合人格权侵权保护方式对惩罚性赔偿制度的合理性和可能性予以探索，从理论背景到法律实践，从制度设想到制度构建，探讨如何将惩罚性赔偿良性适用于我国人格权侵权保护中。

[关键字] 侵权；人格权；惩罚性赔偿

一、人格权侵权引入惩罚性赔偿的理论背景与法律支撑

（一）惩罚性赔偿适用于人格权侵权的理论背景

惩罚性赔偿是指法院为惩罚加害人的不法行为和威慑、防止类似行为的发生，而判决加害人向受害人支付远超过实际损失的赔偿金的一种赔偿方式。这种制度因不符合民法"同质补偿"的基本观点，设计之初便充满争议。按照传统理论，侵权责任法设立损害赔偿的初衷在于同质填平，按照损害事实和损失大小承担最大限度弥补损失的赔偿额。该种理念设计的关键即是同质限度，超过限度就意味着获利，这是不符合民法传统意义上的认知的。但惩罚性赔偿突破了这一限度，被侵权人可以从侵权行为中获得远超其实际损失好几倍，甚至不以损失为基础的巨额赔偿。其目的不是为了补偿而是惩罚，希望通过一种超出侵害范围的加重惩罚，给予社会以警戒与鼓励，从反面遏制类似恶劣行为的发生。从现有的立法来看，惩罚性赔偿多适用于人身权益致损或非人身性严重侵权等方面。例如产品缺陷、食品安全

领域造成严重后果后将引起惩罚性赔偿的介入。它期待通过增加负担性惩罚,在最大限度补足被侵权人损失的同时对侵权人进行威慑和惩处。这一方面为鼓励被侵权人主动提请损害赔偿提供了动力,另一方面也对潜在意义上的可以侵权人产生威慑,警示其三思而为。更何况侵权诉讼通常需要经过长时间的法庭博弈和较量才有结果,冗长而繁杂的诉讼过程给被侵权人带来的是更大的损失。惩罚性赔偿可以弥补维权程序产生的高额诉讼费用,减少维权成本。这些都为惩罚性赔偿的设立提供了坚实基础。

目前我国惩罚性赔偿研究仅在侵权责任法领域,违约领域的研究暂不被理论界认同。惩罚性赔偿也因其"惩罚性"功能屡遭质疑,致使研究受限。侵权责任方面一般性适用惩罚性赔偿的研究处于进退维谷的状态,难以找到突破点。从人格权侵权这一个点切入,发挥惩罚性赔偿的闪光点,可以打破现有研究的理论僵局。汇总现存立法、司法解释、草案和建议稿,可发现人格权侵权适用惩罚性赔偿制度的数量占总数约85%以上。从人格侵权视角另辟蹊径,有较充足的理论支撑。人格权中涉及的多是重大利益,一旦侵犯,其后果相当严重,这与惩罚性赔偿以严重损害结果为依据相契合。大多数权益是在被侵犯后被动寻求救济,而惩罚性赔偿却可以以惩罚为保障,发挥远胜一般法更强大的威慑作用。因而,在人格权侵权中将其纳入是有着一定的理论基础和支撑的。但是具体如何去良性构建、适用,还有待下文的进一步论述。

(二)惩罚性赔偿引入人格权侵权之法律支撑

表1　我国人格权益适用惩罚性赔偿的现行法规定

法律名称	时间	所在条款	惩罚性赔偿数额情况
《消费者权益保护法》	2013 年	第 55 条	基本;退一赔三,最低 500 元 严重后果(死亡或健康严重受损);2 倍以下
《侵权责任法》	2009 年	第 47 条	严重后果(死亡或健康严重受损); 相应的惩罚性赔偿
《合同法》	1999 年	第 113 条	依照《消费者权益保护法》处理
《食品安全法》	2009 年 (失效)	第 96 条	人身受损;10 倍
	2015 年	第 148 条	包含人身受损;退一赔三,最低 1000 元
《最高人民法院关于审理利用信息网络侵害人身权益民事纠纷案件适用法律若干问题的规定》	2014 年	第 18 条	人身权益受损;50 万元以下

　　我国立法对人格权益的惩罚性赔偿涉及较早。惩罚性赔偿与我国部门法律制度衔接适用,由各个法律根据其保护权益的自身特点设定赔偿数额和标准。虽然这些条文没有直接规定在人格权法之中,而是散见于其他的法律中,但都涉及人格权侵权问题,并且根据人格权受到侵犯的不同情况给予一定的惩罚型赔偿。《消费者权益保护法》第55条规定在消费者有健康受损或者死亡的情况下可提出相应的惩罚性赔偿要求,依据的基础是人格权益遭到侵害。《食品安全法》也同样规定了在人身权利被侵害的情况下,可以请求10倍赔偿,人格权受侵害再次成为请求权的基础。现行的诸多法条中都涉及惩罚性赔偿的适用并以人格权受侵害为基础,这实际上为两者之间的结合适用提供了法律支撑。故而,惩罚性赔偿适用于人格权侵权救济是存在现行法基础的。

表 2　我国人格权益受侵害适用惩罚性赔偿的现有草案、建议稿

草案/建议稿	时间	条款	惩罚性赔偿倍数情况
《中华人民共和国民法典·人格权法编专家建议稿(征求意见稿)》	2015 年	第 104 条	包含侵犯人格权益的行为;相应的惩罚赔偿金
《中国民法典草案建议稿(第一稿)》	2003 年	第 1643 条	侵害他人生命、身体、人身自由、健康或具有感情意义的财产的;3 倍①
《中国民法典草案建议稿(第二稿)》	2011 年	第 1632 条	侵害他人生命、身体、健康;3 倍②
《绿色民法典草案》③	2004 年	第 1634 条 第 1635 条 第 1363 条	人格权,损害加严重后果;1~3 倍
《中国民法典·侵权行为法编建议稿》	2009 年	第 91 条	侵害他人生命、身体、人身自由、健康;3 倍以下
《中华人民共和国侵权法司法解释建议稿》	2010 年	第 103 条	侵权责任法第 47 条;3 倍以下

---

　　① 中国民法典草案立法研究课题组.中国民法典草案建议稿(第一版)[M].北京:法律出版社,2003:325.

　　② 中国民法典草案立法研究课题组.中国民法典草案建议稿(第一版)[M].北京:法律出版社,2003 : 325.

　　③ 中国民法典草案立法研究课题组.中国民法典草案建议稿(第二版)[M].北京:法律出版社,2011: 330 .

草案/建议稿	时间	条款	惩罚性赔偿倍数情况
《中华人民共和国旅游法（草案）》	2012 年	第 55 条	人身伤害、滞留目的地等严重后果的；1～3 倍
《中国民法典草案》①	2002 年	第 1954 条	人身损害；2 倍赔偿

惩罚性赔偿在理论界备受青睐，从 2003 到 2015 年不断有法律草案使用了"惩罚性赔偿"的表述。专家学者们致力于使惩罚性赔偿在人格权侵权方面可以发挥良效，以推广到法学其他领域。人的健康、生命、自由等权利，关乎重大，一旦受到侵犯所产生的结果将是巨大的、难以估量的。学者在这些领域试图引入惩罚型赔偿，有着一种惩前毖后的考虑。他们希望借惩罚性赔偿的威慑作用来减少有关人格权恶性侵权事件的发生。虽然目前惩罚性赔偿还是散见于各个法律草案中，但此种尝试可以理解为一种探索，未来再配备成熟、配套的法律体制，将之扩展到整个人格权侵权领域，甚至是更广领域去适用也是可能的。

以上两部分的分析为人格权侵权领域适用惩罚型赔偿找到了一定的理论基础和相关立法支撑。但是具体如何去适用还有待我们进一步分析，而最为关键的是，我们首先得找到人格权侵权领域还存在着哪些问题，可以通过惩罚性赔偿的优越性弥补，让惩罚性赔偿在人格权侵权中有立足的余地。通过下文的实践分析和问题分析可窥一斑，惩罚性赔偿在人格权侵权领域是存在合理性的。

二、人格权侵权领域建立惩罚性赔偿的合理性分析

（一）补偿性赔偿完全救济不能

补偿性赔偿原则目的在抚平被侵权人的实际损失，力求不偏不倚地恢复受损的权益。补偿性原则的本质和内涵概是如此，它植根于被侵权人的最终损失和可得利益损失，也被称为"完全赔偿原则"。然而这一看似简单的目标在实践中却难以得到实现，因为如果想要填平损失，需要在对被侵权人的损害进行预估评测的基础上做出。法律追求完全填补，在实际操作中

---

① 中国民法典草案立法研究课题组.中国民法典草案建议稿(第二版)[M].北京:法律出版社，2011:330.

却很难做到精准计算。因而想要完全填平是不实际的。相对而言,惩罚性赔偿虽有"惩罚"二字,被视为破坏了民法"同质补偿"的初衷,但其到底是惩罚还是阻遏在于制定者如何良性运用惩罚性赔偿额度,制度本身是没有问题的。如果以遏制为主,惩罚性赔偿金额应当综合考虑侵权人在行为的过程中的花费和其因为侵权行为而获得的收益,通过惩罚性赔偿要达到剥夺其不法收益甚至使其受损,从而达到遏制的效果。为达到惩罚的效果和目的,赔偿金在具体认定的过程中较之其他赔偿方式更为严厉自不待赘言。在适用的条件上也应当区别于补偿性赔偿的自由裁量性,不能让金额处在一种不确定的状态之下,只有在现行法中有着明确的规定且各方权益已做权衡的情况下才可介入。惩罚性赔偿可以促成良性逐利体制。当被侵权人意识到从侵权行为中获得补偿的同时还可以获得更多时,被侵权人就会积极寻求救济,多数向公权力机关提出,这样会达到惩处违法行为的作用。再根据侵权人的具体承受惩罚的能力等因素,平衡各方利益,实现最终的公平公正。

(二)精神损害赔偿无法替代惩罚性赔偿

精神损害赔偿在学界通常被表述为非物质的或者说非财产性质的一种损害补偿形式,这说明侵权中其效用和受重视度还不及传统的救济方式,财产性损害赔偿仍然呈现独占鳌头之势,精神损害赔偿仅仅是其的一种辅助和补充。我国的精神损害赔偿到目前为止存在许多难以突破的问题,是其制度本身所不能够自我完善的。

1. 精神损害赔偿判断不清晰

判断标准难以精准、客观衡量。精神本身就很难去描述,很难准确地用数字表达出来,故而造成损害如何去认定自始至终就是问题,这对于赔偿来说可能陷入主观归罪的泥沼中。财产损害可以真金白银地计算出来;身体受损也能评定相应的伤害等级进而估算出实际的受损情况;精神损害有如空中楼阁,难以窥探。损害问题应是客观实在的问题,但精神损害的实在性判断标准难以认定,即使运用现有新技术,也很难准确地使主观化的精神损害呈现客观化标准[1]。有学者尝试明确界定精神损害,将其分为"名义上的"和"实证的"[2]。这种划分看起来貌似使精神损害赔偿制度适用标准更

---

① 姚辉.人格权法论[M].北京:中国人民大学出版社,2011:286.
② 郭卫华,殷勇,常鹏翱,赵冀韬,姜战军,刘德桓.中国精神损害赔偿制度研究[M].武汉:武汉大学出版社,71-72.

客观化、现实化,但实质上却提出了更多的问题,两者如何区分适用? 如何类型化地列举侵权行为? 即使区分得当,区分后实证的精神损害还面临被侵权人举证受到的精神痛楚,这会使问题又回归到起点,即精神损害判断标准大多主观化判断,难以形成客观化标准。

严重精神损害难以判断。通过反复的论述,有一点可以明确,在我国,精神损害赔偿获得支持的基础是严重的精神损害。学者通常以普通大众可以承受的精神上和身体上的痛楚为限,超过这个限度可认定为是严重的精神损害。当然,这种认定还要综合考虑被侵权人各方面因素来判断①。有学者采取列举方式给出具体的标准②。有学者提出以先例为基础,根据其先例的标准进行评定,但是显然在成文法体系下有些格格不入。到底什么样的程度才达到了严重这个标准,还有待具体构建。

2.精神损害赔偿的适用主体范围缺乏广度

按照一般性认识和实践的理解,只有造成了严重的精神损害才能主张相应的赔偿,无侵害则无救济。我们一直强调精神损害难以评测,但前提是能感受到精神折磨和打击的。然而在实践中,有这样的一些群体,例如10周岁以下的小孩子或者婴儿、患有严重精神病患者,他们对于精神痛苦的体会可能几乎不存在,因此想要获得精神损害赔偿无异天方夜谭。这里讨论的就是,针对这些特殊的群体,精神损害赔偿是否还按照可以感知为前提? 对此,学界有"必要说"和"不必要说"两种观点③。必要说的主张符合一般性的理解,即实质精神损害是赔偿适用的基础。不必要说则认为,即使感受不到痛苦,基于类似惩罚的目的,也有必要支持这类特殊群体的惩罚性赔偿请求④。目前司法实践中前一种观点得到更多的支持,但是不完全吸收不必要论的观点而借鉴其惩罚的观点,吸收惩罚性赔偿制度也存在合理性。人格权益伤害存在着隐蔽性和长期性,短时间内有可能难以显现出来,但是待这些群体获得或者恢复民事行为能力之后,是否会受精神折磨,且是否还值得保护,⑤是值得思考的。通过预设一个惩罚性赔偿似乎可以解决这一问题。

① 王利明.人格权法研究[M].北京:中国人民大学出版社,2012:722.
② 姚辉.人格权法论[M].北京:中国人民大学出版社,2011:300.
③ 胡文华.精神损害赔偿探讨[J].黑龙江省政法管理干部学院学报,2010.
④ 胡平.对痛苦无感受能力之人的精神损害赔偿问题[J].人民司法,2003.
⑤ 赵恒艳.精神损害赔偿制度若干问题研究[J].民商法,2005.

3.精神损害赔偿的客体范围存在滞后问题

关于精神损害赔偿的客体范围问题,最高人民法院曾经通过司法解释对人格权益进行逐个列举。《侵权责任法》第 22 条虽然只提到了"人身权益",但这里的"人身权益"包括人身权和人身利益。伴随着社会进步和具体人格权种类的不断增多,一般人格权概念扩张,人身利益也在与日俱增,使得精神损害赔偿的外延逐渐扩大,特殊人格权也在逐渐增加。王利明先生基于学理探讨在其专著中扩大了精神损害赔偿的适用范围,将其扩大至人格权中的"个人信息权""贞操权""信用权""胎儿的人格利益"等①。这里就存在某种问题,无实在法依据是不能请求精神赔偿的,由于法律存在滞后性,新型的人格权益还没有明确的规定,因而获得这种方式的赔偿也很困难。在没有被纳入到精神损害赔偿保护的范围时,是否可以通过设定一个基础性兜底的惩罚性赔偿来保护这些新型的人格权益?

4.精神损害赔偿惩罚性欠缺

精神损害赔偿设置的应有之目的就包含填平和抑制两大目的,但现在热议的不是这两点,而是讨论其是否还具有更显著的惩罚的效用。惩罚功能的加入使侵权人不仅不能达到其预期的侵权效果,还会使其遭受更严苛的经济惩罚,但该种功能并没有在精神损害赔偿中体现,可能更多的是考虑不能因为社会需要惩罚以实现公平就一而再地扩大超出其概念的承载范围,忽略精神损害制度的内涵。不可否认的是,在一定程度上,事前的预防要好于事后的补救,惩罚性赔偿的强大制裁作用或许能收到更好的社会效果。

三、惩罚性赔偿在我国人格权侵权救济中的适用规则

(一)惩罚性赔偿制度在人格权侵权救济中的地位

我国的人格权法一直散见于《侵权责任法》中,曾热极一时地探讨其独立地位,但人格权独立成编迟迟未到。人格权侵权保护除了在《侵权责任法》中有明文规定外,因人格权作为侵权客体,内容广泛,性质特殊,其他各类部门法难免都有融入相关保护措施。惩罚性赔偿制度介入人格权侵权并非排斥或者取代其他救济方式,而是在现有的救济体系上额外增加了一种特别的保护制度,给予人格权更全面的保护。

---

① 王利明.人格权法研究[M].北京:中国人民大学出版社,2012:710.

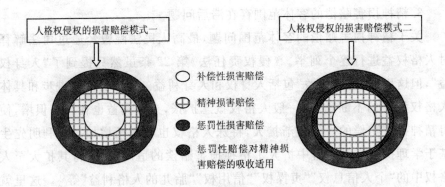

图 1　人格权侵权的损害赔偿模式

如图 1,模式一中,三者的相互关系为非包含的外延关系,它是人格权侵权的损害赔偿的三种制度的叠加。"外延关系"还有另一层意思,是指在损害程度和责任承担两个标准上必须由补偿性赔偿到惩罚性赔偿逐级加重,必须达到补偿性赔偿和精神损害赔偿不能弥补被侵权人所受伤害之外,谨慎适用惩罚性赔偿,尽量避免触动我国民法"同质补偿"的赔偿原则和理论构建。

模式二的基本构建大致同模式一,只是多出惩罚性赔偿对精神损害赔偿吸收适用部分。相较于模式一来说,模式二更有说服力。最主要的原因就在于吸收适用这一问题上。模式一不存在吸收的情况,考虑到精神损害赔偿在我国已使用很久臻至成熟,而人格权侵权中虽然纳入了惩罚性赔偿这种救济方式,但作为新晋的制度仍然问题很多,故而在精神损害赔偿能够优先适用且更为合理的时候就暂不用惩罚性赔偿。但是模式一解决不了精神损害被精确量化的问题。所以模式二允许吸收的存在,是在精神损害难以精确量化的情况下,或者难以最终表达为可以操作执行的数字时,始终欠缺最佳的精准化衡量时,动用惩罚性赔偿机制的威慑、惩罚功能作为兜底性选择,在公正方式和终极社会效益的较量下,优先选择良好效益。因为即使人格权侵权程度恶劣得无以复加,但被侵权人心理承受能力极强,没有产生任何负面化影响,也必须承认其可能产生的精神损害。精神损害赔偿难以用钱精准衡量,赔偿标准至今因欠缺高科技检验方式而标准不明,适用范围更是处在变化中。此时的这种吸收适用就存在着明显的合理性。

（二）人格权益惩罚性赔偿制度的适用条件

惩罚性赔偿作为一种民事附加责任形式,要在人格权侵权中发挥作用,首先得符合一般侵权的构成要件,这是我们讨论的前提。在满足这些条件后，人格权侵权救济中吸收惩罚性赔偿的有益内核才有可能，我们才能设计其特殊的适用条件。

惩罚性赔偿的终极目的在于超强度惩罚和阻遏，这是它区别于其他赔偿方式最有优势的地方，但是在适用时也要求更为严苛的条件。首先，必须有较强的主观恶性和社会危害性。主观恶性体现在侵权人主观上要有故意或者重大过失。因故意和产生社会危害性受到苛责无可厚非，这是最明显的主观恶性。重大过失是因为其对法定义务的漠视和严重的不负责任，也理应严惩。其次，不同于民事传统理论以严重损害结果为前提，可以适当扩大适用惩罚性赔偿的范围，对于一些没有造成严重后果、存在潜在危险，或者行为有较大社会影响的，也可适用惩罚性赔偿。关于这点主要是结合一些恶性的食品、药品案件如假疫苗事件、三鹿奶粉事件等考虑的。这些案件存在着有实际损害和无实际损害两种情况，对于后者按照严重损害标准无法请求权利，根据食品安全标准去求偿所得也有取证困难、不予赔偿的可能，但类似社会事件必须承载社会效益，加重侵权人公益责任。故而可以有限度地丰富其发挥作用的可能。最后，需要明确的现行法支撑，在很难标准化的情况下尽可能为惩罚性赔偿确定较高的适用门槛。本身惩罚性赔偿就有加重惩罚、过度救济的特质，因而不能没有标准，而应在大胆假设谨慎推敲的基础上，通过法条予以肯定。

（三）人格权益惩罚性赔偿制度的赔偿标准

惩罚性赔偿的最终目的是适度威慑，发挥良好的社会效益。过度惩罚反而适得其反，找到一个合适的赔偿标准颇为关键。惩罚性赔偿的赔偿金额应当本着适度合理、灵活的原则来设计。不宜采用固定的数额标准，固定标准会驱使侵权人预估违法成本提前规避不良后果而肆意妄为，达不到实际效果。也不宜适用法官的自由裁量权来认定，我国还处于法治化建设进程中，法官素质参差不齐，单靠法官认定而无法定标准范围也欠缺合理性。较合理做法是以实际损害为基准，适用比例性标准。该比例参照物质性、精神性人格权的不同而细划。即计算出侵权人受到的实际损害，再根据实际损害结果按照一定的比例进行惩罚型赔偿，体现人格权益的多样化保护，避免侵权人预估违法成本，实现公平保护、公正惩罚。

（四）人格权益惩罚性赔偿金的归属

针对具体人格权侵权案件，惩罚性赔偿金归属于被侵权人自不待赘言。前文中论及了三鹿奶粉案件这类涉及人格权侵权案件的救济问题以及婴幼儿、精神病人人身权难以获得有效保障的问题。我们可以借鉴公益基金的设立方式,为现有的和潜在的被侵权人建立惩罚性赔偿基金池,这一基金池将容纳某一惩罚性赔偿案件理想化下的所有赔偿金额。该计算方法还有待考证,此不赘述。此一方面扩大保护范围、延长保护时效;另一方面赔偿金纳入基金池,再以一定的标准分发给确定的侵权人,可以避免高额的惩罚性赔偿金额带来的逐利现象。具体的做法是:一、法院设立专门账户。针对上述特殊人格权侵权案件,适用惩罚性赔偿进行处理后,仍有侵害后果未显现的,将赔偿金收入基金账户,由专人负责,账目公开,备用待查。二、潜在被侵害人登记。法院对案件和该基金的设立进行公告,在公告有效期内提供诉讼文书和相关证据的,经法院审查核实,登记造册,留作后期取证,在合理期限内,侵害结果发生,申请登记的受害人可以根据损失请求法院从基金中拨付。

四、结语

本文分析了惩罚性赔偿适用于人格权的合理性和可能性,探索人格权侵权的多重保护模式,具备学术探讨价值。但由于惩罚性赔偿的特殊性质,尤其争议最大的惩罚功能,与刑事、行政处罚性多有冲突,实践中难免会遇到操作矛盾。惩罚性赔偿要真正适用到我国人格权侵权,甚至整个侵权法,还有更多细节有待完善。

劳动者留置权刍议

刘艳璟

（天津商业大学法学院 天津 300134）

[摘要] 劳动者留置权是近年来劳动者维权的新手段，但由于不符合构成要件，总是被传统的留置权"拒之门外"，导致劳动者的维权行为在司法实践中缺乏明确的法律依据，承担败诉的风险。劳动者留置权有存在的必要。本文以劳动者留置权为核心，讨论了劳动者留置权存在的必要性、行为边界、制度定位等，力求为劳动者留置权做出理论引导。

[关键词] 劳动者留置权；私力救济；劳动者

引言

案例①：卢某系某公司员工，与公司发生纠纷欲解除劳动关系，以公司拖欠工资等为由，拒不交还其占有使用的属公司所有的车辆，并主张其在行使留置权，公司主张卢某的留置权不成立，要求卢某返还车辆并支付车辆使用费。原审法院支持卢某的主张，认为留置权成立，二审法院推翻了原审法院的判决，认为卢某的纠纷应适用劳动法的相关规定，物权法上的留置权并不适用于劳动关系。本案焦点在于留置权能否适用于劳动者的债权关系之中，法院基本持否定意见，认为劳动债权不符合留置权的构成要件。类似的

① 见江苏省无锡市中级人民法院(2014)锡民终字第 1724 号民事判决书，载中国裁判文书网 http://wenshu. court. gov. cn/content/content? DocID＝cfef070d-6734-4df1-a372-50a810a87919 & KeyWord,2016 年 12 月访问。

案例如朱某留置公司车辆案①、席某留置汽车案②,等等,法院对此一律持否定态度。劳动者在劳动关系中处于被动地位,可以采用的自助维权手段有限,留置财物是劳动者可以采取的平和的维权手段之一,如果一味对此持否定态度,劳动者可能会采取更为激进的维权手段,如自杀胁迫、绑架威胁等,因此本文主张劳动者可采取留置权维权,但要同民法上的留置权制度相区别,以免造成制度的混淆。

一、劳动者留置权存在的依据

(一)区别于一般留置权

劳动者留置权和一般留置权在以下几个方面存在区别:

(1)适格主体不同。留置权属于民法物权关系,具有合同关系的双方当事人,因合同关系占有标的物的一方在对方不履行其义务时有权对物进行留置,法律对当事人的身份并无特殊限制。劳动者留置权则适用于实质上具有隶属关系的当事人之间,二者具有组织上的从属关系,具有一定的身份属性,而非单纯的财产关系。两类留置权中前者是短期合作关系,后者则具有较长的稳定的雇佣关系。

(2)法理基础不同。留置权的法理基础是民法,权利根源是合同,当事人以留置物为核心建立法律关系,留置物是合同涉及的物,当事人违约是触发权利开始的机制。民法上当事人处于平等地位,订立合同时当事人双方充分遵循意思自治原则,因此法律不会偏袒任何一方。劳动者留置权的起因是劳动者违反义务,根源在于劳动合同的违反,涉及一定的内部管理特征,民法难以将其全部纳入其体系,对之进行有效的管理,因此其主要受到劳动法的管控。

(3)保护程度不同。法律赋予留置权人就留置物取偿的权利。但需要注意的是此物权性的权利只能针对合同中的标的物行使,如王六不能因为孙七欠其加工费而留置甲寄存的手机。劳动合同以劳动行为为给付内容,

①　见江苏省南通市中级人民法院(2015)通中民终字第 01631 号民事判决书,载中国裁判文书网 http://wenshu. court. gov. cn/content/content? DocID = 4810f5aa-be76-4d3a-93c9-f8e682d46cda & KeyWord,2016 年 12 月访问。

②　见江苏省无锡市中级人民法院(2015)锡中民终字第 379 号民事判决书,载中国裁判文书网 http://wenshu. court. gov. cn/content/content? DocID=56001dcc-8514-4305-a107-c980bcbbf27f & KeyWord,2016 年 12 月访问。

且行为并不指向某一固定的物,劳动者可以留置的物与劳动合同没有直接的关系,因此其对留置物不能享有任何处分性的权利,留置仅是迫不得已下的临时占有,一旦用人单位履行义务,劳动者必须原物归还,即使用人单位最终无法履行义务,劳动者也无权私下处分,当然也不能就该物主张优先性权利。这也是区分二者的最明显的标志。

从各国立法来看,依据法律现实,部分国家规定了债权留置制度,留置权的主要功能在于担保,二者的区别在于是否对留置物享有部分物权。没有物权效力,债权留置主要的效力是对抗债务人的请求权,从而对其施压,直到其履行义务为止。债权人可以提供担保来避免留置权的行使。本文讨论的劳动者留置权功能与债权留置相似,基本功能在于向用人单位施加压力,迫使其通过履行支付义务来恢复其对财产的占有。但要注意的是基于权利产生的基础不同,劳动者留置权并不完全等同于债权留置。

（二）区别于一般的私力救济

私力救济,顾名思义,即指通过私人力量对权益进行救济。私力救济行为包含自卫行为、自助行为以及其他行为,法律上承认的自卫行为包括正当防卫和紧急避险;自助行为是在自身权益面临侵犯时采取的临时性救济措施;其他私力救济行为诸如民间讨债组织,游走在法律的边沿①。学界通说和各国立法例承认这种紧急自助行为的合法性,如我国台湾地区民事相关规定持此种观点②。

劳动者留置权的本质也是劳动者借助自身力量维权的行为,但因其受到身份属性的制约,与一般的自助行为有所区别。主要表现为:

（1）对紧急性的要求不同,一般权利主体的自力救济通常发生在紧急情况之下,强调当场性,若不及时行为,权益将遭受重大损失或将很难恢复;劳动者留置权的行使对紧急性的要求则较弱,其受到的侵害强调时间上和行为上的延续性,劳动者行使留置权的客观要件同样是权利得不到有效的救济,但不要求是对侵害的即时反应。

（2）权利行使的凭借不同。一般的私力救济是面对纠纷条件反射式的

---

① 因此类私力救济行为涉及多方利益,情况复杂,本文暂不做讨论和比较。

② 我国台湾地区民事相关规定第151条“自助行为”规定:“为保护自己权利,对他人之自由或财产施以拘束、押收或毁损者不负损害赔偿之责。但以不及受法院或其他有关机关援助,并非于其时为之,则请求权不得实行或实行显有困难为限。”

即时反应①,要求有侵害发生,并要求权利人及时做出反应,如正当防卫,法律不能要求当事人受到侵害时放弃反抗;也可以基于合同而产生,如饭店吃"霸王餐"的客人,饭店可以采取手段维护自己的合同利益。这类自力救济对当场性的要求比较高,比如正当防卫,若侵害已经停止,则无防卫的必要性。而劳动者行使留置权是基于用人单位对劳动合同的违反,介于劳动者在劳动关系中的地位和现实情况,要求劳动者立时做出反应未免有些苛刻,因此劳动者的此类自助维权行为不要求当场性。劳动者的临时占有是为了维权,非以非法侵占为目的,不能追究占有人的责任。相较一般私力救济的被动反应,劳动者行使留置权更多的是一种积极的、主动的维权行为。

二、劳动者留置权存在的必要性

任何事物存在即有意义,正如黑格尔所言"存在即合理",劳动者留置权的存在亦具有必然性。

(一)司法实践的要求

前文提到劳动者行使留置权维权已在司法实践中存在,却得不到法院的支持,原因在于劳动者留置权的适用情形既不同于一般留置权,也难以认定为紧急的私力救济行为,法官在断案时难以找到适合的法律依据,只能依据现有法律判定劳动者败诉。法院公示的文书多以《物权法》中留置权制度作为审理案件的依据,认为劳动者行使留置权的主张不成立,法官在司法实践中只将劳动者的维权行为当作一般的维权行为处理,却忽视了其身份上的特殊性,将劳动者排除在留置权适用主体的范围之外。随着经济的飞速发展,劳资纠纷频发,公力救济的无效性导致劳动者采取暴力、自损等方式来维护自己的权益,结果不仅没有实现目的,反而造成无法挽回的悲剧②或难以承担的后果③。相比较而言,劳动者留置权是一种平和的、更有效的维权手段。如果法律一味地对该种方式采取否定性的评价,势必会导致劳动者采取更为激进的手段,反而不利于劳动者权益的保护和社会的稳定。

---

① 徐昕.为什么私力救济[J].中国法学,2003(6):65—76.

② 《西安小伙讨薪自杀遗物仅1元钱》,载凤凰网 http://news.ifeng.com/photo/hdsociety/detail_2013_07/26/27964163_0.shtml#p=1,2016年12月访问。

③ 《男子涉策划主导"跳楼讨薪"被刑拘》,载中国青年网 http://news.youth.cn/jsxw/201510/t20151028_7250174.htm,2016年12月访问。

（二）留置权解决劳资纠纷的效力和先例

我国并非是最早出现此类案例的国家,国外已经有相关案例的出现,并且法律已经做出"回应"。例如,美国的《特拉华州普通公司法》①。在德国,雇员在对方不履行工资义务时享有劳动给付的留置权,留置的劳动给付可能会变成履行不能,但却不构成损害②。可知,德国民法不仅赋予雇员留置权来对抗雇主迟延支付工资的行为,并且对雇员因留置劳动给付造成的损害给予了一定的包容。

（三）劳动者留置权对现实情况的应对

劳动者留置权的目的不是为了创设法律制度,也不是鼓励劳动者进行私力救济,是对已经产生的法律问题进行的应对。劳动者的自力救济实际上是其与侵权者之间的博弈,以最小的成本解决纠纷是当事人和司法机关的共同追求,笔者认为在法律规范之内的自力救济不应受到法律的过多限制。法律参与是为了规范权利行使的边界,将权利限制在法律允许的界限内,防止权利的滥用。劳动者的留置行为不可能完全禁止,而现有法律制度对其缺乏合理有效的规制,如放任不管,势必造成权利滥用和当事人权益损害。因此,笔者认为法律对劳动者留置权的行使进行规制,是必须且迫切的。

三、劳动者留置权的调控

（一）劳动者留置权的构成要件

1. 主体要件

本文所讨论的主体主要是指从事劳务并从他处获得劳动报酬的劳动者。劳动者留置权仅适用于"打工者",将自给自足的劳动者排除在外,同时本文所讨论的劳动者留置权也不适用于在国家机关、事业单位、公益组织等任职的人员③。除劳动关系外,还存在劳务关系,必须对二者进行区分,以防止适用主体上的混淆。

---

① 《特拉华州普通公司法》第300节规定,在公司没有支付能力时,雇员为获得工资而享有"留置权",该"留置权"的范围是"不超过两个月的工资金额,该工资应当在公司偿付其他债权之前先向其雇员支付"。

② ［德］W·杜茨.劳动法［M］.张国文,译.北京:法律出版社,2003:88.

③ 国家机关、事业单位、公益组织等组织中的财产涉及国有财产,从保护国有财产的角度来讲上述组织成员不应成为私力救济的对象。

（1）主、客体差异。劳动关系要求一方主体必须是自然人，这是因为劳动关系是以人为核心订立的，用人单位看重的是劳动者的能力，劳动者必须亲自履行义务，完成劳动给付；客体是劳动者的给付行为，劳动者需要按照要求给付劳动，至于是否交付劳动成果则需要用人单位的具体指示。劳务关系主体一般并不要求限制为自然人，当事人签订劳务合同，权利人需要的是劳务成果，究竟谁去完成，并无具体限制；客体是劳务，也即合同约定的工作成果。

（2）工作要求不同。劳动合同的标的是劳动给付，劳动者只需要完成指定劳动即可。而在劳务合同中，劳动者往往需要交付工作成果。

（3）法律依据和保护形式不同。劳动关系的建立必须以劳动法为依托，合同的订立和签署过程中，意思自治原则受到限制，属于有限的意思自治，受到政府和社会的干预，发生劳动纠纷时，不能直接诉讼，必须经过仲裁程序。而劳务关系与普通的合同关系相同，是在充分的协商之下订立的，当事人的意思自由得到了充分的尊重，政府和社会都不会过多地进行干预。

综上，劳务关系在条件成就时，可以适用民事留置权制度的相关规定，无须再以劳动者留置权加以特殊保护。在劳动合同中涉及的不仅是当事人之间的私人利益关系，还关系到社会的稳定和有序发展，国家不可能完全放任其自由发展，仅靠市场规律加以调节，必要的行政干预和特殊保护是必需的。因此笔者认为，劳动者留置权仅适用于劳动关系中的劳动者，不宜规定得过于宽泛，否则与设立劳动者留置权的宗旨相悖。

2.行为要件

劳动者留置权的设立是对劳动者的保护，权利的行使应在法律允许范围之内。劳动者有维护自己利益的权利，但是也有遵循法律、法规和社会公德的义务。法律倡导人们采取平和、理性的方式来解决纠纷，劳动者留置权设立的目的也是为了促进劳动者理性解决纠纷，减少甚至杜绝暴力、自损、违法的权益自救方式。劳动者在行使留置权的时候要注意手段和方法，不能采取粗暴抢夺的方式占有用人单位的财物，不能恶意破坏、报复，给用人单位造成重大的甚至毁灭性的损失，否则劳动者将承担由此带来的责任。劳动者的目的是"讨回"利益，不当的方式只会给自己造成更多的利益损害。笔者认为，劳动者行使留置权是对自己掌握的便利条件的运用，不是滥用，只要自己的行为可以对用人单位产生心理上的压力，迫使其归还劳动者应有之利即可。

3.适用的对象和范围

劳动者的各项权利分成两类:与财产相关的权利,如报酬请求权、工伤赔偿请求权等;与人身相关的权利,如休息休假的权利、升职的权利等,笔者认为本文所讨论的劳动者留置权仅适用于与财产相关的各项权利,理由有二:其一,劳动者留置权虽然是特殊留置权,但本质上不能脱离留置权的范畴,是财产性的权利,而劳动者的人身性的权利不具有财产属性,难以量化,在权利实现的过程中难以把握"度";其二,劳动法是公法与私法相结合的法,其根植于民法,又超越了民法①,劳动法中的工资、报酬等财产性权利仍然具有民法性质,体现了民法的等价有偿原则,是民事权利之一,而休息休假、升职、接受技能培训等权利,则是纯粹的劳动权利,是由劳动权衍生出来的权利,因此笔者认为劳动者留置权仅适用于工资、报酬请求权、工伤赔偿请求权等财产性权利当中,以防止留置权适用范围过于宽泛,以至于造成权利的滥用,影响正常的经营秩序。

4.法定性

留置权具有较强的法定性,条件成就即可当然适用。但法律也不反对当事人通过约定来排除其适用②。笔者认为劳动者留置权不适用约定排除规则,这是因为劳动合同往往是用人单位提供的固定合同,通常情况下用人单位掌握主动的话语权,双方当事人难以在对等的地位下进行充分的协商。笔者认为从保护劳动者的角度考虑,应当禁止用人单位通过合同排除劳动者的救济权,否则该项排除条款将成为用人单位的"保护符",劳动者留置权也就名存实亡。

留置权中,法律允许债务人提供价值相等的物来替换原本的留置物③,这是因为留置权的价值在于物,只要价值相等,并不影响当事人的权利。而在劳动者留置权中,留置的目的是为了对用人单位产生压力,迫使其偿付劳动者债权。如允许企业随意更换担保物,不足以对用人单位产生震慑,留置的目的将难以实现。

---

① 冯彦君.民法与劳动法:制度的发展与变迁[J].社会科学战线,2001(3):199—205.

② 《中华人民共和国物权法》第 232 条:"法律规定或者当事人约定不得留置的动产,不得留置。"《中华人民共和国担保法》司法解释第 107 条:"当事人在合同中约定排除留置权,债务履行期届满,债权人行使留置权的,人民法院不予支持。"

③ 《中华人民共和国物权法》第 240 条:"留置权人对留置财产丧失占有或者留置权人接受债务人另行提供担保的,留置权消灭。"

四、劳动者留置权的制度定位

我国当前并无劳动者留置权的规定，司法实践中也多采取否定性的意见。① 因此，笔者认为有必要在我国法律中增设劳动者留置权制度，使劳动者的这一权利合法化。关于劳动者留置权的制度安排，笔者认为主要有以下三种模式。

（一）物权法模式

采取这种模式是基于物权法中的留置权制度，将劳动者留置权归入留置权中。该种模式的优点在于可以避免条文的重复，便于查找。不足之处在于劳动者留置权与物权法的宗旨显得有些格格不入。

首先，物权法是关于"物"的法律，功能在于保障物在流转过程中的秩序。而劳动者留置权的核心并不在于"物"，而在于救济，从这一点上来讲，劳动者留置权与物权法的宗旨不相符合。

其次，留置权的功能在于保障付出劳动力的债权人的利益，承认其对留置物所做的贡献，因此留置权要求留置物必须是与合同密切相关的物，要与债权有牵连关系，劳动者留置权不受此约束，一是因为劳动者与用人单位的关系并非单纯的财产关系，二是因为劳动者的留置物不以工作成果为限，可能只是其临时使用的物，只要是劳动者合法占有的财产均可以成为留置物，如公司为员工配置的设备等。

最后，留置权的优先受偿性并不适用劳动者留置权，二者并非包含关系，应属交叉关系，因此在体系上将一般留置权作为劳动者留置权的一般性、总则性规定有些勉强。

综合上述两点，笔者认为劳动者留置权放在物权法中并不合适。

（二）民法总则模式

这一模式是将劳动者留置权放在民法典的总则编中。在这一模式之下，该制度的效力不言而喻。笔者认为这正是劳动者留置权不能放在总则当中的原因之一，总则是整个民法典的原则性规定，它的效力贯穿于整个民法典，其主体也应当具有普适性，而劳动者留置权的主体则局限于劳动者，若将其规定在总则编中，势必产生效力的矛盾，影响民法典的协调性。因

---

① 笔者在中国裁判文书网的高级检索中输入关键词"劳动者"和"留置权"搜索自 2014 年 1 月至 2016 年 12 月的裁判文书共计 32 个结果，其中属于劳动者行使留置权的有 7 项，但是只有 1 例认定劳动者行使留置权的诉请，认定劳动者是合法的私力救济的行为，后在二审中被推翻。

此,对于这一模式笔者也持否定性意见。

（三）劳动法模式

笔者认为这一模式是可行的。首先,劳动法是专门保护劳动关系的一部法律,相比较《民法总则》和《物权法》而言,对劳动者的保护更有针对性和倾斜性,体系上更具协调性。其次,劳动者留置权作为救济性的权利只是在现有的权利中新增一项,不会与劳动法现有的规定冲突。再次,劳动法是劳动者维权最重要的法律依据,将其置于劳动法之下,便于劳动者快速找到维权路径,避免盲目维权行为的发生。最后,也是最重要的一点,相较于以意思自治为核心的民法,劳动法具有更高的强制性,受国家管控的程度会更深,将劳动者留置权放到劳动法中,可以防止用人单位利用意思自治原则规避劳动者留置权的使用。救济是实现权利的保障,笔者主张将劳动者留置权放到劳动者救济制度中去。

五、结语

劳动者留置权制度是劳动者依据自身的便利条件而实行的自助维权行为,虽然目前为止并没有得到法律的明确承认,司法实践中也得不到法官的支持,但是类似案例并非少数。本文主张实行劳动者留置权制度不是为了创造制度,而是为了解决实践中的法律适用问题。劳动者留置权制度的目的是对同类行为做出引导,划定权利行使的边界,以防止权利被滥用。由于没有统一的规定,司法实务中,法官的做法也各不相同,劳动者找不到行之有效的依据,若不加以规制,于法律的权威性有害。

城市住宅小区 ADR(非通过诉讼的方式的解决机制)制度的建构

程宇

(天津商业大学法学院 天津 300134)

[摘要]本文界定了城市住宅小区 ADR 的概念,并阐述了城市住宅小区 ADR 的平等、正义和效率的哲学价值;分析了建构城市住宅小区 ADR 制度的成因,探讨了城市住宅小区 ADR 制度模式,提出了城市住宅小区 ADR 的制度规范构想。

[关键词] ADR;住宅小区;纠纷解决机制

引言

伴随着市场经济的发展,我国广大农民工到城市打工增多,城市人口急剧膨胀,城市住宅小区数量激增,单一的工作源(一个单位职工住在同一小区)、地缘、血缘住宅小区逐渐减少,大部分来自五湖四海的人住在一个住宅小区中;在新的形势下,多元的利益关系存在,住宅小区矛盾纠纷出现了新情况、新问题,因而导致诉讼与日俱增,"诉讼井喷"已成为社会新常态。法院审判作为"公力救济"的方式面对"诉讼爆炸"现象开始显得无能为力,基于经济学的思维方法,人们不得不考虑诉讼的高成本效应及低效率,因而导致人们在这个领域寻求解决纠纷的利益最大化,最终人们把解决纠纷的目光投向了私力救济 ADR 模式。

一、ADR 的概念

英文 Alternative Dispute Resolution 的缩写为 ADR,从字面含义可翻译为"可替代性、可选择性纠纷解决的办法",从其内涵出发,也可把它译成"非通过诉讼的方式的解决机制"等,这种方式有点类似于我国民事调解制度或仲裁制度。它首先是在 20 世纪中叶的美国被提出来的,之后许多国家和地区相继引入这一制度,这种新的制度是游离于诉讼程序之外,另行存在的一套完整的民事纠纷解决方式。

至于 ADR 这项制度的定义,学者们大多是做出粗略性或说明性的解释,几乎没有精准的科学定义,一般来说不同的 ADR 赞成者对这项制度的界定也是各执一词,呈现出百家争鸣的现象。一位来自大不列颠及北爱尔兰联合王国的学者认为:"ADR 是指可以被法律程序接受的,通过几方之间达成协议而不是受强有力约束的裁定解决争议的任何方法"。① 我国学者贾连杰和陈攀认为:"ADR 就是一种替代纠纷程序。传统意义上指不通过法院庭审的方式而是通过仲裁或调停的方式由除了当事人之外的第三人参加的自主解决纠纷的方法"。② 乔欣和王克楠认为:"审判外纠纷解决方式,或替代性纠纷解决方式,是 ADR 方法的不同翻译结果而已。ADR 这个词语包含了解决纠纷过程中的一个领域,这个领域非常广泛,它泛指一切不通过法院诉讼的纠纷解决方式。"③美利坚合众国 1988 年颁布的《ADR 法》所给出的界定是:"代替性纠纷解决方法包括任何主审法官宣判的以外的一切程序和方法,在这种程序中,通过诸如早期中立评估、调解、小型审判和仲裁等方式,中立第三方在争论中参与协助解决纠纷。"④来自日本的棚濑孝雄通过三个标准来对审判外纠纷处理制度做出定义:"处理的是个人或私人团体间的纠纷,以处理纠纷为第一任务,是第三者进行的。"⑤范愉的观点是:ADR 是指在一个大环境中,有各式各样替代诉讼的纠纷解决方法,这些方法有其特有的运作机制,它们之间相互配合共同发挥作用,从而形成了能够满足社会的各种需求的制度体系和解决系统。⑥

通过上述关于 ADR 的各种概念,我们可以看出学者都追求在实质内涵的开放性和包容性。何为开放性?ADR 制度正在持续地创新、发展和完善,但是目前来讲属于尚未定性的集合性概念,如果用数学函数语言来讲它

① 袁泉,郭玉军. ADR——西方盛行的解决民商事争议的热门制度[J]. 法学评论,1999(1):89.
② 陈攀,贾连杰. 从美国的 ADR 看我国诉讼调解的困境与出路[J]. 河南省政治干部管理学院学报,2000(1):88.
③ 乔欣,王克楠. 司法 ADR 与我国纠纷解决机制之完善[N]. 法制日报,2001-06-10.
④ 齐树洁,蔡从燕. 非诉讼纠纷解决方式——ADR 制度评述[DB/OL]. "中国律师网"转载时间:2000-04-04.
⑤ [日]棚濑孝雄. 纠纷的解决与审判制度[M]. 王西新,译. 北京:中国政法大学出版社,1994:74.
⑥ 范愉. 非诉讼程序(ADR)教程[M]. 北京:中国人民大学出版社,2002:10.

没有定义域或值域,只要用非诉讼方法来解决的纠纷都属此类;这里的包容性是指不同的国家、地区、民族都有一套符合自己特色的 ADR,这些 ADR 在解决纠纷上实质内容差异很大,而且从推理角度来说,很大程度上它们不属于同一大类,或者说没有一个很清晰的标准来做出细小的分类,然而它们都有一个共同的特点,那就是它们都属于非诉的范畴,因此就被囊括进了同一个大范畴。就像美利坚合众国的佛莱彻所说:"虽然从表面上看,替代性纠纷解决方式是一个有序的体系,但是事实上它是当事人可以任意选择用来避免正面的在法庭上对抗性辩论办法而已"①,因此,从实质上讲,"代替性纠纷解决方式是一个全方位、多角度的方式,它从丰富的社会实践中逐步产生而来,依赖于人们的经验而不断地得到发展与丰富"②。

综上所述,笔者主张,ADR 要符合通用的标准必须具备以下四个因素:(1)代替性,所谓代替性是指用诉讼程序来解决纠纷的方法被 ADR 所替代,但不完全替代,而是"补充性"的替代,即 ADR 是要以现有的司法程序解决纠纷作为前提,在此基础上进行补充;(2)合法性,是指各种 ADR 方式无论如何变化、发展,绝不能违背国家现行法律;(3)自主性,所谓自主性是指由双方当事人自愿协商,外界组织、个人不得干涉,双方当事人就其民事纠纷的情况选择仲裁、调解、和解、听证、斡旋等方式来解决纠纷;(4)选择性,所谓选择性是指由纠纷的当事人完全按照自愿来挑选 ADR,究竟哪种ADR 形式最适宜解决他们的纠纷,当事人最了解,因而他们最具有选择权。因此,笔者认为,ADR 是指在不违背国家现行法律的情形下,由产生纠纷的当事人选择替代诉讼程序来消解纠纷的方法的总和。城市住宅小区纠纷解决的 ADR 也遵循此定义。

二、城市住宅小区 ADR 制度建构的哲学基础

(一)ADR 的平等价值

正义能否得以实现的一个标准就是是否平等。亚里士多德的观点是:正义寓于"某种平等之中"③。罗尔斯认为,正义等同于公平,他认为正义包含两个原则:其一,每个人对于其他人所拥有的最广泛的基本自由体系相容

---

① 宋冰.程序、正义与现代化——外国法学家在华演讲集[M].北京:中国政法大学出版社,1998:420.

② 范愉.非诉讼纠纷解决机制研究[M].北京:中国人民大学出版社,2000:74.

③ 亚里士多德.政治学[M].邓正来,译.北京:中国政法大学出版社,1999:253.

的类似自由体系都应有一种平等的权利;其二,社会的和经济的不平等应这样纠正,社会公共职位应向所有人开放。① 用 ADR 的方式解决城市住宅小区纠纷体现了当事人地位平等原则。各方当事人被赋予平等解决纠纷的机会,当事人双方的主张都可以得到同样的尊重,可以充分表达想法,而不是一方占据绝对优势,另一方没有话语权。纠纷的当事人对公正感有强烈的认同,使用 ADR 来解决纠纷使纠纷当事人的尊严得到尊重,从而使双方当事人的平等地位得到保障。ADR 的中介作用是其他解决纠纷机制无法比拟的,通过 ADR 使对立的双方当事人能够互相协商、沟通,最终达成合意,从而使纠纷得到解决。使用 ADR 解决纠纷的方式同其他方式相比,其显著特点是非对抗的妥协方法,该种纠纷的化解机制使住宅小区的相邻关系和区域内的人际关系得到长期维系,作为地缘共同体的城市住宅小区凝聚力得以巩固,从而优化了有利社会的稳定因素。与此同时,ADR 方法可以使城市小区纠纷当事人有参加到解决自己纠纷的机会,而且当事人也享有选择对自己有利法律的权利。总之,ADR 体现了当事人意志自治精神,在这种纠纷解决机制中,其目的就是要充分地尊重当事人的意志和地位,使平等协商的价值得以彰显,所以平等的价值理性是 ADR 的哲学基础。

(二)ADR 的正义价值

罗尔斯指出:"正义是社会制度的重要价值,正像真理是思想体系的首要价值一样。一种理论,无论它多么精致和简洁,只要它不真实,就必须加以拒绝或修正;同样,某些法律和制度,不管它如何有效率和有条理,只要它是不正义的,就必须加以改造或废除。"②在司法实践中,正义的基本价值无外乎是公正和效率,这两者一直是司法的最高追求。解决住宅小区纠纷的方法很多,ADR 也许是最佳解决途径,主要在于 ADR 找到了公正与效率的最佳结合点,而与之相对应的诉讼方式,则一直在公正与效率的相对立中艰难进行着取舍。

城市住宅小区 ADR 制度的目的是降低诉讼成本、提高诉讼效率,城市住宅小区当事人选择 ADR 来解决纠纷比用民事诉讼来解决纠纷节约金钱和时间,所以 ADR 制度用于城市住宅小区纠纷解决具有"廉价正义"(Cheap Justice)。有的法学研究者基于抑制诉讼的原理反对通过 ADR 对

---

① [美]约翰·罗尔斯.正义论[M].何怀宏等,译.北京:中国社会科学出版社,1988:62.

② [美]约翰·罗尔斯.正义论[M].何怀宏等,译.北京:中国社会科学出版社,1988:3.

社会矛盾进行分流。他们主张,法院的自我保护措施就是用高昂诉讼成本和拖延诉讼时间来抑制不必要诉讼。不可接近性是法院的一个重要特征,即拖延、拥挤、昂贵,并不必然要求司法制度进行变革,恰恰相反,在某种程度上它可能会发挥积极作用。民事纠纷是否得以解决应该从两个层面理解:一个层面是物理层面,即通过某种纠纷的解决进程形成的看得见的物质成果;另一个层面是心理层面,即双方主体从心理上接受并自觉实施该成果。公平应该是这两个层面的完美统一,具体来讲就是纠纷当事双方不仅得到物质满意,还要得到心理尊重,物质成果固然重要,然而人的内心世界的满足更为重要,因为这涉及解决结果能否顺利履行的问题,所以纠纷的解决既要体现法律分配结果,也要考虑合理配置的心理需要。所以通过法院判决来解决城市小区纠纷,一般只是着眼于法律分配结果,这种解决的方式是以国家强制力作为后盾,用物理的力量来压制人们遵守法律秩序。尽管该种解决纠纷方式符合法治社会的要求,然而笔者认为这并非法治社会的最高境界,法治的精神在于纠纷的解决不仅要在法律上得到认可,而且在社会和心理上要有认同感。法治同时也追求和谐,而这种和谐的实现必须而且只能基于矛盾纠纷的彻底解决,而这种彻底,不仅仅是经济的实现上的平衡,更体现在当事人内心的接受感。诉讼的程序及其结果,看起来似乎解决了纠纷,但是胜败皆服在现实生活中很难实现,因为败诉方肯定对这一结果缺乏认同。而采用 ADR 方法,不仅能从法律层面上解决纠纷,还能使双方在"心理上"得到满足。运用诉讼的方式来解决具有程序上的僵硬性,而采用仲裁、调解、和解、谈判等手段具有灵活性,从而能克服法律僵硬性的缺陷。"要么全胜,要么全败"的观念实属对抗的诉讼思维方式。事实上任何纠纷的彻底化解,必须要使得当事人双赢。正如有学者主张[①],我们不能沉浸在过去的诉讼理念中,我们要做出改变,在建立新的观念的过程中,引进新的诉讼机制,那就是交换。何为交换?就是通过交换,每个人都让渡一部分权利,限制自身的权利,达到每个人都认可的结果,这就像是为了秩序一样,每个人让渡一部分权利,由公共管理者管理社会事务,维持公共秩序。我们要清楚地看到,诉讼作为争议解决手段给当事人带来的正义是不全面的,只有付出巨大的代价和努力,才会得到真正的正义,从目前来讲,我们必须看到,正义不是随处可见的,也不是无处不在的,它是有限的存在的。而

---

① 龙宗智.正义是有代价的[J].政法论坛,2003(6):3—7.

且我们还需要清醒地认识到,把诉讼作为解决纠纷的途径是有风险的,无非就是输或者赢,而且成本比较高。为了避免这一现象,我们可以采取和解和妥协。城市住宅小区纠纷解决 ADR 制度通过纠纷当事人各退一步或者由中立第三方调解解决纠纷,最重要的是能够使当事人达到双赢。这一理念同新的诉讼观念是殊途同归的,因而具有程序正义性的价值。

(三)ADR 的效率价值

经济性是人们在社会实践中必然要考虑的因素,人们为了满足发展自身的需求,不得不降低成本而增量生产,进而最大限度地配置稀缺资源,所以说经济性是人的社会性的重要特征之一。尽管城市住宅小区是人们居住的安乐窝,然而邻里纠纷不断,化解其矛盾,用公平、正义来考量相当重要,然而诉讼成本价值也在核算之列。因为人类不仅是理性人也是经济人,人类大脑是一个计算中心,他会考虑解决纠纷方法不同,其耗费资源存在差异性,这里的资源是指国家的、社会的和个人的投入;这些资源有的属于物化价值形态,如金钱、时间、劳力等;有的只是精神层面,如精力。无论是物质还是精神,无论是国家投入还是私人投入,都是有限资源,应该合理化配置。

随着目前我国城市化进程的加快,城镇中的住宅小区无论在数量上还是在规模上都突飞猛增,伴随而来的小区内产生的纠纷也日益增多。只强调公平和正义的旧式的诉讼方式很难适应当前需求,在这种诉讼思维指导下繁烦、耗时、复杂的诉讼程序实属常态。纠纷解决时间上的拖沓、裁决的迟缓是该思维的诉讼模式的必然恶果,也就是人们通常所讲的法律谚语"迟到的正义不是正义"。再者,繁烦、耗时、复杂的诉讼程序大大增加了经济成本,使一部分没有经济能力支付的当事人,明知自己的诉求完全符合正义却因高昂的诉讼成本而望而却步,因而正义得不到有效实现。当今社会中,社会财富占有差距十分巨大,从而引起司法资源因社会贫富差距而不能得到有效合理的配置,司法公正很难实现,正义价值就会大打折扣,从而使得法律面前人人平等沦为空谈,人们的法律意识也受到极大摧残,动摇了人们对法律的信仰,危机司法现象逐渐凸显。因此,人们开始思考法律的效率价值,并将效率视为正义的普遍含义,①效率价值也是法的重要价值之一,尽管它同法的公正价值位阶不一样,然而它也是处于司法价值的核心地位。

---

① [美]理查德·A.波斯纳.法律的经济分析(上)[M].蒋兆康,译.北京:中国大百科全书出版社,1997:31.

ADR 方式与传统的诉讼模式解决城市住宅小区纠纷相比,化解小区纠纷更加省时、省力。如果用诉讼模式来解决小区纠纷的话,当事人要支付诸如诉讼、鉴定、勘验、律师等费用。相反,ADR 方式在金钱方面就会节省很多。从某种程度上来说,诉讼模式是建立在激烈的法庭对抗和严格诉讼程序基础上的,所以在此情景下所做出的判决使当事人的地缘感情荡然无存。而采用 ADR 方式来解决住宅小区纠纷,因地缘情怀使纠纷在和谐平静的和富有人情味的气氛中得以谅解,最终化解纠纷,共识达成,不但可以节约当事人的资源成本,在情感上也可以达到双赢的目的,从而提高了解决纠纷的效率。

正是基于 ADR 具有平等、正义和效率这一哲学价值,在城市住宅小区纠纷解决中才为人们所青睐。

三、城市住宅小区 ADR 制度构建动因

城市住宅小区,是指居住人口达到一定数量,居住房屋总体面积或者房屋数量达到一定程度,居住区域内为居民提供公共服务的设施相对完善的一类城市小区。传统的城市住宅小区是以血缘、亲缘和业缘关系为基础构建而成的,而随着城市化进程加快,那种血缘、亲缘和业缘关系住宅小区因不同身份、不同角色的人进住被打破并取而代之。城市住宅小区居民因地缘关系难免导致许多矛盾,如房屋公用部位的使用、维修、拆迁改造、噪音扰民以及跑、冒、滴、漏导致的水电费、煤气费的收缴等纠纷问题。因而,城市住宅小区的纠纷相当广泛,从纠纷主体来看主要是本小区居民之间、居民同法人之间以及法人之间的纠纷;从纠纷内容来看包括家庭成员内部纠纷和邻居之间的民事纠纷;从纠纷性质来看包括刑事纠纷和民事纠纷,民事纠纷的比重大,比如婚姻、赡养老人、分家产、继承、伤害、侵犯名誉权、相邻关系、债务履行、宠物污染等,还出现了一些新型纠纷,如落实征地农民政策、房屋拆迁和补偿、施工扰民、市政管理等。通过对上述纠纷进行归类总结,其特征如下:(1)纠纷标的额度不大;(2)有的不归于法院管辖;(3)有的虽属于法院主管,但当事人不愿走诉讼模式来解决。这些纠纷应该抓早抓小,"及时灭火",恰好 ADR 制度适应解决这一纠纷的需要。因为 ADR 制度有如下功能:(1)灵活解纷的功能;(2)合理分配司法资源的功能;(3)降低解纷成本的功能;(4)案件分流的功能。正是有这些功能,ADR 制度才成为城市住宅小区解纷的动因。

四、城市住宅小区的 ADR 制度模式

根据前面阐述 ADR 的定义可知，解决纠纷的 ADR 在适用范围上相当广泛，并没有边界，它采取一种相当包容的方式将任何非诉讼的纠纷都纳入其中，城市住宅小区 ADR 也莫过于此。ADR 方法包括：仲裁（Arbitration）、谈判（Negotiation）、调解或调停（Mediation/Conciliation）、中立听者协议（the Neutral Listener Agreement）、早期中立评价（Early Neutral Evaluation）、小型审理（Mini-trial）、简易陪审团审判（Summary Jury Trial）、租借法官（Rent a Judge）、事实发现法（Fact Finding）和终极局性要约裁决（Final Offer Arbitration），等等。[①] 笔者仅就在城市住宅小区经常用来解纷的 ADR 进行阐述。

（一）调解

调解历来是我国化解纠纷的黄金方法，也是 ADR 的重要内容之一，运用到城市住宅小区纠纷解决中实属司空见惯的一种形式，是其他 ADR 的基础。依调解性质及强制程度差异，其被划分为法院调解、行政调解和民间调解。在此需要说明，目前我国城市住宅小区 ADR 中的调解从定性上来说属于民间行为，也就是说主持调解的主体是不带有官方性或半官方性色彩的，纠纷当事人在民间主体主持下通过反复的沟通、协商从而达成纠纷解决合意，而不是通过法院诉讼的途径解决纠纷。调解中的第三人通常是品行良好并且在社会团体中享有崇高社会地位的人，另外，还必须具有解决纠纷方面的技能和才能。调解一般适用于住宅小区中纠纷比较小的案件。

（二）谈判

谈判实属于一种独立的 ADR，也是 ADR 在现实生活中化解纠纷的运作方式。其可界定为纠纷双方当事人通过对争议事实、证据和依据进行交流，最终在互谅互让的基础上形成的解决纠纷共识的协议。ADR 的谈判程序如下：商定谈判议程；选择谈判场地点，该地点可以是当事人一方所在地，也可以是第三方所在地；探明谈判双方当事人最大限度的要求；双方当事人应缩小纠纷认识差异；最后在讨价还价中达成共识并签订协议书。谈判同调解存在着差异性，调解需要中立的第三方主持而谈判可以不需要第三方

---

① Karl Mackie. The ADR Practice Guide Commercial Dispute Resolution[M]. Malaysia：Butterworths，2000：55—56.

参与。在此需要说明的是,该种 ADR 易出现僵局而失败。究其原因:谈判双方当事人因其信息获取、谈判技能、经济实力、心理认知力等方面存在差异性,"权利失衡"的现象成为谈判的常态,这就会导致在谈判桌上出现非和谐性的情形,致使谈判陷入僵局或失败。这种 ADR 的方法多使用于城市住宅小区中常有的群体双方之间形成的纠纷。例如,在住宅小区中饲养宠物的一方业主与非饲养宠物的一方业主就饲养宠物的规范化进行谈判。

(三)听证会

随着城市经济不断发展,城市规模不断扩大,城市中利益诉求也日趋多元化发展,发生在城市住宅小区的矛盾纠纷无论是形式还是内容都较之以往有了很大的变化,集中体现在住宅小区的群体利益遭到侵害,群体诉求日益增加;群体性、上访性、复杂性、多样性、激烈性是目前住宅小区纠纷所呈现的特征。具体可概括为:一是因城市改造而引发的居民与开发商、政府之间的矛盾纠纷增多;二是因城市基础设施发展导致城市居民生活新旧交替之际产生的矛盾纠纷增多,例如旧小区公用水表、电表导致的费用缴纳问题;三是因城市容积过小导致的相邻权矛盾纠纷增多,如噪音、光线遮挡等;四是城市住宅小区公用部位的维修、改造分摊费用的纠纷。这些纠纷仅靠调解、谈判无法解决,因此只能以听证会的形式来解决,即城市住宅小区事务用公开听证会这种 ADR 方式来化解,因群体纠纷涉及面广并且人数多,采用具有公平、公开、公正特征的听证方式,体现了民主协商、民主监督解决纠纷的原则,能够达到双赢的目的,使小区环境更加和谐。

(四)附属法院的 ADR

附属法院的 ADR 实属于司法实践中解决纠纷的一种模式,包括美国在内的很多国家把 ADR 这种民间解纷方式同司法裁判结合起来,创造出民间与官方的双轨道运行模式,事实上有点类似于我国民事诉讼法中关于附属法院的调解方式。如果我们在住宅小区纠纷解决中借鉴美国附属法院的 ADR,从而为我国住宅小区纠纷解决探索出新的思路,何乐而不为。

(五)网上 ADR

随着计算机技术的普及以及互联网的发展,利用网络来解决城市住宅小区纠纷被称为网上 ADR,有人又称 ODR(Online Dispute Resolution),即网上在线纠纷解决机制,也就是城市住宅小区纠纷在互联网上进行解决的一种模式。该种模式属于 ADR 同互联网相结合产生的解决纠纷新模式,包括在线谈判(Online Negotiation)、在线调解(Online Mediation)、在线仲裁等手段。倘若依靠计算机进行纠纷文本送达、管理、通知等,其程序中的实质内容采用传统的方法实施,这就是我们通常所说的网上 ADR。网上 ADR 是充分利用网络资源来解决城市住宅小区纠纷,而互联网资源呈现许多优势因素:依据电子高速传输技术水平和计算机处理程序成果,使城市住宅小区纠纷解决信息得以传播,这就使世界上所有的有关城市住宅小区纠纷解决的人力资源利用最大化,运用网上 ADR 模式在世界范围内吸纳不同国家、不同民族、不同人种、不同语言的人做调解员,用来解决当事人的纠纷。同其他模式相比,网上 ADR 具有便利、费用低廉、快速等特征。

五、城市住宅小区 ADR 制度规范构想

ADR 属于多功能的概念,具有很强的适应性,不同国家、不同地区、不同民族、不同人种、不同语言的人们可以设计和制定出适合自己的 ADR,当然该 ADR 要符合自己的民族、国情的具体特点和实际需要,在实施 ADR 的具体过程中根据其纠纷特征进行补充和完善。因此,立足于我国城市住宅小区处理纠纷的现实情况,基于公平与效率的考量,建构我国城市住宅小区的 ADR,在具体制度层面的设计上,应遵循以下五个基本原则。

(一)制定 ADR 指导原则

有些学者认为,ADR 内容太宽泛,因而规范性功能较弱,用其来解决纠纷,公平与正义难以保障,并且案件纠纷解决结果缺乏约束力,更没有相应的执行力,导致可能在很多情况下,运用 ADR 之后,其结果无法有效执行,当事人就不得不再次进行诉讼,这样就增加了当事人的负担。为了将 ADR 予以制度化和规范化,因此,我们有必要制定城市住宅小区解纷的 ADR 指导原则,并将其纳入法制化和规范化的轨道。在该原则中对 ADR 的定性、实践操作、后续监管等做出了比较详细的介绍。

(二)现有资源利用最大化

目前我国诉讼外解决纠纷的模式很多,已经形成了自己的形式、机制、人员以及程序,并且积累了丰富的经验。构建我国城市住宅小区 ADR,才能使上述多种模式不断完善、相互融合,使各种化解矛盾纠纷的社会资源实现利用最大化。例如,被誉为"东方经验"的人民调解制度在城市住宅小区纠纷的解决中发挥着重要的作用。

(三)立足本土资源,借鉴发达国家中的司法 ADR 程序

ADR 制度和司法共同发挥作用就叫作司法 ADR,具体说来就是由法

院牵头或者通过法院委托、指派其他机构进行操作的形式,运用除了诉讼手段之外的方式解决矛盾纠纷。例如,日本法院所实施的家事调停制度。英国法院所进行的可选择程序制度,还有本文介绍的 ADR 制度等。我国司法 ADR 设置应该在最高人民法院的指导下各级法院对 ADR 进行法律规范,这就对我国司法 ADR 的发展起到了推动作用,从而使城市住宅小区的纠纷解决 ADR 得以发展和完善。我国目前有关司法 ADR 的实践尚处于探索阶段,在借鉴国外立法时,要立足于我国的本土资源。因此,应当持慎重态度,可以先在一些城市住宅小区进行试验,然后再进行推广,等时机成熟后,再制定正式条例。

(四)物业管理行业解纷模式

随着城市住宅管理的现代化,很多小区都聘请了具有专业管理经验和服务水平的公司来提供物业服务。许多城市住宅小区还成立了由业主选出的业主大会和业主委员会,它们作为小区内的自治性群众组织,可以充分表达成员的意见,因为其成员为本住宅区居民,而小区的物业管理机构因日常事务同居民来往频繁,因而最了解住宅小区的纠纷情况,如果采用行业自律模式来化解日常纠纷,形成行业性的纠纷解决程序惯例,这样逐渐形成由行业内部来解决城市住宅小区纠纷规则,这种纠纷解决程序更能使业主相信处理结果的权威性、确定性和公正性。

(五)综合解纷机制

城市住宅小区纠纷复杂多样,化解纠纷的方式也应该多样化,如何实现 ADR 与传统诉讼的相互协调,进而相互融合为一个系统,高效化解这些矛盾,是非常值得我们去探索的。住宅小区纠纷是由于利益多元化引起的,因而解纷方式也是多元的,应综合运用调解、仲裁、听证、诉讼等各种方法。因此,要利用综合治理来调解纠纷,并且还要处理好各种方法间的关系,尤其要处理好 ADR 与诉讼解纷的关系,搞好 ADR 与法院解纷的衔接,更好地发挥它们各自功能的整体效益,建立诉讼与 ADR 之间的良性互动,并形成住宅小区纠纷综合解纷机制。

居住权在我国"以房养老"中的构建

庞珉心

（天津商业大学法学院 天津 300134）

[摘要]居住权是发源于古罗马的法律制度，经过不断发展和创新，在英美及其他欧洲国家发挥着重要作用。当今国内的养老问题日益尖锐，现有模式已无法解决老年人的居住问题，居住权的引入再次成为热议话题。对于是否引进该制度，我国理论界存在着巨大争议。通过探究历史源流和比较分析，我们可以得出，居住权具有社会保障、发挥房屋效用等优势，并且可以融进我国现有法律体系。我国应借鉴先进国家的做法，对居住权进行规定来解决我国现实中的"以房养老"的问题。

[关键词]居住权；以房养老；社会保障

一、居住权制度

（一）居住权的含义及源流

罗马法是一部具有世界性的法典这一说法，一点也不夸张，其是多项民法制度的发源地，对后世立法有着深远的影响。罗马法最先将役权划分为地役权和人役权，而居住他人房屋的居住权是人役权最初的一种形式。设定居住权，将使所有权人丧失直接占有的权能。

罗马法复兴以后，欧洲大部分国家保持了其役权的整体性，仅仅删掉了关于奴隶和他人牲畜使用权的相关规定，对于其他部分均予以承继和保留。对于保留部分，也进行了不同程度的细化及创新。如《法国民法典》扩大了适用对象，不限于居住权人，还包含其家庭成员。《意大利民法典》又对"家庭"的内涵予以明确，细化了适用家庭成员的条件。《德国民法典》又从针对对象不同的角度将居住权进一步划分为两种：第一种是传统意义上的居住权，这种类型的居住权的主体只能是居住权人及其家庭成员。第二种是用益物权性质的长期居住权,主要是针对公寓化住宅而设,类似于建筑物区分所有权。二者在可否继承与转让方面截然相反,前者明确禁止,后者则十分自由。对此,德国有学者主张居住权属于使用权,二者并非反对关系而是种属关系,居住权针对的仅仅是使用权中房屋的部分,当二者都指向房屋时是等同的。① 虽然这是对居住权的分类,但实际上也反映出了其在功能上的一种转变,人们不再单一地局限于房屋的实用功能,将目光逐渐转向了经济价值。

后来美国法衍生出终生产权制度,该制度赋予特定的权利人对特定财产(一般是不动产)享有所有权,但该权利依附于权利人的"终生"。在该制度下,老人可以在有生之年享有房屋的所有权,便可有效缓解老年人居住场所与受让人房屋所有权的冲突,这也更符合老年人内心的真实意愿,迎合了多方需求。

人役权在西法东渐中以习惯差异且妨碍经济流通为由而未被采纳,这使得"用益权—使用权—居住权"制度框架之下的居住权也未被借鉴。其中,以日本和我国台湾为代表。而这种做法是否真的合理、是否真的符合各国的实际都还有待研究。

(二)居住权的特点

第一,居住权具有人身性。这是其人役权属性所致,也是其最根本的特点,是其他性质的根源所在。

第二,居住权一般不得转让或处分。这是基于居住权设立的初衷和人役权的属性。但法律并不限制其由他人行使,因为此情况下居住权的权利归属不变,其与房屋所有权人间的合同未受此影响。② 在这一前提下,允许居住权可由他人行使能够增加居住权制度的灵活性,也更加符合现实生活的状况,并不违反人身性的特点。值得注意的是,允许居住权人与他人一同行使居住权,可以提升居住权的效果。

第三,居住权的主体只能是自然人。起初,这种限制在双方间都存在,但后来随着居住权内涵的不断丰富,居住权的投资作用也日益凸显,负担居住权的所有权人不再受此限制,主体扩大到法人,实践中多表现为银行进行投资收益。

---

① 温世扬,廖焕国. 人役权制度与中国物权法[J]. 时代法学,2004(5).
② 钱明星. 关于在我国物权法中设置居住权的几个问题[J]. 中国法学,2001(5).

第四,居住权的标的物为房屋等不动产,既可为他人所有,也可为他人承租。

第五,居住权的内容一般较大。例如,有些国家将出租权纳入居住权权能中,这是使用权所不包含的内容。

第六,居住权具有非永久性。其权利时间的长短虽然可由双方当事人依意思表示自由约定,但最长也只能是人的寿命,具有非永久性。但是相比较其他债权而言,居住权的期限还是较长。另外,当标的物为承租的房屋时,其还应受制于租赁人的租赁期限。

（三）居住权的分类

根据居住权的主体和作用不同,居住权被划分为社会性居住权和投资性居住权两类。[①] 前者是居住权的最初形式,也相对封闭,更多的是发挥保障作用,主要用于保护弱者群体的居住权益。其是针对社会上某些利益极易遭受侵害的特殊群体而设立的,以解决该群体的居住权缺乏有效救济手段的问题。这类人群主要包括离婚妇女、保姆、未成年人等,甚至还包括远亲、流浪儿童、孤寡老人等。投资性居住权侧重于对财产的具体利用,动用了更多的社会资源,不只体现了房屋的经济价值,也为非所有权人提供了资金流动的机会。二者相比较而言,都可以用来解决居住问题,但后者突破了传统对居住权保护的限度,其立法技术更为灵活,能够充分发挥财产的最大利用价值,更好地解决社会对房屋经济利益的需求。

据此分类我们可以得出,法国、意大利规定的居住权属于社会性居住权,而德国和美国则在前者的基础上发展了投资性居住权。笔者认为,无论哪种类型的居住权,都可以对居住养老起到积极的保障作用,甚至二者结合起来会有更好的效果,我国均可采纳。

二、我国"以房养老"的模式及评价

（一）以租换养模式

"以租换养",顾名思义就是通过市场的流通作用将房屋的租金转化为养老费用。具体操作上又可分为两种形式:一是老人住进养老机构,用收取的房租支付养老费用;二是老人另行租房,用原房屋的租金支付房租。两种形式的主要区别是在居住权消灭后,对房屋所有权的处理上。前者是转移

---

① 申卫星. 视野拓展与功能转换:我国设立居住权必要性的多重视角[J]. 中国法学,2005(5).

给养老机构,由养老机构来处置,若出卖则房款归养老机构所有。而后者并不改变房屋的所有权,仍由其继承人继承。① 两种模式都需要以老人离开原住所环境为条件,笔者认为现实生活中大多数老年人对改变生活习惯、离开已经长时间生活的居住环境都存在不同程度的心理抵触,惧怕新环境,加上自身适应能力也在逐年减弱,效果甚微应在预料之中。

(二)售房返租模式

售房返租模式试行于上海,其运行需要存在买卖与房屋租赁两类协议,且合同的主体与标的物相同,老人用房款作为房租。具体而言,老人与公积金中心作为合同双方当事人,双方先就房屋签订一个买卖合同,公积金中心在获得所有权后,由公积金中心扣除相关费用后再向老人支付房款。而后双方再就此房屋订立房屋租赁合同,由公积金中心将房屋以市场价为标准返租给老人居住。② 这种模式虽然不具有老人离开原居住环境的缺点,但是考虑到租赁合同的意思自治性,其所提供的居住保障有限,若公积金中心单方拒绝签订合同或构成违约,老人的居住问题则失去保障,该模式也就失去了存在的意义。

(三)养老按揭模式

这种模式实际上就是房屋抵押贷款。具体做法是老人将自己所有的房屋抵押给银行,由银行对房屋进行测评估价、扣掉应偿还的利息后,按月向老人支付养老费用,最长为 10 年。期限届满后,老人需一次性还清贷款,否则房屋将交由银行处理。③ 这种模式的运行条件过于苛刻,且贷款有期限限制,使老人处于一种不确定的生活状态,因而并不能长期解决居住问题。

三、居住权的引入问题

(一)必要性分析

我国法律上对居住权从详尽到空白的变化规定,也间接表明了理论界对于是否应引入居住权制度有着激烈的争论,笔者总结可大致分为两派:

1. 否定派

否定论者以梁慧星、房绍坤为代表,该派观点可分为以下几方面:其一,制度体系方面,由于我国未规定人役权制度,这将使居住权的设定缺少上位

---

① 陈鹏军. 我国"以房养老"发展瓶颈及其模式选择[J]. 经济纵横,2013(10).
② 同上.
③ 同上.

概念;其二,设立初衷方面,其目的是实现社会特殊群体的居住权利。但物权法并不是社会保障法,不能奢求其对社会各个方面都提供保障性的规定,同时也没有必要增加立法成本;其三,从适用人群体的角度,其大多适用于父母、离婚导致没有居住场所的人、保姆这三种群体,而这三个问题可由其他救济途径解决。对于父母,梁慧星先生提出通过我国现有婚姻家庭领域对继承问题以及赡养问题的规定,足以起到保护父母居住权的作用。对于离婚导致无居住场所的人,可以通过住房商品化政策的实施予以实现。对于保姆,因现阶段有这种需求的家庭不多,为此创立一种新的物权而改变原有的立法体系是不可行的。[①] 因此,要结合时代特征与本国具体情形在原有居住权制度的基础上进行再创新,这使得居住权的立法成本过高。

2.肯定派

肯定论者以江平、钱明星、陈华斌为代表,笔者也赞同此观点,对其引入的必要性进行了如下分析。

其一,有利于加强养老保障。虽然我国现有法律规定了对老年人的居住权,但保护程度还存在很大不足。债权属性的赡养请求权在履行要求上较为宽松,但居住权的物权属性则要求即使赡养义务人不具有赡养能力也必须履行。[②] 但在这项制度缺失的情况下,要想达到与之相同的权益保障力度,唯一的方法就是维持老年人作为房屋所有权人的身份。而现实生活中,大多数老年人都有将房屋留给子女的愿望,再加上基于遗产税等问题的考虑,老年人不会选择自己保留房屋的所有权。可见,现有的规定在保护老年人居住权益的问题上略显无力,急需将老年人的居住权益明确化、固定化、细致化。此外,我国现在的养老模式由社会承担的部分非常小,而是由家庭成员(多半是子女)来承担。这种由子女供养父母的传统家庭养老模式已经无法继续保障老年人在年老时获得供养,老年人的居住权益已经成为老年人权益保障的突出问题。

其二,改变现有法律无法达到有效实现老年人居住权益的局面,填补缺失规定。有学者认为居住权所具有的这些作用完全能够通过其他途径实现,现对此——评述。

关于租赁制度:从权利本质角度,其是一种债权,而居住权是一种物权。

---

① 胡建.新时期居住权立法问题探讨[J].理论月刊,2012(8).
② 薛军.地役权与居住权问题——评《物权法草案》第十四、十五章[J].中外法学,2006(1).

按照物权优先于债权,当上述二者同时存在于同一房屋时,居住权因其物权属性将致使原承租人在居住权人面前权利失效的情形;从权利期限角度,"租赁权物权化"并不能改变其权利属性,即便能使租赁权获得一定时间的对世性,但是时间较短并不能提供长期保护。而居住权可由当事人在生命期间内自由约定,因而可以提供较长期的居住保护。① 再加上物权法定主义的作用,居住权人可以享有独立支配权。所以,居住权制度具有更大的现实意义。

关于附条件的买卖合同:有人指出,老年人可以在买卖合同中加上保留其在去世前可以居住的条款,从而获得养老费用。② 通过对具体操作过程的分析不可否认的是,这种方式确实能够起到以房养老的作用。但所附的条件是所有权人的死亡,而根据民法法理"人死亡"是一个确定会发生的事件,因此并不符合附条件民事法律行为中"条件不确定性"的要求。

关于遗赠扶养协议:根据我国《继承法》的相关规定,结合到养老实践中,受遗赠人需要负担老年人养老以及死后丧葬等一切费用,在老年人死亡并且遵从协议履行义务后才能取得遗赠财产的所有权。这虽能有限度地解决老年人居住问题,但这是以老年人有住房为假设前提的。

只能说上述三种制度有的不具有居住权的功效,有的仅仅具有部分功效,都完全不能代替居住权发挥作用。

其三,居住权能最大限度地实现不动产的功效。对此有学者指出,不动产所有权将成为自然人最主要的权利之一,而居住权也必定会越来越重要,我国立法应顺应这一发展趋势。③ 房屋所有权人通过设定居住役权而继续居住房屋,买受人虽然必须接受这一负担,但购买价格也必定因此而便宜很多,而且这并不会改变所有权的最终归属。这样的做法将房屋的经济价值与实用价值有效结合,使房屋得到了最大的利用。

其四,加强社会保障、完善制度设计。有学者认为,虽然居住权制度在我国处于空白状态,但是通过社会保障制度同样能够实现。对此,笔者不能赞同。一方面,住房社会保障制度作为公共政策具有很大的国家干预性质,而居住权制度属于私法制度,具有家庭的伦理性与灵活性,可以在很大程度上弥补公法政策调节所带来的僵硬性等缺陷。另一方面,依照政策出台的

---

① 屈茂辉.论人役权的现代意义[J].金陵法律评论,2002(1).
② 刘阅春.居住权的源流及立法借鉴意义[J].现代法学,2004(6).
③ 同上。

背景与目的,现行的住房社会保障政策主要针对的是城镇的居民,不包括广大的农村居民,范围上的狭窄致使制度的受益群体有限。即便是在城镇,这种保障性住房的覆盖范围也极其有限,要想得到扶持需要满足各种条件,这样就无法从根本上保障城镇低收入居民的居住,因此效果有限。由此仍然有必要设定其他制度来解决住房问题。

(二)引入居住权的可行性分析

其一,人役权制度并非居住权制度存在的必要条件,否定者的第一个理由过于绝对。从比较法上看,人役权与地役权并列的制度体系在近现代各国或地区的立法中都存在不同程度的突破。欧洲各国也并非对居住权的简单集成,而是对居住权体系、内容、功能都进行了不同程度的创新。[①] 如瑞士未规定使用权,反而创造性地将建筑权作为役权的一种。日本和我国台湾地区也没有引入役权的二元化结构,只规定了地役权制度。再者,我国承认役权的存在,但仅仅规定了地役权,加入居住权将使役权制度更加完整。

其二,我国司法实践存在相关尝试。实际上,我国农村地区大量存在着"养老腾宅"的做法,即老人选定熟悉的某个人家对自己进行养老侍奉,待老人故去,腾出老人的房屋归此人家所有。但在实践中"腾宅"环节常发生纠纷,供养人家往往不能够取得房屋的所有权。此时,若采用居住权制度,老人先在房屋上为自己设定一个物权性的居住权,并完成公示登记,再将房屋所有权转移至奉养的人家,这样奉养人家便可顺利地取得房屋的所有权。

四、居住权在"以房养老"中的具体构建

(一)主体

根据前述居住权的特点,应将其主体限定在自然人的范畴,对自然人的进一步限定由其类型决定。至于所有权人能否与居住权人重合,即能否为自己设立居住权,有学者提出占有与使用本身就归于所有权范畴之内,因而作为房屋的所有权人自然有权居住房屋,无须另行设立。但笔者认为这一做法并不会破坏居住权制度的逻辑,可以像认可地役权一样,没有必要对其进行限制。

(二)客体

其客体一般为非自己所有的房屋,但在现实中的复杂情况下,为了使居

①　李显冬.我国居住权设立的正当性[J].法学杂志,2014(12).

住权更具有生命力,应将其理解为所涉及的所有不动产,不仅包括房屋,还有可能涉及其他,如附属物、公用物、与房屋配套使用的仓库、车库等建筑,以及与房屋共存的院子、花园等其他空间等。

(三)内容

1.居住权人的权利

(1)占有、使用权。这是居住本应包含之义,即居住权人享有对房屋及所涉不动产客体排他的占有和使用的权利。(2)收益权。由于居住权具有人身性,再加上对制度立法目的的考虑,几乎所有国家都规定其不得继承与转让。但是对于居住权人是否有权将居住的房屋出租来获取收益,各国间则存在相反规定,如法国明确禁止,而罗马法、葡萄牙、意大利则允许出租。我国学界也存在不同观点。一种观点持肯定态度,认为规定这种严格限制的国家都有完整的人役权制度,这样可以将居住权和用益权相区分。而我国无此役权体系,没有限制的必要。① 况且赋予居住权人收益权,既能缓解居住权人的资金短缺问题,也能更大程度地提高房屋的使用效率。笔者认为,赋予居住权人出租权与其人身性相冲突,且不利于对所有权人的保护,不应采用。(3)必要的改良和修缮权,但应保持房屋原有的承重结构。笔者认为,改良和修缮的行为是居住权人自己受益的行为,该费用由其承担较为合理。(4)优先购买权。有学者提出,基于居住权人已实际居住房屋的事实,房屋买卖将直接构成对其生活的影响,无法避免其遭受损失,因此应赋予其在同等条件下享有优先购买权,并且其效力应优先于承租人,但次于同样为物权性质的共有人的优先购买权。

2.居住权人的义务

(1)注意义务。多数学者认为,应严格规定此注意标准,采用善良管理人的标准较为适宜。(2)承担房屋日常支出的义务,包括必要的修缮费用以及物业管理费用等。依据利益平衡,居住权人从对房屋的日常居住而获得利益,自然应该承担费用。(3)返还房屋义务。居住权人或其继承人在居住权消灭后,负有向所有权人及时返还房屋及其他标的物的义务,并负有房屋不合理毁损、灭失的赔偿责任。

---

① 胡建.新时期居住权立法问题探讨[J].理论月刊,2012(8).

五、结语

通过对引入居住权的必要性和可行性两方面进行分析,我们可以得出,居住权具有社会保障、发挥不动产经济效用等优势,并且能够融进我国现有法律体系。我国应借鉴先进国家的做法,对居住权进行规定,来解决我国现实中的"以房养老"问题。

股东大会决议不存在制度研究
——以《最高人民法院关于适用〈中华人民共和国公司法〉若干问题的规定(四)》(征求意见稿)为中心

张艳茹

(天津商业大学法学院 天津 300134)

[摘要] 股东大会决议不存在作为新的决议瑕疵类型的出现,打破了我国"二分法"立法例,其法理基础符合法律行为说的逻辑,但结合商法的特殊性,其意思表示包括对外的表现行为和正当程序两个因素。决议不存在是对公司司法实践的回应以及效率与公平的利益考量的结果。《最高人民法院关于适用〈中华人民共和国公司法〉若干问题的规定(四)》(征求意见稿)对决议不存在的规定在形式上不合理,在内容上有遗漏,应该增加绝对无召集权人召集会议这一事项;对于原告资格如何界定"有直接利害关系",立法应该给予必要的规范指导;应适用两年的诉讼时效。

[关键词] 股东大会决议不存在;法律行为说;当事人;适用情形

一、问题的提出

公司决议在形成的过程中既要充分保障每一位股东的权利,又要保证决议的内容不与法律抵触。因此,公司决议在形成过程中任一环节出现问题都将会引发决议面临效力不被认可的风险。为了规制不恰当行为,我国《公司法》第 22 条①对此进行了规定。"二分法"模式在处理决议瑕疵案件时的确发挥了巨大作用,但在实践中,在对让人眼花缭乱的案件的处理过程中逐渐暴露了其逻辑缺陷,导致了诸多同案不同判的案件,损害了相关股东

---

① 《公司法》第 22 条规定:公司股东会或者股东大会、董事会的决议内容违反法律、行政法规的无效。股东会或者股东大会、董事会的会议召集程序、表决方式违反法律、行政法规或者公司章程,或者决议内容违反公司章程的,股东可以自决议做出之日起六十日内,请求人民法院撤销。以上规定可称为"二分法"立法模式。

的利益。

在谷成满与康弘公司的纠纷案①中,伪造股东签名不属于《公司法》第22条规定的无效情形。所以原告提起的无效之诉被驳回。但是假若原告提起撤销之诉,又由于已经超过60天的提诉期限同样救济无门。该法院严格依照法律,驳回了谷成满的诉讼请求。但是我们不得不思考诸如伪造股东签名的情况该如何解决,这的确侵害了相关股东的权益,但是法律没有规定相应的救济途径,这显然与我们要求的公平正义的原则是相悖的。

对玉泉公司决议纠纷案②,法院依照民法通则判定股东会决议无效从而保护了相关股东的权益,但是从侧面反映了我国公司法在决议瑕疵救济中采用"二分法"立法例存在漏洞。法官在公司法中未能找到相关规定,只能从民法中寻找救济受害股东的途径,从而做出公平正义的判决。

在张艳娟诉江苏万华工贸发展有限公司相关股东股权纠纷案③中,面对同样的情况,法官发挥其主观能动性,首次将"股东会决议不成立"概念引入判决中,给予了受害股东公平判决,同时为司法实践处理此类案件提供了思路。

基于以上案例,我们发现同样都是伪造公司股东签名,却是三种不同的处理办法。原因应该归结于我国公司法在这方面存在法律漏洞,并未规定公司决议不存在之诉的救济手段。事实上我国对公司决议不存在制度的讨论一直没有停止,学界一直主张"三分法"的立法例。上述案例中法官运用"决议不存在"的概念可以说是司法适用中的开端,虽然有造法的嫌疑,但是是值得肯定的。

---

① "谷成满诉康弘公司公司决议效力确认纠纷案",(2012)怀民初字第00184号、(2013)二中民终字第05629号、(2014)二中民(商)再终字第11672号。基本案情:谷成满是康弘公司的股东,称在2009年8月20日康弘公司股东会会议上的股东签名系伪造,于2011年12月请求法院确认康弘公司第三届第一次股东会决议无效。然而经过一系列审理,再审法院最终以不足以证明公司决议无效为由维持二审判决,驳回谷成满诉讼请求。

② "北京玉泉京西建材市场有限公司与张某某公司决议效力确认纠纷案",(2013)一中民终字第7347号。基本案情:张某某未参加玉泉公司于2012年2月15日召开的股东会议,会议做出的两个决议上的张某某的签字系陈某某伪造。法院依照民法通则的相关规定认为该决议违反了意思表示真实这一民事法律行为的成立要件从而认定该决议无效。

③ "张艳娟诉江苏万华工贸发展有限公司、万华、吴亮亮、毛建伟股东权纠纷案",载《最高人民法院公报》2007年第9期(总第131期)。基本案情:原告张艳娟诉称其作为该公司股东,从未被通知参加2004年4月6日召开的万华工贸公司股东会会议决议,从未转让自己的股权,此次股东会会议决议以及出资转让协议中签名系伪造。法院经审理认为该公司未实际召开股东会且并未形成真实有效的股东会决议,因此判决该股东会决议不成立。

《最高人民法院关于适用〈中华人民共和国公司法〉若干问题的规定（四）》（征求意见稿）（以下简称《公司法解释四》（征求意见稿）），可以说是立法者对这一问题的正面回应，第 4 条打破《公司法》规定中决议瑕疵效力体系的"二分法"模式，将在学界和实践中热烈讨论的"决议不存在"适用情形规定其中①；第 5 条则补充规定了未形成有效决议的适用情形②。

基于此种契机，本文试图对公司决议不存在的相关问题进行探讨，一方面旨在加深对此种瑕疵类型的理解，同时对该征求意见稿中的第 4 条、第 5 条发表自己的见解。另一方面，虽然立法确定了决议不存在的法律地位，但其作为一种新的制度，理论界的研究也不够深入，为了加强其可操作性并发挥预期效果，研究此种制度无疑是有意义的。

二、股东大会决议不存在的适用前提

（一）股东大会决议成立与决议能力

一个人只有在有行为能力时我们才会评价他的行为是否可以产生法律上的效力。如果是一个 5 岁的儿童我们根本不会考虑其在与人交往时的行为在法律上如何认定。那么，对于公司决议也是如此，公司决议成立了才具有决议能力。如果公司决议的成立要件都达不到，就像儿童一样，根本不具有决议能力。也就是说，公司只有在具有决议能力时才能形成决议，此时我们才能评价决议的效力。如果没有成立要件，但形成了决议，我们就视其为决议不存在。

我国二分法的立法模式就是忽略了对决议成立与决议能力的考量，从而抹杀了决议不存在的适用。如上述案例的情况。在这种情况下，公司决议根本未成立，而"二分法"对决议效力的判断是建立在决议成立的基础上。我国在《公司法解释四》（征求意见稿）中增加了决议不存在的适用情形，这

---

① 《公司法解释四》（征求意见稿）第 4 条：本规定第 1 条规定的原告有证据证明系争决议存在下列情形之一，请求确认决议不存在的，应予支持：（一）公司未召开股东会或者股东大会、董事会，但是公司按照公司法第 37 条第 2 款或者公司章程的规定不召开股东会或股东大会而直接做出决定，并由全体股东在决定文件上签名、盖章的除外；（二）公司召开股东会或者股东大会、董事会，但是未对决议进行表决。

② 《公司法解释四》（征求意见稿）第 5 条：公司召开股东会或者股东大会、董事会并做出决议，但是本规定第一条规定的原告有证据证明存在下列情形之一，请求确认未形成有效决议的，应予支持：（一）出席会议的人数或者股东所持表决权不符合公司章程的规定；（二）决议通过比例不符合公司法或者公司章程的规定；（三）决议上的部分签名系伪造，且被伪造签名的股东或者董事不予认可；（四）决议内容超越股东会或者股东大会、董事会的职权。

无疑是一个进步的举措,将为我国处理大量溢出"二分法"模式,诸如伪造股东大会决议或者伪造股东签名等使股东利益受损的情况提供救济。

(二)股东大会决议瑕疵的特殊性

钱玉林教授称股东大会决议瑕疵为"超越民法范式的判断"①。民法上的意思表示瑕疵注重的是个人所做的对外表示,而决议是一个形成的过程,是众股东的意思表示的有机结合。在有机结合的过程中,必须保证程序的正当才可以保证结合的有机性。程序性的要求彰显了股东大会决议瑕疵的独特性。

在股东大会决议瑕疵中,凸显了利益平衡的重要性。确定一个决议的效力瑕疵归属于何种类型,不仅要兼顾多方的利益,一是公司的利益,二是股东之间的利益,三是债权人的利益,还要考虑司法干预与公司自治的合理限度。如果一个决议违反了法律规定,由于其对法律权威的漠视,无论其可给公司、股东带来多大的利益都不允许;如果一个决议股东为达到个人目的完全忽略程序,例如上文提到的张艳娟案,伪造签名的股东主观恶意是很严重的,那么它虽然没有违反法律对决议无效的规定,但严重损害了其他股东的利益,造成不良影响,仍然会使决议的法律效果归于无效;如果一个决议只是在程序上某些处理方法不当,并不会对公司、对大多数股东造成利益损害,而只是极少的利益损害,法律将很宽容地给予其整改的机会。在公司决议中,奉行资本多数决的原则下,一方利益的保障势必造成对另一方利益的限制。加之决议瑕疵的类型的分类在学理上我们都很难明确界定,在千奇百怪的案件适用中则更难辨识,并且越是临近的方面越难分清,所以利益平衡是股东大会决议瑕疵在适用中的难点,也是重点。

三、股东大会决议不存在的独立价值

(一)法理基础

股东大会决议不存在肯定有其存在的法理基础。但是学界目前并未形成统一的意见,众多学者从不同的角度出发探讨决议不存在的法理基础,主要存在以下几种学说:

1.法律行为说

钱玉林教授指出"股东大会决议不成立"是从法律行为理论中推导出的

---

① 钱玉林.股东大会决议的法理分析[J].法学,2005(3):98.

决议瑕疵的类型①。李建伟教授指出,法律行为欠缺成立要件时,为法律行为不成立;同理,当公司决议欠缺成立要件时,应称为"决议不成立"②。从两位教授的观点我们可以看出,法律行为说将股东大会决议当作一种法律行为,笔者认为从这个角度解释是合理的,将在下文论述。

2. 意思形成说

陈淳教授指出,决议是意思形成的制度,法律行为应当是意思表示的制度③。在这里,陈淳教授比较重视程序在决议中的重要性。

3. 意思与程序兼顾说

意思与程序兼顾说认为,意思表示与程序不可偏废④。这可视为对以上两种理论的折中。法律行为说注重意思表示,意思形成说注重正当程序,但对于公司决议而言,意思表示与正当程序是两个必备要素,缺一不可,股东大会决议瑕疵理论应将这两种因素同时进行考量。

探究决议不存在的法理基础应从两方面考虑。一方面,反对法律行为说的学者认为法律行为说忽略了公司决议的程序性要求,这是狭隘认定公司决议的法律行为属性的看法。公司决议中的意思表示应包括两个条件,除了意思的对外表示,程序性也应视为意思表示的一个要件。只有这两个要素都具备了才能说是具备了公司决议的意思表示。正如上文所说,具备这两要素才可说具备了决议能力,如若不然,则因其决议能力欠缺产生决议不存在的情形。

另一方面,笔者认为决议不存在这一制度的出现也可视为利益衡量的结果以及立法对实践能动的回应。公司对盈利的要求必然会更加重视追求效率,但当效率与公平价值冲突后,如何平衡则是需要考虑的问题。决议不存在即是利益衡量下的产物。另外,决议不存在体现了法律的与时俱进,可以说是对实践问题的回应。在当时的社会发展水平内,法律结合当时公司实践,未能预见此种类型公司决议瑕疵的出现。但随着公司制度的发展,实践中出现了伪造公司决议等可视为决议不存在的情况,其不属于无效,不能够以无效路径救济,而且很可能因为错过决议可撤销的 60 天的除斥期间而

---

① 钱玉林. 股东大会决议瑕疵的救济[J]. 现代法学,2005(3):139.
② 李建伟. 公司决议效力瑕疵类型及其救济体系再构建——以股东大会决议可撤销为中心[J]. 商事法论集,2009(15):56.
③ 陈淳. 意思形成与意思表示的区别:决议的独立性初探[J]. 比较法研究,2008(6):53.
④ 吕力. 论股东大会决议瑕疵的法理基础及其完善[J]. 太原师范学院学报,2014(13):52.

被这种路径排除在外,所以为了更好地规范公司秩序,保护相关人的权益,通过完善相关立法对实践做了回应。

（二）独立的决议瑕疵类型

决议不存在有其存在的法理基础,是对决议成立与决议能力的否定,所以是独立的决议瑕疵类型。

决议可撤销和决议不存在都是对决议程序效力的否定性评价,区别两者具有一定的难度,况且对于"轻微"与"严重"这种描述性词语,法律很难给予具体明确的解释。但结合公司实践,我们发现两者的适用情形是不同的。例如,如果一个公司决议的形成只是表决方式不符合公司章程或者召集通知的方式不恰当,这时对公司决议的成立不构成威胁,且并不影响相关权益人的重大利益,这就应该属于可撤销的决议。因此,最好的办法就是法律结合公司实践列出具体的适用情形,《公司法解释四》（征求意见稿）即是此种做法。

（三）独立的诉讼类型

虽然决议不存在作为法的效力瑕疵类型被广大学者认可,但在诉讼层面上能否成为独立诉讼类型仍有待讨论。持否定意见的学者认为决议无效与决议不存在的诉讼结果都是决议没有拘束力,没有必要成为单独的诉讼类型[1]。笔者认为,虽然两者的诉讼效果相同,但仍是独立的诉讼类型。两者的诉讼价值不同。决议无效是公权力对于公司私法活动进行的最为强烈的干预[2],也就是说决议无效的可惩罚性更高,它因实体内容违法,法律将对其进行强制性规制。但决议不存在更重要的价值是为了维护相关利害人的权益,在这里,当事人的意志很可能影响法律对其的干预程度。

在司法适用上,很难分清决议不存在与决议可撤销的具体标准,但在诉讼程序上两者的区别还是较为明显的,此问题在学界讨论得很多,故在这里不再赘述。

从以上分析可以看出,决议不存在之诉的存在为保护相关利益人的权益多了一个救济选择,注入了新的活力。

---

① 丁勇.公司决议瑕疵诉讼制度若干问题反思及立法完善[J].证券法苑,2014(11):285.

② 王冷玫.股东大会决议不存在制度研究[D].南京:南京大学,2013.

四、对《公司法解释四》(征求意见稿)的评析

(一)当事人

该征求意见稿扩大了原告的资格,不再限于公司股东、董事和监事,还赋予了有直接利害关系的高级管理人员、职工和债权人等人的原告资格。这一规定很明显考虑到了实践需求,是值得肯定的。特别是债权人作为公司的外部人员赋予其原告资格可谓是一个突破。但还有以下问题值得考虑:第一,职工相较于董事会、监事会、高管(简称董监高)对公司决议的影响力很低,赋予职工原告资格是否合适? 第二,债权人作为公司的外部人员赋予其原告资格是否有干涉公司运营秩序的风险? 第三,条文最后的"等"作为兜底究竟应该如何理解? 第四,如何理解"有直接利害关系"?

反对将职工纳入原告的人大概是基于这样的考量:赋予董监高的原告资格是因为他们对公司具有信义义务,这样可以降低他们承担责任的风险。在现实生活中,职工作为公司的普通员工基本都是完成本职工作,只有履行本职工作的义务并没有承担类似违反信义义务的风险。况且,职工与公司签订了劳动合同,完全可以通过劳动法救济。笔者认为将职工纳入原告是合适的。虽然普遍情况中职工很难干涉公司决议的形成,但是决议内容很可能关系到职工的利益。而这种利益不能通过劳动法得到救济。实践是混乱的,我们不能排除这种极端的情况。再者从利益衡量的角度看,赋予有直接利害关系的职工原告资格可以使得该职工得到一种救济途径,也不会影响公司或者其他人的正当权益。而不赋予职工这一权利,限于救济手段有限,该职工的正当权益很可能受到损害。

对于债权人的处理思路与职工相似。一方面,因为决议不存在造成的市场经营风险显然已超出债权人投资的正常风险,如若剥夺债权人的原告资格,债权人的利益很可能受到损害;另一方面,决议不存在之诉具有对世效力,对决议不存在的无效处理很可能会波及相关债权人。另外,债权人作为公司的外部人,根本不可能参与公司决策,将公司内部的失误转嫁给债权人,使其遭受损失并不是法律追求的结果。至于一些学者对债权人可能破坏公司内部的稳定秩序的担心是没有必要的,因为法律对此进行了严格的限定,即必须具有直接的利益关系,对此问题在下文论述。当然赋予债权人资格又会引发公司对外合同的效力问题,这一问题暂不在本文讨论的范围内。

对于原告的资格可能出现的未知的情况,立法者运用一贯的作风以"等"字涵括,那么在适用中自然会引发何者为法律明确列举的原告外的受害人的讨论。笔者无意列举具体的适用情形,但是在这里司法机关应该秉持这样一个原则:公司决议毕竟是公司的内部自治问题,债权人与其有极大的关联性,而除债权人之外的人,司法机关要严格限制自身的干预权,不应该干涉过多。

对"有直接利害关系"的理解特别重要,因为对上述原告资格的资格赋予都体现了司法干预的思想,此关键词将是对司法干预的限制。运用解释学的方法看,从文义解释出发,直接利害关系人指的是与公司决议有直接关系的利益冲突人,间接关系人不包括在内;从立法解释看,公司决议不存在的立法目的是保护相关权利人的合法权益,公司法的立法目的是保障公司的有序运营,尽可能少地干涉公司自治,所以司法要严格掌握直接利害关系的尺度。笔者以为,只有当决议已经侵犯职工或者债权人的利益或者有确切证据证明有侵犯的可能时才能赋予其原告资格。在判断原告资格的问题上,由于实践中的未知情况复杂繁多,并且每个案件的情况不同,法官的自由裁量权发挥着巨大作用。所以为了保障达到公平正义以及减少实践中的模糊性,立法者应该针对此问题进行进一步的解释或者出具相关规范予以指导。

该意见稿明确规定公司为公司决议瑕疵的被告,有关适格被告的讨论即尘埃落定,当然这一立法结果也符合学界的讨论结果。所以股东大会和相关股东都不是适格的被告。

(二)适用情形

该意见稿在形式上将决议不存在分为两种,从分类上我们看出,立法者做此分类的依据是决议事实上不存在和法律上不存在。但这样的做法值得商榷,也有学者提出《公司法解释四》(征求意见稿)第 5 条的规定有画蛇添足之嫌①。还有学者认为,"决议不存在"和"未形成有效决议"都是对决议不存在适用情形的规定,其实质并无不同之处②。笔者同意这些学者的意见,毕竟"未形成有效决议"的说法前所未见,司法解释的适法性始终应该是

---

① 甘一忠,赵文冰.对公司决议效力的一些思考——析《最高人民法院关于适用〈中华人民共和国公司法〉若干问题的规定(四)》(征求意见稿)中的相关规定[J].法学论坛,2016(8):52.

② 王雷.公司决议行为瑕疵制度的解释与完善兼评公司法司法解释四(征求意见稿)第4—9条规定[J].清华法学,2016(5):171.

第一位的,创新性则需要严格控制在现有法律和基本法理的约束之下。既然立法者采用列举法将决议不存在的情形进行列举,并且这些适用情形都是源自公司法司法实践,不如将这两条合并为第 4 条,就以列举法将适用情形逐一列举。这样规定,一方面减少法律规定的模糊性,规避新词带来的一系列法律解释,另一方面有利于减少实践适用时的迷茫性,有针对地适用法律规定的行为。

对于规定的适用情形,可以说立法者经过了深思熟虑,其规定的适用情形大都是来自司法实践较为普遍的情形,较为全面合理。有以下两个问题予以说明。

第一,对于签名系伪造的决议在征求意见稿中的两种观点①,笔者更倾向于后一种观点。后一种观点更为周延,在现实情况中很有可能即使被伪造的股东不进行追认,要求的通过比例仍然符合公司法或公司章程的规定。这种选择一方面防止有些股东为了自己利益推翻决议而滥诉,从而提高诉讼效率,另一方面可以保证公司基本运营的秩序不被随意干扰。

第二,建议增加"绝对无权召集人召集会议"这一事由。无权召集人召集会议这一问题有些复杂,有可能出现可视为有召集权的人召集与绝对无权召集人召集两种情况,这之间的界限很难区分,这应该也是立法者没将这一事由加入决议不存在适用情形的原因。前一种情况,对于参加股东大会的股东而言,和以前召集会议没有区别,他们都是按照正常的思维来支配自己的行为。例如,副董事长召集了股东大会,在此之前副董事长曾多次被授权召集会议,这次股东们自然以为和往常无异。也就是说在此种情况下,股东大会决议的成立要件是完备的,其他股东所进行的一切意思表示都建立在正常秩序之中,并且不存在任何表现瑕疵,因而可以适用决议可撤销之诉进行救济。

而对于绝对无召集权人召集的会议形成的决议,有学者指出,应被看成是股东自行集会,不能视为股东大会②。笔者赞同此观点。再举个例子,一个公司的股东擅自召集股东大会,这个股东明显没有召集权,但是股东们均参加了此次会议,并形成了公司决议。此时的决议应视为决议不存在。因

---

① 一种观点:决议上的部分签名系伪造,且被伪造签名的股东或者董事不予认可;另一种观点:决议上的部分签名系伪造,且被伪造签名的股东或者董事不予认可,在去除伪造签名后通过比例不符合公司法或者公司章程的规定。

② 顾媛媛.股东大会决议不成立若干法律问题研究[D].长春:吉林大学,2013:8.

为其他股东有辨别这个股东是否有召集权的能力,他们在明知的情况下仍然去参加,主观上已经存在恶意,不属于轻微的程序瑕疵。另外,无召集权人召集股东大会这属于召集程序瑕疵,如若其内容不违法,债权人不能通过无效之诉进行救济。而由于其不具有提起可撤销之诉的资格,同样不能通过可撤销之诉进行救济。因此,应将绝对无召集权人召集会议的情形归属于决议不存在的适用情形中。笔者认为,在认定无召集权人召集会议的效力时,参会的股东的主观状态是必须考虑的因素。如上所述,股东有辨别召集权的能力,明知道没有召集权仍然参加,大多数情况下都是为了自己不能通过合法途径获得的利益而为。

（三）诉讼时效

对于公司决议不存在的诉讼时效在这次的征求意见稿中并未涉及。由于其诉讼效果为公司决议不发生拘束力,故而大多数学者认为应该和决议无效一样,不受诉讼时效的限制,笔者并不赞同。首先,在上文中已提及,虽然两者的诉讼效果相同,但是两者内含的法律原理是不一样的。决议无效因为违反了法律的强制性规定,漠视法律权威,而决议不存在只是在程序中出现问题,这种程序性问题并非不可修复的。其次,在实践中大多数情况下决议的相关利害人应该会在一定期限内知道自己的权益受到侵害。最后,如果因视为决议不存在的行为在一定期限内相关利害人未提出异议,其与公司外部的一系列法律行为早已生效并实施,此时相关权利人再提出诉讼,无疑会在实践中造成效力混乱的局面。故而,对决议不存在的诉讼时效应该有一定的限定。两年应该较为恰当,这一期间一方面比决议可撤销的除斥期间长,另一方面对相关利害人来说,足够其知道其利益受到侵害。

五、结论

股东大会决议不存在制度,不管在理论上还是实践上都有其独立的价值。第一,其存在的法理基础符合法律行为说的逻辑,但在商法的框架内,其意思表示不仅包括对外表示的过程,正当程序也可视为意思表示的因素。缺少两个因素中的一种,都有可能造成决议不存在的情况。并且,决议不存在是公司资本制度下效率与公平利益衡量的产物。同时,正如日本决议不存在制度一样,我国公司决议不存在也是"一种产生于司法实践,丰富于司法实践的制度"①；第二，决议不存在基于其是对公司决议能力的否定因而是独立的效力瑕疵类型；第三，在诉讼层面上，其诉讼效果不能被决议无效所覆盖，既然是独立的决议瑕疵类型，就应该有自身的救济途径，因而是独立的诉讼类型。

《公司法解释四》（征求意见稿）将"决议不存在"加入公司决议瑕疵体系中是值得肯定的。但笔者认为存在以下问题：第一，将决议不存在制度分列为两个条文，分别规定为"决议不存在"和"未形成有效决议"的做法值得商榷。"未形成有效决议"的提法前所未见也不适宜；第二，对于职工与债权人作为原告，这是合理的，法律应尽可能地为受害者提供更多的诉讼途径，我们不能抹杀其主张自身权利的合理手段，对兜底词"等"的适用司法机关要严格掌握干预与公司自治的限度。另外，由于现实状况的混乱，法官很难判断"诉的利益"的具体标准，在这方面，立法应给予必要的指导；第三，应在其适用情形中增加"绝对无召集权人召集决议"这一事由，这既满足实践的需求，又有利于保护相关债权人的利益。

该征求意见稿为我国建立公司决议不存在制度打开了法律的大门，这已经是很大的进步。但我们同样要注意到其具体规定在实践中还有很多疏漏及不清晰的地方。我们还处在学走路的摸索阶段，开拓决议不存在制度的道路还很长。

---

①　王冷玫.股东大会决议不存在制度研究[D].南京：南京大学，2013：22.

论我国自然人破产制度的制度构建

白雪鹏

（天津商业大学法学院 天津 300134）

[**摘要**] 我国于 2006 年 8 月 27 日修改的《中华人民共和国企业破产法》仅对部分组织形式的商事活动参加者赋予了破产能力，而对于自然人的破产能力却未规定，而其他法律中也未出现关于自然人破产的规定。依据比较法及我国近代破产法的立法经验及一般破产主义的相关学说，结合我国目前农村土地实际使用状况、高管免责的例外、违反民事执行的信用和消费惩戒制度等法律制度和社会实际情况，提出我国的自然人破产制度的构建已具备必要的条件。

[**关键词**] 破产能力；消费破产；破产免责的除外制度；破产财产

一、引言

破产（Bankruptcy）是指债务人不能清偿到期债务时的一种财务状态（the fact of being financially unable to pay one's debts and meet one's obligations）①。但从程序意义上讲，破产是指在债务人具备法定的破产原因时而对债务人的全部或部分财产进行的执行程序和债务清理程序。而破产能力是指适用破产程序的资格，亦即适用破产程序的主体范围。从破产制度的发展过程来看，破产法首先是适用于自然人，再发展到适用于法人和非法人组织的。尽管在自然人内部存在具体范围的差异，但不可否认的是，无论从历史的发展还是各国目前的立法现状，自然人的破产能力是得到普遍承认的。我国的特殊国情在于我国公有化的进行，自然人的破产程序因必要性欠缺而被废弃。不过随着改革开放的发展，为解决国企改革问题的需要，

---

① Black's Law Dictionary, West Group 1999, U.S. p. 141.

破产制度在企业主体上恢复其功效,但同时非公有制经济也在迅速发展,自然人商事活动增多,产生的债权债务问题用民事诉讼程序和执行程序难以妥善解决,而债权人不能公平清偿的问题更是其他法律制度难以解决的。不仅如此,由于债务人负担过重并且对违约缺乏预期,导致债务人逃债、无法清偿的债务膨胀带来了连锁违约,提高了普遍性债务危机发生的可能性。而采取自然人破产制度可以有效解决这些问题,特别对于社会公平的维护、诚信的激励、财产和信用制度的完善、吸引国际投资等方面实行自然人破产制度具有诸多积极影响。

二、自然人破产制度的必要性

(一)债权人公平受偿的需要

我国现行的破产制度仅仅实现了营利法人和以营利为目的的部分非法人组织体作为债务人时对于债权人债权的平等实现,而关于个人作为债务人时对于债权人间平等受偿的目的之实现尚缺乏足够的规定。自然人破产制度具有现有的相近制度无法代替的功能,民事强制执行程序更侧重效率,而参与分配制度存在可参与程序的债权人范畴模糊、司法实务操作标准不一等问题,最显著的不足仍然是债权人无法得到公平清偿,债务清偿期未届满但债务人清偿能力已明显不满足清偿需求的以及到期但未行使诉讼权利的债权人无法进入参与分配程序,缺乏必要的公告程序让债权人也难以及时知晓并进入诉讼程序,破产制度则强调公平。因此,为公平解决债权清偿的问题需要自然人破产制度的建立和完善。

(二)自然人破产制度对于消费信贷的促进作用

1997 年以来,我国消费信贷规模已经有了很大的发展,消费信贷余额从 172 亿元增至 2009 年的 5.5 万亿元,规模增长了 300 倍以上;消费信贷占各项贷款比例也由不足 0.3% 上升到 13.8%[①],而到了 2010 年末,商业银行个人消费贷款余额达 86765.79 亿元,余额同比增长 57%,占人民币贷款余额的 18.29%[②]。由于缺乏统一的个人消费违约比例的调查数据,不妨从不同侧面的数据去了解,首先消费借贷比较便捷的是通过信用卡这一工具,信用卡透支额度往往较少适合小额的消费,根据学者调查:"以上海市黄

---

① 朱小黄. 消费金融恰逢其时[N]. 金融时报,2012-03-01.
② 陈艳. 浅谈个人消费信贷违约风险的影响因素及其风险管理[J]. 贵州农村金融,2011(9):17.

浦区人民法院为例,其辖区内设有多家银行的信用卡中心,因此受理了大量的卡债案件,在 2002 年到 2006 年期间,共受理各类信用卡案件 9873 件。"①此外,一些银行为了抢占大学生市场,存在审核不严的问题,造成某些大学生诚信危机,一些从事校园借贷业务的民间借贷机构甚至以侵犯学生隐私权的方式实现债权。而实践中银行等金融机构的对策是使用民事诉讼程序追讨消费者无力偿还之债并与之达成和解,借以挽回一些损失,对于银行自身来说是一种比较有效的方式,但是缺点就是法院诉讼案件的急剧增长和债权人得不到公平受偿,而对这一问题实行个人破产制度可以有效减少诉讼案件的数量,原来有数个民事诉讼的案件现在由一个案件合并解决,减少了案件数量,对于债权人群体也可以减少损失,而对于确实无清偿能力的债务人,比如遭遇自然灾害致失去劳动能力的债务人,破产制度可以有效解决其无法还债或还债后无法生活的问题。而且个人破产制度明确了信贷违约的可预测结果,对于消费信贷的发展有着积极的促进作用,如 1880 年美国制定的《破产法》中就设有自然人(消费者)破产制度。这项制度的建立稳定了购买者的消费信心,提高了其收入用于消费的占比和绝对值,因为它使消费者产生这样的消费心理:即使不能清偿债务,也有破产程序作为后盾。经过两个世纪的发展,最终使美国成为一个消费需求旺盛、信用经济发达的国家,从而促进其经济不断向前发展。②因此采用一般破产主义的模式即包含消费破产在内的情形更有助于从司法实践的角度以及债权人公平受偿的角度来解决消费信贷债务人无法清偿的问题。

(三)对于逃债现象的缓解

个人破产与企业破产的一个重要区别在于破产免责制度,企业破产后随着清算程序、注销后就在法律上死亡。但是个人随着程序的完结,其相关的概括性的资格仍然为法律所承认。但适用破产不免责制度的效果并不尽如人意,这一制度尽管注重了公平清偿债权人的宗旨,但忽略了债务人的沉重负担,因此会出现大量债务人逃债现象,也不利于债权人债权的实现。因此,英美法系采取破产免责主义对债务人进行激励,诚实经营的债务人得以恢复经营恢复偿债能力,伴随着失权与复权制度,最终对债权人清偿其债务。

---

① 卜璐. 诉讼外消费者债务清理制度研究[J]. 西北政法大学学报,2014(1):114.
② 陶绪翔. 论我国自然人破产制度的建立[J]. 行政与法,2005(9):125-127.

三、我国自然人破产制度构建的具体建议

（一）自然人破产财产的确定

破产财产是指适用破产法律用以平等实现债权的财产。关于破产财产的确定，有学者认为应该将自然人在从事商事活动前进行财产登记，并且每一次活动都要登记，这样就可以区分经营财产与家庭生活财产，如果由于其自身过错导致无法区分而出现混同，则以其全部财产承担相应的法律后果①。这种方法借鉴的是注册资本制度，有其可行性，但问题就是操作成本过高，而且随着注册资本制度的改革，除少数从事金融、人力资源等类型的企业法人外，强制性的资本的底线要求被取消，实收资本与认购资本相分离，注册资本的担保功能在降低。另一种观点则正好相反，仅留下足以支持破产的自然人的生活财产、具有特定精神价值的物品以及一定的经营财产，即确定自由财产，剩下的财产被用于公平清偿债权人。但不同类别的破产情形的主体，经营财产的留存也不相同，经营财产留存首先应包括职业所需的财产，比如乐手的乐器、农民的农具等。对于商事经营不善造成的破产留存的比例除职业所需财产外留足一个营利周期的以支付劳动者工资和进货成本及销售成本为内容的成本。此外，对于农村承包经营户的经营财产问题，虽然土地是农村承包经营户的生产资料，但依据农村承包经营户财产状况的不同，土地也并非完全不能列入破产财产中。根据相关的新闻报道②，参加土地流转的农业经营者从数量和比例上都相当庞大，在这样的现实情况下，在满足生存需要和经营财产留存的前提下，将部分土地经营权作为破产财产，或将通过农村土地经营权流转交易市场变现后的资金作为破产财产存在其可行性。

对于满足生活需要的必备物品的范围和数量，有学者认为对于满足生活需要的必备物品包括"破产人及其家属必需的资金、财物。这些财产用于债务人及其家属的基本生活开支，通常包括吃、穿、住、行等方面③"。也有

---

① 葛志群.浅析自然人的破产能力[J].法制博览,2012(7):207.

② 丁栋.中国流转土地农户超 7000 万 占比超三成[EB/OL].新浪网,http://news.sina.com.cn/o/2016-11-03/doc-ifxxmyuk5824733.shtml,中新社北京 11 月 3 日电.中国农业部部长韩长赋在北京表示,截至 2016 年 6 月,中国 2.3 亿农户中,流转土地农户超过了 7000 万,比例超过 30%,东部沿海发达省份这一比例更高,超过 50%。

③ 陈莺.我国构建自然人破产制度的法律思考[D].昆明:云南财经大学,2012(5):28.

学者认为应以"低保"线或者最低劳动所得作为确定资金的参考标准,"重点列举房产、生活用具、职业用具和具有重大特殊人身利益的财产的限额"。[①]对于原有不动产是否可以保留的问题,根据美国德克萨斯州破产法:"债务人不以价值作为衡量自由财产多少的标准,可以不拍卖房产,不过在特拉华州,不论自由财产包括哪些财产,但总额只有 5000 美元"[②],很少有房屋的价值低于 5000 美元,所以按照特拉华州的规定债务人的原有房屋很难得以保留。不保留或不完全保留原有不动产的观点也许更加适宜,对于居住的不动产来说,其价值和面积只能是与其财务状况相适应,意味着原有房屋可能因无法被保留而被拍卖或变卖,仅留给债务人以当地人均最低居住面积的保障性房屋以居住。对于破产人有情感因素和特定精神价值的物品,上述两位学者的观点也不同,学者陈莺没有对这类物品的价值进行限定,而学者田丹则限定了经济价值,即不超过 3000 元。笔者认为经济价值固然是值得争议的,但是特定精神价值对于维系破产人的精神生活和社会关系的和睦的重要性也是值得区分的,结婚戒指的重要性比通过交易而来的奢侈的古玩收藏的重要性要大一些,而且有些物品的现金价值不易确定,行情也不同,因此从维系破产人的精神生活与社会关系的和睦的角度区分较为合理。

（二）破产免责的除外制度

尽管破产免责主义在理念上更为现代社会所接受,但就如何防止虚假破产以及破产免责制度被滥用的问题还需要更多制度上的补充,比如对于防止虚假破产的问题,债权人可以通过诉讼请求法院取消对不诚信或不符合免责要件的债务人的免责保护。日本《破产法》中有破产犯罪行为等情形的仍可要求债务人承担无限责任。[③] 另外,破产免责存在一些不适用的例外情形,比如采取当然免责主义的英国绝对不准免责的情形包括对皇室的债务、欺诈、犯罪产生的债务等。笔者认为不免责的范围可以扩大为进行侵权之债、违禁品经营,比如从事毒品交易、赌博网站等,曾在一定时间内已经破产过两次以上、曾有多次不良信用记录等情形,破产免责的目的是保护诚

---

①　田丹.自然人破产能力研究[D].重庆:重庆大学,2010(5):28.

②　陈莺.我国构建自然人破产制度的法律思考[D].昆明:云南财经大学,2012(5):26.

③　日本《破产法》第 336 条第 9 项规定,破产犯罪行为、破产宣告前一年违法转移财产、做虚伪陈述、10 年内受过破产免责等情形不适用破产免责。日本破产法第 366 条(15)规定,取消免责的事由有二:一为当破产人被判定犯有欺诈破产罪的,法院可以根据破产债权人的申请或者依职权做出撤销免责的决定。二为破产人的免责是通过不正当手段取得的,破产债权人在免责决定后 1 年内提出撤销免责申请的。

信经营的债务人,进行违法经营本身意味着有较高的被取缔经营、没收财产的风险,对被欺诈借款用途的债权人来说其收不回债的风险较债务人合法用途的借贷风险相对更高。在法律规定的时间内再次被申请破产至少意味着其财务管理能力不足以支撑其承受债务,还存在故意滥用破产免责制度的可能。

对于破产免责制度被滥用的风险问题,当今世界各国常见的解决途径还包括采用失权与复权制度。

(三)破产后权利的部分、暂时性受限与权利复原制度

1. 破产后权利的部分、暂时性受限与权利复原制度概述

首先,破产后权利的部分、暂时性受限是指债务人被宣告破产后在一定时间范围内暂时失去从事部分职业的资格、被约束行使某些权利的制度。破产后权利的部分、暂时性受限制度在一定程度上是对于个人选择实行破产的一种威慑。该制度与破产免责搭配,有利于形成有效的内部制约机制。实行该制度的模式主要有:(1)当然形成主义模式,是指债务人一旦被确认破产就引起权利受限这一法律后果,确认破产作为权利受限的唯一要件,而无须有权机关再行裁量。例如我国台湾地区破产相关规定第 67 条、69 条等①。(2)裁判形成主义模式,法国 1985 年的《破产法》即采用此例,只有当债务人存在过错的情况下,法院依据过错的大小,确认债务人权利是否受限。笔者认为,采取当然形成主义对于双方来说更具有可预测性,避免因当事人过错等失权条件的分歧导致的诉累,而且失权制度得以适用并非是由于债务人的过错,其价值在于能够防止更多的无法清偿的债权债务发生以及债权人无法得到足额清偿的心理平衡。

其次,权利复原制度是附条件取消前述限制的制度。其功能是为激励诚实经营的债务人振作并恢复其正常的社会经济生活。实行复权制度的模式主要有:(1)申请复权主义模式:例如,我国台湾地区破产相关规定规定了破产人恢复权利需要经过法院确认,而且要满足一定条件②。这一种权利复原的形式便于债权人及时知晓破产人权利复原的时点,有利于债权人在

---

① 我国台湾地区破产相关规定第 67 条(破产对人身之效力 1——秘密通信之限制):法院于破产宣告后,认为必要时,得嘱托邮局或电报局将寄与破产人之邮件、电报,送交破产管理人。第 69 条(破产对人身之效力 2——居住之限制):破产人非经法院之许可,不得离开其居住地。

② 我国台湾地区破产相关规定第 150 条:破产人清偿或其他方法免除债务及破产终结三年后作为向法院提出申请的理由,需要经过法院宣告复权。

受欺诈等非正常的债务消灭情况下及时维护自身合法权益。比如我国台湾地区破产相关规定将欺诈破产罪的认定作为取消权利恢复的条件并会及时公告。① (2)采取不经申请即可复原权利的模式的典型国家是英国破产法,在破产人被免责同时取得不幸破产证书时,或者法院撤销对破产人的破产宣告时,破产人即摆脱破产权力约束。在这两种情形都没有的情况下,只有破产免责被许可超过五年就可以当然复权。② 这种复权方式对于破产人来说减少了很多程序上的麻烦,但不利于债权人行使撤销权,对公众特别是破产人的雇主来说也不便知晓,而且复权条件限制过严的话对于债务人来说也要承受很大负担且难以摆脱。因此日本结合两种模式之长处,在破产人不满足当然恢复权利的条件③之时依申请恢复权利的方式实现债务人的"更生"④。对于这种混合式的复权方式,笔者认为是能够兼顾债权人与债务人利益的,不过在具体程序方面,令破产人向法院申请发出公告或者向行政部门进行登记加以确认更有利于公众知晓,因此采取申请复权主义为主,以一定年限经过作为当然复权的条件更为妥当。

2.我国破产后权利的部分、暂时性受限与权利复原制度的构建

在我国比较接近的制度其实已经存在,但应用于惩戒公司法人破产时负有个人责任的高管⑤,那么对于自然人来说同样存在因其个人经营问题而对债务人无法充分清偿债务的情形,因此将此制度借鉴到对自然人的免责主义的补充,从而更加能够体现公平正义的原则。

那么对于受限的权利范围具体该如何规定,首先,笔者认为高消费是应该被限制的,我国针对未按执行通知书指定的期间履行生效法律文书确定的给付义务的被执行人,通过司法解释⑥规定了高消费限制令制度,笔者认为这一限制是合乎利益平衡原则的,可以借鉴到破产失权制度中。此外,如

① 第151条规定:破产人经法院许可复权后,如发现有依第154条所规定应受处罚之行为者,法院于为刑之宣告时,应依职权撤销复权之裁定。

② 邹海林.破产程序和破产实体制度比较研究[M].北京:法律出版社,1995:402;陈莺.我国构建自然人破产制度的法律思考[D].昆明:云南财经大学,2012(5):32.

③ 四个事由分别是:(1)免责裁定确定时;(2)强制和解协议的认可;(3)同意破产废止决定的确定;(4)破产宣告后,如果破产人没有因诈欺破产犯罪受到有罪判决且经过10年。

④ 《日本破产法》第367条规定:当破产人不能依当然复权的规定复权时,已通过清偿及其他方法免除了债务责任,在提供免除债务责任的书面证明的情况下,可以向破产法院申请复权,法院应根据法定程序做出许可的裁定。

⑤ 《中华人民共和国公司法》(2013年修正)第146条。

⑥ 2015年修正的《最高人民法院关于限制被执行人高消费及有关消费的若干规定》第3条。

果破产人在破产后的生活中存在高消费行为,那其至少存在欺诈破产的可能,即使是破产后通过继承或其他方式获得较多的财产,其不用对于债权人的清偿而用于高消费,对于债权人来说也不公平。因此在破产后权利的部分、暂时性受限的制度中对于高消费行为加以限制的规定也是合适的,与其破产的状况相适应,只是有些规定比如禁止旅游不够合理。高消费限制令在司法实践中运用得普遍,比如"申请执行人乐媛媛与被执行人岑仲君、宋小乐民间借贷纠纷案"①"宁波锦集纺织有限公司诉张家港澳洋纺织品有限公司对外追收债权纠纷案"②等。不过根据相关司法解释的规定③,限制消费的期间由法官自由裁量,而且缺乏期间限制,有可能导致限制期间过长而致无力偿债的被执行人在生前都无法复原权利。因此,可以仿效日本破产法制定最长的限制期间,在期间内可以通过其他条件申请复原权利,而如果无法满足这些条件可以依据最长期限达到而自动复原,让债务人丧失复原的希望对于债务人、债权人以及社会经济运行来说皆非最佳选择。

其次,除了高消费行为被限制以外,担任公职及上市公司的高管、董事的权利会被剥夺,从事律师、会计师、建筑师、遗产管理人、失踪人的财产管理人及清算人的资格被暂时禁止。有学者认为:失权的主旨在于法律对破产人破产行为的一种制裁,以及对破产人人格的不信任④。因此在存在以社会信任关系为基础的中介、管理性质的职业及身份就无法由破产人获得。典型的立法例见我国台湾地区的"动员戡乱时期公职人员选举罢免法"⑤"律师法"⑥"会计师法"⑦"建筑师法"⑧等各相关法律之中。担任公职及上市公司的高管、董事的权利会被剥夺,从事律师、会计师、建筑师的工作也不

---

① (2015)甬慈执民字第 4279 号。

② (2016)浙 0281 执 1845 号。

③ 《最高人民法院关于限制被执行人高消费及有关消费的若干规定》第 5 条:人民法院决定采取限制消费措施的,应当向被执行人发出限制消费令。限制消费令由人民法院院长签发。限制消费令应当载明限制消费的期间、项目、法律后果等内容。《最高人民法院关于限制被执行人高消费及有关消费的若干规定》第 9 条:在限制消费期间,被执行人提供确实有效的担保或者经申请执行人同意的,人民法院可以解除限制消费令;被执行人履行完毕生效法律文书确定的义务的,人民法院应当在本规定第 6 条通知或者公告的范围内及时以通知或者公告解除限制消费令。

④ 田丹. 自然人破产能力研究[D]. 重庆:重庆大学,2010:33.

⑤ 我国台湾地区"动员戡乱时期公职人员选举罢免法":第 34 条有下列情事之一者,不得登记为候选人;六、受破产宣告确定,尚未复权者。

⑥ 我国台湾地区律师相关规定第 4 条(律师之消极资格):五、受破产之宣告,尚未复权。

⑦ 我国台湾地区会计师相关规定第 6 条(会计师之消极资格):三、受破产宣告,尚未复权。

⑧ 我国台湾地区建筑师相关规定第 4 条(充任建筑师之消极资格):三、受破产宣告,尚未复权。

被允许,遗产管理人、失踪人的财产管理人及清算人的资格更是被禁止。德国相关法律也排除了破产人可从事的一些工作和监护资格①。

四、结语

通过以上的分析,赋予自然人破产能力具有促进债权人公平受偿、缓解逃债现象、助力消费借贷发展、吸引国家投资和保护民族利益的优点以及能够满足我国目前面临的经济发展方式转型、培养消费需求、改变债权人受偿不足的需要,因此赋予自然人破产能力是必要的。对于自然人破产制度的构建,首先对于破产财产的确定问题,通过确定不参与清算分配的自由财产来确定参与清算的破产财产。在自由财产的范围确定上,涵盖了生活必需品、有特定精神价值的物品以及留存财产。关于生活必需品,对于居住的不动产来说,仅留给债务人以当地人均最低居住面积的保障性房屋;对于具有特定精神价值的物品,从维系破产人的精神生活与社会关系的和睦的角度区分并由法官裁量决定是否纳入破产财产更为合理;经营留存财产应包括职业所需的生产力工具,但土地经营权可以部分地作为破产财产。关于通过破产清算程序后是否对债务继续承担无限责任的问题,更赞同破产免责主义的观点。至于免责方式的选择,采用当然免责主义,不过应增加不予免责的除外情形和撤销不诚信或不符合免责条件的债权人的撤销权。对于失权制度,经有权机关确认破产作为权利受限的唯一程序要件,但失权与否无需经有权机关再次确认,且具体权利的约束制度中应在现有债务人没有履行债务后的高消费限制制度和信用惩戒制度的基础上增加部分任职资格限制。在复权制度方面增加"失权最长限制期间经过"作为可以复权的理由之一,在复权的具体方式上采取申请复权主义为主,以一定年限经过作为当然复权的条件作为补充的方式,增加受欺诈债权人的对于实施欺诈行为的债务人的撤销权。

---

① 《法院组织法》第 32、109 条规定:在破产复权前,破产人不可以担任法院的参审员、商事法庭的荣誉法官。德国民法规定:破产程序开始后,终止父母对子女的财产管理权;破产程序过程中,破产人不得担任监护人;监护法院在发现监护人有破产继续的情形时,应当立即辞退监护人。

责任转质制度研究

陈蕾

（天津商业大学法学院 天津 300134）

[摘要] 责任转质行为在我国司法实践中已存在,但立法上对其规定尚不完善:我国《民法通则》无转质的规定,《〈担保法〉司法解释》肯定了承诺转质,却否定了责任转质,《物权法》也没有提及承诺转质和责任转质的效力问题,导致学术界和司法适用上有很大争议。转质具有非常明显的社会价值,为质权人融通资金提供了一条便利之道,转质权的行使也具有促进资金融通的经济意义。有些国家已经明确规定了责任转质是有效的,我国也应进一步完善责任转质制度。

[关键词] 责任转质;效力;立法完善

一、引导案例

原告王庭东诉称,被告胡寅于 2015 年 2 月 5 日向原告借款 250000 元,并签订《质押协议》一份,将郭秋帆名下的汽车作为质押担保。现原告王庭东要求被告胡寅偿还借款,被告胡寅辩称其还款应以原告将质押车辆返还被告为前提。庭审中,被告胡寅陈述,质押的车辆是本人的朋友叫郭秋帆转给本人的,郭秋帆是做生意的,其缺资金向本人借钱,郭秋帆用该车辆做质押的,本人就把该车又质押给原告了。

法院认定,原告王庭东与被告胡寅之间的借贷关系成立并有效,被告胡寅作为借款人,未按约定期限履行还款义务,依法应承担相应的民事责任。而且,被告在其质权存续期间,未经郭秋帆同意,将车辆转质给原告王庭东的行为系责任转质行为,依据相关法律规定,也是有效的,而且,质押合同成立,原告享有担保质权,在被告履行本案债务前,原告可不返还该质押车辆。

此案例将责任转质的行为定性为有效的,但不是所有法官和学者都采用此观点。由此案,引出学术界关于"责任转质"的争议,深入剖析其存在的问题。本文试图采用比较法和案例分析法相结合,研究我国责任转质的规制不足之处,以及责任转质出现的实际问题,对进一步完善我国责任转质制度提出相关建议。

二、责任转质的理论基础

责任转质是指质权人在质权存续期间,没有经过出质人的允许,将其占有的质押财产转质押给其债权人,由其承担责任的行为。[①] 对于责任转质的性质,学界存在以下四种认识:(1)附条件质权让与说;(2)质权出质说;(3)债权与质权共同出质说;(4)质物再度出质说。对以上论点造成威胁的是第一种观点,即附条件质权让与说。因为如果附条件质权让与说是正确的,那么将该观点与《物权法》第 217 条关于转质的规定结合起来考虑,就会得出只要经过出质人同意,质权并不一定要和主债权一同转移,而是其自身即可转移。这一观点显然站不住脚,因为它忽略了担保物权的担保功能,因而最终无法被学界承认。我国大多数学者都赞同债权与质权共同出质说这一观点。

责任转质中各方当事人间的法律关系是学界争议的焦点之一。在司法实践中,要先明确法律关系才能判定责任的承担,出质人和质权人肯定成立借款合同关系和质押合同关系,而质权人和转质权人理所当然成立借款合同关系,但其是否成立质押合同关系,还有待探究,这也是发生纠纷的关键。

研究责任转质制度还必须明确转质权的行使与无权处分的关系。其一,转质权是质权人享有的法定权利,其是对质物的有权处分;其二,质权人要告知转质权人此财产属于再次出质的情况,否则不构成转质,笔者认为如果质权人未经出质人允许,转质权人要承担相应的调查义务和通知义务。

三、责任转质的比较法考察

(一)各国和各地区对责任转质的规定

法、德民法均无转质的规定[②],但德国在实践中依据习惯承认了责任转

---

① 中国法制出版社. 物权法新解读[M]. 北京:中国法律出版社,2010.
② 马俊驹,陈本寒. 物权法(第二版)[M]. 上海:复旦大学出版社,2014.

质,但是在法律中并没有明文规定。《越南民法典》不允许转质①,《瑞士民法典》第887条只设有承诺转质之明文②,《意大利民法典》第2792条第1款也否定了责任转质③。《奥地利民法典》也侧面规定了责任转质的效力④。《日本民法典》只提及了责任转质⑤。我国台湾地区民事相关规定虽仅有责任转质的规定⑥,实际上其是对承诺转质的默认⑦。

(二)我国立法现状和制度缺陷

最高人民法院《关于适用〈中华人民共和国担保法〉若干问题的解释》⑧(以下简称《担保法》司法解释》)提及了两种转质的类型,但对责任转质不持认可的态度。《物权法》⑨对两种转质的法律效力以及法律适用的规制都比较模糊。尽管我国已经有了转质制度,但关于责任转质的立法和制度尚不完善。《物权法》对质权人是否享有转质权没有提及,引起了理论界的争议,各学者也对此提出了不同的观点⑩。

1.肯定说

赞同肯定说的学者认为责任转质是有效的。杨立新教授和孙宪忠教授都对责任转质持肯定态度,但认为对于责任转质的操作规则仍需在今后的实践中进一步完善。刘保玉认为我国立法已经有了转质制度,但其认为

① 《越南民法典》第334条名为"受质方的义务",该条第2款后半部规定受质方的义务为:"不得以质押财产设定履行其他民事债务的担保"。
② 《瑞士民法典》第887条规定:"质权人经出质人同意后,始得将质押财产转质。"
③ 《意大利民法典》第2792条第1款规定:"未经质押人的同意,债权人不得使用质物,但是,为了保管该质物而有必要使用的不在此限。债权人不得以该质物设定质押或者交给他人享用。"
④ 《奥地利民法典》第454条规定:"担保物权人可以以担保财产为第三人再次设立担保;只要担保财产已交付于第三人或在原担保物权之上设立的转担保在公共登记簿上登记时,则转担保已设立。"
⑤ 《日本民法典》第348条规定:"质权人,于其权利存续期间,可以以自己的责任,转质质押财产。于此情形,对于因不可抗力造成的,不转质就不会产生的损失,亦负其责。"
⑥ 我国台湾地区民事相关规定第891条规定:"质权人于质权存续中,得以自己之责任,将质押财产转质于第三人。其因转质所受不可抗力之损失,亦应负责。"
⑦ 梁慧星,陈华彬.物权法[M].北京:法律出版社,2014.
⑧ 最高人民法院《关于适用〈中华人民共和国担保法〉若干问题的解释》第94条第1款明确承认了承诺转质:"质权人在质权存续期间,为担保自己的债务,经出质人同意,以其所占有的质物为第三人设定质权的,应当在原质权所担保的债权范围之内,超过的部分不具有优先受偿的效力。转质权的效力优于原质权。"第2款规定:"质权人在质权存续期间,未经出质人同意,为担保自己的债务,在其所占有的质物上为第三人设定质权的无效。质权人对因转质而发生的损害承担赔偿责任。"
⑨ 《物权法》第217条规定:"质权人在质权存续期间,未经出质人同意转质,造成质押财产毁损、灭失的,应当向出质人承担赔偿责任。"
⑩ 张玉东.承认抑或否认:解释论视角下的责任转质——以《物权法》第217条为中心的分析[J].山东社会科学,2015(5).

《〈担保法〉司法解释》与《物权法》的立法者的目的都是赞成承诺转质有效,不允许责任转质。[①] 然而,刘保玉本人对责任转质的观点则是肯定的,其不排斥责任转质是具有法律效力的。2007 年 5 月 30 日,最高人民法院副院长奚晓明指出:"物权法第四编继承并发展了《〈担保法〉司法解释》,在设定一些关于担保的新的规则,完善各种抵押、质押制度的同时,也承认了责任转质制度。"[②]因此,结合相关立法规范,再结合责任转质所具有的特点,《物权法》不但不排除承诺转质的效力,而且间接对责任转质给予肯定的态度。何志却认为我国的这两部法律都是对质权人享有法定的转质权持肯定态度的。[③]其认为质权人有权对质押财产进行转质,享有占有的现存的利益。但笔者不赞同此观点,《〈担保法〉司法解释》显然是否定的,《物权法》才是对质权人转质权的肯定。

2. 否定说

赞同否定说观点的学者否定了责任转质的效力。高圣平教授认为,虽然责任转质在很多国家都已发展、完善,但有些国家并没有规定责任转质,甚至没有规定转质制度,还有的直接否认了责任转质是有效的。高圣平教授不赞成质权人享有转质权。[④] 尹田认为,虽然《物权法》对承诺转质没有提及,却是认可的态度。[⑤] 但是,其也认为质权人不享有法定的转质权,如果想发挥质物的价值,不妨可以采用与第三人签订合同的方式予以实现,以所谓"责任转质"的方式强行将质物交由第三人占有并迫使出质人接受其约束,依照现代民法观念,匪夷所思。唐义虎认为,我国《物权法》对效力和法律适用的规定都较为模糊。[⑥] 其没有肯定质权人的转质权。

3. 折中说

赞同折中说观点的学者认为,未经出质人的允许,质权人不可以将质物转质,但是在特殊情况下,转质行为有效。王利明教授认为,根据《物权法》第 217 条规定的反面解释,《物权法》承认了承诺转质,而且对责任转质也没

① 刘保玉.担保纠纷裁判依据新释新解[M].北京:人民法院出版社,2014.
② 奚晓明.充分发挥民商事审判职能作用为构建社会主义和谐社会提供司法保障[R].2007-05-30.
③ 何志.担保法疑难问题阐释[M].北京:中国法制出版社,2011.
④ 高圣平.物权法担保物权编[M].北京:中国人民大学出版社,2007.
⑤ 尹田.物权法[M].北京:北京大学出版社,2013.
⑥ 唐义虎.担保物权制度研究[M].北京:北京大学出版社,2011.

有严格禁止。①

笔者对责任转质持肯定的态度,通过比较各国的相关立法,认为质权人对质押财产是享有转质权的。《物权法》没有严格禁止责任转质的行为,就是对其间接的认可。转质行为不仅发挥了质物的流通价值,有益于质权人,也没有损害原出质人和转质权人的利益。

四、责任转质的实践现状

(一)典型案例分析

案例1:

[案情简介]

2014年5月,李翔向王庆祥借一笔钱,并将一批电脑质押给王庆祥,2014年9月,王庆祥全家要出去旅游一个月,王庆祥怕电脑被偷,就把这一堆电脑又质押给了好朋友赵五。这样,他既有了电脑看管人,又有了旅游经费。可是万万没想到,待他旅游完回家,电脑已经全部报废——赵五家小区电线老化发生了火灾。当李翔要来赎回电脑的时候,王庆祥告诉了他原委,并说:"走,我帮助你去向赵五追讨"。而赵五认为自己不该承担责任,李翔如何得到救济。

[案例分析]

根据《〈担保法〉司法解释》的规定,责任转质无效,本案中王庆祥未经李翔同意,与赵五订立的转质合同是无效的,由王庆祥对产生的损害承担赔偿责任。显然,本案中,王庆祥和赵五的质押合同是有效的,责任转质行为有效。

本案法官认定,适用《物权法》,王庆祥未经李翔同意将电脑转质给赵五的行为应认定为有效,但是,因赵五家发生火灾,电脑全部报废,王庆祥要向李翔承担赔偿责任,不能将责任推给赵五。因此,李翔应当要求王庆祥赔偿,而王庆祥可再向赵五追偿。

但是,因为《物权法》第217条关于责任转质是否有效的问题规定较模糊,在法律适用上也没有明确的规定,有的法官不承认责任转质的效力,依然适用《〈担保法〉司法解释》做出判决,如案例2。

① 王利明.物权法研究(第三版下卷)[M].北京:中国人民大学出版社,2013:1334—1335.

案例 2：

［案情简介］

王孝祥向王瑞祥借款，并且以其汽车作为担保，王瑞祥为了担保其欠林敬志的借款，又将此车设质于林敬志，王孝祥对此毫不知情。浙江省湖州市中级人民法院最终判决："王瑞祥责任转质的行为无效。"

［案例分析］

法官仅依据《〈担保法〉司法解释》第 94 条第 2 款，就否定了责任转质，认定王瑞祥转质行为无效，①笔者认为是不妥当的，法官应将两个法律结合适用，依据《物权法》的规定，王瑞祥将车转质给林敬志的行为有效，如果质物毁损灭失，王瑞祥要承担赔偿责任，如果林敬志有过错，其可以向林敬志追偿。

案例 3：

［案情简介］

2014 年 7 月 18 日，胡黎青与某首饰公司签订了借款合同，合同约定：首饰公司向胡黎青借款，借款金额为 30 万元。为保证所借款项顺利收回，胡黎青要求首饰公司提供价值 30 万元的首饰作为质押。双方于是在借款合同中增加了首饰公司向胡黎青交付价值 30 万元的首饰作为质押的约定。合同签订后，胡黎青依约将 30 万元交付给首饰公司、首饰公司将 30 万元首饰交付给胡黎青作为质物。后胡黎青因生病住院，急需 20 万元支付手术费，于是向付升恒借款 20 万元，付升恒要求胡黎青提供担保，胡黎青已无其他可以提供担保的钱物，于是将首饰公司出质给其的首饰转给付升恒作为质物进行担保。胡黎青与首饰公司之间的借款到期后，首饰公司按照借款合同约定归还了借款，同时首饰公司要求胡黎青返还价值 30 万元的首饰，但是胡黎青数次推诿，后首饰公司听说其已将 30 万元的首饰转质押给付升恒，于是向当地法院起诉，要求胡黎青返还作为质物的 30 万元首饰。原告首饰公司提出，我公司与被告胡黎青签订借款协议，胡黎青借给我公司 30 万元，我公司向其提供 30 万元的首饰作为质押。在我公司不知情的情况下，胡黎青擅自将 30 万元质物转给了付升恒，我公司现在已经按照约定偿还了其借款本息，胡黎青应当将我公司提供的质物返还给我公司。被告胡黎青提出，根据我国法律规定可以转质，现质物已经转给付升恒，因此，首饰

---

① 房绍坤，郑莹. 担保物权司法解释的缺陷[J]. 法律科学，2002(4).

公司无权要求返还质物。

[案例分析]

本案中,胡黎青与首饰公司签订借款合同,成立债权债务法律关系。并且首饰公司将首饰质押给胡黎青担保债务,双方又成立质押合同关系。胡黎青为担保自己的借款又将首饰质押给付升恒,首饰公司并不知情,属于责任转质的行为,根据《〈担保法〉司法解释》,胡黎青将其占有的首饰公司提供的 30 万元首饰上为付升恒设定的质权无效。但是,依据《物权法》,胡黎青将 30 万元的首饰转质给付升恒的行为有效,但当首饰公司还清借款后,胡黎青应当返还首饰,再向付升恒承担违约责任。

(二)责任转质的实际问题

1.《〈担保法〉司法解释》否定责任转质

责任转质在实践中已经出现,而《〈担保法〉司法解释》只规定了承诺转质的效力,明确否定责任转质,是对保障交易、繁荣市场的一种阻碍。

2.《物权法》规定模糊

《物权法》仅用简单的一句话对责任转质进行了描述。这就引起了学术界的遐想,各学者对此争议不断,绝大多数学者认为,随着时间的推移,社会的进步,各种现象层出不穷,《物权法》的新规定是对《〈担保法〉司法解释》的修改,是立法的新发展。

立法者既然不禁止转质,那么责任转质作为转质的一种类型也应在内。① 于是,《〈担保法〉司法解释》的相关规定在此不再适用。而且,在责任转质中,出质人有权取回质押财产。

3.《物权法》与《〈担保法〉司法解释》法律适用模糊

《物权法》对转质的具体内容没有进行规定,《〈担保法〉司法解释》的部分具体规定与《物权法》并不冲突,仍然可以适用。然而,此种结合适用存在模糊之处。在《物权法》出台后,《〈担保法〉司法解释》第 94 条第 2 款否认责任转质,与《物权法》不一致,不应再有效;但《〈担保法〉司法解释》第 94 条第 1 款较为具体地规定了承诺转质,其并未与《物权法》相违背,仍有可适用之处。对出质人而言,其同意转质则应参照《〈担保法〉解释》第 94 条第 1 款;不同意转质之情形则应适用《物权法》。根据不同的情况适用不同规定,这

---

① 曹士兵.中国担保制度与担保方法——根据物权法修订[M].北京:中国法制出版社,2008:312.

看似清晰,在现实中却造成了困惑。因为《物权法》规定较模糊,《〈担保法〉司法解释》第94条第2款也未失效,在法律适用上就可能存在争议。[1]

《物权法》规定责任转质的效力较为简单,通过结合《〈担保法〉司法解释》才能得到对担保范围的限制,同时也未提及通知出质人的义务,否则对出质人不产生效力。此通知是对转质各方当事人非常重要的利益平衡。出质人在责任转质中的不利风险不仅仅是质押财产毁损灭失不便向转质权人求偿,质押消灭如何取回质押财产也是其重要内容。质权人占有质押财产,设立转质是其追求经济效益的原始冲动,极有可能不会让出质人知晓转质之存在。此时,转质权人有怎样的义务,要承担什么责任,其如果知道此质押财产是没有经过原出质人允许进行转质的,依然与质权人签订质押合同,那么此行为就不对出质人产生效力。

五、完善责任转质的立法建议与对策

(一)废止《〈担保法〉司法解释》否定责任转质的规定

在司法实践中,责任转质已经出现,《〈担保法〉司法解释》对责任转质的否定,已不符合社会的发展,因此,要废止《〈担保法〉司法解释》关于否定责任转质的规定,以符合时代发展的《物权法》为基础构建转质制度体系。[2]

(二)完善两种转质类型

在《中国民法典草案建议稿》(物权编)中,学者们一则肯定了承诺转质的效力,二则规定了在承诺转质中,质权人对质押财产损失的过错责任,其意见值得参考。实际上,其他国家对当事人之间的民事法律行为都没有任何限制。双方当事人之间可以对转质的具体内容达成合意,甚至可以排除质权人的转质权。当今市场经济发展迅速,不能也不必在立法上穷尽所有既保护出质人又能实现承诺转质之可能。只要确认了承诺转质的效力,其依据私法自治与契约自由,可在担保物权体系下与其他规定共同平衡此间各方利益。总而言之,承诺转质中各方当事人可以具体协商以平衡权利义务,只要在合理限度内,不妨从其意思以实现承诺转质。[3]

如果质权人以责任转质的方式将质押财产转质给转质权人,转质权人是否要承担相应的调查出质人是否知情的义务,立法上还需要进一步细化。

---

① 陈学华. 论责任转质[J]. 南华大学学报,2006(2).

② 孙宪忠. 中国物权法总论(第二版)[M]. 北京:法律出版社,2009:143.

③ 杨立新,梁清. 物权法规则适用[M]. 吉林:吉林人民出版社,2007:248.

责任转质本身无可非难，只是需要正确理解适用，而明确的规定可以引导质权人如何转质，既实现对质押财产的再次利用，也不损害出质人的权益。故在未来的立法中，应将责任转质中当事人的权利义务以及出质人风险的负担明确化，才是合理可行的完善途径。

六、结语

如今，我国民法典正在编纂，各学者在《中国民法典草案建议稿》中表明，质权人享有转质权，转质权是质权人的法定权利。转质具有非常明显的社会价值，为质权人融通资金提供了一条便利之道，转质权的行使也具有促进资金融通的经济意义。因此，笔者认为质权人依据质押合同享有质权，也应当承认质权人享有对质押财产进行处分、收益的权利，完善相关立法和制度，解决我国立法上的矛盾和冲突，进一步明确司法适用标准，以实现公平正义。在《物权法》或其司法解释中，甚至在将要出台的"中国民法典"中，要对责任转质进行进一步完善。承认责任转质的效力，不但解决了争议问题，统一了判案标准，更与当今社会的发展趋势相一致，有利于实现质物的价值，并且能够权衡出质人、质权人、转质权人的利益。

刑事法律制度探微

刑民交叉视角下非法集资行为认定的反思

赵广开

（天津商业大学法学院 天津 300134）

[摘要] 刑民交叉问题是近年来研究的热点与难点问题，对非法集资行为的认定是其中的典型示例。从刑民交叉视角反思我国司法解释关于非法集资行为认定的标准与典型行为方式，发现其具有原则性与变通性的特征，符合刑法规制的谦抑性及宽严相济的刑事政策要求；不足之处在于对非法集资行为类型化的模糊性与可变异性认定不够。我国应完善刑罚结构，加强与完善民商事立法，弱化刑法在处置非法集资行为的决定性地位，探索多元的处置模式。

[关键词] 刑民交叉；非法集资行为；刑罚结构

引言

自 2011 年 1 月 4 日起施行的《最高人民法院关于审理非法集资刑事案件具体应用法律若干问题的解释》（法释〔2010〕18 号）规定，非法集资的认定应同时满足非法性、公开性、利诱性与社会性四个特征[①]，为正确认定非法集资明确了标准。为进一步澄清相关特征，2014 年发布的《最高人民法院、最高人民检察院、公安部关于办理非法集资刑事案件适用法律若干问题的意见》（以下简称《意见》）就非法集资认定中的行政认定、向社会公开宣传、社会公众等问题做了进一步阐释。至此，我国从司法上建构起了比较完善的非法集资认定标准与认定主体。但是关于上述四个特征与具体行为方式，学界提出不少质疑，那么我国当前认定非法集资行为的标准存在哪些优

[①] 刘为波.《关于审理非法集资刑事案件具体应用法律若干问题的解释》的理解与适用[J].人民司法，2011（5）：25—26.

势与不足呢？本文立足于刑民交叉的视角反思非法集资行为的认定，并就相关制度的完善提出以下见解。

一、刑民交叉视角及其必要性

（一）刑民交叉视角

刑民交叉即在处置一起纠纷时刑法与民法规制的交融与相互影响。刑民交叉问题是近些年来研究的热点与难点问题之一，特别是在刑法与民法趋于融合的大背景下①，如何妥善地处置刑民交叉问题成为司法实践必须面对的课题。本文所提倡的刑民交叉视角即是在这样的大背景下提出的处置刑民交叉问题的分析思路，指出仅从刑法视角或民法视角去分析刑民交叉问题有其弊端，不利于全面、系统地分析、研究刑民交叉问题。因此在处置刑民交叉案件时应该从多个角度分析问题。另外，刑民交叉的视角也充分地考虑到刑法的稳定性与政策及民法的变动性之间的衔接关系。作为刑民交叉研究不可回避的重要领域之一，非法集资问题的研究也应该秉持这样的分析思路。

（二）刑民交叉视角的必要性

首先我们来分析两个典型预设案例②：

预设案例一：甲急需用钱 50 万元，为了便于及时筹集资金，其对外宣称对外借钱利息每月三分，三个月后还钱，乙丙丁等五十人知道后分别向其出借资金若干元，两个月后甲被举报，公安机关以涉嫌非法吸收公众存款罪将其逮捕。

预设案例二：小明无业，平时爱上网，其得知可以通过某借贷平台借款，于是按照流程发布借款 50 万元，利息每月四分，两个月后偿还的借款散标；该借款散标被平台审核通过后，有 100 余人通过平台分别借给其单笔大于 50 元的钱，得款后小明将钱用于放贷，并按时还贷，赚取利息差价 5000 元。

根据我国刑法及司法解释的规定，我们可以说上述两个预设案例中的甲与小明都涉嫌非法吸收公众存款罪，符合非法吸收公众存款罪的构成要件。但是一个不争的事实是：小明的行为在实践中是不会被司法机关查处

---

① 一般认为刑法与民法的关系经历了刑民不分、刑民绝对区分、刑民融合三个阶段，目前处于刑民融合的阶段，这可以从学界关于刑法的私法化的探讨中窥见刑民的融合，特别是惩罚性赔偿制度被认为是民法刑法化的典型示例。

② 以下两个案例均为本文作者编设的案例，可能存在漏洞，在此提醒读者注意。

的,更别说处以刑罚了,因为如果那样,现存的借贷平台与借款人都涉嫌非法吸收公众存款罪。而对于甲绝对地处以刑罚又有其不妥之处,但是从刑法规定的角度来看又没有问题。从情感的角度看,小明的行为比甲更应该受到刑法规制。那么这背后的司法逻辑是什么呢?有没有法理根据呢?

众所周知,非法集资行为的认定需要满足定性与定量的要求,根据司法解释的规定,刑法规制的非法集资行为在定性上应该满足非法性、公开性、利诱性与社会性的要求,在定量上应满足集资人数、集资数额、直接经济损失数额或恶劣社会影响或者其他严重后果,否则不是刑法规制的非法集资行为。在我国刑法及司法解释坚持以定性与定量相结合的模式认定非法集资的大前提下,一定至少存在如下类型的非法集资行为不属于刑法规制的范围:(1)仅不满足非法集资定性的要求;(2)仅不满足非法集资定量的要求;(3)在定性上与定量上均不满足。再结合定性与定量上的多重认定标准,我们可以发现属于刑法规制范围的非法集资行为是有限的,这与我们通常一提到非法集资就是刑事犯罪的理解是有偏差的。此时我们可以看到我们在处置非法集资问题时单一的刑法视角的局限性,而如果利用刑民交叉的视角去分析如上两个案例会得出什么结论呢?是否更符合法理呢?

刑民交叉的视角认为,我们在看待一个行为时应该坚持微观的民事化,宏观的刑事化,先微观后宏观,民事与刑事又相互影响的思路。具体到上述两个预设案例,首先,从微观上看甲是由多个借款行为构成的,符合借款合同的基本要求。小明仅有一个借款行为,也符合借款合同的合法性要求。其次,从宏观上看甲的行为符合我国刑法及司法解释规定的非法集资的三个特征,即公开性、社会性与利诱性的特征,而在非法性上则存疑。而小明的客观行为不符合非法集资的特征,但其利用的平台是否符合非法集资的特征在本处存疑。最后,从刑民相互影响的角度上来看,甲对乙丙丁单个人的借款行为由于整体上违背刑法的规定,属于效力性强制性规定,因此无效,甲的行为属于非法集资,应该通过刑法规制,涉案的每一个形式上合法的行为通过不当得利制度在民事上解决。而小明的行为则属于合法的借贷行为,其后续的放贷行为并不能对其借贷行为的定性产生决定性影响。此处需要反思的是借贷平台应该封堵上述漏洞,不然其就是非法集资的组织者与帮助者,应该承担相应的刑事责任。

上述处理结论看似没有改变,但是本文认为还是存在差别的,特别是对于小明来说。我们在这个案例中否定其应该受到刑罚处罚,并不意味着其永远不应该受到刑罚处罚。本文认为这是一种质变影响量变的行为,即加入其借款之前就具有非法占有目的,本文不排除可以将利用平台拆借的行为认定为集资诈骗罪。

二、非法集资行为的认定标准与行为方式

当前我国非法集资形势严峻,案件高发频发,涉案领域增多,作案方式花样翻新,部分地区案件集中暴露,并有扩散蔓延趋势。① 同时刑法规定的行为方式又具有类型化的特征,往往具有高度抽象性与概括性。在司法实践中,面对花样翻新的作案方式显然仅有刑法的规定是不利于统一非法集资行为的打击力度的,因此通过司法解释进一步界定非法集资的典型特征与常见行为方式具有其合理性。②

(一)非法集资行为的认定标准

随着法释〔2010〕18 号的出台与施行,虽然有学者认为该文件在定义非法集资活动时对其中的两个关键因素(集资性和公开性)的界定不够明确③,但是当前一般认为非法集资具有四个典型特征,即非法性、公开性、利诱性、社会性。

1. 非法性

关于非法性,有学者认为该特征旨在保护银行等金融机构的垄断地位④,其合理性值得怀疑;有学者认为本罪的主体应该排除银行等金融机构⑤。如果仅从刑法或者民法的角度分析问题,可能我们对于上述两个疑问不能给予特别令人信服的批判。但是如果站在刑民交叉的视角上,我们可以充分地利用刑事政策与民事法律的变化等进行分析。本文认为,金融关系到国民经济命脉,特别是在我国相关法律法规与金融监管体制尚未完

---

① 以上关于我国非法集资形势与特征的总结来自《国务院关于进一步做好防范和处置非法集资工作的意见》。

② 实际上也是如此。我国不断地通过司法解释或者其他规范性文件总结归纳非法集资的本质特征与常见行为方式,如 1996 年最高人民法院《关于审理诈骗案件具体应用法律的若干问题的解释》将非法集资行为的特征概括为非法性、公开性,而 1999 年中国人民银行在《关于取缔非法金融机构和非法金融业务活动中有关问题的通知》将非法集资的特征概括为非法性、公开性与利诱性。与此同时,随着新的司法解释与规范性文件的出台,非法集资行为的常见表现形式也不断增多。

③ 彭冰.非法集资行为的界定——评最高人民法院关于非法集资的司法解释[J].法学家,2011(6):43-49.

④ 彭冰.非法集资活动规制研究[J].中国法学,2008(4):51.

⑤ 李希慧.论非法吸收公众存款罪的几个问题[J].中国刑事法杂志,2001(4):36-37.

善的基本国情下,加大对未经一定程序审批、备案的集资行为的打击(含刑事打击)具有无可争议的正当性。当然,我们应该积极开放金融管制,探索更加健康稳健的金融监管与发展模式,但是这并不意味着从事金融集资行为不需要审批与备案。本文认为,我们可以下放金融审批权限与限缩金融管制范围,从重点事前监管转向事中监管,但前提必须是在完善的法律体系、多元的监督渠道与良好的社会环境条件下。鼓励金融创新不等于放纵金融犯罪,探索多元的金融发展模式与扩宽金融融资渠道,加强金融流通需要满足保障金融安全的基本要求。本文认为,金融体制的改革需要立法的保障,针对部分学者提出的通过直接融资的模式化解当前融资难的看法,应该通过修订证券法予以确定,在证券法未修订之前,不能以当前法律规定不合理而否定非法集资的非法性。

关于银行等金融机构是否能够成为非法集资的主体,本文持肯定看法。本文认为,现有法律并没有否定银行等金融机构可以成为本罪的主体,而且随着我国金融体制改革的进一步推进,之前担忧的由于银行都是国家所有,如何对其惩罚的问题也不再应该成为反对的理由。党的十八届三中全会、四中全会、"十三五"规划都有关于金融体制改革的论述,因此可以预测未来将会有更多的民间金融进入,人们对于银行不能倒闭的错误观点也将改变,因此本文认为银行能够成为本罪的主体。

2.公开性

关于公开性,有学者指出"以宣传方式作为界定非法集资的必要条件,缩小了非法集资的范围"①。这直指理论上与实践中的争议焦点问题:口口相传的方式是否符合公开性的特征? 本文对此持肯定看法,认为公开性的核心在于其公开的结果,而不是具体的行为方式。这也可以从《意见》中指出的"向社会公开宣传"包括以各种途径向社会公众传播吸收资金的信息,以及明知吸收资金的信息向社会公众扩散而予以放任等情形得到印证。从刑民交叉的视角来分析,我们认为公开性特征的核心在于容易引发社会恐慌。众所周知,一般民事合同行为只有合同双方知道,由此产生的纠纷也只对合同双方产生不良影响。但是如果一行为同时牵涉到多份合同纠纷中,那么本来不相关的利益群体就会因此产生关联,每一重大利益变动都会影

---

① 彭冰.非法集资行为的界定——评最高人民法院关于非法集资的司法解释[J].法学家,2011(6):47.

响相关人的下一步行动,而非法集资就具有此类特征,其公开集资的行为本身就为将来的不稳定因素与恐慌留下了隐患。

3. 利诱性

关于利诱性特征一般比较好理解与认定,本文在此不给予详细论述。但是从刑民交叉的角度本文必须回答一个问题,即非法集资的出资人都是受害人吗？这一问题之前没有得到足够重视,在司法实践中我们发现这部分人被认定为受害人,有时国家或者地方政府还为解决问题对其给予一定的补偿,这种做法受到学界的批评。从刑法的角度看出资人好像是受害人,但是在司法实践中又从来没有用被害人承诺来减轻行为人的刑事责任。本文认为很大一部分人不应该被认定为受害人,这可以从刑民交叉的视角给予合理解答。首先,如果认定为受害人,那么在刑法上就应该适用被害人承诺去减轻罪责,而且在通常情况下其也认识到行为人行为的违法性,更应该适用被害人承诺。但是这显然有点逻辑混乱,一边是其想套取丰厚利息,一边又是其想被害。其次,从民事上来说其应该认识到自身行为的危险性,而仍愿去冒险,那么其就应该承担相应的责任。最后,刑法的保护范围与最终对当事人权益的维护在非法集资案件中并不比民事手段更有利,如果认为其是受害人应该通过民事而不是刑事途径解决,显然是不通的。且如果认定其为受害人,非法集资的认定应该必须经过行政认定才可以,这样才符合保护受害人的逻辑。

4. 社会性

社会性特征认定的关键在于如何合理地认定"不特定对象",这是我国认定社会性的核心问题。有学者认为"特定对象"的说法实际上具有很强的误导性。① 本文认为上述见解具有一定的合理性,但是如若因此否定司法解释的合理性则有些不妥。在我国刑法采取定性加定量的模式下,按照上述逻辑我国刑法与司法解释的规定都具有模糊性,不太符合罪刑法定的要求,这显然是不能被我们接受的。本文认为通常情况下的非法集资行为本来就是介于刑法与民法规制的重合地带,不可能划定一条清晰的界限,也不利于贯彻宽严相济的刑事政策。我国关于不特定对象的规定具有其合理性,很多问题无法完全靠定性因素解决,需要结合具体的司法实践进行综合

---

① 彭冰. 非法集资行为的界定——评最高人民法院关于非法集资的司法解释[J]. 法学家,2011
(6):48.

判断。再如关于向亲友或者单位内部人员吸收资金不认定为非法吸收公众存款,其背后的司法逻辑不是主体的特定或不特定,而是人们有权利从事集体行为,为集体与个人权益的最大化而做出不损害他人利益的行为不应该受到刑法的否定性评价。如一个企业资金短缺,难道我们能要求企业员工或者其他爱心人士不救助而眼睁睁看着其倒闭吗? 显示不是这样的。

(二)非法集资行为常见行为方式

法释〔2010〕18 号文第 2 条列举了 10 种应以"吸收存款罪"定罪处罚的具体情形及兜底条款,在这之前,中国人民银行 2000 年归纳的非法集资形式还只有 7 种[①],到 2007 年,国务院法制办公室已经将其归纳为 4 大类、12 种类型[②]。通过司法解释等文件总结归纳司法实践中常见的非法集资行为具有积极的意义,一方面有利于提醒人们防范非法集资,另一方面有利于司法的准确认定。有学者对此提出质疑:"花样翻新的集资类型岂是《解释》能穷尽? 非法集资者恰好可以避开,从而更具有迷惑性。"[③]虽然上述见解有合理性,但是因此而否定司法解释所做的努力是不妥当的,如果按照上述见解的逻辑拖延下去,我国刑法完全没有存在的必要,那样惩治犯罪岂不是更容易,显然这是不妥的。

本文认为,法释〔2010〕18 号文首先通过第 1 条界定非法集资的特征,然后通过第 2 条具体列举常见的行为方式具有其合理性,虽然可能非法集资者变换花样进行规避,但是这对于我们更加直观准确地把握刑法规制非法集资的范围具有重要意义。通过分析这些常见行为方式有利于我们更深刻地理解非法集资的特征。与此同时站在刑民交叉的视角进行分析,刑法的稳定性与司法实践的客观需求以及相关政策的变动都要求我们通过一定的方式保持刑法一定程度的灵活性与及时性。这是观察宽严相济刑事政策与保持刑法谦抑性的客观需要,当一常见行为方式随着社会的发展不再需要刑法规制时我们就可以通过这种方式将其删除,当某一行为方式变得常见时我们也可以通过及时归纳总结写入相关司法文件,这样才能做到刑法

---

① 中国人民银行.关于进一步打击非法集资等活动的通知》(银发〔1999〕289 号)。

② 新华社记者.坚决防范和打击非法集资等违法犯罪活动——全国人大常委会法制工作委员会和国务院法制办公室负责人答新华社记者问,载新华网 http://news. xinhuanet. com/politics/2007-07/09/content_6350619. htm,2016 年 12 月 4 日访问。

③ 彭冰.非法集资行为的界定——评最高人民法院关于非法集资的司法解释[J].法学家,2011(6):42.

当为则为,不当为则抑的谦抑性本质要求。

三、非法集资行为认定的不足与完善建议

有学者认为"刑法严惩非法集资行为凸显出我国刑法立法存在入罪门槛偏低、重罪与轻罪的界限模糊以及法定刑畸重等诸多问题。我国严惩非法集资行为的刑事立法明显不合理:一方面它违背了刑法的谦抑性,另一方面它违背了主客观相统一原则"。[①] 本文深以为然,但本文主要论证的角度与上述学者有所不同,在上述关于立法论不足的基础上本文主要从非法集资行为类型化的模糊性与可变异性进行论述。与此同时本文将从刑民交叉的视角就非法集资的认定提出完善建议。

(一)非法集资行为认定的不足

不可否认,非法集资刑法规制的基础在某种程度上是值得怀疑的,特别是在特别强调个人自由的国度中其更是遭到非议,这也可以从很多国家并没有关于非法吸收公众存款或对应罪名中得到反映。但是我们不能因噎废食地认为非法吸收公众存款罪就应该立即废除,本文认为在当前中国金融体制正处于改革期,各项制度特别是具体监督执行制度还不完善的条件下我国不可能贸然取消非法吸收公众存款罪,该罪名有其存在的合理性。当然我们不反对应该限缩非法吸收公众存款罪的适用范围的主张,正是基于我国立法与司法的现状,本文就我国司法实践中非法集资认定的如下两个问题提出我们的观点。

1. 非法集资行为类型化的模糊性

如上所述,刑法规制的行为具有类型化的特征,这既有利于把握刑法规制行为的本质特征,又有利于应对纷繁复杂的具体行为表现。我国刑法第176条仅规定"非法吸收公众存款或者变相吸收公众存款,扰乱金融秩序的,处……"对于行为的具体表现形式与特征并没有给出明确规定,但是具体司法实践是一个个典型的案件,为此我国司法解释就在总结归纳司法实践的基础上提出非法集资具有非法性、公开性、利诱性与社会性的特征,并给出了10种常见的行为方式,这当然有利于司法实践的认定。

但是反观司法实践,我们可以发现有关非法集资的具体认定依旧是实践中争议的焦点问题,特别是如何区分正常的民间借贷与非法集资,如何准

---

① 刘宪权.刑法严惩非法集资行为之反思[J].法商研究,2012(4):119—123.

确地界定是否具有非法占有的目的,如何确定行为变异的时间节点等问题依旧层出不穷。这也是司法解释在追求具体化和概括化时面临的一个问题,这也难怪有人对司法解释提出质疑,认为司法解释做出后还需要再解释,甚至司法解释更抽象。本文认为这是司法解释秉承类型化示例的必然结果。类型化思维所具有的模糊性特征在非法集资具体行为的列举中也是表现无遗。

2.非法集资行为类型化的可变异性

其实学界对于非法集资的批判更多的是对其行为边界与规制的扩散性、可变异性的担忧。众所周知,在民商事领域法无禁止即可为,在刑事领域则坚持罪刑法定原则,在我国早已规制非法集资行为的当下,我国关于民间借贷等方面的立法则相对滞后,人们不知道自己越过哪条线就变成非法集资了。特别是在当前金融创新成为时代发展的需要时,刑法应该秉承怎样的立场与态度成为人们反思的一个重要问题。我国刑法关于非法集资的规定由于面临前置法不足的现实,这就造成人们的行为随时有被刑法规制的可能性。就拿上文预设的案例二来说,如果我们硬是按照非法集资的条件去套,小明的行为也可以被认定为非法集资,但是主观上其显然没有非法集资的主观意图,但是主观意图是无法直接证明的,因此其面临着受刑事处罚的危险。再如对非法性特征的认定,在前置法不完善的前提下,怎么确定,依据什么确定,本身就具有一定的可变异性,因此不得不令人产生疑问。

(二)对非法集资行为规制的完善建议

非法集资行为的产生有其时代背景与现实客观需要。在当前我国正规融资普遍较难与民间资本充裕的现实下,如何兼顾打击犯罪与保障金融创新发展是摆在我们面前的课题。本文立足于构建非法集资治理体系与治理能力现代化的理念提出如下完善建议。

1.完善民间融资立法,前置法先行

我国学界早已提出制定民间融资方面的单行法的立法建议,但是囿于我国当前立法基础与社会转型的现实,截至目前并没有制定出来。本文建议在我国当前加紧制定《民法典·总则篇》的背景下应积极开展民间融资调研,特别是结合江浙地区的经验,在总结现有立法、司法与实践经验的基础上起草一部《民间融资法》,为有效治理非法集资奠定基础。

2.及时制定政策,贯彻宽严相济的刑事政策

我们注意到2015年10月国务院印发了《国务院关于进一步做好防范

和处置非法集资工作的意见》,该意见是对我国长期以来防范和处置非法集资工作成功经验和做法的总结,同时又结合新形势、新任务、新问题提出了诸多具有创新性、前瞻性的新理念、新举措,是对非法集资防范和处置工作的一次极大的推进,这也标志着非法集资的防范和处置工作将进入一个新的阶段。① 我们必须看到非法集资从本质上来说是变异的金融行为,而金融具有政策性很强的特点,因此其治理也离不开具体的政策。我们应该按照上述意见的要求积极地做好非法集资的预防与处置工作。

与此同时,宽严相济的刑事政策是我国当前的基本刑事政策,我们也应该结合非法集资处置的具体工作深入贯彻。特别是非法集资很多时候具有刑民交叉的性质,宽严相济的刑事政策更有施展的空间,能够为我们妥善处置非法集资提供思想与方法指导。

3. 探寻多元立体化的治理模式

在当前新的金融模式不断呈现的背景下,为金融创新预留足够的发展空间成为时代的必然要求,我们不能以打击非法集资之名,全面扼杀金融创新,那将是本末倒置。因此特别有必要探寻多元立体化的治理模式,反对仅仅依靠法律特别是仅依靠刑法规制非法集资行为。国家治理体系与治理能力现代化的理念已经深入社会治理的方方面面,当然应该包括非法集资的治理。本文认为相较于提出各种完善规制非法集资的刑罚措施,探索更加多元与有效的非刑罚措施更有利于应对非法集资的治理。

---

① 刘为波.一个治理非法集资的纲领性文件[N].金融时报,2016-02-06.

刑法宽严相济刑事政策化的考察
——以刑法修正案为中心

朱德安

（天津商业大学法学院 天津 300134）

[摘要] 在当代法治语境之下,刑法刑事政策化当比刑事政策刑法化更适宜于表达。宽严相济中的刑法刑事政策化,有"宽、严、相济"三个方面。"宽"包含死刑的消减、对特殊人群的宽缓处遇和贪贿罪的变化;"严"涵盖罪名的增加、罚金刑的扩大适用等;"相济"则是体现在微观和宏观两个层面。

[关键词] 刑事政策;宽严相济;刑法修正案

引言

刑事政策(Kriminalpolitik)是一个舶来概念,1803 年首次出现在费尔巴哈的著作中①,而后冯·李斯特在从整体刑法学的立场,将其界定为国家借助于刑罚以及与之相关的机构来与犯罪做斗争的、建立在以对犯罪原因以及刑罚效果进行科学研究基础上的原则的整体(总称)②。本文所要探讨的是作为时下基本刑事政策的宽严相济之刑事政策化。

一、界定:刑法刑事政策化

刑法的刑事政策化是肇始于现代西方国家的关于刑法与刑事政策关系的改革浪潮,其在西方国家的刑事法律中带来了保安处分制度的确立、非刑

---

① 他认为"刑事政策是国家据以与犯罪做斗争的惩罚措施的总和"。
② [德]冯·李斯特.论犯罪、刑法与刑事政策[M].徐久生,译.北京:北京大学出版社,2016:212-213.

罚化、关注被害人的作用等诸多变化。①

在我国,关于刑法与刑事政策之间关系的探讨,自 20 世纪前半叶开始,就得到了学者们的关注,提出了"刑法是应刑事政策而制定的"②。自国际刑法学界完成从"李斯特鸿沟"到"罗克辛贯通"的思想转变,21 世纪初国内的研究成果中,在形式上产生了所谓的"刑法刑事政策化"与"刑事政策刑法化"两大共识(详见表 1、表 2)。

表 1　"刑法刑事政策化"的文章代表

序号	篇名	作者	发表时间
1	刑法的刑事政策化的理论解读	柳忠卫;郭琳	2015
2	刑法的刑事政策化及其限度	陈兴良	2013
3	刑法解释的刑事政策化	姜涛	2012
4	西方国家刑法的刑事政策化趋势的实践考察	柳忠卫	2011
5	论刑法解释的刑事政策化	欧阳本祺	2010
6	论刑法的刑事政策化思想及其实现	黎宏	2004
7	刑法的刑事政策化论纲	张永红	2004

表 2　"刑事政策刑法化"的文章代表

序号	篇名	作者	发表时间
1	宽严相济刑事政策之困境与路径选择	王修钰	2013
2	刑法的独立性与刑事政策化路径	龚大春	2012
3	刑事政策刑法化及其实践初探——以社区矫正制度为视角	郭理蓉;强音	2012
4	刑事政策刑法化的一般考察	柳忠卫	2010
5	宽严相济刑事政策的刑法化研究	王拓	2008
6	刑事政策刑法化的理性思考	严励;孙晶	2005

资料来源:中国知网,分别以"刑法刑事政策化"和"刑事政策刑法化"为"篇名"关键词进行检索,未全部列出。

"刑法刑事政策化"与"刑事政策刑法化"是揭示刑法与刑事政策之关涉的两个维度。陈兴良教授认为,"刑事政策刑法化"与"刑法刑事政策化"只不过基于不同的角度,前者表达的是动态的过程,而后者是站在结果的立场。③ 也有学者从一个阵营跑到了另一个阵营。④ 笔者以为,就这两个概念

---

① 柳忠卫.西方国家"刑法的刑事政策化"趋势的实践考察[J].甘肃政法学院学报,2011(3):118−124.

② 徐鹏飞.犯罪本质的检讨[J].复旦学报,1935.

③ 陈兴良.刑法的刑事政策化及其限度[J].华东政法大学学报,2013(4):4−15.

④ 如表 1、表 2 中的柳忠卫教授。

的逻辑含义而言,是完全可以存在互为过程与结果的关系,但在现实研究的背景下,又是完全不能将二者画等号的。理由是:其一,思想理论基础不同。刑法理论的历史发展经历了专制主义刑法(或称封建刑法)到刑事古典学派再到刑事近代学派的流变。专制主义刑法的典型特点是严刑、擅断、主观归责和身份地位的严重不平等,而刑事古典学派则是站在报应刑论与一般预防理论的基石上,主张罪刑法定与罪责刑相适应。刑事古典学派对于专制主义刑法的批判——反对恣意擅断、严刑峻法,追求规范性——结出了刑事政策刑法化的果实。① 与刑事古典学派不同,刑事近代学派反对一成不变地遵从刑法规则,对犯罪行为人的人身危险性表达了关注,重视刑罚的效果和刑法的目的,提出应当综合运用各种社会防卫手段以消除犯罪。于是便有了刑法刑事政策化的思想土壤和生长环境。其二,文义表达的侧重不同。不论是大陆法系的成文法典,还是英美法系的司法判例,都离不开言辞的运用。以法律文字(或语言)构建的法律规则(或判例)的大厦在交付司法者使用的时候,其必经之路便是法律解释。"法律解释不能超越其可能的文义,否则就超越法律解释的范畴,进入另一意义上的造法活动。"②可喜的是,在诸多位阶的争议中,达成了文义解释具有优先性的共识。③ 不难发现,"刑法刑事政策化"与"刑事政策刑法化"在文义表达上呈现的是结构相同但次序不同。"化"后缀于名词或形容词,以构成动词,表达"变化、使成为"之意。在"某某化"的结构中,"某、某"皆为名词性,后"某"是动因子,前"某"是被动因子,即为被引起与引起的关系,但落脚点仍是前"某",最后的成型也是前"某"。例如,"中国国际化"一词,即是说中国受国际间交流合作日益增加的影响,变得更加开放、包容、互利共赢,中国是发展、变化了的中国。故而,在"刑法刑事政策化"一词中,"刑事政策"是动因子,"刑法"是被动因子,表达的是刑法受到刑事政策的影响而变化,刑事政策使刑法产生变化,但最终呈现在世人面前的仍是刑法,只不过是受影响了的、变化了的刑法。这一字面含义是符合刑法与刑事政策之间的应然关系的。反观"刑事政策刑法化"似乎就有本末倒置之嫌疑。

综上而言,笔者认为刑法刑事政策化更符合当代的法治和社会语境。诚如罗克辛所言,"在刑法这种形式中,人们将刑事政策的目的设定转化到

---

① 柳忠卫. 刑法的刑事政策化的理论解读[J]. 政法论丛,2015(4):3—11.
② 王泽鉴. 法律思维与民法方法[M]. 北京:中国政法大学出版社,2001:220.
③ 孙光宁. 反思法律解释方法的位阶问题[J]. 政治与法律,2013(2):107—115.

法律效力的框架之内"①。

二、刑法宽严相济刑事政策化的文本表达

关于宽严相济,在过去十年学界已经进行了充分而热烈的讨论,笔者不再赘述。② "刑法刑事政策化",就我国司法状况而言,其现实产物便是刑法修正案。"从刑法修正案的角度出发去一探宽严相济在刑法规范中的真实面貌,应在本刑事政策提出之后的刑法流变中去发掘,因为影响的发生必然在现象之后。"③基于上述逻辑,对刑法宽严相济刑事政策化的考察,应当从其提出之后的《刑法修正案(六、七、八、九)》中去探求。四个刑法修正案共有 138 个条文,其中总则部分较少,只有 23 条,而分则有 107 条,占比77.54%,同时涉及了分则的 148 个罪名(详见表 3)。

表 3　刑法修正案条文、罪名数统计

刑法修正案	条文数	涉总则条文数	涉分则条文数	涉分则罪名数
《刑法修正案(六)》	21	0	20	23
《刑法修正案(七)》	15	0	14	18
《刑法修正案(八)》	50	19	30	39
《刑法修正案(九)》	52	4	43	68
总计	138	23	107	148

笔者认为,对"宽""严"的判断应当回归规范内容的比较。④ 基于比较的方法,进行了如下的实证考察。

(一)宽的面相

宽严相济之"宽"的面相,在刑法总则中,表现为宽缓的刑罚制度的适用,如《刑法修正案(八)》缩小了累犯适用对象的范围。⑤ 在分则中,表现为:一是犯罪圈的限缩,如增加对犯罪情节严重程度的考察,情节严重的才构成犯罪;二是量刑的轻刑化,就是在刑罚裁量上适用更轻的刑罚。曾有学者指出,"宽"还应当包含"去罪化",理论上确实应当如此,然而在刑法规范修改的实践中,还尚未出现去罪化的实例。当然,这里所说的"去罪化"不仅

---

① [德]罗克辛.刑事政策与刑法体系[M].蔡桂生,译.北京:中国人民大学出版社,2011:49.
② 朱德安.析刑法修正案(九)中的宽与严[J].六盘水师范学院学报,2016(5).
③ 朱德安.刑法修正案中宽严相济刑事政策透视[J].怀化学院学报,2016(4).
④ 同上.
⑤ 《刑法修正案(八)》第六条增加的"犯罪时不满十八周岁的不构成累犯"。

仅是形式上的去除罪名,更应当是指实质上的将原本认为是犯罪的行为排除在刑法的视野之外。否则,删去"嫖宿幼女罪"就可以认为是去罪化。①而实质上嫖宿幼女的行为并不是已经"走出"刑法的视野,而是被归入强奸罪的处罚情节中,仍受刑法的否定评价。按照上文的逻辑,笔者对四个刑法修正案的内容逐条进行了分析,得出了整体的"宽"的面相的分布(详见表4)。

表 4   宽严相济之"宽"的分布

刑法修正案	对应刑法条文数	涉"宽"条文数	涉分则罪名数	涉"宽"罪名数	所涉具体条文
《刑法修正案(六)》	20	0	23	0	无
《刑法修正案(七)》	14	2	18	2	239/375
《刑法修正案(八)》	49	14	39	14	17/49/65/67/72/100/151/157 199/205/206/264/295/328
《刑法修正案(九)》	47	8	68	10	50/151/170/199/239 358/426/433
总计	130	24	148	26	

不难发现,涉"宽"条文数和涉"宽"罪名数分别只占到了总数的18.46%和17.57%,不言而喻,在目前,宽缓化还不是刑法修正案内容的主流。而在这其中,去除死刑配置的条文数和罪名数就分别达到了 15 个和 22 个。也就是说,在罪刑宽缓化方面,主要表现为死刑罪名的减少;在其他方面,还表现为对老年人、未成年人犯罪的宽缓处理等。

1.走在消减死刑的路上

死刑存废问题一直为大多数国家的刑法规范和法学研究者所关注。"任何法律都必须以某种明确的观点或信念为根据,否则既无法解释又毫无意义。"②刑罚应当具有正当化根据,即对行为人适用以剥夺权利为内容的刑罚是正当性的问题。在当下,我国刑法理论中存在着报应刑论、目的刑论和相对报应刑论之间的论争。张明楷教授曾提出,在当今社会,死刑基本上

① 《刑法修正案(九)》第 43 条删去"嫖宿幼女罪"。
② 张明楷.责任刑与预防刑[M].北京:北京大学出版社,2015:1.

丧失了正当化根据。① 然而,鉴于我国偏重刑主义的刑事立法史和法定刑相对畸重的立法现状,即使是在人权呼声高涨的浪潮中,意欲在短期内疾风骤雨式地废除死刑既不具有可行性也不利于和谐社会的建设。但我们也应当欣喜地看到这样一些改变:自 1979 年《刑法》施行之后的三十年间,我国刑法规范中死刑罪名的设置呈现的基本是上升的态势,而在《刑法修正案(八)》上实现了历史性的大突破。在继《刑法修正案(八)》取消了 13 个罪名的死刑配置之后,《刑法修正案(九)》又取消了 9 个罪名的死刑规定,使得死刑罪名的总数下降至 46 个,占现行刑法典总罪名数的 9.8%,在死刑消减的道路上又向前迈出了坚实的一步。

在仍配置有死刑的 46 个罪名的分布上,比较密集的分布在刑法分则第一章、第二章和第十章中,这三章死刑罪名数之和占到了总数的 67.4%(详见表 5)。从某种程度上可以说,这三章罪名对应的犯罪行为的性质相对于其他章节来说,是更为严重和恶劣的。而尚存在死刑配置的经济性非暴力犯罪罪名只剩下生产、销售假药罪和生产、销售有毒、有害食品罪两个罪名,这两个罪名因可能会造成致人死亡或其他特别严重的后果而保留了死刑配置。且在《修正案(八)》第 23、25 条,将这两个罪名由之前的危险犯修改为行为犯,即在罪与非罪的界限上更加狭隘。也就是说,若要在消减死刑的道路上继续前行,势必要将目光从经济性非暴力犯罪移开而去关注其他类型的犯罪。因此,在未来,死刑的消减需要综合考虑更多方面的因素。

表 5　现行刑法典死刑罪名数量分布

章节	一	二	三	四	五	六	七	八	九	十	总计
数量	7	14	2	5	1	3	2	2	0	10	46

2.一老一少的宽缓处遇

"一老一少"在本文指的是年满七十五周岁的老年人和不满十八周岁的未成年人,关于其在刑法中宽缓处遇的具体规定见于 17 条之一、49 条、65条、100 条等。②

_____

① 张明楷.责任刑与预防刑[M].北京:北京大学出版社,2015:9—11.

② 第 17 条之一:已满七十五周岁的故意犯罪,可以从轻或者减轻处罚;过失犯罪的,应当从轻或者减轻处罚。第 49 条:审判时已满七十五周岁的除却以特别残忍的手段致人死亡之外,原则上不适用死刑。第 65 条:不满十八周岁犯罪的不适用累犯的规定。第 100 条:犯罪的时候不满十八周岁且被判处五年有期徒刑以下刑罚的人,免除其在入伍或就业时如实向有关单位报告自己曾受过刑事处罚的义务。

正如边沁所说:"温和的法律能使一个民族的生活方式具有人性。"①人权是宪法性权利,法律的温和应得以彰显,即使是最为严厉的剥夺生命的死刑也当有温度可言。而对"老、少"宽缓处遇的思想,尽管是在多以"严刑峻法"面貌示人的我国古代法律演变的长河之中,也是在自西周开始的"矜老恤幼"的刑罚思想就有所体现。"矜"为尊敬,"恤"为体恤、爱护,"矜老恤幼"即为尊敬老年人,爱护幼年人,其思想内涵是根据案件的具体情况,给予犯罪的老年人或者幼年以减轻刑罚处罚或者免除追究刑事责任的原则。《礼记·曲礼上》记载:"七年曰悼,八、九十曰耄,悼与耄虽有罪不加刑焉。"②《法经·减律》曰:"罪人年十五以下,罪高三减,卑一减;年六十以上,小罪情减,大罪理减。"③意思是行为人十五周岁以下的或者六十周岁以上的,根据所犯罪的大小,刑罚能够得到一定程度的减免。《唐律疏议·名例律》中道:"诸年七十以上、十五以下及废疾,犯流罪以下,收赎。八十以上、十岁以下及笃疾,犯反、逆、杀人应死者,上请;盗及伤人者,亦收赎。"④《大清新刑律》也有类似的规定:"未满十六岁人或满八十岁人犯罪者,得减本刑一等或二等。"⑤尽管古代的统治者可能是出于搭建仁政、维护封建统治的目的,但不得不说这一原则(或称思想)是我国古代法律之林中开出的一朵理性之花,其对人性的回归、感化和改造罪犯是现代法律对于老年人和未成年人从宽处遇的思想源流,有利于预防犯罪以及家庭和社会的稳定,使得冰冷的法律条文也包含温情。

3. 贪贿犯罪的从宽情形

《刑法修正案(九)》关于贪污罪和介绍贿赂罪的修改备受关注和评议。介绍贿赂罪后增加一款可以减轻或者免除处罚的情节;贪污罪的规定则发生了整体性的变化。一改之前"唯数额论"的定罪模式,为"不确定数额＋情节"的处罚模式,即以"数额较大或者有其他较重情节的"为起点,并且增加了在提起公诉前相应情节的从宽处罚。这样的修改,一方面鼓励行为人尽早悔过自新、交代实情,有助于案件的侦破、节约司法资源、减少国家的经济损失;另一方面,贪污贿赂的行为人多为国家工作人员,拥有一定的权力,给

①　权明丽.刑法的谦抑性刍议[J].山西省政法管理干部学院学报,2009(3):31-33.
②　陈炜.从《刑法修正案(八)》探析我国刑罚结构改革[J].求索,2011(6):165.
③　根据董说《七国考》的记载,《法经》的内容包括正律、杂律、减律。
④　徐光华.老年人犯罪立法的宽容度度衡[J].求索,2010(2):125.
⑤　王春林.宽严相济刑事政策在老年人犯罪中的贯彻与运用[J].中国发展,2009(3):37-38.

予他们从宽量刑的机会,有利于国家的和谐稳定,以及防止不利影响的进一步扩散。①

（二）严的面相

"严"的面相,基本上是站在"宽"的对立面。在刑法总则当中,表现为更加严格的刑罚制度的适用。② 在刑法分则当中,表现为如下两点:(1)入罪化。具体又包含,一是纯正的罪名增加,即是将原本刑法没有规定为犯罪的行为纳入刑法的否定评价体系中,规定为一个新的罪名。如《刑法修正案(九)》中新增的关于考试舞弊类、恐怖主义类犯罪。二是在罪名不变的情况下,犯罪构成客观方面行为的范围扩张。例如,《刑法修正案(六)》将洗钱罪的上游犯罪行为由四个扩大至七个。(2)刑罚的严厉化,包括提高刑罚的上限或者提高刑罚的下限或者同时提高刑罚的上下限以及将原刑罚变为更严厉的刑罚种类。③

相较于前述"宽"的情形而言,涉"严"不论是条文数还是分则罪名数都占了相当大的比重,分别达到了 71.54% 和 73.65%,构成了刑法修正案的主要内容。其中,罪名的增多最为显而易见;其他还表现为罚金刑的扩大使用、单位犯的增加等(详见表 6)。

表 6　宽严相济之"严"的分布

刑法修正案	对应刑法条文数	涉"严"条文数	涉分则罪名数	涉"严"罪名数
《刑法修正案(六)》	20	19	23	21
《刑法修正案(七)》	14	12	18	15
《刑法修正案(八)》	49	29	39	20
《刑法修正案(九)》	47	33	68	53
总计	130	93	148	109

1. 罪名的增加

我国自 1979 年第一部成文刑法典以来,罪名数量一直呈现上升的趋势。尽管 1979 年刑法典的罪名数量没有明确、统一的规定——1981 年最

① 朱德安.贪贿罪数额调整的合理性分析[J].河南司法警官职业学院学报,2016(3):40-44.

② 如《刑法修正案(八)》第 4 条关于死缓变更的适用条件,将原条文"确有重大立功,两年期满以后,减为十五年以上二十年以下有期徒刑"修改为"确有重大立功,两年期满以后,减为二十五年有期徒刑",延长了有期徒刑的年限并设置了八种类型的犯罪限制减刑的规定。

③ 例如《刑法修正案(八)》对强迫交易罪和强迫劳动罪依据情节的严重程度都分别增加了一个更为严厉的量刑幅度,提高了本罪有期徒刑刑罚的上限。

高人民法院《关于适用刑法分则罪名的初步意见》暂定了128个罪名,1982
年高铭暄教授主编的《刑法学(第一版)》教材确定为111个,但体系更加完
备的1997年刑法典在罪名数量上达到了基本统一,根据1997年最高人民
检察院《关于适用刑法分则规定的犯罪的罪名的意见》确定罪名414个。①
法律必须通过一定的方式以弥补自身在应对不断变幻发展的社会现状上所
表现的滞后与空白。刑法修正案是其主要实现途径。自1999年第一部刑
法修正案以来,即便在宽严相济刑事政策之后,罪名增加的步伐依旧没有停
止,最终在最高人民法院、最高人民检察院《关于执行〈中华人民共和国刑
法〉确定罪名的补充规定(六)》之后达到了468个之多,相比1997年刑法典
的罪名数增加了13.04%(详见表7)。

表7　新增罪名统计②

刑法修正案	新增罪名数	罪名总数
《刑法修正案》	3	416
《刑法修正案(三)》	3	419
《刑法修正案(四)》	5	425
《刑法修正案(五)》	3	428
《刑法修正案(六)》	9	436
《刑法修正案(七)》	9	444
《刑法修正案(八)》	7	451
《刑法修正案(九)》	20	468

然而罪名的增加却没有带来结构的调整,正如有学者提到的"《刑法》第
120条成为现行刑法中最为庞大的条文,而且这种追加五个子条文来对个
别条款进行扩张的做法属首次"。③ 我国刑法分则是以"章、节、条"的结构
组成,随着反恐罪名设置的补充与完善,将其作为单独一节来规定更显整体
性与规范性。

① 张国轩.我国刑法罪名数量的演变与构成[J].中国刑事法杂志,2012(2):11-20.
② 《刑法修正案》取消了徇私舞弊造成破产、亏损罪;《罪名补充规定》取消了奸淫幼女罪、国家机
关工作人员徇私舞弊罪,增加了滥用职权罪、玩忽职守罪、骗购外汇罪;《刑法修正案(九)》取消了嫖宿幼
女罪、走私制毒物品罪、非法买卖制毒物品罪、出售、非法提供公民个人信息罪和非法获取公民个人信息
罪,增加了非法生产、买卖、运输制毒物品、走私制毒物品罪和侵犯公民个人信息罪。
③ 梅传强.我国反恐刑事立法的检讨与完善——兼评《刑法修正案(九)》相关涉恐条款[J].现代
法学,2016(1):37-48.

2.罚金刑的扩大适用

罚金刑是我国刑罚附加刑的一种,是指"法院判犯罪分子向国家缴纳一定数额金钱的刑罚方法"[①]。罚金刑由来已久,《书·吕刑》云:其罚百锾。锾是当时的货币单位。在各国的刑法典中,罚金刑也普遍地得到规定,如在瑞典,罚金刑在全部刑罚中所占比率从 1953 年就达到了 90%;日本在 2000 年之后也维持在 90% 左右的水平。[②] 在我国,1979 年刑法典为 19 个罪名设置了罚金刑,1997 年刑法典增至 162 个。《刑法修正案(九)》又对原有的 12 个罪名[③]和新增的 20 个罪名中的 15 个分别设置了罚金刑,最终罚金刑罪名总数达到 217 个(详见表 8)。有学者提出,罚金刑的扩大适用是刑罚宽缓化的表现,其出发点应当是罚金刑对于短期自由刑的替代。[④] 但就我国增加罚金刑的罪名来看,在实际操作中原配置的刑罚并没有减轻或者发生改变,反而又径直加上了"并处"或"可以并处"罚金的刑罚,毋庸置疑地可以认为这更趋向于刑罚严格的一面。

表 8　1997 年刑法典和现行刑法典罚金刑的罪名分布

类罪名	1997 年刑法典		现行刑法典	
	总罪名数	罚金刑罪名数	总罪名数	罚金刑罪名数
危害国家安全罪	12	0	12	0
危害公共安全罪	42	1	52	9
破坏社会主义市场经济秩序罪	94	86	108	100
侵犯公民人身权利、民主权利罪	37	3	42	8
侵犯财产罪	12	7	13	9
妨害社会管理秩序罪	119	61	136	79
危害国防利益罪	21	2	23	2
贪污贿赂罪	12	4	14	10
渎职罪	34	0	37	0
军人违反职责罪	31	0	31	0
总计	414	164	468	217

---

① 张明楷.刑法学[M].北京:法律出版社,2011:482.

② [日]藤本哲也.刑事政策概论[M].北京:法律出版社,2011:482.

③ 这 12 个罪名指的是:组织、领导、参加恐怖组织罪,对非国家工作人员行贿罪,伪造、变造、买卖国家机关的公文、证件、印章罪,盗窃、抢夺、毁灭国家机关的公文、证件、印章罪,伪造公司、企业、事业单位、人民团体的印章罪,伪造、变造、买卖居民身份证件罪,非法生产、销售间谍专用器材罪,组织利用会道门、邪教利用迷信破坏法律实施罪,行贿罪,对单位行贿罪,介绍贿赂罪,单位行贿罪。

④ 石奎.宽严相济刑事政策视野下的罚金刑制度探讨[J].理论月刊,2010(10):117-119.

（三）相济的面相

至此，刑法修正案中"宽"与"严"的表现大体如上文所述。笔者认为，相济的关键在于"济"，其核心是协调、统一。宽严相济之"济"在刑法修正案的图景之中，有两个层面上的含义。其一，在宏观层面上，在四个刑法修正案的内容之中，不论是关于总则部分的制度还是分则部分的具体罪名，既有"宽"的体现，也有"严"的方面（此处不论各自所占比重的多少）；在每一部刑法修正案中也是如此，这是在整个刑法规范变化的进程之中的宽严相济，是整体上的协调、统一，也就是宏观上的宽严相济。这有利于刑法规范的不断完善和法律体系的进一步完备。其二，在微观层面上，"济"是指在一个具体罪名或者具体制度当中体现宽与严的相互协调统一。例如，《刑法修正案（八）》对于盗窃罪的修改，取消了死刑的规定是为"宽"，增加了"入室盗窃、携带凶器盗窃和扒窃"三种情形入罪是为"严"，这便是在一个具体罪名中的宽严相济。概而论之，"宽"与"严"是一组矛盾的概念，二者相互对立，又互相统一，而最终效用的发挥应当是二者的统一。刑法规范的发展、完善，不可一味地宽缓，也不能盲目地严格，"济"应当作为一种协调、统一的思想，既见于具体制度或罪名的修正，也存在于整部修正案乃至我国刑法典的流变之中。

三、结语

言既及此，刑法宽严相济政策化的考察全貌得以展示（详见表9）。但仍有几点需要说明：其一，文中所及"宽"与"严"的判断标准为普通人的平常经验判断，而刑法修正案中难免存在复杂的修改之处，笔者因水平有限未敢妄作判断，因而在应然层面上的"宽、严"比重当各有增长；从另一个方面来说，难以判断的条文数量甚少，对结果影响不会很大，笔者所做的统计在真实性和有效性上应当是有所保证的。其二，除去涉"宽、严"的共计117个条文，占总条文数的90%，剩余13个条文中既包括上文的难以判断孰宽孰严的情形，还包括仅是表述方式发生变化但实质不变和变更了罪名名称但内容未发生变化的情形，如《刑法修正案（八）》第24条将具体数额罚金修正为概括数额罚金，在刑罚种类上没有发生变化。但这一修正在某种程度上可

谓是"逃离具体数额之非难"的进步。① 其三，表9给出了一个宽严分布的
"全景图"以供论争，但应当注意该表的意义在纵向比较上不太大。

表9 "宽""严"百分比比较

修正案	对应刑法条文数	罪名数	涉"宽"条文数	涉"宽"罪名数	涉"严"条文数	涉"严"罪名数	涉"严"条文占比	涉"严"罪名占比
《刑法修正案（六）》	20	23	0	0	19	21	95%	91.3%
《刑法修正案（七）》	14	18	2	2	12	15	85.7%	83.3%
《刑法修正案（八）》	49	39	14	14	29	20	59.2%	51.3%
《刑法修正案（九）》	47	68	8	10	33	53	70.2%	77.9%
总计	130	148	24	26	93	109	71.5%	73.6%

---

① 朱德安.论"具体数额"作为定罪量刑标准的存废[J].山西省政法管理干部学院学报,2016(3):
79—83.

罪刑法定原则在我国司法实践中的应用及反思

成壮

（天津商业大学法学院 天津 300134）

[摘要] 以事实为根据，以法律为准绳，这是法律界亘古不变的至理名言。其内在的含义无非是希望法律能够带给人们最终的公平与正义。自从法律诞生以来，法律的公正性、权威性、威慑性深深植入了人们的心底。定罪量刑是反映法律公平的一个实践活动，罪刑法定原则是刑法的黄金原则，其就相当于地球上物体的重力一样，本文简要探讨刑法根本原则在实践中的应用情况。

[关键词] 罪刑法定；量刑；责任刑

一、罪刑法定原则在定罪方面的司法应用

罪刑法定原则思想最初体现于 1215 年的英国大宪章①。随着社会的发展，人们普遍认为民主主义与保障人权才是罪刑法定的思想渊源。贝卡利亚曾论述道：人们奉献出的少量的自由结合成刑罚权②。国家的刑罚权是由人民贡献自己的一部分权利，将这些权利统一结合而形成的，那么，国家在运用刑罚的时候不能够伤害到人民，不能滥用其权力。在司法过程中，尤其是审判过程中必须遵守罪刑法定原则，法官要根据查明的案件事实，根据相应的法律条文，做出合适的审判结果。从客观的不法事实出发，由客观到主观，由外在到心理，由外及里。如果行为人的客观行为及犯罪心理都符合法律的规定，没有犯罪排除事由且没有责任排除事由，才可以给行为人定罪，不能片面地依据某个方面符合法律条文的规定就断然定罪，应该将查明

---

① 陈兴良.刑法总论精释（第三版）[M].北京:人民法院出版社,2016:25.
② 贝卡利亚.论犯罪与刑罚[M].黄风,译.北京:北京大学出版社,2008:9.

的客观案件事实进行链接,尽量还原案发时的情形,进行综合考虑之后再确定相应的罪名。同样地,法官在给犯罪嫌疑人量刑时也要遵循法律的规定,根据之前查明证明的客观事实为基础选择合适的法定刑,并结合犯罪人的危险性、可改造程度、犯罪后的态度以及是否积极采取了措施获得被害人的原谅等情形做出合适的量刑幅度,然后在该幅度内根据一些特殊情况做微观的调整。下面以定罪的客观行为与主观心态为基础,结合我国司法实践中的一些情况进行简要分析。

(一)客观行为对定罪的影响

行为是犯罪成立的关键因素,没有犯罪行为,不可能对社会造成危害,也就没有犯罪可言。马克思曾经精辟地论述道:"对于法律来说,除了我的行为之外,我是根本不存在的,我根本不是法律调整的对象。"①从这些论述中可以看出行为在犯罪认定过程中起着举足轻重的作用,相当于人类的心脏一样,人类如果没有心脏就不能生存,同样,犯罪没有行为则不是犯罪。如果没有相应的犯罪行为,那么这个人将不是刑法调整的对象。俗话说,被科处刑罚的是行为人,但是刑罚的对象是行为。而且行为也必须满足刑法分则规定的条件才能称得上是刑法意义上的"行为"。

在 2014 年发生的"福建泉州刘为明网购'仿真枪'"案件中,泉州市中级人民法院判处被告人走私武器罪,量刑为无期徒刑②。被告人第二日进行上诉,但是福建省高级人民法院认为案件事实清楚,进行了书面审理,裁定驳回上诉,维持原判。走私武器罪表现为违反海关法规、逃避海关监督,非法携带、运输、邮寄武器进(出)国边境的行为③。在本案中,行为人仅仅是在网上购买了仿真枪,静静地等待收货,其他的什么行为也没有发生,更别说法条规定的运输邮寄等行为。而且,走私的主要特点是违反海关法规且逃避关税,比如采取隐瞒、秘密的方式逃避关税,或者采取绕过相关管理机关的监督而逃避关税。那么在本案中,被告人并没有实施与条文有关的类似行为,也没有出现所谓的逃税漏税行为,行为人的行为与走私的规定是不一致的。综上所述,笔者认为刘为明案件认定走私犯罪不符合法律的相关规定。但是可以从非法买卖枪支罪考虑,行为人的行为仅仅是从网上购买

---

① 刘霜.刑法中的行为概念研究[D].重庆:西南政法大学,2006.

② 少年网购 24 支仿真枪被判无期徒刑福建高院:量刑明显不当[EB/OL].新蓝网,http://n.cz-tv.com/news/12265756.html,2017-06-11.

③ 苗春燕.走私毒品罪的若干问题研究[D].郑州:郑州大学,2006.

了仿真枪,当然前提是行为人明知购买的是属于刑法意义上的枪支,这样两者结合的前提下,他就触犯了刑法第125条的规定,行为符合客观方面的规定,从这个角度上理解就属于三阶层中的构成要件该当性①。

我国传统犯罪体系采取的是四要件说,而三阶层犯罪构成要件体现的正是法官接触案件的先后顺序,符合人类的一般思维,更加符合判断案件的逻辑思维。法官接触案件首先就是外在的行为,其次才探讨行为人的主观心态,之后再经过综合分析与探讨进行定罪量刑。下面将叙述的这个案例人民法院以"入户抢劫"定性,实在是有些牵强。被告人在一天晚上闯入一家门面店实施抢劫,之后被当场抓获,被判处入户抢劫,获刑四年。本案中,经营的店面是否属于刑法规定中的"户",这是一个犯罪本质问题,要结合刑法解释学的理论认定。一般刑法理论认为,"户"满足的条件是与外界隔离且供人们休息生活的场所。很显然,经营店面不满足"户"的要求,也就不能够以入户抢劫定罪,只能以普通的抢劫罪定罪。

(二)犯罪心态对定罪的影响

大脑是人体的总指挥中心,人的思想也是从大脑产生,经过大脑皮层、传输神经层层传递到身体的各个部位,然后付诸实施。所以人们常说的心态其实最初来源是大脑里面的思想。犯罪行为也一样,没有大脑的指挥,其行为是无法完成的。所以心态在犯罪中起着中枢作用。《德国刑法教科书》中这样描述:成为责任判断对象的,是违法行为,以及行为中被实现的、被法律所否认的心理②。从这些规定中可以看出,主观心态对定罪也具有关键作用。任何犯罪的构成都是主观心理与客观行为的综合。在古代刑法中,法官侧重于恣意推断,不考虑客观行为,随心定罪,这往往导致大量冤假错案的出现。在我国20世纪90年代"严打"政策的指引下,出现了一些冤假错案,究其根本原因就是法官往往重视主观的心态而忽视客观的行为造成的。当然,在定罪的过程中也要将行为与心理结合起来考量,不能偏重一方。如果行为人是由于无知,他对自己的行为根本没有认识,何谈犯意?

在上文提到的"刘为明网购仿真枪"案件中,行为人购买枪支时就没有犯意,那么购买行为就不是犯意的表现,行为与主观不一致,不能认定为犯

---

① 构成要件该当性:大陆法系三阶层理论中的一个概念,指的是构成要件的事实与刑法条文的规定相一致。

② 汉斯·海因里希·耶塞克,托马斯·魏根特.德国刑法教科书[M].徐久生,译.北京:中国法制出版社,2001:511.

罪。比如说行为人抢夺路人的钱包,但是当他得手打开之后发现里面有一支枪,那么针对这支枪,行为人并没有抢夺的故意,所以他就不可能构成抢夺枪支罪,只能构成抢夺罪。同样,河北发生的一起案例,同案中两名被告却被定了不同的罪①。2012年8月,韩某约了几个朋友在小饭馆吃饭,在吃饭的过程中,隔壁房间的年轻人时常喊闹,使得韩某等人有点烦躁②。韩某是个急脾气,在让服务人员提醒没有效果之后,于是便拿起桌子上的酒瓶朝另一个房间走去,隔壁的徐某等人见来势汹汹,也不甘示弱,双方发生争执。韩某在冲动之下拿起酒瓶向徐某打了过去,徐某顺手拿起桌上的盘子进行反击。韩某趁其不备再次拿起酒瓶殴打徐某等人。经鉴定,韩某、徐某均为轻伤(韩某致另一人轻微伤)③。黄骅市人民法院根据刑法第293条④的规定,判处韩某寻衅滋事罪,有期徒刑一年⑤;根据刑法第234条⑥的规定判处徐某故意伤害罪,有期徒刑七个月,缓刑一年。本案争议的焦点在于为什么在同一个案件中韩某和徐某的定罪出现了不同。法官给出的解释是二者的行为动机不同,韩某、徐某在行为时都是有伤害的故意,并且用物品殴打他人,抱有放任的心态,客观行为符合刑法第384条的规定,主观方面也具有伤害他人的意志,本人觉得二者都符合故意伤害罪的构成要件,只不过徐某的主观恶性以及人身危险性比韩某轻微,在量刑时应考虑酌轻处罚。但是人民法院却给出了不同的定罪。这个案件也可以看出,我国法院在审判案件时没有站在同一角度去对待犯罪嫌疑人。

二、罪刑法定原则在量刑方面的司法应用

量刑,实际上就是给犯罪人处以何种刑罚的过程。量刑权,也是国家刑罚权的组成部分⑦。量刑,就是在定罪的前提下,结合被告人的主观恶性、人身危险性以及认罪态度对被告人处以何种刑罚的过程,体现了特殊预防

---

① 同案缘何不同罪[EB/OL]. 河北法制网,http://news. hbfzb. com/2015/fayuan_1201/13655. html.

② 河北省磁县人民检察院数据。

③ 同注释②。

④ 刑法第293条规定:有下列寻衅滋事行为之一,破坏社会秩序的,处五年以下有期徒刑、拘役或者管制:(一)随意殴打他人,情节恶劣的;(四)在公共场所起哄闹事,造成公共场所秩序严重混乱的。

⑤ 同注释②。

⑥ 刑法第234条规定:故意伤害他人身体的,处三年以下有期徒刑、拘役或者管制。

⑦ 陈兴良. 论刑罚权及其限制[J]. 中外法学,1994(1).

的过程①。定罪与量刑是司法审判的两个环节,相当于人的左手与右手一样,发挥的作用不同,应该不同对待,即通常应该分步骤审理,但是在我国司法实践的传统中,常常不注意区分定罪事实与量刑事实,不注意区分定罪情节与量刑情节,将二者混为一谈,最终会出现量刑不合适的情况。下面就从责任刑与预防刑两个角度分析量刑在司法实践中的应用。

（一）责任刑的裁量

责任刑是与责任对应或者相当的刑罚。与责任相当的刑罚,是与对不法的非难可能性程度相当的刑罚②。责任是不法行为的责任,行为是客观方面的表现,由于行为人在自由意志的支配下选择了实施这样的行为,那么他就要对此负责。所以在考虑责任刑的时候要关注客观的行为与结果。在裁量责任刑的时候应该考虑以下几点相关因素。

1. 法定刑档次的选择

在我国,一直有重刑主义的思想,自秦始皇建立中央统一的封建王朝开始,统治者普遍认为重法可以威慑天下。刑乱国,用重典(周礼·秋官·大司寇)。虽然在汉朝统治初期出现了道家无为而治的思想,但是汉武帝独尊儒术之后,在刑罚方面废除了比较严厉的手段。20世纪末,我国实行了一段时期的严打政策,镇压了社会上的一些犯罪分子,虽然起到了一定的作用,但是重法仍然不是长期的选择策略。在启蒙思想发展以来,人权是人们一直倡导的主旋律。在当今司法审判中,不能一味地追求报应主义、重刑主义,而应该尊重刑法的目的主义理论,以轻刑化为主要趋势。我国刑法条文的法定刑档次比较多,主要是给审判者留有自由裁量权的空间。在给被告人选择档次幅度的时候一定以不法事实为依据,而不能受主观思想的影响。比如说,刑法第263条规定的抢劫罪升格法定刑有一个条件是"持枪抢劫"③。这里所指的枪必须属于公安机关指定的有关枪支管理的范围,玩具枪、仿真枪均不属于该范围的枪;另外,如果行为人虽然携带了枪支,但是枪不容易被外界发现,处于隐蔽的地方,那么也不能认定为持枪抢劫,不属于加重刑,只能在第一幅度内量刑。所以,进行法定刑档次的选择时,必须以

---

① 舒宇亮.量刑程序改革的实现[D].长春:吉林大学,2012.

② 张明楷.责任刑与预防刑[M].北京:北京大学出版社,2015:239.

③ 刑法第263条规定以暴力、胁迫或者其他方法抢劫财物的,处三年以上十年以下有期徒刑,并处罚金;有下列情形之一的,处十年以上有期徒刑、无期徒刑或者死刑,并处罚金或者没收财产:(七)持枪抢劫的。

刑法规定的构成要件为准,合理判断行为人的行为然后对号入座,不能受重刑主义的影响选择加重法定刑。只有选择了正确的法定刑之后才能进行恰当的量刑即责任刑的裁量。否则,责任刑的裁量就会与行为人的非难程度不符。在"刘为明网购仿真枪"案件中,行为人以走私武器罪被判处无期徒刑。在《刑法修正案(九)》中,已经取消了走私武器罪的死刑,那么意味着无期徒刑将是该罪的最高刑①。在本案中,行为人只是购买了仿真枪,其主观方面也仅仅是自己玩,没有太大的危险性,何况还没有收到货,其案件的客观事实并没有特别重大的社会危害性,行为人的主观方面也仅仅是买仿真枪进行自己玩,并没有对社会造成巨大的恐慌,所以法院最后选择本罪最高档次的法定刑——无期徒刑作为量刑,有些不恰当,量刑偏重。

2.客观的不法事实

确定责任刑时必须以客观的不法事实即查明的案件事实为依据。案件事实包括行为、结果,不包括目的、动机、手段等附随情节②。确定责任刑时,要先查明犯罪的客观情况之后,再在刑法条文中查找与其相适用的有关规定,然后选择合适的法定刑档次,进而确定责任刑。正确评价案件的行为时,不能够一接触杀人的案件就认为该案件应该重刑。杀人案件有好多种,而且刑法第 232 条规定:故意杀人的,处死刑、无期徒刑或者十年以上有期徒刑;情节较轻的,处三年以上十年以下有期徒刑③。从该规定可以看出,故意杀人的有多种类型,不一定任何杀人行为不分青红皂白都应被判处重刑。杀人,在人们的思想中都被认为是恶劣的行为,所以大部分法院都会情不自禁地选择重刑。其实,这违背了罪刑法定的原则。法条的最低档其实对应的就是普通杀人的情形,即常态杀人。如果行为人的行为有更严重的社会危害性,才会选择升格的法定刑。所以,法官在接触杀人案件时不要先入为主,应该在分析案件事实之后,再根据犯罪行为慎重选择合适的法定刑档次。在最近媒体关注的贾敬龙杀人案件中④,行为人仅仅用枪杀死了村支书何健华,法院就判处死刑。在这个案件中,行为人的行为就是最基本的

① 少年网购仿真枪走私武器判无期[EB/OL]. 网易新闻, http://news163. com/15/0925/10/B4BQE94V00014AED. html,2017-06-01.

② 于成江. 论案件事实的"重建"方法[J]. 政法学刊,2007.

③ 刑法第 232 条规定:故意杀人的,处死刑、无期徒刑、十年以上有期徒刑,情节较轻的,处三年以上十年以下有期徒刑。

④ 贾敬龙已被执行死刑[EB/OL]. 京报网, http://www. bjd. com. cn/jx/jj/201611/15/t20161115_11044964. html,2017-06-11.

普通的杀人行为,而且对社会造成的影响也不大,属于常态杀人,应该运用刑法规定的三到十年的法定刑档次,即使退一步说也应判处十年以上有期徒刑,总之是罪不至死。本案存在严重的罪责刑不相适应的情形。对贾敬龙杀人行为的非难程度不可能达到死刑的程度,其客观方面就是剥夺了被害人的生命,而且综合案情来看,其杀人也是事出有因,是对政府不法行为的发泄,主观恶性不大,且并未造成严重的社会危害,所以本案量刑有点不当。

3. 影响责任刑的犯罪情节

在我国刑法条文中,经常有"情节严重""情节恶劣""后果严重"等词语的出现①。这些词语出现在刑法条文中,一般都是作为升格法定刑的前提。刑法第 264 条关于盗窃罪规定:"数额巨大或者有其他严重情节的,处……""数额特别巨大或者有其他特别严重情节的,处……"这里的"情节(特别)严重"就是作为升格法定刑的情节。比如某些情节在法定刑选择的时候已经使用过一次,在之后责任刑认定的时候就不得二次使用,否则就会造成刑罚的不公正。

责任情节与客观的不法事实有关,与对行为人的非难程度有关,预防情节与行为人的主观恶性有关,是表明其人身危险性的情节②。在司法实践中,如何认定属于责任刑的情节,我觉得应该从以下几个方面考虑:

(1)责任刑的情节必须是与不法程度有关的情节

犯罪是心理加行为的连续性复杂过程。通常来讲,犯罪实现首先要产生犯罪意图,然后行为人为了实现这个意图,就会在犯罪意图的驱使下去完成相应的行为,最终出现行为人意料之中的或者意料之外的结果。不能够因为其主观状态而对其增加责任刑。但是杀三人与杀五人相比,其危害后果就不同,反映的其非难程度就不同从而影响责任刑。在盗窃罪的案件中,最终盗窃的不同数额也会影响到行为人责任刑的轻重,因为盗窃数额多,造成的后果严重,主观方面更加危险,处以较重的责任刑;盗窃的数额少,说明主观方面没有严重的危险,可以处以较轻的责任刑。

(2)责任刑的情节必须是有责状态下的不法事实③

行为人具有可责性的前提是行为人在意志自由的情况下,选择实施了

---

① 张明楷. 责任刑与预防刑[M]. 北京:北京大学出版社,2015.

② 郭磊. 量刑情节适用研究[D]. 长春:吉林大学,2011.

③ 张明楷. 论影响责任刑的情节[J]. 清华法学,2015.

不法的行为。所以,在案件调查过程中,要将客观的案件事实进行分类,哪些属于不法事实,那么这些事实将会影响到行为人的责任认定。比如,在强奸罪的案件中,强奸既遂之后,被害人由于羞耻而自杀的结果将不能归责于行为人,因为其对死亡这个事实并没有认识到。行为人只能在普通强奸罪的法定刑中进行责任刑的裁量。行为人要对案件所有事实负责任,就要对案件可能发生的后果具有认识能力,有预见可能性,认识到如果其实施这样的行为就可能会发生什么样的后果,他是希望还是放任这样的结果发生;当然,如果他只预见了一般的危害结果,没有遇见会发生一般结果之外更加严重的后果,那么这种更加严重的后果就不能归责于行为人,因为不属于他的认识能力范畴之内。但是在司法实践中,有的法官经常将某些意外后果也归责于行为人,而这些后果行为人根本无法认识到,那么这种做法就违背了有责性的原理。

(二)预防刑的裁量

刑法的目的包含一般预防与特殊预防,在具体的司法审理中应该重视的是被告人的特殊预防。在如今的司法实践中,我国也重视对预防刑的应用,《量刑指导意见》中规定:量刑时既要考虑被告所犯罪行的轻重,又要考虑被告人所负刑事责任的大小,做到罪责刑相适应,实现惩罚和预防犯罪的目的①。其实预防刑更加注重行为人个人的人身危险性,实践中关于预防刑的情节有:

1. 累犯

我国刑法第 65 条规定,累犯应当从重处罚②。累犯是我国刑法规定的法定量刑情节,一个人是累犯,表明这个人在再犯罪的可能性高,改造难度较大,人身危险性大,所以应该注意对他的特殊预防,那么累犯就应该归属于预防刑里的情节。当然,预防刑的裁量就只能在责任刑确定完毕,再在责任刑的幅度内进行加重或从重,但是不能超过责任量刑的上限,量刑过程中应该注意的问题就在于此。但是在实践中遇到累犯的案件,人们潜在的有一种恨之入骨的感情在内,那么法官在裁量累犯的量刑时,不自觉地会超过责任刑的幅度,这就违背了量刑规则。

---

① 《人民法院量刑指导意见(试行)》。
② 刑法第 65 条规定:被判处有期徒刑以上刑罚的犯罪分子,刑罚执行完毕或者赦免以后,在五年内再犯应当被判处有期徒刑以上刑罚之罪的,是累犯,应当从重处罚,但是过失犯罪和不满十八周岁的人犯罪的除外。

2.犯罪后的认罪态度

行为人犯罪后认罪态度良好往往能反映行为人已经意识到自己的过错,也表明其回归社会的意愿强烈。自首、立功以及坦白都属于刑法明文规定的法定从宽处罚情节。行为人积极赔礼道歉、返还赃款等行为都能够表明其人身危险性降低,法官在量刑时应该考虑这些因素。在裁量预防刑时要着重考察这些酌定量刑情节,考察被告人是否真的认罪,是否确实已经赔款,要以确定的事实为依据,不能擅自下结论。如果查明确有这些情节,在量刑时就要从宽处罚,做到公平、公正。在司法实践中,法官往往不重视酌定量刑情节的应用,即使被告人具有可以从宽的特殊预防情节,法官也会忽略,所以在今后要加强对酌定量刑情节的应用,充分发挥法官的自主性,合理运用手中的权力,做到案件审判的公正、公开和公平。

三、罪刑法定原则在司法实践中应用的反思

(一)构建定罪与量刑的分阶段审判规则

在我国司法审判过程中,一直都是定罪与量刑放在一起审理。定罪与量刑不区分,这样在审理过程中,对一些犯罪情节、犯罪事实的辩论、质证就会出现混淆的情况;或者是出现重复使用的情况。另外,在出示证据时,不注意证据的分类与整理,虽然有法定证据的八种情况,但是具体的定罪证据与量刑证据却不区别对待,都放在一起呈现,然后一起进行质证,这样会导致责任证据与预防证据混淆,在量刑时做不到合理公正。在以后的司法审判中,在庭前会议的环节中,可以将一些证据进行分类,然后在法庭审判时,法官先核实定罪方面的证据,然后进行量刑的审查,并核实与之有关的证据。在今后如果能够真正做到定罪与量刑区分开审理,审判的精确性就会有一个大幅度的提高。

(二)区分责任刑与预防刑的应用

责任刑与预防刑是量刑过程中必须考虑的两个因素。在量刑时首先确定被告人的非难可责程度,然后再在非难可责程度的范围内确定预防刑。在一个刑事案件中,有很多有关被告人的犯罪情节,有的是现场采集到的,有的是证人证言提供的,有的是关于被告人以往的生活作风的[①]。在这些情节中,有的属于责任情节,有的属于预防情节,法官要对这些情节进行分

---

① 陆红.刑事审判中口供问题研究[D].苏州:苏州大学,2007.

类处理,一一对应。如果预防情节运用到责任情节方面,就会导致司法的不公。因此,在之后的司法审判中,要注意量刑的审判,最终给被告人一个合理公正的量刑。

四、结语

罪刑法定,源远流长。其内在的价值是无穷无尽,延绵不断的。在当今的法治社会,在尊重与保障人权的理念之下,罪刑法定又一次被人们推到了风口浪尖。在我国的司法审判中,要时刻遵循刑法的基本理论与原则,无论是定罪还是量刑,都要尊重客观事实、遵循法律规定、尊重无罪推定,注重责任刑与预防刑的应用,最终给被告人一个公平公正的审判结果。

推动定罪与量刑相分离的"第九种证据"
——社会调查报告制度

丁璐

（天津商业大学法学院 天津 300134）

[摘要] 新刑事诉讼法中，首次明确规定了量刑前的社会调查制度，这一制度的理论基础在于保障人权、刑罚个别化以及对被告人教育改造的理念，恰与我国宽严相济的刑事政策相契合；同时，调查报告作为量刑的重要参考依据，有利于进一步推动我国定罪与量刑环节的分离。然而相关法律、司法解释等并未确定其法律定位，具体的内容设计以及适用采纳等程序也规定模糊，导致这一制度在实践中面临重重阻碍。本文从明确社会调查报告制度的法律定位入手，对这一制度的适用范围、内容设计、认定程序等方面提出一些更加具有实操性、科学性的方案。

[关键词] 社会调查报告；法律定位；适用范围；内容设计；认定程序

引言

在刑事审判过程中不仅要关注被告人的行为是否会构成犯罪，更应该重视量刑的适当性以及矫治的有效性。一直以来，量刑环节常常被忽略，随着相关量刑程序文件的公布，才逐步明确和规范了量刑程序，使得量刑环节慢慢独立出来，相应的，有关量刑的调查和辩论程序也被加以规定。社会调查的施行对审判与量刑程序的分离有重大的推动作用，进一步明确了量刑的重要性，也让广大实务界的专家们认识到两者的区别所在。量刑程序的确立，要求有更加全面的量刑信息，除了定罪方面的以外，其他相关的背景信息也成为量刑的重要参考依据。因此，社会调查报告制度的建立和完善就显得愈加迫切，因为这一制度的作用就是综合被告人各个方面的考量因素，综合评估被告人的人身危险可能性以及社会危害可能性，以便针对不同的报告结果,制定出不同的改造方案,从而在保障人权的基础上真正体现出刑罚的个别化。

然而,由于相关规定的模糊化,社会调查报告制度在实践中一直没能得以很好实施,成为一项可有可无的程序,即便在有些案件中被适用,也往往流于形式,操作随意,采纳与否更是无从知晓,发挥的作用也非常有限。因此,要想真正发挥社会调查报告的作用,首先必须要确定它的法律地位以便摆脱适用上的尴尬处境;同时,在人权保障、刑罚个别化、教育改造的理论基础之上①,笔者认为,量刑前的社会调查的适用范围应当随之扩大;在实践中,还要对调查结果的真实性、内容设计的科学性、认定程序的规范性等予以进一步完善。

一、社会调查报告制度

(一)社会调查报告的来源及作用

社会调查起源于英美法系国家,在大陆法系国家中又被称作为"人格调查报告制度"②,其标准名称是"量刑前调查报告"(Pre-Sentence Investigations,英文缩写为"PSI")③。社会调查主要针对的是未成年人,对未成年人犯罪时的相关背景、性格、品行、人身危险的可能性、再犯的可能性等一系列问题展开调查,最后制定出一份完整的报告作为法官量刑环节的参考依据。

刑罚理念的发展,主要经历了三个阶段:1985-2000年前后,是教育刑理念的发展时期;2000-2010年前后,以教育刑和刑罚个别化为主导理念的发展时期;2010年至今,教育刑、刑罚个别化理念深入发展时期④。随着刑罚理念的更新,刑罚制度的设计要更加细致,依据要更加全面,在我国,随

---

① 李玉晶. 我国量刑前调查报告制度初探[D]. 苏州:苏州大学,2015.

② 左宁. 量刑证据的界定与调查初探[J]. 云南大学学报,2010(4).

③ The History of the Pre-sentence Investigation Report. http://www.cjcj.org/files/the_history.pdf. 2016年11月13日访问。

④ 李国莉. 未成年人刑事案件社会调查制度研究[D]. 长春:吉林大学,2015.

着新刑事诉讼法的修改,社会调查制度的框架逐步形成①,在一定程度上,弥补了公诉机关量刑证据不足的问题,有效限制了法官的自由裁量,进一步推动了量刑程序的不断完善,有利于教育改造的个别化,同时也贯彻了宽严相济的刑事政策。

(二)法律定位

关于调查报告这一制度的法律定位,由于没有明确的规定,一直以来在学术界都存在很大争议。有些人认为社会调查报告可以被认定为一种专家的鉴定意见②或是一种特殊的证人证言③;也有的学者觉得这一制度比较符合品格证据④的特点;还有学者基于其与书证的共同点和相似性,拟将其比照交通事故责任认定书、司法会计审查报告等定位为准书证⑤……目前的主流意见则偏向于将其定义为一种参考意见,认为要想进一步将其提升为证据是存在困难的,因为调查报告就目前来看还不能满足法定证据的条件。⑥ 另一方面,若将其纳入证据的范围,对于举证、质证相关环节的规定也有更多要求,还可能打破现有的法定的八种证据的框架。

通过以上列举,可以了解到学者们对社会调查的认识和定位各执一词,争论较大。但是求同存异,不管对它的定义是什么,不可否认的是,这一制

---

① 《刑事诉讼法》第 268 条规定,"公安机关、人民检察院、人民法院办理未成年人刑事案件,根据情况可以对未成年犯罪嫌疑人、被告人的成长经历、犯罪原因、监护教育等情况进行调查";《关于进一步建立和完善办理未成年人刑事案件配套工作体系的若干意见》规定,办理未成年人刑事案件,应当结合对未成年犯罪嫌疑人背景情况的社会调查,注意听取未成年人本人、法定代理人、辩护人、被害人等有关人员的意见。应当注意未成年犯罪嫌疑人、被告人是否有被胁迫情节,是否存在成年人教唆犯罪、传授犯罪方法或者利用未成年人实施犯罪的情况。《人民检察院刑事诉讼规则(试行)》第 486 条:人民检察院根据情况可以对未成年犯罪嫌疑人的成长经历、犯罪原因、监护教育等情况进行调查,并制作社会调查报告,作为办案和教育的参考。人民检察院开展社会调查,可以委托有关组织和机构进行。人民检察院应当对公安机关移送的社会调查报告进行审查,必要时可以进行补充调查。人民检察院制作的社会调查报告应当随案移送人民法院。《最高人民法院关于适用〈中华人民共和国刑事诉讼法〉的解释》第 484 条:对未成年被告人情况的调查报告,以及辩护人提交的有关未成年被告人情况的书面材料,法庭应当审查并听取控辩双方意见。上述报告和材料可以作为法庭教育和量刑的参考。《公安机关办理刑事案件程序规定》第 311 条:公安机关办理未成年人刑事案件,根据情况可以对未成年犯罪嫌疑人的成长经历、犯罪原因、监护教育等情况进行调查并制作调查报告。做出调查报告的,在提请批准逮捕、移送审查起诉时,应当结合案情综合考虑,并将调查报告与案卷材料一并移送人民检察院。

② 罗芳芳,常林.《未成年人社会调查报告》的证据法分析[J].法学杂志,2011(5).

③ 王蔚.未成年人刑事案件中社会调查报告的证据属性[J].青少年犯罪问题,2010(1).

④ 曹瑾,徐安然.构建量刑中的被告人品格证据运用规则[J].法制与社会,2012(7).

⑤ 陈旭,刘品新.未成年人社会调查报告的法律规制[J].预防青少年犯罪研究,2013(4).

⑥ 吴燕,胡向远.新《刑诉法》对未成年人案件社会调查制度的构建[J].上海政法学院学报(法治论丛),2014(1):96—101.

度在量刑环节中起到了重要的参考作用,并以此报告结果来判断对未成年人是否采取羁押或起诉。笔者认为,社会调查报告不应当属于书证,虽然它也符合书证的某些特点,但它是为特定的案件和诉讼活动而做的,书证却是在整个诉讼活动环节之外找到的①;其次,社会调查报告也不能等同于证人证言,证人和证言都是针对具体案件事实的描述,当事人都是在现场亲眼所见、亲耳所闻的,不能掺杂任何的个人感受,但是社会调查中被询问的人往往避免不了感情色彩,最重要的是他们对具体的案件是不知情的;还有关于品格证据的讨论,笔者虽然认同两者的部分内容有重合,但是,社会调查远远不止局限于品格调查,它涉及的内容更加全面,因此,它们两者的作用不能被相互替代。

为了解决社会调查在实践中的尴尬处境,笔者认为可以在不突破法定的八种定罪证据的同时,将其单独作为一种新的量刑证据,一方面提升了社会调查的地位,落实到审判量刑环节中,避免其流于形式;另一方面也能够推动定罪与量刑的分离,丰富量刑环节,给法官提供更多的裁判依据,增强量刑的科学性,发挥其价值,达到保障人权的目的。

量刑程序的相关规定②也指出,对于社会调查报告的呈现应该在法庭审理的过程当中,并且还要接受另一方以及法官的询问质证,这其实就构成了社会调查作为量刑证据的规范基础,规定社会调查报告的举证、质证程序,也就意味着要将其定位于证据。

同时,能否将调查报告的地位提升到证据高度,离不开对证据的定性。首先,调查报告选取的被调查者都具有一定代表性,对被告人的各个方面有相对的了解,站在中间人的立场上所陈述的内容也仅仅是一些客观事实的反映,因此,调查报告具有客观性。当然有些人会质疑,中国是一个人情社会,社会调查到底能有多少真实的反映值得思考。笔者认为,首先,社会调查本身是具有客观性的,至于报告的结果是否能客观属实那就是程序制定、调查主体安排、调查内容设计上的完善问题了,因此对于这一点的质疑不能构成对调查报告客观性的否认;其次,有学者认为对于被告人性格、家庭背景等调查的内容和具体案件并没有什么联系,但是,我们不能否认,任何一种犯罪都不是偶然的,在人与环境的互动过程中,人们的思想、行为等都会

---

① 何家弘,刘品新.证据法学 [M]. 北京:法律出版社,2011:157.
② 《关于规范量刑程序若干问题的意见》第 11 条规定:"人民法院、人民检察院、侦查机关或者辩护人委托有关方面制作设计未成年人的社会调查报告的,调查报告应当在法庭上宣读,并接受质证。"

或多或少地被影响着,即便不能与某一时期的犯罪行为产生直接联系,也不能忽视它的潜在作用,因此,笔者认为还是具有一定关联性的,只不过这里的关联性并不需要像其他一般证据那样具有那么高的要求;最后就是合法性的要求,社会调查报告是根据法律明文规定做出的,当然是具有合法性的。综上所述,笔者认为社会调查报告应当可以被认定为量刑证据①。

二、社会调查报告在适用中面临的问题

由于相关法条对社会调查报告的规定比较宽泛,实践中的适用存在诸多问题,前文已经阐述了将其归为量刑证据的合理合法性,但是仅从地位上赋予其证据属性并不能保障这一制度的有效施行。与此同时,我们还有必要进一步发现其在适用中存在的问题,分析如何设计调查报告的内容以及完善适用中各个环节的程序,这样才能使社会调查的价值得以真正实现。

(一)调查适用范围有限

社会调查主要是针对未成年人犯罪设计的,适用范围非常有限,基于本文对这一制度法律地位的重新界定,笔者认为,原本的适用范围远远不够,使得社会调查的价值不能在更多的案件当中得以实现,因此有必要进一步扩大它的适用范围。世界上不存在完全相同的犯罪和犯罪人,法官在对具体案件的裁定以及对犯罪人确定刑罚时应当做到"罚当其罪"。在美国,为了确定对被告人是否适用缓刑裁定,在量刑前都会由缓刑监督官来进行调查,形成现代的量刑调查报告制度,这最早是由慈善家约翰·奥古斯图(John Augustus)②提出的,随后各个州纷纷制定相关规定,适用范围也逐步扩大③,至此,美国的量刑前调查报告经历了一个从非官方、非正式、不规范的程序到现在的官方化、正式化、规范化,适用范围上也由原来的缓刑案

---

① 王澈. 未成年人社会调查报告制度的若干问题研究[J]. 法制博览(中旬刊),2014(4):183—184,186.

② 他是量刑前报告制度的创始人,同时也是假释制度、量刑建议制度和社区矫正制度的创始人,被称为"现代缓刑之父",他相信"法律的目的是为了改造和阻止犯罪,而不是恶意复仇和报应"。

③ 1878年美国麻省通过了第一部缓刑法,到1925年美国联邦刑法出台的时候,美国的大多数州都已经在缓刑法中规定了量刑调查制度。到20世纪30年代,当年的缓刑调查演变成了为整个量刑提供"量刑前调查报告"。缓刑监督官不仅要进行社会调查以供法院确定是否对被告人适用缓刑,还需要提供一份量刑前调查报告,为法官对整个案件的量刑提供信息。1945年《联邦刑事诉讼规则》第32条正式对美国的量刑前调查制度做出了规定。这时的量刑调查报告发展为对整个量刑过程提供"报告",而不是仅仅局限于为法官提供缓刑的材料。经过长时间的改革,到1980年美国的量刑前报告已经具有了比较标准的表格形式。

件扩大到所有刑事案件中,有了很大的发展和完善。在英国,量刑前报告制度起源于 1876 年的缓刑制度,可以被细化为分别针对成年人与非成年人两种形式①,其中,有关成年人的,也就是 16 岁以上人的调查是由缓刑官负责,而对于 13 岁以下的小孩,这一项调查任务就由当地被授权的社会工作者负责,剩下的 13～16 岁的未成年人则由缓刑机构和社会机构同时进行这项调查②。科刑前调查报告的任务就是给出建议,比如适用何种惩罚相对来说是比较适宜的,同时,为了减少该犯罪人再犯罪的风险,采取何种矫治措施对该罪犯是最有效的③。

(二)调查内容的设计不科学

社会调查报告内容的设计决定了调查报告的质量和效果,因此,对于内容的设计与完善应当予以高度重视,然而笔者并没有找到国内相关的调查报告内容设计的规范模板,也就是说没有统一规定,相关法条也仅仅笼统规定了方向,具体操作没有依据可寻、比较随意。以下图 1 和图 2 分别为美国的罪犯中心主义量刑报告模式和犯罪中心主义量刑报告模式④,可加以分析借鉴。

通过观察两个模板不难看出,图 1 以罪犯为中心的量刑模板更加注重对被告人个人信息以及生活环境的关注,参考的大部分内容都是围绕被告人的家庭和成长状况,这种模式的调查报告更有利于体现刑罚个别化以及罪犯的再社会化;图 2 以犯罪为中心的量刑模板则更多地关注了犯罪行为本身的信息以及犯罪历史的梳理,忽视家庭背景的考量,这样很不利于被告人的量刑和再社会化。

由模板 1 到模板 2 的转变与美国的发展息息相关,也是对不同时期刑事政策的考量,笔者认为,美国的传统模式更加接近我国刑罚轻缓化的趋势,而 20 世纪 80 年代以来的犯罪主义调查模式没有体现出对被告人个人背景的关注,所依赖的推定性量刑和指南量刑更像是量刑细化表模式,不足以体现对被告人教育和改造的目的,因此很明显,在我国社会调查内容的设计上应该以罪犯中心主义模式为参考,即内容应更多地涉及"个人和家庭情况"而不是"犯罪情况",毕竟,社会调查报告是作为一种量刑证据来参考的。

---

① 陈岚. 西方国家的量刑建议制度及其比较[J]. 法学评论,2008(1).
② 李玉萍. 量刑与社会调查报告[J]. 法制资讯,2008(6).
③ 孙长永等. 英国 2003 年《刑事审判法》及其释义[M]. 北京:法律出版社,2005:607.
④ 胡红军,李昌盛. 美国量刑前调查报告的历史发展[N]. 人民法院报,2013-06-28.

以罪犯为中心的量刑前报告的主要内容
　　一、犯罪情况
　　（一）官方版本
　　（二）被告人版本
　　（三）共犯提供的信息
　　（四）证人、控诉人和被害人的陈述
　　二、先前记录
　　（一）少年审判记录
　　（二）成年时的逮捕记录
　　（三）成年时的定罪记录
　　三、个人和家庭情况
　　（一）被告人情况
　　（二）父母和兄弟姐妹情况
　　（三）婚姻情况
　　（四）受教育情况
　　（五）职业情况
　　（六）健康情况
　　1.身体健康情况
　　2.精神和心理健康情况
　　（七）服兵役情况
　　（八）经济条件情况
　　1.财产
　　2.债务
　　四、评估
　　（一）备用方案
　　（二）量刑数据（库）
　　五、建议

图 1　以罪犯为中心的量刑前报告模板

以犯罪为中心的量刑前报告的主要内容
　　一、犯罪情况
　　（一）指挥和定罪情况
　　（二）相关案件情况
　　（三）犯罪行为
　　（四）因妨碍司法行为而做出的调整
　　（五）因承担责任行为而做出的调整
　　（六）犯罪等级计算
　　二、被告人的犯罪历史
　　（一）少年法庭审判情况
　　（二）刑事定罪情况
　　（三）犯罪历史计算
　　（四）其他犯罪行为
　　（五）将会面临的指控（如果是相关的犯罪,应当包含在内）
　　三、量刑选择
　　（一）监禁
　　（二）监督释放（类似我国的管制）
　　（三）缓刑

图 2　以犯罪为中心的量刑前报告模板

（三）调查报告结果缺少认定程序

社会调查报告的目的即是为了使量刑更加科学合理，一直以来，定罪与量刑存在混同，双方的争论点往往是围绕着定罪事实，而对于量刑的事实关注甚少。既然社会调查报告有必要提升到量刑证据的地位，那么，有关证明资格与证明能力，质证与辩论环节也应当相应增加到量刑环节中来，对调查报告的依据进行论证，同样，秉承谁主张谁举证的原则，在双方辩论的过程中，也能帮助法官更加清楚地了解被告人的真实情况，从而制定出科学有效的刑罚对策。

然而，实践中并没有相关程序的设计，如资格和证明能力的具体规定，举证分配、质证环节、辩护环节等都有缺失，社会调查报告的作用十分有限，法官采纳与否完全是自由裁量，使得社会调查原本的价值黯然失色。

三、完善建议

（一）扩大适用范围

前文与国外的调查制度进行了对比，反观中国，目前社会调查主要应用于未成年人刑事案件诉讼程序中，不能在所有案件中体现出这一制度的应有价值。对于成年人犯罪的刑事案件，同样应该贯穿刑罚个别化这一理念。有些学者提出国家亲权[①]的概念，认为针对未成年人犯罪的社会调查是国家亲权的体现[②]，因此只有适用于未成年人才能合理解释，然而笔者认为，国家亲权的概念是指父母没有履行其义务时国家才会介入，但是，孩子的犯罪原因不能全部归结给父母；同时，国家对个人行为的制约和维护也不应仅仅限于未成年人或是在没有父母的情况下，因此，在这里，将国家亲权归入国家对人权的保护较为适宜。那么社会调查报告为贯彻这一理念，也应该将调查范围扩大到成年人犯罪中。我们也可以从《社区矫正实施办法》[③]的相关规定中看到，在对罪犯实行社区矫正前也提出了进行社会调查的要求，这也正说明了社会调查在成年人群犯罪案件中开展的必要性。

---

① 国家亲权思想是指当青少年（未成年）的父母没有适当履行其义务时，国家理所当然地介入其中，代替不称职或无计可施的父母，以未成年人监护人的身份行使亲权，这样国家也就拥有了与父母一样的权利来制约和维护孩子的行为。

② 李国莉. 未成年人刑事案件社会调查制度研究[D]. 长春:吉林大学,2015.

③ 《社区矫正实施办法》第4条规定:"法院、检察院、公安机关、监狱对拟适用社区矫正的被告人、罪犯,需要调查其对所居住社区影响的,可以委托县级司法行政机关进行调查评估。"

由于社会调查与社区矫正的调查都可以委托相关主体进行,那么这两者又有什么区别呢,如果出现未成年人适合社区矫正的情况又该如何处理?许多学者也就相关领域进行了分析,但结论并没有让笔者信服。笔者认为,其一,这两种制度的设计都是服务于量刑而非定罪;其二,尽管这两种制度的考察目的有所侧重,但都能有利于被告人的教育和改造,因此可以将两种制度结合起来,通过将社会调查的适用主体从未成年人扩大到所有人,而在具体的调查内容上进行分别设计,从而解决这两种社会调查的竞合问题。除此以外,对于监禁刑的量刑标准,也可以参照社会调查报告的结果作为参考,相比量刑细化表和法官的自由心证而言,这一依据更加科学,也更加具有说服力。

如果要用具体案例来证明社会调查的必要性,那么不得不提到的就是最近被热议的贾敬龙案①,社会大众对法院的此项判决多持质疑不满的态度,甚至各界人士都先后站出来为贾敬龙发声,认为其"罪不至死"。随后,更是有江平等人联名发表了致最高人民法院首席法官周强的一封关于贾敬龙死刑复核一案的呼吁书,其中,提到关于复核的问题,指出对于具体案件,在处理上没有结合考虑相关的背景,如农村财产法律制度的特殊性,传统习俗的影响,乡村基层政权的恶政现象等状况,断然下结论,导致对相关事实认识存在偏差。② 且不论这其中的是非判断,这"三没有"正是大家对于缺少量刑前相关背景考察的不满,也是一定程度上对社会调查的呼吁。类似于这样的案件不计其数,如果社会调查往往被忽略,那么社会就不可能参与到具体案件当中,即便有些案件按照规定进行了调查,也因为没有足够的分量和地位而被置之不理,最后造成民众对法院的判决有情绪、不满意,甚至导致社会的不稳定。因此,调查报告只有作为一种量刑证据,才能在量刑环节中起到作用,同时,扩大使用范围,不仅应当包括适用主体的扩大,适用的案件范围也要扩大,让更多的人感受到社会调查带来的益处。

---

① 2015 年 11 月 24 日,石家庄市中级人民法院对贾敬龙案做出一审判决,认为"贾敬龙虽事先编辑短信称作案后要投案自首,但并未向他人发送,其作案后也未拨打"110"报警电话,其驾车离开现场时被群众撞伤后抓获,证实其行为属正在投案途中被抓获的证据不足,故对该辩解和辩护观点,法院不予采纳"。法院同时认定何建华对贾家住宅强拆的证据不足,否定了"不具有对社会公众危害性"的辩护观点。最终石家庄中院判决贾敬龙犯故意杀人罪,判处死刑,剥夺政治权利终身。

② http://bbs.hangzhou.com.cn/thread-22780528-1-1.html,2016 年 11 月 10 日访问。

（二）增强调查报告内容设计的科学性

前文笔者对照了美国调查报告的模板，分析了适合我国的模板是以罪犯为中心的调查模板，现在更进一步的问题是，具体的内容到底怎样设计才更加合理。

对于调查报告的内容设计，我们不能忽视一个人在其所生长的环境当中形成的观点，也即人与社会的互动关系。其中包括生理、心理、社会、文化和政治等多个层面。从静态的结构来看，社会环境应当可以分为微观、中观、宏观三个层次。① 首先，微观系统可以看成是一个人的家庭、学校和同伴；各个微观系统在互动联系的过程中慢慢又会形成一个稍微复杂一些的中观系统，比如孩子在家中和父母、亲人的相处模式就会对他们在学校或成长环境中与其他人的相处模式产生影响；除此之外，有一个他们并没有直接接触的外系统，如社会服务，传媒等，但是这些因素却与他们的发展息息相关；最后就到了宏观系统，这是一个文化系统，例如价值取向、风俗习惯等。综合以上，整个系统就在互动中对人们产生了影响。

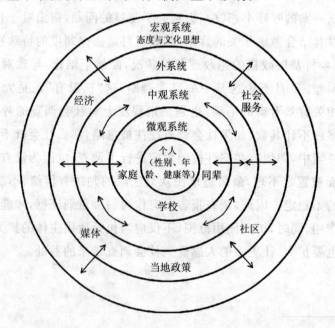

图3 社会生态系统图

---

① 席小华，徐永祥. 涉罪未成年人社会调查的理论框架及具体内容[J]. 华东理工大学学报（社会科学版），2015(3)：18－28，42.

基于以上分析,笔者认为,社会调查的内容首先要参照罪犯主义模式进行设计,通过给予法官有关罪犯改造和复归社会可能性的个别化信息,让法官可以根据量刑前调查报告来做出个别化的刑罚裁判。同时,在社会生态系统的理论基础上,调查报告内容的设计应当体现出人与环境的互动关系,关注各个系统之间的连接,影响程度的大小等,从而设计出科学合理的调查报告。

(三)规范社会调查报告结果的认定程序

凡是能够作为判决依据的证据都是要经过严格审查的,同样,社会调查报告要想成为量刑的依据,也必将经过规范的审查程序。如果调查报告存在重大问题,甚至调查程序不符合法律规定,那么必将排除在法庭之外,对于那些具有证明能力的社会调查报告则可以进入下一个环节,即举证质证环节,由对方或法官来进行提问,质证。为了使得这一环节能够顺利进行,就要确保调查人员可以随时出庭;必要时,如在某一个问题上存在争议或重大疑惑时,被调查者也应有义务出庭做说明,保证调查结果的真实可靠性,只有不断完善这些具体程序的设计,才能使得社会调查报告的结果更加有价值,真正为量刑提供科学合理的依据。

四、总结

在刑事审判过程中不仅要保证定罪的公平正义,也要注重量刑的科学合理,社会调查报告制度的设立恰好弥补了量刑信息的缺失问题,成为刑罚个别化不可缺少的参考依据,不仅最大限度地保护了被告人的权利,也有利于找到适合教育和矫正罪犯的方案。因此,为了将社会调查制度落实到实处,将其定义为量刑证据是十分有必要的;在适用范围上也应当由原来的未成年人案件适度扩大,以便涵盖更多类型的案件;当然,制度设计也需要不断跟上,保证社会调查结果的真实性,内容设计的科学性,认定程序的规范性,只有这样,才能更好地发挥社会调查的价值。

社会调查报告制度价值的实现,真正地贯彻了人权保障、刑罚个别化与教育改造理念,与宽严相济的刑事政策相契合。同时,这一制度的落实将会逐步推动定罪与量刑程序的分离,量刑程序的重要性更加凸显,最终达到更加科学的量刑结果,使罪犯得以再社会化,民众对判决更加满意,社会更加稳定和谐。

弹性刑法的反思与规制

贾琦

（天津商业大学法学院 天津 300134）

[摘要] 弹性刑法由于其不明确性与罪刑法定原则相悖,根据其表述方式和内在含义可归纳为情节严重型、列举兜底型、后果严重型以及数额较大型四种类型,会造成犯罪构成中罪与非罪判断的不确定性。在对弹性刑法在我国刑法典两次修订中的数量比重进行统计的基础上,通过其成因分析、辩证价值探讨得出弹性刑法修改和限制的必然性,并进一步提出弹性刑法规制的进路,包括法律条文的修改、立法解释的细化以及判例规律的指引,从而完善我国的刑法结构和内容。

[关键字] 弹性刑法;罪刑法定原则;统筹概括性;过罪化

一、弹性刑法之概念定位及特点明晰

(一)弹性刑法的概念阐释

所谓"弹性"是与"刚性"相对立的物理学概念,而刚性指的是外力作用下不会发生形变、无伸缩的物理属性及状态。因此法律文本中的"弹性"就文字含义可以理解为事物在没有固定标准的范围内上下浮动的状态。[①]基于上述描述,有学者提出了"弹性刑法"的概念,所谓"弹性刑法"就是指我国《刑法》在规定犯罪构成时所用术语包含"情节严重、情节恶劣"以及"其他行为方式、方法和手段"等内容的刑法条文。具体可细分为"纯正情节犯"和"纯正兜底犯"。[②] 笔者发现我国刑法典中除了上述两类的弹性条款以外,

---

① 王钧.论罪刑法定原则的刚性——刑法适用的弹性限度辨析[J].南京大学法律评论,2003:145.

② 白建军.刑法规律与量刑实践——刑法现象的大样本考察[M].北京:北京大学出版社,2011:62.

还有"严重后果、严重危害"用语以及"数额较大"用语两种弹性条款类型,出现频次也呈现相当之规模,其在立法及司法中也饱受诟病,故应当归属于弹性刑法之列。因此,本文探讨之弹性刑法包括情节严重型、列举兜底型、后果严重型以及数额较大型四种刑法条款。

为区别弹性刑法与其他概念,此处将对弹性刑法及其他刑法概念做对比说明,包含以下几个方面。

(1)此处的四种弹性条款仅包括规定犯罪构成的条款而排除刑罚处罚中规定量刑的条款。换句话说本文探讨的弹性条款只是过滤罪与非罪的刑法条文而不包括犯罪认定以后对法定刑层级以及是否升格的判断。因为对于量刑条款中的弹性条款是在已经确定其犯罪成立的前提下进一步确定量刑的,因此影响的只是犯罪嫌疑人、被告人的刑罚执行层面,属于定量的范畴;相比之下犯罪构成条款是判断罪与非罪的,属于定性的范畴,直接决定了犯罪嫌疑人、被告人是否构成犯罪并进而影响其根本性、基础性权利的剥夺与实现。

(2)弹性刑法的弹性指的是法律文本用语层面的模糊不清,其与我国刑法理论中的"规范的构成要件要素"是有区别的。规范的构成要件要素与记述的构成要件要素是一个范畴的不同概念,规范的构成要件要素在人们的感性认识之余还需要抽象出其本质属性,通过对概念的内涵及外延的关系判断某一概念的文字与文意是否达成联结,要求通过精神理解某事物的共同性。[①] 国外著名学者将后者——记述的构成要件要素理解为初步的感性认识,将前者理解为对法定犯罪的内在规律的认识。[②] 如"国家工作人员"是法律的评价要素,第 237 条的"猥亵"、第 363 条中的"淫秽物品"是一般文化的、社会的评价要素,在一定范围的群体内能够形成普遍的认识和理解。但是弹性刑法则是由于立法用语的模糊以至于无法形成普遍统一的理解,例如"其他危险方法"这一术语对不同的受众会有不同的理解,而且纳入"其他危险方法"之列的行为与排除之列的行为以何种标准参照更是无从得知。

(3)弹性刑法与相对的罪刑法定理论也是有区别的。罪刑法定主义随着社会历史变迁在不同的时代有着不同的命题和进步意义,现代社会的高速发展催生了许多新生的犯罪形态,绝对的罪刑法定已经无法达致。相对

---

① 张明楷.刑法学(第四版)[M].北京:法律出版社,2014:123—124.
② Claus Roxin,Strafrecht Allgemeiner Teil,Brand I,4. Aufl.,C. H. Beck 2006,S. 308.

罪刑法定打破严格的罪刑法定主义,成为刑事立法的内在属性。虽然弹性刑法与相对的罪刑法定主义都对严格的罪刑法定主义有所突破,但是从形式上看,相对罪刑法定被法律条文及刑法解释明文规定,从实质内容上看,相对罪刑法定均是对被告有利的,例如从旧兼从轻原则、允许有利于被告人的类推解释等内容,有利于克服严格罪刑法定在形式上的僵化和缺陷。① 相对比之下,弹性刑法没有这个人权保障目的,其追求的是体系的周延以严密刑事法网,防止应受刑法处罚的行为因无法穷尽的立法缺陷而漏网,以期对社会法益进行全方位的保护,乃至牺牲个别法益也在所不惜。

除了上述三个区分度外,还有学者主张其他的区分度,如弹性刑法区别于类推,扩大解释,法定刑幅度与法官自由裁量以及开放的犯罪构成要件等。②

(二)弹性刑法的特点阐述

将弹性刑法进行不同分子式归纳与拆分,可以抽象出各自的特点。

首先,弹性刑法具有法律意义上的统筹概括性。法律文本可看作法律符号的组合,通过法律符号的结构特征更易发现刑法文本的形式特征。符号学中的语义三角论将符号的三端表达为符号形式(symbol)、所指对象(referent)以及思想/指称(thought/reference),③具体到刑法中,这三端分别代表刑法条文、犯罪行为以及法律意义。根据语义三角论,刑法条文与犯罪行为之间并没有直接的联系,二者必须以思想即法律意义为中介,法律意义是符号使用者的思想,并起到指称所指对象(犯罪行为)的作用。符号学大师认为符号的意义指向不可能是个别的对象,而是普遍的类型,符号所表达的概念总是一个类群。④ 因此符号使用者就必须基于法律意义在刑法条文与犯罪行为之间构建一个"作为共相的中介",从各种类群性犯罪行为中归纳出具有类型特征的共性,这种中介或共性就体现了法律意义。弹性刑法就是刑法使用者在寻找"作为共相的中介"的过程中过于泛化和模糊而确立的法律符号,因此,弹性刑法的四种表述方式具有法律意义上的统筹概

① 张明楷. 刑法学(第四版)[M]. 北京:法律出版社,2014:53—61.

② 白建军. 刑法规律与量刑实践——刑法现象的大样本考察[M]. 北京:北京大学出版社,2011:64—65.

③ 庄劲. 罪刑法定与法律解释之矛盾及其消解——基于符号学的进路[J]. 中山大学学报(社会科学版),2013(5):175.

④ 同②。

括性。

其次,从各种弹性刑法的形式和字面含义上看,这些条款具有代表行为的非典型性。情节严重型和后果严重型条款标志性的语言——"情节严重""造成严重后果"是基于对此种犯罪行为无法用具有高度代表性的典型行为来概括,因此不是该类犯罪行为的典型情形或者后果,而且列举兜底型条款的"其他方式、情形"描述之前大多都配备有该罪名典型行为或情形的列举内容,列举兜底型条款在这个意义上起到的正是囊括非典型行为的作用。

最后,从弹性刑法的分布数量和比例所代表的内在含义上看,弹性刑法数量越多、比重越大则表示法律制定者乃至国家对此类法益保护的着重程度越深。我国刑法按照法益保护的种类将弹性刑法分为十类并构成分则的十章,按照弹性刑法的这个特征可以寻找国家意志的侧重点。还有学者将分则规定的犯罪行为按照侵犯法益的性质是公权还是私权、使用的行为性质是暴利还是非暴力分为四个等级①,每一等级中弹性刑法的数量以及所占比例也能表明国家对不同等级法益的侧重保护程度。这一特征还在下文中对两部刑法典的考证说明中有所涉及。

二、我国刑法典弹性用语之考证

(一)1979 年刑法中弹性刑法规模

1979 年刑法典是新中国第一部刑法典,基于历史局限,在现在看来具有一定落后性,但是研究我国刑法典的发展必须以客观的态度将其作为事实样态表述出来。

我国 1979 年《刑法》相对比现行刑法条文甚少,共 192 个条文,对刑法中各罪名及其刑罚的规定见于分则的 103 个条文中,以 8 章的篇幅规定。分则的这 8 章中,直接规定各罪名的条文共 97 条,笔者将 97 条中的四种弹性条文进行统计,如下表:

---

① 白建军.刑法规律与量刑实践——刑法现象的大样本考察[M].北京:北京大学出版社,2011:26—27.

表 1　　弹性条文在分则各章罪名条文中的数量及比重

	一	二	三	四	五	六	七	八	总数
罪名条文	12	11	14	18	7	22	6	7	97
弹性条文	7	9	9	5	4	5	2	3	44
比例(单位:%)	58.3	81.8	64.3	27.8	57.1	22.7	33.3	42.9	45.4

表 2　　四种弹性条文在分则各章罪名条文中的数量及比重

	情节严重型	列举兜底型	后果严重型	数额较大型	弹性刑法	总数
数量	24	19	8	2	53	97
比例(单位:%)	24.7	19.6	8.2	2.1	54.6	100

　　从表 1 和表 2 可以看出,1979 年《刑法》中弹性条文的规定几乎占分则中规定罪名条文的半壁江山,不计重复的情况下比例是 45.4%,计算重复的情况下比例达到 54.6%。其中第二章"危害公共安全罪"中弹性刑法所占比重最大为 81.8%,说明立法者对公共利益和公共秩序的地位尤其重视,这与当时的时代背景相契合。从表 2 中可以看出,弹性刑法内部的"情节严重型"条款所占比重最多为 24.7%,表明立法者对于犯罪的"社会严重危害性"这一特征没有量化标准,而依赖于此种模糊的表述方式。

　　此外,需要说明的是,由于有的条文包含两种弹性刑法,在统计四种弹性刑法时会重复计算同一条文,因此四种弹性刑法总比重 54.6% 会多于各章中弹性条文总比重的 45.4%。例如 1979 年《刑法》第 126 条对挪用公款罪的规定,[①]既包含情节严重型又包含后果严重型。

　　经历了"文化大革命"之后的 1979 年刑法具有很强烈的政治色彩,且当时刑法理论匮乏,或者仅有的刑法理论难以体现到刑法典中,故未见罪刑法定原则的身影,并明文规定类推制度。仅有的 192 个条文也反映出当时奉行"宜粗不宜细"的精神,片面追求刑事立法的简明扼要。[②]

　　(二)1997 年刑法中弹性刑法规模

　　1997 年《刑法》自颁布以来,历经九次修订,总则、分则和附则共 452 个条文,罪名通过第 9 次修订,增加了 20 个罪名,更改了 10 个罪名,废除了 1

────────

　　①　1979 年《刑法》第 126 条:挪用国家救灾、抢险、防汛、优抚、救济款物,情节严重,致使国家和人民群众利益遭受重大损害的,对直接责任人员,处三年以下有期徒刑或者拘役;情节特别严重的,处三年以上七年以下有期徒刑。

　　②　高仕银.明确性原则——结合我国刑法文本的初步思考[D].广西大学学报(哲学社会科学版),2010(2):66—67.

个罪名,总共有 432 个罪名。分则的这十章中,直接规定各罪名的条文共 337 条。对比 1979 年刑法,条文总数是原来的 2.34 倍,罪名总数是原来的 3.3 倍。虽然其进步性和优点为人称赞,但其弹性刑法的数量也不容忽视,在此对弹性刑法分布在刑法分则十章中的各罪名条文进行统计,如表 3、表 4。

表 3 弹性条文在分则各章罪名条文中的数量及比重

	一	二	三	四	五	六	七	八	九	十	总数
罪名条文	10	26	83	31	14	91	14	13	23	32	337
弹性条文	2	18	67	20	11	41	12	11	20	13	215
比例(单位:%)	20	69.2	80.7	64.5	78.6	45	85.7	84.6	87	40.6	63.8

表 4 四种弹性条文在分则各章罪名条文中的数量及比重

	情节严重型	列举兜底型	后果严重型	数额较大型	弹性刑法	总数
数量	106	51	68	56	281	337
比例(单位:%)	31.4	15.1	20.1	16.6	83.4	100

从 1979 年刑法典和 1997 年刑法典的对比可以看出,随着刑法条文总量的增加,弹性刑法的数量也是有增无减,丝毫没有退缩的趋势,1997 年《刑法》中弹性刑法所占比重由 1979 年的 45.4% 增加到了 63.8%(不重复计算),重复计算时高达 83.4%,比重之高不容忽视。从表 3 可以看出,第七、八、九章的弹性刑法所占比重最高,都是侵犯国防利益、国家利益的层面,也体现出国家利益第一位的价值选择。从表 4 可以看出,弹性刑法内部的"情节严重型"条款所占比重仍是最多的,为 31.4%。然而完全地消除弹性刑法的表达方式也是不太切合实际,要解决这一两难问题,就需要对弹性刑法进行反思和对比研究,进而找到规制方式。

三、弹性刑法的成因及其价值定位

(一)弹性刑法的生成机制

我国经济快速发展,社会不断转型,价值出现多元化,犯罪的不稳定性与复杂性对刑法惩罚和预防犯罪的可控性提出了新的要求,而立法者受到主客观条件的限制,价值偏一,再加上立法技术不够发达,因此采用弹性刑法具有必要性。

自 1997 年刑法典修订以来,刑法经过历次的修正案将之前规定在其他各部门法中的附属刑法规范重新收入囊中,基本清除了其他法律部门中的附属刑法,并分散规定到刑法总则及分则条文中,这样就割裂了刑法与其他尤其是专业性或行业性较强的法律部门的联系。① 由此带来的另一弊端就是缺乏一定专业知识的立法者选择弹性刑法作为最佳的功利性、预防性立法策略。

从法律本身及其语言来看,由于立法者本身对于未来预判的局限性以及语言符号本身的表达缺陷,所以用来规定犯罪的刑法条文不能达至完美。②而且社会的复杂性不仅从宽度上决定其各类事物纷繁复杂,更从纵向上显示出万事万物以迅雷不及掩耳之势发展变化,因此立法者必须不厌其烦地从大量反秩序性的行为中高度抽象出来约束社会群体的行为准则,这就决定了法律规范的反复使用性和抽象性。由于法律设定以后基于国民的信赖和秩序的维护不能轻易破坏③,法律具有指导作用和预测作用,应当使人们根据相关法律对自己的行为做出估计和安排,这样才能使人们信服,尤其是确定最严重社会危害的犯罪行为的刑法,更应该具有相对稳定性。也正是由于刑法的稳定性要求与日新月异的社会变迁相冲突,刑法便显现出一定的滞后性。综合法律的抽象性、稳定性和滞后性,加之人类语言具有模糊性,只能不断接近事实而不能完全呈现事实,往往在运用这些法律语言时需要运用大量的演绎推理、归纳推理等逻辑思维方式,所以个体的差异性使得法律的表达力和可操作性大打折扣,以上这些无法彻底解决的固有缺陷决定了作为法律规范的刑法必然出现一定量的弹性条文,而且弹性大小也各有不同。

在探讨法律与国家目的的关系时,蔡枢衡认为"法律不是最初的国家目的,也不是最初的社会现实;而是获得具体内容后,深刻化了的国家目的,也是发展了的社会现实。从法律角度看,法律是国家目的之现实化;从国家角度看,法律却是实现国家目的的手段。"④而作为国家目的之体现的刑事政策,对刑法的总体意图和重点控制也是影响刑法弹性大小不可忽视之因素。

---

① 白建军.刑法规律与量刑实践——刑法现象的大样本考察[M].北京:北京大学出版社,2011:64—65.

② [美]彼德·斯坦,约翰·香德.西方社会的法律价值[M].王献平,译.北京:中国法制出版社,2004:4.

③ [美]E·博登海默.法理学、法律哲学与法律方法[M].邓正来,译.北京:中国政法大学出版社,2004:402.

④ 蔡枢衡.刑法学[M].北京:中国民主法治出版社,2011:128—225.

在这种意义上,刑事政策在犯罪事实学的基础上进行价值选择,连接着犯罪学和刑法学,并对刑法学进行制约和指导。换句话说,刑事政策体现了刑法的精神和内在规律,并通过法律条文固定、显现出来①。将刑事政策用条文固定的过程就是刑事立法,由于"刑事立法不是盲目的,而是在一定思想指导下进行的,它对于刑事立法具有指导意义"②,刑事政策又在刑事立法需求和立法内容上对犯罪的治理范围、程度和方式上有所区别。随着经济转型的需要和社会内容的变革,刑事政策作为上层建筑就呈现出灵活应变的能力和反应,但是刑法本身固有的稳定性等缺陷又要求刑事立法不能随意变更,这就在法律形成机制内部出现了矛盾与裂缝,那么从弥补裂缝的角度上,最经济合理的方法便是弹性刑法,不仅符合了刑事政策的变迁,还能在不修改法律规范的前提下"解释出"当然含义,严密法网,这种意义上的弹性刑法有利于应付刑事政策打击犯罪、并为以后制定出更合理的法律规范提供相当意义上的参考价值。

(二)弹性刑法的辩证价值

1.弹性刑法的有利价值

弹性刑法借助其统筹概括性不仅使刑法体系得以周延,还使刑法典外观简洁、精炼。刑法典作为行为规范和司法裁判规范,必然要求其行文表达高度凝练、精确,如此这般,国民的预测可能性才能得到保障,刑法的指导功能也便于实现。从刑法与犯罪学、刑事政策的关系来看,刑事政策通过将犯罪学理论付诸实践,直接为日后刑法的完善积累经验,因此刑法为了更好地承接刑事政策,发扬法律文本的概括性,使得刑法更具有适应性,能不断地适应犯罪圈的变化以及刑事政策的要求。如此一来,我国的刑法条文变动频率降低,因而增强了刑法的稳定性。

2.弹性刑法对刑法的冲突

(1)弹性刑法与罪刑法定原则的明确性原则相冲突。罪刑法定主义在我国最早可追溯到五帝时代的后期,当时的刑法典《尚书·舜典》有如下表述:"慎徽五典,五典克从",要求虞舜按照刑法典进行判定和裁决,不得擅自僭越。③之后各朝代直至现代都有各自含义的罪刑法定主义,但都需明确一点,此法定即是指有法律根据。我国《刑法》第 3 条规定的罪刑法定原则包

---

① 卢建平.刑事政策与刑法变革[M].北京:中国人民公安大学出版社,2011:78-79.

② 陈兴良.刑法哲学[M].北京:中国政法大学出版社,2000:561.

③ 蔡枢衡.刑法学[M].北京:中国民主法治出版社,2011:128-225.

含明确性原则,其要求法律条文的文字、文意以及法律意义明确。① 更有学者指出过于模糊和泛化的法律势必会导致司法实践中的模糊适用。② 然而弹性刑法的最突出特征是模糊性,虽然可以满足刑法规范在形式上的体系周延性,但与该原则的明确性相违背,不能满足司法适用中的准确性。这些不确定的刑法还使国民的预测可能性受到限制,进而不符合法益保护功能和人权保障机能。

(2)弹性刑法还易造成出罪化与过罪化法网双向疏漏。首先,弹性刑法可能导致出罪化。对于情节严重型和后果严重型条款,尽管理论上的导向是避免严重犯罪行为出罪,但是在模糊性的边界和价值中立的不可实现性的双向驱动下,法官如何"依法办案",此时法官便会陷入两难的困境,在法官追责制度下,对于无法判断严重与否的中等程度行为,更倾向于利用总则中"但书"的规定而使其出罪,有学者评价此种行为形式上"都合法也都违法"。③

在犯罪化理论中,美国刑法学家胡萨克提出了过罪化问题,即实体刑法的巨大扩张和刑罚使用的急剧增长。从前述对我国新旧刑法典进行对比时不难发现,刑法罪名的增长与条文的增长具有正相关的关系,因此我国刑法的扩张趋势也不言而喻。然而对于越轨行为,除了刑法之外,还有相当一部分应该落入民事和行政处罚的范围内。在弹性刑法占据相当高比例的庞大刑法中,敷衍模糊的文字对任何不遵守新法规的人都以刑事检控进行制裁,致使国家管理者在处置破坏法律规则的行为时,习惯性地寻求刑事制裁而非民事或行政制裁,④这将导致法定犯的犯罪率增加,进而使立法者存在犯罪率上升的错误观念,出于控制和预防犯罪的目的而进一步扩大刑法范围、增加刑罚使用,这就导致了过罪化的恶性循环。

(3)与刑法的谦抑性要求相违背。刑法的谦抑性要求刑法只评价达到犯罪程度的违法行为,低于这一要求的违法行为应由其他处遇措施私力解决或公力惩处。反映到弹性刑法中,大量的列举兜底型条文旨在避免同种

① 张明楷.刑法学(第四版)[M].北京:法律出版社,2014:53—61.
② [意]杜里奥·帕多瓦尼.意大利刑法学原理[M].陈忠林,译.北京:法律出版社,1998:26.
③ 白建军.刑法规律与量刑实践——刑法现象的大样本考察[M].北京:北京大学出版社,2011:62.
④ [美]道格拉斯·胡萨克.过罪化及刑法的限制[M].姜敏,译.北京:中国法制出版社,2015:1—11.

类的其他形式犯罪行为出罪,但如此之模糊的入罪界限更易于在面对某类犯罪"严打"之高压态势将部分不构成犯罪的违法行为归于犯罪之列。① 因此就刑法的谦抑性来说,弹性刑法在适用之初,便呈现出一种扩张的风险,使本该消极和慎重的刑法有了积极扩张的姿态。

(4)上述四种弹性刑法使得出罪和入罪的界限模糊不清。具体来说,从情节不严重到情节严重,从此行为到相同程度的彼行为,刑法的干预和评价应从何时着手,没有明示的形式根据。因而在法律适用环节,司法工作人员基于何种明示性条文定罪量刑,本身就不稳定。这也为法官滥用刑事司法裁量权埋下隐患,让可能受到刑事调查的公民无法预测法律指向,所以与罪刑法定原则的人权保障功能相违背。

(5)弹性刑法的模糊性在司法操作中给法官留下超出应然程度的自由裁量空间和任意选择性,如若裁判无明确的准据,缺乏客观标准,法官在同类案件中会做出不同的判决,司法公正性更难以得到保障,那么刑法预防犯罪和保障人权的根本任务就会名存实亡。

四、弹性刑法的规制路径

(一)刑法条文的修改

面对我国刑法中的缺陷,当一些学者提出修改我国刑法时,总会有部分学者站出来,以刑法的稳定等作为理由批评这些动辄修改法典的激进分子,但事物要得到发展就要用批判的眼光去看待,我们应该承认人的能力是有局限的,立法者也不例外,反观立法过程,立法者多站在过去的车辙上对未来进行预测,这就在很大程度上决定了我国刑法在历史的发展中总是需要随时代而变的,因此在面对刑法典中的缺陷和"病症"时,要做的是"诊断和治疗"。只有转变了这一观念,我国的刑法典乃至其他法律才能不断完善和改进。

具体到立法修改中,首先要做的就是对弹性刑法的条文进行审视,对于表述赘余的弹性刑法条款删除模糊性表述。由于刑法总则中第 63 条第 2款的"酌定减轻处罚情节"和第 13 条最后对"情节显著轻微危害不大的,不构成犯罪"的但书规定,在考量入罪环节的慎重的情况下是可以替代一部分情节严重型和危害后果型的弹性条款的。此外,刑法中对于大量的经济型

---

① 陈兴良.刑法哲学[M].北京:中国政法大学出版社,2000:7.

犯罪、计算机网络型犯罪、毒品类犯罪等专业性较强的犯罪,立法时对于明确性要求高而又难以说明的情况,可以利用空白罪状、引证罪状或规定附属刑法等立法技术实现。

（二）发挥立法解释的作用

我国刑法并不缺法律解释,但大多属于司法解释而非立法解释。而司法机关是否能在超越刑法的意义上进行解释已被学界质疑和争论已久,此处不再赘余,仅需要指出的是在有权解释的范围内,司法解释综合了立法和司法做出的解释在相当程度上是具有合理性的。而对于无权解释的范畴,则需要立法解释机关发挥积极作用,通过立法调研、论证,在大量实证资料和统计数据的科学基础上进行解释处理,将大量的列举兜底型条文细化,将数额较大型条文量化,进而减少司法过程中的弹性幅度,也能变相解决弹性立法的问题。

（三）发现判例背后的规律指导司法

在司法实践中,司法判例能够弥补制定法的一些缺陷,最高法院遴选的指导案例虽然会弥补一部分制定法的不足,但是从统计学上看,样本数越少,统计结果就越不准确。从法律逻辑推理上看,从个案到个案的类比推理并不十分可靠,因而法院需要利用大数据进一步发现大量案例的背后规律,找到其中的共通点并进行演绎推理,这样得出的结论总会比指导判例更具有信度和效度[①]。在以上三种规制进路的指导下,现实的可操作性在本文中略显欠缺但具有更为重要的作用,希望其他学者对本文这部分的局限做进一步研究,得出更为详尽的数据和结论,进一步推动我国刑法的完善。

---

① 信度和效度是统计学概念,信度指检测结果的一致性、稳定性和可靠性;效度指检测的有效性,即检测对象与考查内容的符合程度。

认罪认罚从宽制度构建中的程序整合
——浅论宽严相济刑事政策的实践

王杨灿

（天津商业大学法学院 天津 300134）

[摘要] 自司法改革开始以来，众多程序与制度性体制发生变化，而最新提出的认罪认罚从宽制度进行试点的方案，是对我国刑事法律中相对零散的规定进行整合的前奏。从简易程序、公诉案件当事人和解程序到两年试点刚刚结束的轻刑速裁程序背后的法律性文件的更新制定，体现了从宽制度对于程序整合的趋势，而整合的具体步骤与方案却仍未见诸法律规定。本文通过分析简易程序、公诉案件当事人和解程序、轻刑速裁程序三者进行整合的可能性与德国相关司法制度的借鉴情况，从而厘清宽严相济刑事政策如何在制度构建过程中发挥提纲挈领的作用。

[关键词] 认罪认罚；刑事速裁；程序整合；宽严相济

一、问题的提出

2016 年 7 月 22 日，中央全面深化改革领导小组第二十六次会议审议通过了《关于认罪认罚从宽制度改革试点方案》并于当日起实施，这一方案无疑是我国司法制度改革过程中的一项具体细化措施。

认罪认罚从宽制度在我国由来已久，最早的提法是"坦白从宽、抗拒从严"，但这一广泛被犯罪侦查机关应用的政策性口号，却并无相应法律文件予以固化，其是特定历史条件的产物，并不完全符合刑法的基本原则，因此在当前阶段的继续适用中产生了极大争议。在 2010 年初，最高人民法院在《最高人民法院关于贯彻宽严相济刑事政策的若干意见》中明确提出了"宽严相济"是我国的一项基本刑事政策，这一司法解释为当前刑事政策确定了基调，2012 年《刑事诉讼法》的修改、《刑法修正案（九）》以及轻刑速裁程序进行试点正是此政策指导下的产物。

除了刑事政策的更替,我国刑事诉讼体系中存在多个带有"从宽"倾向的程序安排,分别为简易程序①、公诉案件当事人和解程序、轻刑速裁程序,以及情节方面的安排,即自首与坦白。在"宽严相济"这一刑事政策下而新建立的制度,是公诉案件当事人和解程序以及轻刑速裁制度。上述制度、情节安排在现阶段散布于刑事法律,自成一体,然而在适用条件、情形等方面,彼此间又存在一定的重合与矛盾。法律的司法适用过程,其实就是法律的选择过程。如若各个制度在适用条件上存在重合,那么就将导致选择适用时出现混乱,进而导致刻意的法律规避或者同罪不同罚的情形。这将会有损于司法公正以及丧失制度设立的初衷。因而,对上述制度和情节进行程序性整合便成为首当其冲的趋势。这也凸显了认罪认罚从宽处罚制度设计中进行程序整合的必要性。

二、制度整合的可行性分析

简易程序、公诉案件当事人和解程序以及轻刑速裁程序三个程序在多层面具有重合现象,这一现象为三制度的整合提供了可行性,但三个制度又有不同的侧重,这便需要在整合过程中为新制度赋予灵活性和包容性。

(一)三程序包含罪名整合可行性

根据刑事诉讼法律规定,简易程序的适用并无罪名限定,由于简易程序被法律固定的时间最早,程序的开放性较强,因此笔者将其视为"从宽"制度模板型规定,其余两项程序则为具体细化的发展型规定,但由于后两项程序制定时,并未完全以发展模板规定为目的,所以造成了相当程度上的不配套规定,以致增加了制度整合的难度。

在简易程序之后固定的公诉案件当事人和解程序则相对地对适用程序的罪名进行了限定,范围仍然较宽,这一程序主要着眼于民间纠纷与过失犯罪,是对"宽严相济"刑事政策的呼应②。

而作为仍处于试点地区部分适用的轻刑速裁程序,则对适用罪名有了

① 《中华人民共和国刑事诉讼法》中关于简易程序的规定并未明确体现"从宽"倾向,将其置于此的原因详见下文。
② 《最高人民法院关于贯彻宽严相济刑事政策的若干意见》第22条,"对于因恋爱、婚姻、家庭、邻里纠纷等民间矛盾激化引发的犯罪,因劳动纠纷、管理失当等原因引发、犯罪动机不属恶劣的犯罪,因被害方过错或者基于义愤引发的或者具有防卫因素的突发性犯罪,应酌情从宽处罚"。

较为限定性的规定①，比照《最高人民法院关于常见犯罪的量刑指导意见》，轻刑速裁程序有八项犯罪为常见犯罪②，与和解程序相重合的罪名则有七项③，可以说，轻刑速裁程序适用的罪名是对常见犯罪和轻型犯罪罪名基础上的选择。但值得注意的是，《最高人民法院关于贯彻宽严相济刑事政策的若干意见》第 7 条、第 11 条对于毒品犯罪的态度是从严从重处罚，第 9 条对于诈骗罪的某些下游罪名也持从严处罚态度，这与轻刑速裁程序的初衷是相矛盾的。这一现象，虽然可以以该意见第四条④做出解释，但关于此两项罪名的适用，势必将会做出相应调整。

（二）三程序适用条件整合可行性

就适用条件来看，顾名思义简易程序是将案情简单以及被告人认罪、同意适用作为该程序的适用条件，此外还有司法解释⑤将对适用简易程序的案件可能判处的刑期进行了限定⑥。从时间上来看，自现行刑事诉讼法1996 年进行修改以来，简易程序即被固定起来，而相关专门司法解释颁行于 2003 年，2013 年初施行的刑事诉讼法司法解释并未增减该程序的适用条件，仅增加了排除适用条件，可见，对于该程序的定义仍保持在模板与基础性作用，广泛地将各种轻型犯罪归于其处理范围内，主要解决轻型犯罪数量大增的情形，仅在适用程序方面表现出一定程度的合意倾向。

和解程序作为 2013 年刑事诉讼法修订以来新增的程序，主要通过司法解释进行完善，值得注意的是，刑事诉讼法司法解释对于适用该程序的表述为"事实清楚，证据充分"⑦，这与对简易程序⑧及轻刑速裁程序的表述相一致，也再次说明了程序整合具有相应基础。和解程序在此基础上，以犯罪嫌疑人（被告人）与被害人或其近亲属达成的和解协议为基础，这一程序第一次将不同主体之间的合意作为公法意味极强的刑事诉讼法中减轻处罚的情节，也为轻刑速裁制度这一"辩诉交易"的本土化提供了进一步的基础。

---

① 具体而言是指危险驾驶、交通肇事、盗窃、诈骗、抢夺、伤害、寻衅滋事、非法拘禁、毒品犯罪、行贿犯罪、在公共场所实施的扰乱公共秩序犯罪共十一项。

② 分别为交通肇事、盗窃、诈骗、抢夺、伤害、寻衅滋事、非法拘禁、毒品犯罪。

③ 分别为交通肇事、盗窃、诈骗、抢夺、伤害、寻衅滋事、非法拘禁犯罪。

④ 即"要根据经济社会的发展和治安形势的变化，尤其要根据犯罪情况的变化，在法律规定的范围内适时调整从宽和从严的对象、范围和力度"。

⑤ 《关于适用简易程序审理公诉案件的若干意见》，此意见颁布于 2003 年。

⑥ 即"依法可能判处三年以下有期徒刑、拘役、管制或者单处罚金"。

⑦ 《最高人民法院关于适用〈中华人民共和国刑事诉讼法〉的解释》第 496 条。

⑧ 《最高人民法院关于适用〈中华人民共和国刑事诉讼法〉的解释》第 298 条。

　　轻刑速裁程序自相关文件确定试点后即被称为我国的"辩诉交易"制度,由于我国的刑事法律传统一直为职权主义模式,因此其可能引发的争议可想而知,因此对于该程序的适用及排除适用做了较为明确细致的规定。从轻刑速裁程序的适用条件规定上可以看到,其脱胎于简易程序,即除了案情简单以及被告人认罪、同意适用等条件之外,还需当事人对适用法律没有争议、犯罪嫌疑人/被告人同意检察院量刑意见,即需要产生三方合意,这也是对和解程序的进一步发扬。

　　(三)三程序排除条件整合可行性

　　关于简易程序与轻刑速裁程序的排除适用条件从数量上皆多于适用条件,可见对于新程序适用的稳妥性仍是强调的重点。

　　简易程序与轻刑速裁程序在被告人主体方面采用相同的禁止规定,即盲、聋、哑人、尚未完全丧失辨认或者控制自己行为能力的精神病人不能适用此二程序,除了刑法已经规定对这些特殊主体的从轻减轻处罚,此外还考虑到这些主体在认知能力方面存在的一定差异,就这一差异,刑事速裁程序还增加了对未成年人的排除适用。

　　二程序皆对共同犯罪部分犯罪嫌疑人、被告人存在异议时采取排除适用态度,轻刑速裁的表述更为细致,在部分犯罪嫌疑人、被告人对指控事实、罪名、量刑建议有异议时整体排除适用。不过二者还是存在轻微的差异,即轻刑速裁程序中,虽然共同犯罪中部分犯罪嫌疑人、被告人对适用程序有异议却并未排除适用本程序。此外,增加了法庭的审判责任,即须分辨被告人认罪的案件是否可能不构成犯罪,此外轻刑速裁程序还增加了法庭审查量刑建议是否恰当的责任。

　　二程序还更加重视辩护人的作用,当其为被告人做无罪辩护时,即二程序皆被排除适用。

　　除了上述重合部分,二程序还各有侧重,简易程序规定有重大社会影响的案件排除适用,其更为注重社会效果,但重大社会影响的标准比较难以界定,而且轻刑速裁程序对于刑期的限制基本排除了此类案件,因此在轻刑速裁程序中并未规定此排除适用规定。作为最新从宽制度,轻刑速裁程序还规定了另外三种情形,分别是未达成调解或者和解协议的;违反取保候审、监视居住规定,严重影响刑事诉讼活动正常进行的;累犯、教唆未成年人犯罪等的。从此三种情形可以看到,轻刑速裁程序还吸收了和解程序的排除性规定,即排除累犯与未达成调解或和解协议。

三、程序整合中的制度借鉴及问题解决

（一）制度借鉴

传统上我国为大陆法系国家，刑事法律具有重实体轻程序的特点。认罪认罚从宽处罚的核心是犯罪嫌疑人或被告人在刑事案件处理过程中，主动认罪认罚以换取刑期的减免与从宽处罚。其实质是犯罪嫌疑人或被告人放弃部分诉讼权利，以提高案件处理速率，作为对犯罪嫌疑人或被告人权利损失的补偿而给予量刑上的优待。比如对于特定类型的案件，事实清楚，证据充分，被告人主动认罪，并且同意适用轻刑速裁程序，将会在庭审过程中省略部分环节，从而提升速率。但是庭审部分环节的省略，必然牺牲掉被告人的辩护权及其相关权益，在对抗制诉讼模式下，势必导致双方力量失衡，进而会对案件实体的认定产生冲击。如何缓和公正与效率，使实体公正与程序公正达成一个相对的平衡，这成为认罪认罚从宽制度设计中无法回避的难题。

德国作为大陆法系国家的典型，实体正义成为其在案件处理过程中的首要考量因素。但是犯罪数量的上升，案件类型的多样与复杂冲击着其传统的案件处理模式，对效率的考量日益提上日程。最为典型的就是吸收引进美国的辩诉交易制度。辩诉交易制度突出体现了实体公正与程序公正的妥协。在美国，辩诉交易从司法实践中衍生出来，后经法律予以确认。因而其更多地迎合实践需求，由控辩双方予以把握，交易内容不仅涵盖刑的认定而且涉及罪的认定，法官仅仅做形式审查。富有浓厚的功利主义色彩。德国在引进辩诉交易时，对其进行本土化改造，一方面把交易内容限定于量刑，排除罪名的协商，保证法庭对罪名认定的绝对控制权。另一方面，又将控辩交易延伸为审辩交易，法官可以主动介入交易过程，并且对案件进行实质审查。这就使得一方面吸收了辩诉交易效率优势，同时又保证了案件审查实体上的公正。德国的这一处理方式与我国的实际需要以及司法传统是相吻合的，因而可以对这种改革的思维模式加以借鉴。

具体来看，德国的刑事处罚为刑罚处罚和保安处罚二元体系，对于可能判处一年以下有期徒刑的轻微刑事案件适用独立的快速审理程序，但德国的刑事简易程序没有专门罪名的限制，仅规定不允许适用于未成年人犯罪

的案件①。我国的刑事处罚体系与之类似,为刑罚处罚与行政处罚二元体系,这也提示我们,并不须将任何具有社会危害性的行为皆纳入刑事司法程序进行惩罚,行政处罚作为刑事处罚的补充,可以分流相当部分违法行为的处罚工作,但需注意的是要将其进行体系化的规范,否则类似劳教制度的诟病将使制度整合适得其反。关于罪名部分,德国刑法以刑期限制社会危害程度,从而规避了十分严重的罪名进行简易审理的可能性。而正在试点的轻刑速裁程序则在此基础上增加了罪名限定,这则更体现了社会效果的考量。我国在进行程序设计时,可以对德国的刑罚处罚制度予以批判性吸收。

(二)问题解决

关于刑事政策与刑法学科理论研究,既相辅相成又容易产生分歧,为了解决现实存在的矛盾而制定的政策,势必不能如学科研究一般仅偏重逻辑的贯通,因此如何调和"宽严相济"的刑事政策与体系性的刑事法律科学成为认罪认罚从宽制度进行程序性整合的首要问题,其中无不体现着司法实践与理论研究的交锋与妥协。而且刑事政策的提出,无一不是为了针对凸显的司法矛盾,如果仅研究刑事政策而忽视隐藏的社会矛盾,则有本末倒置之嫌。宽严相济的刑事政策下的"轻刑速裁"还是"认罪认罚从宽制度",其针对的司法矛盾即是日益凸显的轻型犯罪数量激增与司法体系处理案件能力增长缓慢之间的矛盾。例如《刑法修正案(八)》增加危险驾驶这一罪名后,全国法院刑事案件进入一个增长的高峰,由于社会危害性较小等原因,大量危险驾驶罪的被告人最终都被判处缓刑与罚金刑,但情节简单、量刑较轻的危险驾驶罪,审理过程依然需要数月,这无疑大大增加了司法体系的运行负担,而"速裁程序"无疑是解决此问题的重要手段。但仍存在一些需要研究的理论问题。

1."从宽"处罚制度的价值判断问题

刑事犯罪的违法成本除了受到刑罚的制裁,还有社会的消极评价,其往往容易令人忽视,甚至某些犯罪嫌疑人或被告人也不认为这是一种犯罪的代价。但法律制定者层面却不能不重视法律的社会作用,否则刑事法律只能成为为罚而罚的无用循环。

认罪认罚从宽制度的提出,便带有一种诱导性倾向,即妥协接受犯罪的

---

① 李本森.我国刑事案件速裁程序研究——与美、德刑事案件快速审理程序之比较[J].环球法律评论,2015(2):114.

定性和刑罚的定量对于被告人来说是最有程序价值的,这一妥协的诱惑力在于刑法制裁程序的减轻,但却隐含着接受社会消极评价这一后果。因此,在整合程序构建"认罪认罚从宽制度"时,需要着重考虑这种诱导性倾向的消除与淡化。"轻刑速裁"被某些媒体喻为"中国版的辩诉交易"。① 辩诉交易在其发源地美国仍然饱受巨大争议,其存在的意义,在于极大地节约了司法资源,提高司法效率,然而国家让渡部分司法权力而获得的效率提升,在职权主义盛行的法域中,极易造成司法体系威严的降低和民众信心的丧失。"辩诉交易"的基础,是被民众普遍接受的"契约精神",正因为辩诉交易具有"契约"的某种特征,所以"契约精神"是其民意基础以及发挥功效的保证。我国司法体系职权主义色彩浓厚,关于司法体系的交易在民众观念中缺乏基础,贸然适用可能在社会价值判断方面造成一定波动。相关轻刑速裁程序的限制性规定以及试点做法,其目的即在于降低实验性立法中的风险。

　2.侦查机关定罪、审判机关量刑的困境

　我国刑事法律规定,刑事司法程序包括立案、侦查、审查起诉、审判、执行,可见刑事案件进入司法程序始于侦查机关的立案审查。由此可见,侦查机关处于甄别某一行为是否触犯刑事法律的第一阶段这一关键位置,但由于多种现实因素,检察机关审查不起诉、人民法院审判为无罪的比率极低,这也构成了一个现象,即侦查机关定罪、审判机关量刑,这一现象呼吁着改革者对刑事司法制度层面改革的考量。

四、程序整合的趋势

（一）罪名限定与扩张

1.毒品犯罪

　毒品犯罪包含十二个罪名,涉及有关毒品的各种犯罪情形,且刑期跨度极大,从三年以下有期徒刑直至死刑。上文已述毒品犯罪既被轻刑速裁程序纳入适用范围,同时却被《最高人民法院关于贯彻宽严相济刑事政策的若干意见》这一当前刑事政策基本原则性文件规定为从严从重处罚,正是由于毒品犯罪的繁杂情形与量刑跨度极大,造成了这种看似矛盾的两种规定。

　刑法分则第六章第七节所规定的毒品犯罪中,刑期为三年以下的除涉案毒品的较低数量这一情形外,还有包庇毒品犯罪行为、掩饰隐瞒毒品犯罪

---

① 关于"中国版辩诉交易"的媒体评价,http://www.infzm.com/content/117323,2016-10-9.

所得、针对制毒物品与毒品原植物的犯罪以及引诱教唆欺骗容留他人吸毒等情节较轻时的情形,但这些情形中可能判处一年以下有期徒刑、管制、拘役的,又属于少数情形。因此轻刑速裁程序通过刑期的限定,实际上将绝大部分毒品犯罪的情形排除在外,仅对情节极轻的情况进行适用,同时毒品犯罪作为社会危害性极大的犯罪,通过其他司法解释对其他情形明确应当从严处罚,也更体现出了"宽严相济"的刑事政策对新制度的影响。

2.诈骗罪下游犯罪

与毒品犯罪相类似,我国刑法对诈骗罪规定了众多下游罪名,而且诈骗罪同样既被轻刑速裁程序纳入适用范围,也被《最高人民法院关于贯彻宽严相济刑事政策的若干意见》归为从严处罚的犯罪。但不同的是,众多的下游犯罪将诈骗情形详细规定出来后,使得诈骗罪成为常见的补充型罪名,而且众多的下游罪名均重于诈骗罪,这也说明将诈骗罪纳入轻刑速裁程序或程序整合后新制度防卫具有可行性。

(二)刑期调整

正如在毒品犯罪中所分析的,可能在轻刑速裁程序规定的罪名中判处一年以下有期徒刑的情形比例并不甚高,这一规定的初衷是为了审慎地进行实验性立法,如果要进一步对认罪认罚从宽制度进行整合,则还需在一定范围内扩大刑期的规定,或可借鉴和解程序中关于过失犯罪的相关规定。

(三)加强司法监督

由于认罪认罚的认定具有一定的主观性,因而操作上具有一定的随意性,结果上又往往带来量刑上的优惠,这就容易造成司法腐败。同时认罪认罚后会相应产生诉讼权利的削减,损害犯罪嫌疑人或被告人的权益,削弱其与控方对抗的能力,因而需要对认罪认罚的认定进行细致的规定,并且加强审查和监督。全国人民代表大会常务委员会《关于授权最高人民法院、最高人民检察院在部分地区开展刑事案件认罪认罚从宽制度试点工作的决定》指出"完善诉讼权利告知程序,强化监督制约,严密防范并依法惩治滥用职权、徇私枉法行为,确保司法公正"所体现的正是此意。

五、结语

认罪认罚从宽处罚是宽严相济刑事政策的题中之意。一方面有利于缓解司法实践中案件积压难决的现状,犯罪嫌疑人或被告人的主动配合势必会加快诉讼进程,提高案件处理效率。特别是在推行"员额制"改革的现行背景下，要求精简司法人员、提升法官素养，但是案多人少的压力在原有诉讼程序下将会进一步拖慢诉讼进程。该制度的设立符合经验的诉求。另一方面，认罪认罚又是犯罪嫌疑人或被告人人身危险性的反应，落实刑罚的矫正目的，实现刑法的特殊预防。因而该制度又是对犯罪、刑法、刑罚科学认识的结果。所以说认罪认罚从宽处罚是经验和理论双重作用的结晶。任何一个制度的产生都不是兀自设立的，而是脱胎于既有的制度规范之上。认罪认罚从宽处罚也是如此，在诉讼法中与之关系最为密切的是刑事和解、简易程序以及刑事速裁程序。因而必须整合相关程序，做好衔接，才能在司法运用中形成有机整体。

尽管认罪认罚从宽处罚适应实践需要，也具有一定的科学理论做指导，但由于其尚处于实验性立法阶段，百废待兴，因而仍有很多问题需要进一步思考。首先，认罪认罚从宽处罚并不仅仅是关乎程序法的制度，正如开篇所言，其在实体法中也有所体现。因而仅仅从程序法的相关制度着手显然是不够的，实体法也应做出相应的调整，而且罪刑法定、罪责刑相适应作为刑法的基本原则，贯穿刑法的整个过程。刑事诉讼法作为实体法的保障法，其势必也应当受到该原则的限制。这就不得不思考认罪认罚从程序上带来的刑罚减免是否合法。其次，认罪认罚从宽处罚是否会影响到案件的证明标准也是一个需要思考的问题。我国刑事诉讼法规定案件证明标准需要达到"事实清楚，证据确实充分""只有口供不得定罪""没有口供也可以定罪"。认罪认罚从宽处罚势必会对此产生一定的冲击。有学者主张不得降低证明标准，但是这就将大大限制认罪认罚从宽处罚的适用范围。再次，认罪认罚从宽处罚加快了诉讼进程，提高了诉讼效率，体现了公正的实现对效率的需求。然而在进一步推行的过程中，如何防止目的理性被工具理性所取代，以免其违背改革者的初衷值得关注。最后，认罪认罚从宽处罚目前只有一个框架，框架内仍有许多细微的问题亟须解决，比如学者争议较多的关于被害人参与程度、律师参与、制度适用阶段等，均需做进一步的思考和探讨。

论贪污贿赂犯罪的刑事政策

魏文娜

（天津商业大学法学院 天津 300134）

[摘要] 贪污贿赂犯罪刑事政策是指导贪污贿赂犯罪刑事立法、司法和执法的宏观方略。在综合考虑影响贪贿犯罪刑事政策的因素下，贪污贿赂犯罪应在"宽严相济"基础上坚持"严而不厉"立法政策，不支持"又严又厉"或"从严惩处"；"严而不厉"立法政策具备应然上的合理性与实然上的趋向性。在吸收《联合国反腐败公约》中刑事政策理念和立足于我国司法实践下，要明确贪污贿赂犯罪的刑事侦查、起诉和审判政策。贪污贿赂犯罪刑事执行需注意对死刑执行人道化和对死缓犯的终身监禁的谨慎使用。

[关键词] 贪污贿赂犯罪；严而不厉；立法政策；司法政策；执法政策

一、贪污贿赂犯罪刑事政策含义界定

"刑事政策"由费尔巴哈首次提出，其定义"刑事政策为国家同犯罪做斗争之惩罚措施的总和"。① 在经历一段历史的沉寂后，李斯特再次提起且增添新的含义："刑事政策是国家和社会同犯罪做斗争的原则的总和。"②李斯特之后，各国学者对"刑事政策"提出自己的见解，有广义说、狭义说等争论，例如日本学者大谷实将刑事政策分为"最广义""最狭义"与"狭义"③；我国学者林纪东把刑事政策分为"广义""狭义"④等。本文认为，各位学者立足于不同立场、领域、视角对刑事政策会有各自的见解，广义与狭义的争论，可

---

① [法]米海依尔·戴尔玛斯－马蒂.刑事政策的主要体系[M].卢建平，译.北京：法律出版社，2000：1.

② 曲新久.刑事政策的权力分析[M].北京：中国政法大学出版社，2002：35.

③ [日]大谷实.刑事政策学[M].黎宏，译.北京：法律出版社，2000：3.

④ 林纪东.刑事政策学[M].新北：台湾正中书局，1963：3—4.

认为是对犯罪原因的思考,亦是站在不同角度下审视的结果:从犯罪学或社会学立场、视角看刑事政策,学者会看到它的广阔,从而在社会大环境中去探寻它的内容;若从刑法学角度看刑事政策,仅限于刑法规范的视角,那么刑事政策就和刑法与刑罚联系更密切,其作用领域就会相对狭小,故其"广义"与"狭义"本身并没有对错、好坏争论的必要,学者可能依据自身视角去理解它,但是刑事政策有其应有之义。本文认为刑事政策不论广义或狭义,应是打击、预防犯罪的宏观指导原则,本文是从刑法学视角去探讨贪污贿赂刑事政策,法治世界中,刑法为惩处犯罪的直接手段,刑事政策通过作用于惩治犯罪之立法、司法、执法活动展现对犯罪的回应,其是应对犯罪的指导方略。刑法学视角下,贪贿犯罪刑事政策是应对贪污贿赂之具体政策,体现了国家如何运用刑事法律来打击、预防贪贿犯罪的宏观准则和方略。

二、贪污贿赂犯罪的刑事政策考虑因素

（一）一定时期的社会政治、经济形势

刑事政策作为国家防控犯罪之策略,不可避免地和特定历史下的时代背景紧密相关,所以贪污贿赂犯罪刑事政策不应一成不变,需要依据当前社会政治经济形势灵活制定与转换,与其相适应。刑法与政治的紧密关系是刑事政策的制定与调整上不可忽视的考虑因素,尤其对贪污贿赂犯罪这种政治性较强犯罪的打击。另外,随着市场经济浪潮的高低迭起和涌进,不同犯罪现象也会随之消退和显现,因此贪污贿赂犯罪刑事政策也应顺应时代经济浪潮的涌动在犯罪化与非犯罪化之中做出符合形势的调整。

（二）国际形势及对《联合国反腐败公约》（简称《公约》）的借鉴

腐败现象不仅是一国的政治、法律问题,也是全球各国不可忽视的为人痛恨的病疫,它是人类社会共同的公害,贪污贿赂行为也已呈现出跨国犯罪的趋势,所以其刑事政策的制定应具有全球视角。《公约》是首部国际视野下应对贪腐犯罪的"共同声明",是各国打击贪贿犯罪的成功经验之结晶。作为已经批准加入的国家,我国在惩治贪腐犯罪的政策上应该积极学习借鉴其先进的理念。《公约》对贪贿犯罪立法、司法、执法提出了一系列政策理念,应是我国打击贪贿犯罪政策可学习借鉴的国际视角的资源。

（三）贪污贿赂犯罪现象的自身因素

贪污贿赂罪刑事政策是反贪贿犯罪的指导方略,可以理解为犯罪学角度上"现象—原因—对策"中的"犯罪对策"范畴的宏观化,所以政策制定要

考虑现象和原因即贪贿犯罪行为自身特点、犯罪态势和犯罪原因。贪贿犯罪的主体特殊性和行为钱权交易性的自身特点,影响刑罚政策的制定。[1] 贪贿犯罪刑事政策需要对贪污贿赂犯罪的现状态势进行把握,"透明国际"发布的全球"清廉指数"[2]可在一定程度上反映一国贪腐犯罪的现象,报告显示中国清廉指数分数和名次一直"掉队":2011 年得分为 3.6,排名 75(总数 183);2012 年指数为 39,排名 80(总数 176);2013 年指数为 40,排名 80(总数 177);2014 年指数为 36,排名 100(总数 175);2015 年指数 37,排名 83,(总数 168)。可见我国腐败现象仍然持续严峻,刑事政策应体现对严峻犯罪态势的应对。此外对诱发某些情形下犯罪的主要原因的把握有利于制定针对特定犯罪的打击政策,把握贪污贿赂犯罪滋生的多方面原因,可制定反贪贿犯罪的综合全面的防控政策。

三、贪污贿赂犯罪刑事政策内容

贪贿犯罪刑事政策应包括贪贿犯罪刑事立法、司法和执法政策,它是打击、预防贪贿犯罪的系统协调的宏观指导方略。

(一)贪污贿赂犯罪的刑事立法政策

立法政策规划着打击犯罪之法网大小与松紧度,其有定罪和刑罚政策。由于它指导着立法活动,故其也影响刑法结构,反之,从刑法结构中能够反观、审视立法政策的实然情况与应然选择。学界通识且多持否定批判的是现行"厉而不严"的刑罚结构,由此反映出的"厉而不严"政策模式也不被认可。目前理论界存在对"严而不厉"或"又严又厉"政策应然选择之争论。本文认为贪污贿赂犯罪刑事立法政策应坚持宽严相济基础上的"严而不厉",不主张采取"又严又厉"或"从严惩处"的政策。

1. 贪污贿赂犯罪立法应遵循宽严相济基本刑事政策

基本刑事政策的定位决定了宽严相济理应也是贪污贿赂犯罪立法政策应遵循的。关于其内涵,官方与学界从不同角度的解读各异,作为贪污贿赂犯罪应坚持的刑事立法政策,从立法角度,宽严相济政策可理解为:在犯罪

---

① 庄建南,黄生林,黄曙,叶建丰.论贪污贿赂犯罪的刑事政策[J].法学家,2003(4).

② 清廉指数,是一个主观指标,依赖舆论与民意调查,反映的是关于腐败的主观感受,而不是对实际腐败行为的客观调查分析。2012 年以前采用 10 分制,目前得分按 100 分制:100 分表示最廉洁;80~100 分之间表示非常廉洁;55~80 分之间为轻微腐败;得分在 55 分以下的国家和地区则被认为明显存在着较大腐败问题。

的立法中,综合考虑之下,对于不够犯罪底线和犯罪情节尚轻微的要坚持"宽"的定罪和刑罚政策,将其阻却在犯罪和刑罚的圈子外或者采取较轻的刑罚;对于已达到犯罪标准和犯罪情形严重的应贯彻"严"的理念,要给予犯罪化的评价和重刑罚化的处理,且罪和刑能够在"宽"与"严"之间实现动态平衡互济,根据客观规律的变化衔接互通。宽严相济是对片面追求严格严厉"严打"政策之批判,也是"对惩办与宽大相结合"的扬弃,是符合客观规律的基本政策,贪污贿赂犯罪的立法应把握宽严相济的科学内涵,遵循宽严相济的政策指导,对实践中常见的而未规定为犯罪的贪污贿赂行为应予以犯罪化,对过重的刑罚予以适当降低,注意宽与严的相济等。

2.贪污贿赂犯罪刑事立法政策不宜选择"又严又厉"政策

基于对"厉而不严"刑事政策下刑事法网不严密、刑罚的较严厉且刑种配置不合理造成我国现阶段惩治贪污贿赂犯罪的效果不尽如人意的认识,学者多否定"厉而不严"刑事政策模式,在"严而不厉"或是"又严又厉"政策选择争论中,有主张后者的学者认为:"又严又厉"的政策为目前的犯罪态势所要求;由贪贿犯罪的较重社会危害性和刑罚供给量的关系所决定;严厉的刑罚是对贪贿犯罪威吓的必要;选择"又严又厉"刑事政策是《公约》的号召和国外经验的凝结。[①] 据此本文有以下质疑:我国现阶段的贪污贿赂犯罪的高发且大案、要案所占比重较大不是必然要求采取严厉的刑罚,刑罚供应和犯罪发生并不是单一的数据上的反比例关系,严刑峻法也不能是解决腐败问题的唯一手段。任何被规定为犯罪的行为都不可避免地具有严重社会危害性,犯罪化了的贪污贿赂行为也不例外,但刑法不该都对犯罪施以严刑峻法,对情节较轻犯罪,片面苛责酷刑,反而会阻碍特殊预防目的。贝卡利亚曾指出,与惩处之严厉性相比,刑罚的确定性给犯罪带来威慑和震撼是最强大的。[②] 所以刑罚对贪贿犯罪分子的威吓性并不体现于对过分苛责的追求,而是对确定性的刑罚及时、必然的执行。而且在"严"的政策合理扩大犯罪圈的基础上,对新入刑的犯罪行为来说,同犯罪化之前对比,"不厉"的处罚也是一定程度的"厉",所以对看似"不厉"的惩处及时执行,增强对贪贿犯罪惩罚必定性,也能彰显出对贪贿犯罪的威慑性和权威性。《公约》的许多规定可以认为是严密法网之"严",但并不能说明要一味地用严厉刑罚,其也

---

① 孙国祥.我国惩治贪污贿赂犯罪刑事政策模式的应然选择[J].法商研究,2010(5).

② [意]贝卡利亚.论犯罪与刑罚[M].黄风,译.北京:中国大百科全书出版社,1993:57.

是秉承宽严相济。另外以"又严又厉"是域外惩治贪污贿赂犯罪实践经验的总结为理由，认为我国也应采取该模式，不具有说服性，因为同样世界上许多国家对贪贿犯罪都采纳"严而不厉"政策，并且成效也很明显，所以一国犯罪的刑事政策应结合该国的国情实际。"又严又厉"不符合基本刑事政策要求，不符合刑罚轻缓化发展方向。所以本文认为单纯依据"重典治世"来惩治我国的贪污贿赂以实现刑罚的威慑的思维而采取"又严又厉"的刑事政策模式是不可取的。

3. 贪污贿赂犯罪应采取"严而不厉"立法政策

(1)"严而不厉"立法政策之选择有其合理性与必要性

"严而不厉"指在适度严密法网情形下，实现刑罚宽缓化，它要求在遵循客观规律下适度扩张和宽缓，反对无限度扩大犯罪圈和放任性宽缓刑罚。在对"严而不厉"的理由陈述中，储槐植教授从刑罚目的、功利得失、时代趋势三方面，论述了"严而不厉"的合理性，其更符合刑罚特别预防的目的，更具有长远意义上打击预防犯罪的效益性，更能符合刑罚宽缓化的发展态势。[①] 本文也赞同"严而不厉"的合理性，在对犯罪原因的理解和刑法功能的反思下，人们认识到刑罚对治理犯罪的局限性，将防控犯罪的视野拓展到刑法之外，实行综合治理，主张一般预防的社会对策将分担刑罚惩治犯罪的严厉性，拒绝一味施以严刑峻法，这正是"不厉"刑罚的时代合理性。此外，"不厉"政策不仅契合了刑罚宽缓化的发展潮流，也与该犯罪的行为特点相符合，如根据贪污贿赂犯罪的贪利性、身份性、社会危害性小等特点，对其适用罚金、没收财产或资格刑的非监禁刑，则是罚当其行，更有利于特殊预防的目的。

另外，贪贿犯罪坚持"严而不厉"立法政策不仅是该政策本身具有合理性，也是贪贿犯罪的政策转变必要性的需要。当前社会在政治上反腐的决心和形势下，提出的"苍蝇老虎一起打"的"零容忍"政策，是严密法网的迫切需要，但是一贯"严打"下刑罚严苛，并没有使社会腐败犯罪减少，也促使贪贿犯罪刑罚政策向"不厉"宽缓刑罚转变。另外需要注意的是，对应对严峻犯罪形势，党中央提出的以"破窗理论"为基础理论的"零容忍"的政策理念，本文认为应是"严而不厉"之"严"的要求，并不是"从严惩处"的政策。"零容忍"即"苍蝇老虎一起打"，侦查大案要案时也不忽视对小案惩处，体现对"抓

---

① 储槐植.严而不厉:为刑法修订设计政策思想[J].北京大学学报(哲学社会科学版),1989(6).

大放小"政策的反思改进,是"严而不厉"政策中严密法网、降低入刑门槛的"严"的体现,其不是"苍蝇老虎一起严打",所以不能因此认为它是"从严惩处"或"又严又厉"政策的体现。

(2)"严而不厉"立法政策已显现于贪污贿赂犯罪实然的刑法规范中

立法政策指导立法实践活动,所以立法活动的结果即刑法规范的内容变化也反映着立法政策的实然的转变动向。"严而不厉"立法政策在刑罚规范上表现为:通过增加新罪名或修改构成要件来实现犯罪化和犯罪圈适当扩大;通过对死刑的废止或谨慎使用来改变刑罚的酷刑;通过非监禁刑(财产刑或资格刑)规定来体现刑罚宽缓化等。从《刑法修正案》(九)对贪污贿赂犯罪的修订中可以看到立法政策的"严而不厉"趋向:为与"利用影响力受贿罪"相呼应,修正案设立了"对有影响力的人行贿罪",扩充了贪贿犯罪的犯罪圈,可谓"严"之政策的实然显现。另外,新修正案确立的不仅依据数额而且将情节也作入罪量刑考虑因素,也可以在一定程度上增加入罪的情形。在《刑法修正案(九)》更能看到贪贿犯罪刑罚处罚"不厉"之立法政策思维:首先,死刑适用更加严格。虽然修正案保留死刑,却增设了更加严格的法定情节,第44条将"情节特别严重"修改为"数额特别巨大,并使国家和人民利益遭受特别严重损失的",适用条件更严格,且改变以前的必须适用为可以与无期徒刑选择适用;另外对于增加"对符合情况的死缓减为无期徒刑后予以终身监禁"的规定,从表面上看可能是加重的苛刑,但从整体适用考虑,其可能是死刑立即执行的替换刑,是立法政策相对的"不厉"。其次,本罪的特别从宽处罚的适用由以前的只能在"五千元以上不满一万元"范围内,扩大到三种犯罪情形都可以视情况适用,扩大从轻、减轻或免除处罚的适用情形,是轻刑化的表现。最后,在刑种与刑罚的规定上更体现了对特殊预防的考量,符合"严而不厉"的刑罚目的理念。修正案新设贪贿犯罪罚金刑之适用,并且根据修正案第一条规定,因利用职务之便实施犯罪,基于预防再犯罪考虑,可在一定时间内禁止其从事相关职业,使贪污贿赂犯罪具有适用资格刑的可能,这些规定都体现了结合贪污犯罪自身特点以达到更好特殊预防犯罪目的的刑罚政策,本质上是和"不厉"的刑罚轻缓是相符的。所以可见,主张"严而不厉"的刑事立法政策不仅是有理论基础,更具有实践选择的方向性引导,其具有应然和实然的趋同性。

　　(二)贪污贿赂犯罪的刑事司法政策

　　刑事司法政策主要包括侦查、起诉与审判三方面。① 贪污贿赂犯罪司法政策主要是在立足司法实践并借鉴《公约》的经验。

　　1.提升贪贿犯罪侦控效能、增加侦查手段、加强侦查合作

　　随着贪贿犯罪的科技依托性、隐藏秘密性、方式多样性等趋势，贪污贿赂犯罪的查处难度和犯罪黑数都较大，因此惩治贪腐有必要加强对贪污贿赂犯罪的案件侦破的支持，在刑事政策上应给予支持，要适当扩大侦查权，促进犯罪侦破效率的提升。借鉴《公约》理念，可采取适当给予侦查机关特殊的侦查手段的政策，如控制下交付等。另外，在犯罪侦查上，《公约》还体现了协同互助理念，强调侦查与防控的国内、国际合作，体现"国家机关与私营部门之间的合作"等进而打造一个广泛的侦控合作互动联络体系。② 针对贪污贿赂犯罪的国际化、复杂性，我国也应倡导侦查合作政策理念，增强对贪污贿赂犯罪的侦查效能，尤其对外逃贪腐分子要加强侦查控制，需要强化与国际合作。

　　2.完善贪污贿赂犯罪的诉讼保障程序

　　实现对贪贿犯罪的打击预防，必须要有完善的有利于保障诉讼程序进行的措施。《公约》有许多保障反贪腐犯罪诉讼程序的理念，我国也应根据实际予以借鉴，体现在：一是引入主观推定。公约明确了可依据实际情形，对构成要件的故意等主观要件进行推定，从而避免对于某些犯罪的证明困难；二是延长追诉时效。为保障追诉，公约明确了可以放长对时效的设置，且强调已被立案却不在案的应设置更长远的或免于时效的限制，体现了给予充分时间去保证追诉的政策理念；三是对妨碍司法的行为以犯罪化。对以故意采取恫吓或给以某些利益以引诱等方式诱迫他人出示欺骗性证据的行为和干扰执行公务的行为，公约予以犯罪化的处置，体现了对贪贿犯罪的诉讼的保障政策理念；四是污点证人制度，同时明确加强证人、鉴定人和举报人的保护。针对贪腐犯罪隐蔽性和难发现的特点，公约确立污点证人制度可在一定程度上提高案件诉讼的侦破效率，同时加强对有关人员的保护，减少有关人员的后顾之忧，保障诉讼程序的依法进行。③ 我国应结合自身情况予以适当借鉴以保障诉讼程序的顺利进行，如为保障诉讼可适当延长

---

① 严励.广义刑事政策视角下的刑事政策横向结构分析[J].北方法学,2011(27).
② 叶林华.《联合国反腐败公约》与我国反贪刑事政策的完善[J].法学,2007(11).
③ 叶林华.《联合国反腐败公约》与我国反贪刑事政策的完善[J].法学,2007(11).

追诉时效,要注重加强对涉案人员的保护等。

3.规范司法审理活动,统一量刑标准,规范自由裁量权,依法行使司法权

目前的司法实际中存在着司法审判活动不规范的情形,许多地区对贪污贿赂犯罪的定罪量刑数额有自己的"内部"标准,司法上存在同种情节异样处罚结果,还有贪贿犯罪减刑、假释、缓刑适用任意化等情形,这都要求加强贪贿犯罪司法审理的规范化。最新修正案对实践中出现的问题做出了立法上的回应,改变了以前单一且固定的入罪标准,采用复合且灵活的规定,司法解释也对其进行了进一步明确,这为司法操作提供了符合当下的切实可行的规范。所以,在司法实践中应摒弃各地乱定标准的不规范做法,严格依法办案,同时在自由裁量的范围内,规范裁量,避免出现"同罪不同刑"的情形。对贪贿罪犯的量刑应当在事实与法律范围内进行,法官自由裁量时要综合考虑影响量刑的因素,内心秉持公正,不可屈于"压力"而偏移裁量,规范行使公权力,增强刑事审理活动的公信力和权威性。

(三)贪污贿赂犯罪的刑事执行政策

根据刑罚种类,刑事执行政策有死刑、监禁刑和非监禁刑。① 贪贿犯罪执行政策应立足于贪贿罪犯人身危害性与贪贿犯罪的自身因素,并顺应世界刑事执行发展趋势。

1.贪贿犯罪刑事执行从监禁刑到非监禁刑适当转化

在坚持"严而不厉"立法政策下,贪贿犯罪的打击领域会适当增大,犯罪总量也会有所增加,如果一直监禁,则势必增加监狱压力,所以在执行过程中要注意对罪犯改造情况的考察,对于符合条件的要予以减刑、假释等,促进非监禁的实现。同时贪贿犯罪具有唯利性特点,一般该主体社会危害性较低,更具有适用非监禁的实际可行性,但在非监禁中也要同时兼顾对贪腐犯罪分子刑事惩罚性之体现。

2.贪污贿赂犯罪监禁刑的执行要坚持行刑的平等性,规范减刑、假释、缓刑的适用

贪贿犯罪分子身份的公职性导致其具有不同于其他犯罪分子的某些"优势",他们都曾拥有一定的公权力,所以在其监禁刑的执行中可能会因背后的权力而享有不同于其他犯罪分子"优越"的行刑条件,从而导致行刑不

---

① 严励.广义刑事政策视角下的刑事政策横向结构分析[J].北方法学,2011(27).

平等,所以监禁刑执行中应一视同仁,坚持法律面前人人平等,避免给予任何法外的特殊"优待"。同时,在行刑过程中的减刑、假释的适用要严格依法进行,对不符合法律条件的一律不能减刑、假释,同时对假释和缓刑的适用情况依法监督。

3. 贪污贿赂犯罪死刑执行人道化,谨慎适用死缓犯终身监禁刑

贪贿犯罪死刑存废一直是理论界探讨的话题,目前刑法尚有保留,但在"严而不厉"政策和立法实践中可以看到死刑废止的方向性,这是对酷刑的逐渐摈弃和向轻刑化的发展的要求,所以对死刑执行更应注重对人道主义的保护,要改善死刑执行方式,遵循人道化理念,如改枪毙为注射或其他方式等。另外,修正案增加了对符合特定条件的死缓犯可以予以终身监禁的执行方式,虽然该方式可以认为是对死刑立即执行的一种替换,但就其他能够减刑、假释的死缓犯来说,其仍有较大的严厉性,所以对贪贿犯罪的死缓犯应依法、严格、谨慎地适用终身监禁。

贪污贿赂犯罪的罪刑标准考量及条文重难点分析
——以《刑法修正案(九)》及其司法解释为背景

周亚飞

(天津商业大学法学院 天津 300134)

[摘要]贪污贿赂犯罪在《刑法修正案(九)》当中变动较大,其中的罪刑标准问题成为此次修改当中的重点,该修正案将数额标准修改为数额加情节这一双重标准。随后两高又出台了《关于办理贪污贿赂刑事案件适用法律若干问题的解释》,该解释对数额、情节等进行了具体的规定,以裨益于司法适用。但是其中也有因文义、价值等处理上的欠妥性规定,需要对其进行探究和理解,以便更合理地应用于实践。

[关键词] 贪污贿赂;《刑法修正案(九)》;罪刑标准

一、导言

近年来我国的贪污贿赂犯罪无论是在数量上还是严重程度上都呈上升趋势,在职务犯罪案件数量逐年增加的情况下,大案、要案频发,特别是十八大以来,从科级干部到国家级领导干部纷纷落马,充分表明了打击贪污贿赂犯罪形势严峻、刻不容缓。在立法层面,需要找出旧有的刑事法律规定在惩贪治贪方面呈现出来的诸如罪刑标准不合理、操作性不强、打击面不广造成的法网稀疏、打击不力从而轻纵犯罪进而刺激犯罪等漏洞,通过修改和完善立法规定,发挥法的预防和控制作用。

本次修正案对贪污贿赂犯罪做了大的变动,此后最高人民法院和最高人民检察院出台的《关于办理贪污贿赂刑事案件适用法律若干问题的解释》(以下称《解释》)对贪污贿赂犯罪的相关罪名适用做了明确和细化,这样原则化的条文具备了适用上的可能。此次对贪污贿赂犯罪的修改主要体现在罪刑标准的认定问题上,即由单纯的数额标准转向数额加情节的双重标准。

同时,解释对刑法条文的细化也使相关罪名有了新内涵,需要在司法实践当中予以恰当理解和适用。因此,针对修改后的法条以及《解释》当中存在的形式上或者内容当中的不足,通过解释加以理解以保证法的合理实现是必要的。本文就贪污以及贿赂类型犯罪的定罪以及量刑标准问题,结合此修正案的相关方面变动予以探究,同时,对于修订案所涉及的几种罪名在条文之间关系、文义表达、理论架构等层面存在的含混、误读等问题,进行逐一的讨论,最终达到对立法规定的恰当理解,对适用阶段可能出现的含混性理解予以澄清,对可能的错误理解进行纠偏,以便新的法律规定在操作层面更加具有可能性,进而收到最大的效果。

二、贪污贿赂犯罪的罪刑标准价值分析

(一)贪污贿赂犯罪的罪刑标准沿革

在新中国的刑法体系当中,最早对贪贿类犯罪的刑罚标准做出规定的是在1979年《刑法》第155条①,由于该条文没有具体数额的规定,过于空泛,不易把握,不便于司法操作和适用,故1988年全国人大常委会专门制定的《关于惩治贪污贿赂罪的补充规定》(以下简称《补充规定》)对此做了补充和修改。② 该《补充规定》第2条对处罚标准做出了具体规定。③ 正是由于1979年《刑法》规定过于原则化,《补充规定》在该原则条文之下将量刑标准数额化,暂时解决了司法实践当中出现的具体量刑无法把握的问题。可以说,在当时这种刑法制定方式受到了学界所逐渐意识到进而提倡的罪刑法

---

① 1979年《刑法》第155条规定:"国家工作人员利用职务上的便利,贪污公共财物的,处五年以下有期徒刑或者拘役;数额巨大、情节严重的,处五年以上有期徒刑;情节特别严重的,处无期徒刑或者死刑。犯前款罪的,并处没收财产,或者判令退赔。受国家机关、企业、事业单位、人民团体委托从事公务的人员犯第一款罪的,依照前两款的规定处罚。"

② 高铭暄.中华人民共和国刑法的孕育诞生和发展完善[M].北京:北京大学出版社,2012:601.

③ 《关于惩治贪污贿赂罪的补充规定》第二条:"对犯贪污罪的,根据情节轻重,分别依照下列规定处罚:(一)个人贪污数额在5万元以上的,处10年以下有期徒刑或者无期徒刑,可以并处没收财产;情节特别严重的,处死刑,并处没收财产。(二)个人贪污数额在1万元以上不满5万元的,处5年以上有期徒刑,可以并处没收财产;情节特别严重的,处无期徒刑,并处没收财产。(三)个人贪污数额在2000元以上不满1万元的,处1年以上7年以下有期徒刑;情节严重的,处7年以上10年以下有期徒刑。个人贪污数额在2000元以上不满5000元,犯罪后自首、立功或者有悔改表现、积极退赃的,可以减轻处罚,或者免予刑事处罚,由其所在单位或者上级主管机关酌情给予行政处分。二人以上共同贪污的,按照个人所得数额及其在犯罪中的作用,分别处罚。对贪污集团的首要分子,按照集团贪污的总数额处罚;对其他共同贪污犯罪中的主犯,情节严重的,按照共同贪污的总数额处罚。对多次贪污未经处理的,按照累计贪污数额处罚。"

定原则的影响。从法制定的时间期间来看,各类标准也都具备其合理性,基本上可以满足应对该种类犯罪的需要,能够实现法的制定初衷。问题就在于,法律之滞后,特别是此类有关数额犯的规定,很容易因为时间的推移而显露出其弊端。由于时间因素,导致很多相关的定罪与量刑的参照标准不断变化,进而使依据失去其合理性。以数额犯为例证,时间因素所带来的直接变化因素,诸如经济条件不断改善带来的犯罪对法益之损害程度不同,因此据以定罪和量刑的标准也不能墨守成规,否则也会使法的正义价值受到减损。

　　具体到贪污以及贿赂的相关犯罪来说也是同理,其在《补充性规定》出台以后成为数额犯,但是问题就在于,改革开放以来,人民的收入水平不断得到提高,《补充规定》第 2 条的数额标准偏低,盲目地适用原有数额进行案件审判,不免会造成刑罚处理上的不公平,也会导致刑法的一般预防效果大打折扣,结果就是这些具体的数额难以有效遏制犯罪。无论是对该类犯罪本身的规制效果考察方面,还是对社会效果进行检测,都难以收到在立法之时所期望的效果。刑罚的效益大打折扣,需要对社会危害性结合新时期的经济发展状况对数额进行重新定位和计量。也正是考虑到以上原因,在1997 年《刑法》第 383 条当中[①],在沿用原来《补充规定》的数额标准原则下,提高了量刑数额。同时,有关受贿罪的罪刑处理,其标准体现在 1997 年《刑法》第 386 条[②],而该条文作为引证罪状参照了贪污罪的处理标准,因此二罪的罪刑标准是一致的。

　　(二)数额＋情节罪刑标准的立法技术处理

　　从贪污贿赂犯罪的立法沿革上可以看出,1979 年《刑法》的原则化规定经过《补充规定》的修正,数额标准逐步确立,1997 年《刑法》继续沿用此数

---

　　① 1997 年《刑法》第 383 条:"对犯贪污罪的,根据情节轻重,分别依照下列规定处罚:(一)个人贪污数额在十万元以上的,处十年以上有期徒刑或者无期徒刑,可以并处没收财产;情节特别严重的,处死刑,并处没收财产。(二)个人贪污数额在五万元以上不满十万元的,处五年以上有期徒刑,可以并处没收财产;情节特别严重的,处无期徒刑,并处没收财产。(三)个人贪污数额在五千元以上不满五万元的,处一年以上七年以下有期徒刑;情节严重的,处七年以上十年以下有期徒刑。个人贪污数额在五千元以上不满一万元,犯罪后有悔改表现、积极退赃的,可以减轻处罚或者免于刑事处罚,由其所在单位或者上级主观机关给予行政处分。(四)个人贪污数额不满五千元,情节较重的,处二年以下有期徒刑或者拘役;情节较轻的,由其所在单位或者上级主管机关酌情给予行政处分。对多次贪污未经处理的,按照累计贪污数额处罚。"

　　② 1997 年《刑法》第 386 条:"对犯受贿罪的,根据受贿所得数额及情节,依照本法第 383 条的规定处罚。"

额标准。采用数额标准在提高司法效率、防止司法擅断等方面显然功不可没,可能在改革开放初期贪污贿赂犯罪高发的历史条件下是必要的,但是正是在这样一个经济高速发展、各地经济发展水平不一致的国情下,采取数额标准难以保持刑法的稳定性。如果说过去囿于受贿罪是经济犯罪的传统认识,立法又比较仓促、应急,作为一种临时的权宜的立法安排,统一规定贪污受贿罪的定罪量刑标准,尚属可以理解,那么在全面推进依法治国、追求良法善治的当下,继续固守这种立法安排就显然难逃抱残守缺之嫌。① 因此,1997 年《刑法》的数额标准在今天看来不利于有效遏制贪污贿赂犯罪,按照原来的刑法数额标准,贪污 10 万元以上的即可能处死刑,但在现实当中多数贪污贿赂犯罪数额都远远高于此标准,同样的两个贪污案件,一个贪污数千万甚至几个亿,另一个贪污几十万,若同样存在特别严重情节的都需要处死刑,但这样一来在量刑上便难以体现罪责刑相适应原则和刑法面前的平等。因此,在 1997 年刑法背景下,既然刑法的最终评价是一致或差别细微的,犯罪成本和风险相同,如此一来会变相激励犯罪分子在犯罪时少贪不如多贪,小额犯罪不如大额犯罪,对于犯罪的控制和预防显然是不利的。也正是此种背景下,《刑法修正案(八)》的制定过程中,我国最高人民法院和不少学者都建议从立法上取消贪污罪、受贿罪定罪量刑的具体数额标准,改为"概括数额加其他犯罪情节"的模式,以适应反腐败斗争的实际需要,切实解决当前司法实践中存在的同罪异罚、异罪同罚、罪刑失衡的问题。②

　　拘泥于单纯的理论层面讨论存废或者合理与否如同闭门造车,无论如何都可以自圆其说。问题在于法律是需要实施的,在法律被制定出来以后,唯有保证其实施才可能达成其效果。因此,究竟最终的效果如何,一方面要考察实施过程也即司法操作,但另一方面更为重要或者说至少同等重要的是,在实施之前这个制定法本身存在的合理性或者其合理性程度又有多高。考察的方式便是联系法的存在时空(历史时期及地域),特别是对于遵循罪刑法定原则的数额犯,可以说犯罪构成与否及其严重程度直接和当时的经济发展水平有着密切的联系。具体来说,在经济发展水平越高的年代,数额犯罪的门槛就越高,数额较低的侵害法益的行为是不作为刑法的评价对象的,须达到较大的数额方才被认为需要刑事法律的干预;反之,在经济发展

---

①　梁根林.贪污受贿定罪量刑标准的立法完善[J].中国法律评论,2015(2):166.
②　赵秉志.论我国反腐败刑事法治的完善[J].当代法学,2013(3):57.

水平整体较低时,较小的侵犯财产法益相关的行为都有可能被作为刑法的规制对象,稍大的数额犯罪则会被评价为严重的犯罪情节。在空间方面也是同样的情形,在经济发展水平比较高的地域范围内,民众对侵犯较小的财产法益行为并不敏感,对罪犯的惩罚也无须达到刑事制裁这一强度,一般的诸如行政法律法规或者侵权责任法便足以规范此类行为;但是,在落后地区则不然,在人均可支配收入低下的情况下,任何对财产的侵犯都会带来该地区社会成员的强烈的被剥夺感,也就是说在这样的地域背景之下法益被严重侵害了,也就符合了刑法调控的客观条件,数额犯标准由此随之降低。有鉴于此,《刑法修正案(九)》对数额标准又做了修改。①

将《刑法修正案(九)》与以往规定加以对照可以看出,此次修正不再采用《补充规定》沿革下来的唯数额标准,而是采用数额加情节这一双重量刑标准。从表面上看,这似乎是对 1979 年《刑法》的回归,即法条行文原则化,但是随后最高人民法院和最高人民检察院出台的《关于办理贪污贿赂刑事案件适用法律若干问题的解释》具体规定了数额标准以及情节。该解释将贪污罪的处罚标准具体化,包括对数额以及对情节的规定加以细化,从而更具有可操作性。根据《刑法修正案(九)》及《解释》对贪污贿赂犯罪的修改,可以将其处罚标准当中的数额、情节和对应刑档总结为表 1(见下页):

(三)弹性标准的回归与完善

纵观刑法对贪污贿赂犯罪的几次修改,也许会使人产生这样的质疑,即《刑法修正案(九)》固然是将罪刑标准原则化了,但是《解释》是否又是对唯数额论的回归呢?司法解释规定具体数额、情节是将立法确定推向司法确定,由于司法解释的效力有待商榷,是否违反了罪刑法定原则呢?

---

① "对犯贪污罪的,根据情节轻重,分别依照下列规定处罚:(一)贪污数额较大或者有其他较重情节的,处三年以下有期徒刑或者拘役,并处罚金。(二)贪污数额巨大或者有其他严重情节的,处三年以上十年以下有期徒刑,并处罚金或者没收财产。(三)贪污数额特别巨大或者有其他特别严重情节的,处十年以上有期徒刑或者无期徒刑,并处罚金或者没收财产;数额特别巨大,并使国家和人民利益遭受特别重大损失的,处无期徒刑或者死刑,并处没收财产。对多次贪污未经处理的,按照累计贪污数额处罚。犯第一款罪,在提起公诉前如实供述自己罪行、真诚悔罪、积极退赃,避免、减少损害结果的发生,有第一款规定情形的,可以从轻、减轻或者免除处罚;有第二项、第三项规定情形的,可以从轻处罚。犯第一款罪,有第三项规定情形被判处死刑缓期执行的,人民法院根据犯罪情节等情况可以同时决定在其死刑缓期执行二年期满依法减为无期徒刑后,终身监禁,不得减刑、假释。"

表1　法律文本设置法律责任条款占立法总数变迁情况(1979－2016年)

刑罚档次 ＼ 量刑数额、情节	一般情节	其他较重、严重、特别严重情节
三年以下有期徒刑或者拘役并处罚金	3万元～20万元	1万元～3万元
三年以上十年以下有期徒刑并处罚金或者没收财产	20万元～300万元	10万元～20万元
十年以上有期徒刑、无期徒刑或者死刑并处罚金或者没收财产	300万元以上	150万元～300万元

　　上述问题的回答其实最终归于对于罪刑标准的价值选择上,具体说来是采用刚性标准即唯数额论,还是采用弹性标准也即数额加情节?若采用刚性标准则在司法适用时便基本不存在司法裁量空间,若采用弹性标准便需要在考量数额基础之上考察相关犯罪情节,从表面上看前者更加符合罪刑法定原则的要求,而后者则在一定程度上是对该原则的悖逆。但是根据此次出台的修正案及其解释可以看出,该解释对情节也是有具体规定的,具体出现在解释的第一条,对于贪污罪的特别情节规定在解释第一条第二款下的六项,对受贿罪的特别情节规定在解释第一条第三款下的三项。也就是说,该情节属于解释当中的具体情节,可以参照法定情节进行理解和使用,非为解释当中的情节不可由法官擅断,这便在很大程度上维护了罪刑法定原则。反之,若一味抱残守缺,仅仅依照罪刑法定原则从而采取唯数额论,便会出现前所提及的刑法适用的不平等性,同时也会使犯罪分子得到更多的量刑利益。这样一来便违反了刑法面前人人平等和罪责刑不相适应等问题。毕竟,当危害不能仅仅通过量化进行衡量时,就很难描述某种犯罪的成立需要造成多少数量的危害。在这种情况下,就需要第二个解决方法确保违反法律的行为导致的危害超过临界点。① 如果相关的数额以及情节不交给司法解释进行规定而由立法进行规定,则很难想象在经济高速发展的今天,我们的刑法修正案之出台频率得增加到何种程度,这便难以保持法的稳定性,所以运用司法解释对立法进行周全性处理是必要的。而且在未来相当长的一段时间内,对于贪污贿赂犯罪的数额、情节标准的司法解释也会不断根据现实的社会状况进行调整,使其既符合时代要求又不会让刑法的稳定性遭到破坏。所以由刑法典确立刑罚原则,由司法解释确定具体数额

---

① ［美］道格拉斯·胡萨克.刑法哲学［M］.姜敏,译.北京:中国法制出版社,2015:564.

是科学的。

三、贪污贿赂犯罪的法条难点新探

（一）低于贪污贿赂犯罪法定罪刑标准的行为定性

法是特定地域内历史文化的产物，刑事法律也概莫能外。从 1979 年刑法典当中所规定的原则性标准，到而后颁布的补充规定所采用的数额标准，再到 1997 年刑法典对该数额标准的沿用，直至此次修正案及其解释继续采用原则加数额的标准，从中可以看到，这与我国自古以来一直就有的计赃论罪（计赃论罚）传统密不可分①。一定的社会文化孕育一定的法律文化，而文化的影响是潜移默化的，同时却又是根深蒂固的。这样看来，因循长久以来的法文化标准，进而影响到实定法也是无可厚非的，是具备其合理性的。而这种合理性的影响表现在民众的可接受度上，也就直接影响到了法的实施及其效果。

在此次《刑法修正案（九）》和《解释》实施以后，实际上确立了立法定性、司法定量的罪刑标准模式，个案应用实则以数额为准，这样便会存在一个定性问题，即低于法定数额是否构成犯罪呢？1979 年《刑法》以及 1988 年补充规定为贪污贿赂犯罪的刑罚处罚确立了数额标准，1997 年《刑法》沿革了此标准，然而究竟该数额标准仅仅是量刑标准还是包括定罪标准呢？单看 1997 年《刑法》第 383 条第 1 款第四项②条文文意，不满 5000 元且情节较轻的，酌情予以行政处分，这便排除了刑罚的适用，但是是否构成犯罪呢？在《刑法》第 383 条第一款一开始所规定的是"对犯贪污罪的，根据情节轻重，分别依照下列规定处罚"，这表明各项所规定的行为都是"贪污犯罪"的行为。从犯罪预防的角度上看，单纯以贪污数额大小作为区分贪污罪与非罪唯一标准的做法是不合理的，因为贪污贿赂犯罪所侵犯的是职务行为的廉洁性、不可收买性，单纯以数额为标准会导致养贪、助贪的局面出现。故一旦有此类行为出现，便应当以犯罪行为处理，至于数额、情节的标准只是决定其是否适用刑罚或者刑法的量度的因素。将第 383 条第 1 款第四项当中不满法定数额且情节轻微的行为定性为犯罪，也可以防止行为人再次进入公务员队伍，杜绝养贪、助贪的可能性。而且，在当前反腐力度逐渐强化的

① 赵秉志.贪污受贿犯罪定罪量刑标准问题研究[J].中国法学,2015(1):39.
② 1997 年《刑法》第 383 条第 1 款第四项规定:"个人贪污数额不满 5000 元,情节较重的,处二年以下有期徒刑或者拘役;情节较轻的,由其所在单位或者上级主管机关酌情给予行政处分。"

形势下,从严要求比较适时地贯彻了宽严相济刑事政策当中严的方面。正是由于腐败形势严峻,需要在应对时把握立法初衷,将条文具体化到刑罚的适用过程当中,否则一味讲求宽缓、人道等,则一方面对犯罪分子难以起到威慑作用,另一方面是对社会利益以及民众法感情的侵害。这种现实情况要求刑事政策运用刑罚这一手段,扩大贪贿类犯罪的犯罪圈层,从定罪到量刑,在保证刑法基本原则的前提下,真正发挥其应对不同时期不同犯罪形势的灵活性,指引刑法对犯罪的精准、有力打击。

（二）一般情节与特殊情节并存而皆未达到法定数额标准的处理

此次修正及《解释》在量刑方面规定了数额加情节标准,呈现出的特点是一般情节数额标准高,特殊情节数额标准降低。但是,若行为人存在有两个行为,一个是一般情形,一个是特殊情形,然而两者都未达到其对应的数额标准,在该情形下依照前所述及,在定性上构成贪污或者贿赂犯罪无疑,但是在量刑方面应当如何处理呢?

修正后的《刑法》第 383 条第二款规定:"对多次贪污未经处理的,按照累计贪污数额处罚。"因此,在出现一般情节与特殊情节并存,同时都没有达到其对应的数额标准时,可以采取累计计算犯罪数额的方式作为量刑参考。问题在于是将一般情节下的数额累计计算在特殊情节之下合适,还是将特殊情节下的数额累计计算到一般情节之下合适呢? 对此可以参照挪用公款罪的处理方式,即存在有公款用于非法活动、经营活动这些严重情节和一般情节并存时,举重以明轻。即重行为的数额可以计算在轻行为的数额之中,但轻行为的数额不能计算在重行为的数额之中。① 综上,在一般情节与特殊情节并存数额上皆没有达到法定标准时,可以将特殊情节下的行为数额放到一般情节下的行为数额当中进行累计计算,最终确定量刑幅度。

（三）存在于行贿罪的特殊情形而受贿罪无对应情节的处理

《解释》把其中的第 7 条第二款第四项作为行贿罪的严重情节。② 此款项的出台无疑是对近年来我国的食品、医疗等安全问题频发所做出的在刑事法立法层面的回应,从贪污贿赂犯罪的打击方向入手对此类问题进行规制是必要的。问题在于贪污贿赂犯罪为对向犯,在对行贿罪进行处罚时规

---

① 张明楷. 刑法学[M]. 北京:法律出版社,2011:1054.

② 《关于办理贪污贿赂刑事案件适用法律若干问题的解释》第 7 条第二款第四项:行贿数额在一万元以上不满三万元,且"向负有食品、药品、安全生产、环境保护等监督管理职责的国家工作人员行贿,实施非法活动的",以行贿罪追究刑事责任。

定了该项严重情节,但是受贿罪里的严重情节却没有针对食品、药品、安全生产、环境保护的处罚规定,这便造成了刑法适用的不一致,即苛重对行贿罪的打击,但是却轻纵了受贿犯罪,有违刑法适用面前人人平等的基本原则。

从文义解释的角度来看,此种条文规定的确容易引起误解,在行为方式的法条表达上没有体现出对应性罗列,因此很容易使人产生刑法适用上不一致的印象。但是如果对此项严重情节进行体系的理解和解释,则有利于在司法实践过程中合理适用。具体来说,在理解《解释》第 7 条第二款第四项这一行贿罪的严重情节时,需要联系受贿罪的相关严重情节进行解释。受贿罪的严重情节即《解释》第 1 条第二款的严重情节,其中第二款中的第四项规定:"赃款赃物用于非法活动的",也就是说受贿同时从事非法活动便可以依照严重情节进行刑法裁量。而"非法活动"又完全可以涵盖在行贿罪当中所规定的严重情节,即"向负有食品、药品、安全生产、环境保护等监督管理职责的国家工作人员行贿,实施非法活动的",所以只要是涉及上述行业相关国家工作人员受贿,其必定会侵犯到此类法益,也便是实施了非法活动,因此对此类人员的受贿行为,可以按照严重情节进行刑法处理,以保证适用刑法人人平等这一基本原则。

(四)"情感投资"的主观方面认定

本次《解释》第 13 条第二款①对行贿和受贿行为构成犯罪做出了实质上是从严处理的规定。此条文规定当中的"视为"可以理解法律推定这一含义,可以说把传统的承诺说扩大到包括有"推定的承诺",但是这却可能造成法律推定与罪刑法定原则的冲突,如何理解这种法律推定是检验刑法正当性的必要性步骤。因此,单纯看到推定进而联想到了刑法当中的禁止类推,很容易陷入纯概念上的误区,有必要对这种从严进行实质理解。

观察历史上类似条文可以发现,其与我国古代《唐律》当中卷十一《职制律》里的第 140 条规定一脉相承,该条规定:"诸监临之官,受所监临财物者,

---

① 《解释》第 13 条第二款:"国家工作人员索取、收受具有上下级关系的下属或者具有行政管理关系的被管理人员的财物价值三万元以上,可能影响职权行使的,视为承诺为他人谋取利益。"受贿罪的通俗表达为"国家工作人员利用职务上的便利,索取他人财物的,或者非法收受他人财物,为他人谋取利益的,是受贿罪。"也就是说,在理解受贿罪时,一般需要行贿人向受贿人提出请托事项,然后受贿人有承诺、实施或者实现此请托事项之一的行为便可以认定为"为他人谋取利益"构成受贿罪。但是在此次解释第 13 条第二款的规定却没有呈现出行贿人的请托行为,即便这样,只要受贿人和行贿人具有上下级管理关系,有影响职权行使的可能性危险的,便视为为他人谋取利益,构成受贿罪。

一尺笞四十,一匹加一等……乞取者,加一等;强乞取者,准枉法论。"①此处所说的"监临",即具有管理关系的官员与其下级官民,此条文主旨是防治在非因公事的情况下收受被监临者的财物。这条法律规定,即使无请托事项只要有在特定关系人员范围内收受财物的就是犯罪,在反腐倡廉上表现出积极坚定的法律信号。这种存在于上下级管理关系的国家工作人员之间的利益输送行为,实则是下级对上级的"情感投资",以防止平时不念经临时抱佛脚难以"办成事",在立法上对此类行为予以犯罪化认定,实则是因为此类行为具有贿赂犯罪实现的高度危险,一旦从法律层面对此类具有高度危险的行为予以否定,便可以有效地预防以便杜绝"权利寻租"的发生。因此,将此具有高度危险的行为进行法律推定,进而加以犯罪化处理,很好地发挥了刑法的预防作用,是合理的。因此,从将"危险性"作为法益的保护对象的角度来看,也即是类似于对危险犯的处理,因此也是具备其合理性的。

从价值衡量上来讲,任何社会规范之间甚至规范内部也都存在价值博弈,只要正确认识、处理诸价值间的关系,便会促进该社会规范的正常运转。比如审判程序当中的二审、再审制度,虽然在时间上多有延宕,却是维护公正的保险性措施;又比如说,受马克思主义法律观影响,以事实为依据,追求客观事实,导致在我国一味强调打击犯罪、一追到底,但是却违背了禁止让犯罪人遭受双重危险的这一基本保障,所以现今对事实的认定侧重于法律事实,而非客观事实,从而调和了价值矛盾。这些都不能不说是效率与公正之间的冲突,但是存在于法规范当中的这些制度、规则仍然发挥着其各自不可替代的作用。因此,不应当站在矛盾的立场看待矛盾,这样只会无谓地放大矛盾,导致两者在认识论层面的直接、正面冲突,不能正确、有效地指导社会实践应用。这样,问题的关键就落在如何正确处理既有的冲突,进而缓和冲突,从而达到刑法整体上的正常运转、相互配合以共同防控犯罪的目的上。

四、结语

在我国惩治贪污贿赂犯罪形势严峻的情况下,《刑法修正案(九)》以及《解释》通过合理确定量罪标准,更为合理地打击了犯罪,同时在立法层面以法律定性、司法解释定量的操作模式很好地维护了刑法的稳定性。在具体

---

① 钱大群.唐律疏议新注[M].南京:南京师范大学出版社,2007:371.

的法条规定和解释规定当中,细化了诸如"其他较重情节""为他人谋取利益"等的构成要素,有效地保证了法律规定合理、便利地运用到司法实践中去。无论是从立法的技术层面来看,还是具体规定当中体现的宽严程度、数额大小等,相对于前几次都有了较大的进步。相信此次立法及其解释对贪污贿赂犯罪规定的修正和完善,定会促进我国反腐倡廉工作的进一步开展。

未成年犯罪人再社会化问题研究

邹也

（天津商业大学法学院 天津 300134）

[摘要] 未成年人犯罪更多地表现为无知与感情冲动,是进行"社会化"过程中偏差及失败的结果,唯有进行再社会化改造,才是其顺利再融入社会的必由之路。当前未成年人犯罪率不断攀升,团伙性、过激性特征突显,其再社会化活动也面临着"犯罪人标签"、社会歧视、与社会脱节等问题,为此,应当从审判保密性、实施缓刑、社会帮教、心理辅导、记录封存及前科消灭制度等多个方面出发,强化未成年犯罪人再社会化的完整性、系统性,以期达到法律效果与社会效果的有机统一。

[关键词] 未成年人;犯罪;再社会化

一、问题的提出

自中华人民共和国成立以来,对于未成年人我国始终给予优待,对未成年人犯罪的处理也不是重刑治之,而是始终坚持着目的在于教育而非惩罚这一方向。1979 年中共中央第 58 号文件[①]首次提出对违法犯罪的未成年人实行"教育、挽救、改造"的方针,我国在 2011 年《刑法修正案(八)》中也明确表明了:"未成年人犯罪不构成一般累犯,轻罪原则上应当适应缓刑及免除前科报告义务等。"2015 年《刑法修正案(九)》进一步强化了对未成年人等弱势群体的权利保护力度,这都蕴含了我国法律的"人性化"特征以及"以人为本"的刑事司法理念,也间接地表明在我国重刑主义正在逐渐消退,刑

---

① 1979 年 8 月 17 日中共中央转发了中央宣传部等八单位《关于提请全党重视解决青少年违法犯罪问题的报告》(中央 58 号文件),这是党的历史上第一个关于犯罪问题的中央文件,也是第一份关于青少年犯罪问题治理的文件。

事处罚轻刑化、轻缓化正在逐渐被认可,这是对我国传统刑罚一直采取重刑主义偏激思想效果的正视,表明了重刑主义已经不适用于当今的中国社会,也是当代中国刑事立法日趋完善、司法体制日趋"善良"、公正、合理的表现。而对未成年犯罪人的再社会化强化了对这一特殊群体合法权益的保护力度,是我国刑罚轻刑化特征的具体实践形式和宽严相济刑事政策的重要组成部分,也是推进现代社会法治文明的重要举措。

我国《未成年人保护法》中表明,我国判断一个人是否作为未成年人,其划分考量的是行为人的年龄。而所谓犯罪人再社会化,其实质就是通过发挥刑罚的矫治功能和教化作用,使犯罪人得以改正过往,再度回归、适应社会的一种刑事教化、矫正活动①。根据实施方式的不同可以将其分为主动再社会化和强制再社会化两种形式,前者往往是再社会化行为人积极主动为之,在不知不觉间完成,常常不为人所感知,而后者通常表现为一种消极的被动接受,具有明显的强迫性色彩,也是目前未成年犯罪人再社会化的主要形式。未成年犯罪人强制再社会化作为一种具有权威性与强制性的社会教化活动,与一般的社会化形式、目的都不一样,其目的是让未成年犯罪人放弃原已习得不好的价值标准和行为规范,并学习一定的劳动生活技能,提高自身的道德感、责任感及社会归属感,以期重新做一个对社会有用的人。换言之,他们如果想要重新回归社会、重新被社会所接受,唯一的途径就是接受并成功地完善再社会化活动。

一个人从出生开始就启动了"社会化"进程,由于未成年人的生理、心理都尚不成熟,他们的世界观、人生观、价值观等是非对错观念并没有完全定型,极易受到各种现实诱惑而参与或实施犯罪活动,进而引发其社会化过程的偏差或失败。此时,未成年人正处于"社会化"的关键时期,对未成年犯罪人实施感化、挽救是全社会共同的愿望与期盼,而不是对其打上"犯罪人"的标签,让其受到其他社会成员的无视或鄙夷,从而对社会失去归属感,丧失对其再社会化的信心。贝卡利亚在《论犯罪与刑罚》中说:"刑罚的目的仅仅在于阻止犯罪人重新侵害公民,并规诫他人不要重蹈覆辙"②,即刑罚的最主要目的在于预防和阻止犯罪,而一旦未成年犯罪人成功实现再社会化,其再犯罪的可能性将大大降低,正如"最惧怕死亡的人往往是经历过死亡的

---

① 李云雄.社区矫正审前调查制度浅析[J].中国司法,2009(8):79.
② [意]贝卡利亚.论犯罪与刑罚[M].黄风,译.北京:中国法制出版社,2005:52.

人"。因此,唯有帮助未成年犯罪人成功再社会化,才可以让他们无压力地回归并融入社会,这才是让他们平稳地回归社会、阻止和预防犯罪的必由之路。所以,再社会化活动与进行刑事处罚的目的基本相一致,推动再社会化活动的行为有法可依,促使其圆满完成也兼顾了法理与情理,使得二者能够有机结合。

二、未成年人犯罪的现实诱因及再社会化的客观困境

目前,世界各国的未成年人犯罪率常年居高不下,特别是我国呈现出逐年攀升的趋势,在主要受现实生活中不良思想和种种诱惑影响的同时,未成年犯罪人再社会化活动中也存在着诸多的客观困境,都成为时下亟待分析和解决的难题。

（一）未成年人犯罪的现实诱因分析

未成年人由于心智尚不成熟,缺乏足够的认知能力,其犯罪往往基于一时兴起,或受他人蛊惑,并呈现出团伙性、过激性等特征,究其原因,明显有以下四点:

1. 心理不成熟,易冲动犯罪

未成年人由于正处在青春期,往往容易冲动、暴躁,对于行为的自我控制能力也较为薄弱,与此同时,其心理上也尚未形成正确、坚定而完整的世界观、人生观、价值观和金钱观,不能够严格把控自己的情绪,一旦与他人发生争执或者纠纷的时候,容易引起极大的情绪波动,从而导致情绪失控,极易酿成大祸,因一时冲动实施犯罪行为。

2. 讲"义气",犯罪易结伴,抱团作案

据最高人民法院公布的司法统计数据显示,三人以上未成年人抱团作案的犯罪率高达到了69%。首先,未成年人在社会生活中接触的往往是朋友、同学等,通常都具有相同的年龄层次、生活习惯,彼此之间的社会认知、情感观念等往往表现出极大的相似性,且未成年人多处于求学阶段,同学之间通常年龄相差无几,生活经历也极其相似,非常容易形成共鸣,构建出一个以思想情感认可为基础、以相似的生活习惯和作风为沟通桥梁的小社交圈,例如,在我们的生活中,有些未成年人因成绩较差受到学校、老师、同学的排挤和歧视产生厌学、逃学心理,他们就极易在有同样经历或者感觉的同学中形成一个自己的小圈子,因此,未成年人犯罪常表现出"团伙性"特征。此时,一旦有一人或几人形成了一致的犯罪动机,他们往往会因为"好哥们"

"讲义气"等看似荒诞，却是他们所认可的精神价值而集体实施犯罪行为，例如李天一强奸案就是典型的未成年人共同犯罪的案件。

3.经济不独立，为满足金钱需求而犯罪

现代社会经济的快速发展，驱动着未成年人的需求和想法多样化，并呈现爆棚式增长，如果得不到家庭的满足，就容易采取一些极端或者违法的方式及手段。因此，当前我国未成年人犯罪主要集中在侵害财产罪（如盗窃罪、抢劫罪），危害公共安全罪（如危险驾驶罪），侵犯人身、民主权利罪（如非法拘禁罪、过失致人重伤罪），妨碍社会管理秩序罪（如聚众扰乱社会秩序罪、寻衅滋事罪）等四大类案件，并表现出以侵犯财产罪为主、其他类型犯罪为辅的特征，尤其以盗窃犯罪最为集中，还出现了不断上升的趋势，是违法犯罪的主要类型之一。

4.心智不成熟，容易受到教唆犯罪

未成年人大多崇尚自由、独立，不愿受到束缚、管教，但自身独立能力较差，很容易受到外界的不良教唆，走上违法犯罪之路。例如，现实生活中常见一些"差生"放学聚在一起与校外人员结成团伙，对其他校内学生实施收"保护费""校园帮派"等恐吓、威胁甚至暴力行为。

（二）未成年犯罪人再社会化的客观困境

首先，从犯罪的主观层面来看，由于未成年犯罪人大多是冲动犯罪，并不是有预谋的犯罪活动，造成的后果相对较轻，因此其主观恶性以及对社会的危害程度相对较轻；再则，从犯罪的客观层面来看，其在犯罪后内疚态度明显，且知道悔改、悔罪积极，因此客观上具有非常大的再社会化空间。未成年犯罪人的这些特质皆表明未成年犯罪人较为容易被教化、改造，进行再社会化活动，进而成为"新人"进入社会。但现实中一些主观或者客观上的原因，使未成年犯罪人实现完美的再社会化依然存在着诸多的困难与障碍。

1.我国对未成年犯罪人的社会歧视现象比较严重

未成年犯罪人无论是在就业、交友、生活上都面临着社会歧视，正如在小电影《温暖之路》中表现的，犯罪人在被释放后依然为地区不容，没有朋友、找不到工作、家人也觉得丢脸、生存压力大，最后只好选择背井离乡。

2.未成年犯罪人回归社会承受极大的心理压力

带着所谓的"犯罪人标签"，想要完全无视他人的眼光回归社会，未成年犯罪人无疑需要承受巨大的心理压力，同时由于其心智尚未完全发育成熟，更容易因过大的心理压力而产生抵触情绪，放弃再社会化，转而选择自残、轻生等比较激进的方式,甚至可能重新走上违法犯罪的道路。

3.未成年犯罪人容易因其犯罪行为所带来的后果与社会脱节

随着当今社会的"疯狂式"发展,在未成年犯罪人进行再社会化的同时,社会变化日新月异,特别是当前网络信息技术的变革,已经影响或者改变了我们的生活方式与内容。但未成年犯罪人在改造的过程中并不能保证其与社会发展的完全同步,使其可能对同龄人间的新生事物知之甚少或根本不了解,再经其敏感和脆弱的神经发酵,容易产生自我质疑,当他们发现自己与社会脱节、跟不上同龄人的步伐时,就会选择自我放弃或者自我封闭[①]。

三、未成年犯罪人再社会化的路径构思

近些年来,无论在国际上还是我国国内,正视和保障未成年人权利利益的呼声越来越高,而加快推进未成年犯罪人再社会化工作的进程是其关键举措。为此,需要不断强化未成年犯罪人再社会化活动的完整性、系统性,应当包括犯罪预防、审判保密性、实施缓刑、社会帮教、心理辅导等多个方面,同时考虑到未成年人地位的特殊性、心理和生理的脆弱性与不稳定性,还要因人而异,在进行再社会化的时候充分考虑到个体因素的差异,有针对性地让未成年犯罪人更好地再融入社会。

(一)审判时加强保密性以降低舆论风险

伴随着当前网络信息技术的快速发展,公民主体意识和权利意识不断增强,对审判活动的关注度及加强审判监督的呼声也越来越高,而新媒体在其中也扮演着越来越重要的角色。考虑到未成年人地位的特殊性,我国人民法院为了加强审判时的保密性,对犯罪嫌疑人为未成年人的案件一般采取不公开审理的形式,以降低舆论风险,尽可能地让未成年犯罪人的公众关注度降到最低,保障其隐私情况不被公开;同时,为了更加有效、彻底地保护未成年人的权益,为了有效减少公众对案件信息量的获取,降低公众对于案件的关注度,应当建立媒体有限报道制度,即对媒体的报道事项以及对案件相关案情的报道程度加以限制,从而达到降低舆论风险的作用。这都可以促使未成年犯罪人积极悔罪、改过自新,增加其成功再社会化的可能性,使其重新成为理想化的讲道德、守纪律的合法公民。

---

① 周大鸣,邵峰.未成年罪犯再社会化教育的内涵及存在问题[J].青年探索,2016(3):85.

(二)实施缓刑

我国《刑事诉讼法》第 266 条表明,对未成年人所实施的犯罪行为,案件审理完结之后,进行定罪量刑的时候附条件地对所判处的需要被监禁或者实施有期徒刑的刑罚不予宣告或者不予执行,即不采取实刑、不实际执行限制自由刑罚。在实施缓刑制度的理论和实际操作中,采取实施缓刑的刑事处罚方法,所考虑的是未成年犯罪人本身的实际情况,其本质特征是将未成年犯罪人的处罚机制与普通成年犯罪人的追究机制相区分,强调通过对未成年人采取教育、心理辅导、关心爱护其成长等方式,将家庭、学校以及社会三者的作用有机结合起来,以更好地将未成年人带回正常的生活轨道。一方面,不实施实刑大大降低了未成年犯罪人与社会脱节的风险,同时也符合我国对未成年人采取教育、感化、挽救的政策形势,与我国对未成年犯罪人的处理贯彻"目的在于预防犯罪而非处罚犯罪人"的基本方向保持一致;另一方面,不实施实刑更有利于保护未成年人"免被污染",未成年犯罪人具有年龄小、比较容易受到不良影响或者"感染"等特点,而监狱恰恰是违法犯罪者聚集的地方,所谓"近朱者赤,近墨者黑",如果未成年犯罪人与成年犯罪人"混住"在一起,非常容易产生"交叉感染"现象,明显不利于其今后的成长和发展。

(三)社区矫正

进行社区矫正对于我国大陆而言是舶来品,国外甚至我国香港都很早就有了社区改造活动。社区矫正简单而言就是让符合法定条件的犯罪人在社区中执行刑罚,即将那些不需要、不适宜监禁或继续监禁的犯罪人放到社区内,由专门的政府机构在相关社会团体和民间组织以及社会志愿者的协助下,在法定的期限内,矫正这些罪犯的犯罪心理和行为恶习,并促进他们顺利回归社会的非监禁刑罚执行活动[①]。社区矫正制度放宽了对犯罪人自由的限制,在社区劳动改造的同时,可以加强与社会公众之间的联系,学习一些基本知识与技能,不仅体现了对人格尊严的尊重,满足了犯罪人再社会化和实现自我发展的心理与生活需求,也与刑罚执行所追求的矫正犯罪、预防再犯目标一致,是转化、巩固中央司法改革成果的重要措施之一。

社区矫正从本质上而言虽然也是进行刑事处罚方式的一种,但是其也是再社会化活动中至关重要的一环,社区矫正在对未成年犯罪人进行有效

---

① 荣容,肖君拥.社区矫正的理论与制度[M].北京:中国民主法制出版社,2007:37.

监管的同时,并不公开其所犯罪行,使其在社会服刑中与常人并无显著差异,没有被贴上"犯罪人"的标签,社会大众也不会对其产生异样看法、心理排斥等行为,可以让其充分感受到社会的善意,帮助他们重返社会。与其将曾经犯错但已经悔改的未成年犯罪人推入深渊,不如通过社区矫正、劳动改造等比较温和、容易被人接受的社会帮扶式途径与方法去拯救、挽回他们,给他们一次在社区生活中接受改造并重新开始人生的机会,由此可以看出,社区矫正、劳动改造在帮助教育并正确引导未成年犯罪人成功进行再社会化活动方面更加贴合我国的现实情况,对再社会化的实践具有极其重要的作用。

(四)心理辅导使未成年人再融入社会

心理辅导是指充分运用(犯罪)心理学、教育学等综合知识,以坚持因人而异的个体差异性原则为指导,对未成年犯罪人有针对性地进行教育、心理辅导活动以及监管帮扶,从心理源头上帮助行为人朝着积极向上的方向转变,同时从生活上帮助其增加生存劳动技能,从而使其可以顺利而平稳地回归并且再融入社会。我国2012年《社区矫正实施办法》规定,对社区矫正人员要采取"有针对性的监管、教育和帮助措施"和"有针对性的措施进行个别教育和心理辅导"。① 近年来,我国未成年犯罪人在犯罪过程中表现出了"团伙性""激进性""反复性"等特征以及严重的心理问题,如反社会人格、易怒冲动作案心理等,我们必须明确,对未成年犯罪人进行心理辅导教育的最根本目的是为了挽救和保护未成年人,不让其再次误入歧途,因此在进行辅导的过程中需要并且应当充分考虑其心理上脆弱而容易冲动、生理上懵懂而不成熟等特殊性,绝对尊重其人格尊严、充分了解其基本的个性特征,坚持保密原则,切实有效保护其名誉、隐私等信息,使其可以没有压力、毫无保留地进行心理辅导与沟通,而不会产生排斥心理,更不会主观臆断自己为"精神病患者",进而从根本上接受心理辅导。同时,心理辅导有必要在审判活动开始之前介入,要高度重视未成年犯罪人的心理健康问题,不能仅仅依赖于社区矫正机构或监狱,它应当贯穿于整个未成年犯罪人再社会化的过程。

(五)强化未成年犯罪人的犯罪记录封存制度

新《刑事诉讼法》第275条规定:"犯罪的时候不满十八周岁,被判处五

---

① 我国2012年《社区矫正实施办法》第9条、第17条规定。

年有期徒刑以下刑罚的,应当对相关犯罪记录予以封存。犯罪记录被封存的,不得向任何单位和个人提供,但司法机关为办案需要或者有关单位根据国家规定进行查询的除外,依法进行查询的单位应当对被封存的犯罪记录的情况予以保密。"①这一制度充分体现了我国的以人为本思想以及对未成年人刑事处罚轻缓化、轻刑化的发展趋势,但是受我国传统思想、观念等因素的影响,以及该制度的规定过于应然化、原则化,缺乏可操作性,严重影响到它的实际运作和效果,甚至可能使其沦为未成年人刑事司法制度中的"僵尸条款"和实践中的"鸡肋",②弃之可惜,留之无用。为此,必须不断强化未成年人犯罪记录封存制度,而首当其冲的就是增强该制度的实践性和操作性,使其充分发挥实效。一方面,在相关法律法规和社会观念之中寻找一个最佳契合点,为未成年人犯罪记录封存制度得到人们的普遍接受与认同扫除障碍,促进相关法律法规的有效实施;另一方面,对该制度的开展、实施、解封等程序进行更进一步的细化、规范与管理,可以通过立法解释等方法对其予以正当化改造,使该制度的实施可以在实然和应然之间寻找到一个平衡点③。

(六)完善未成年犯罪人前科消灭制度

意大利法学家贝卡利亚在《论犯罪与刑罚》中写道:"对人类心灵发生较大影响的,不是刑罚的强烈性,而是刑罚的延续性。"这一话语真切表达出了有"前科印记"的犯罪人虽然接受了再社会化却由于犯过罪而陷入持续的痛苦之中的心声。未成年人实施犯罪后,如若将其犯罪记录记入其档案等向社会公开的文件,那么他便成了一个有"前科印记"的人,那样将给其以后的求学、求业、结婚等人生必须经历的过程产生持续性的负面影响;同时,"自己是一个有犯罪前科的人"这一说法或者想法将作为思想上的谴责以及工作与日常生活中的否定,与其一生都密不可分,"犯罪分子、坏人"标签将如影随形地伴随其一生,在很多时候束缚其手脚,使其部分权利在一定时期内受到限制甚至被剥夺,贴着"犯罪分子、坏人"的标签以至于出狱后受到种种资格限制而无法获得平凡、普通甚至是正常的生活,导致其非常容易产生

---

① 　详见新《刑事诉讼法》第 275 条之规定。

② 　曾新华.论未成年人轻罪犯罪记录封存制度——我国新《刑事诉讼法》第 275 条之理解与适用[J].法学杂志,2012(6):77.

③ 　曹晟旻.比较法视野下的未成年人犯罪记录消除制度——基于宽严相济的刑事政策[J].北京警察学院学报,2015(3):31.

自我放弃、自我放逐的想法与心理,极大程度上影响了他们重新开始、回归社会的信心。为此,应当采取相应的措施不断完善该前科消灭制度,尽力缓解、消除犯罪记录与前科给他们所带来的负能量与消极影响。对此,一方面,应当改变该制度目前仅仅处于立法程序化的现状,提升并强化其在我国刑事法律中的地位,使其具有实际操作性,而不再局限于程序;同时将适用该制度的条件具体化、明确化,为了其成为未成年人犯罪的保护伞,这一制度的适用不应当包括所有的未成年犯罪人,应当结合不同案件实际情况,根据该未成年犯罪人实施犯罪的性质、社会危害程度、事后悔罪态度、再社会化的实际情况来决定是否对其适用前科消灭,如果成功再社会化则应当消除其犯罪前科,这样可以使得这一制度的适用达到再社会化的效果,也可以被更好地运用到实际中。另一方面,为了进一步强调未成年犯罪人前科消灭程序的法治化、科学化,不仅应当在适当条件下免除未成年犯罪人的前科报告义务,还应当让检察机关充分行使不起诉裁量权,对一些情节轻微、社会危害不大的未成年犯罪人,酌情不起诉;同时,应当正视未成年犯罪人向人民法院提出的前科消灭撤销申请,并给予全面考虑,对撤销行为人前科利大于弊且没有社会危害性,不影响他人合法权益的时候应当允许消除其前科,使其普通化、大众化。

四、结语

对未成年犯罪人而言,进行再社会化教育改造是其重新融入社会的根本途径。近年来,我国已在积极探究对未成年犯罪人进行再社会化改造,帮助其重新回归社会的各种途径与方法,对未成年犯罪人的刑事处罚处理决定也已显现出轻缓化、轻刑化、谨慎使用限制自由刑、不实刑化的趋势。未成年犯罪人再社会化要最大限度地达到使其作为“新人”成功回归社会的目标,达到法律效果与社会效果的有机统一,不仅要强化未成年犯罪人再社会化活动的完整性、系统性,还需要国家及其监管人员的辛勤付出和倾心奉献,更需要全体社会成员共同关注和帮助这一弱势群体。

网络法前沿探索

网络直播的主体及其责任

桂栗丽

（天津商业大学法学院 天津 300134）

[摘要] 网络直播是一种流媒体技术手段,有其特殊性。网络直播平台作为直播服务的载体,性质上属于电子商务法律关系中的网络服务提供商。网络直播平台可以分为独立平台与模块嵌入式平台,但其形式不影响《互联网直播服务管理规定》对其进行监管。网络直播中所涉及主体主要有平台、主播及观众,三者在不同情形下产生不同的法律关系,影响着各自责任的承担。直播平台中还涉及一些的特殊主体,如经纪公司、公会(家族)、入镜的非主播人员,其地位有一定的特殊性。

[关键词] 网络直播;网络直播平台;网络服务提供商;法律责任

一、引言

随着"互联网＋"与分享经济时代的到来,互联网技术的快速发展、网络直播作为一种新的媒体传播技术引起了众多的关注。据统计,截至 2015 年,中国在线直播平台数量接近 200 家①,世界上最早的直播平台是 OWM3D. TV,出现于 2009 年②,主要针对游戏进行直播。我国最早出现的直播平台是 YYTV,成立于 2012 年。近年来,随着科技的革新、大量资本的入驻,网络直播平台呈现出了直播内容专业化、多样化的态势。从原先单一的游戏直播到以社交平台为依托的全民直播,现在逐步衍生到市场中的各个领域,如媒体＋直播、电商＋直播、旅游＋直播、教育＋直播等各个

---

① 艾媒咨询. 2016 年中国在线直播行业专题研究[EB/OL]. http://www. yixieshi. com/31625. html,2016-05-09/2016-11-22.

② 外设天下. 游戏直播[EB/OL]. http://www. pcwaishe. cn/article-1984-l. html,2013-02-03/2016-11-22.

方面。

对于网络直播这类新生事物,在监管暂时缺位的情况下,直播行业出现了一些乱象①。《互联网直播服务管理规定》(以下简称《规定》)在一定程度上遏制了部分乱象,但网络直播平台仍在快速发展阶段,对于其中出现的特殊问题有必要予以进一步分析,明确监管范围及主体责任,以便于促进网络直播行业的发展,起到平衡网络服务提供者、网络服务使用者及相关第三方之间的利益,达到互利共赢的目的。

二、网络直播的含义及其与相关概念的辨析

网络直播,作为一种新生的技术手段,与传统传媒方式有所差异,有其特殊性,而平台作为网络直播的载体,与电商平台(B2C、C2C)、小额贷款平台(P2P)、网约车平台(O2O),有着一定的差别,其独特的运营模式值得进一步思考与研究。

(一)网络直播的含义

网络直播是一种将图像、声音、视频等转换成数字信号,进行实时传播的流媒体技术手段,它能够使观众通过网络观看到直播方正在播出的现场状态。② 大众传媒的发展历史,大致是经历了由单一音频信号传输的广播到由含有声音、图像数字信号的电视、再从以录播为主的互联网视频,发展为现在的流媒体边看边播的直播形式。有学者将我国的网络直播进行了分类,一种是网络电视③,网上提供电视信号观看;另一种是虚拟直播间中的网络直播。后者具有很强的互动性。

也有学者认为网络直播平台中包括多个虚拟直播间,属于为主播提供实时表演创作的空间,在虚拟直播间中支持主播与用户之间基于视频直播

---

① 例如,在主体资格方面,直播平台对主体资格要求不严格,对传统媒体直播行业造成冲击;在直播内容方面也出现了一系列的侵权现象,对不特定公众的人身权、人格权造成了损害;甚至还出现了一些触及法律底线触犯刑法的现象,同行业之间也曾因直播内容产生了纠纷。而在平台运营过程中,也出现了一些特殊问题,比如主播与平台关系界定不清,平台利用经纪公司排除自己责任,经纪公司利用技术手段刷人气造假,平台中出现欺诈、诈骗、虚假广告等违规现象。具体案例、报道及出处见附录。

② 雷作声.从战旗 TV 看游戏直播类网站的运营之道[D].太原:山西大学,2015:14.

③ 例如,各类体育比赛和文艺活动的直播,这类直播原理是将电视(模拟)信号通过采集,转换为数字信号输入电脑,实时上传网站供人观看。

互动打赏①,这种平台的载体②通常是指提供直播服务的网站、客户端软件以及手机 APP。

(二)网络直播与相关概念的辨析

1.与录播、转播的辨析

直播与录播、转播是三种不同的播出方式。实时播出是直播与录播的主要区分点。直播属于边播边看,其中的延迟很小。而录播是指将声音、图像、视频等数字信号记录在一定载体中,需要时再进行播放。简而言之,直播属于进行时,录播属于过去时。直播与转播的区别在于其信号是否是原拍摄地传出的。直播的信号由原拍摄地传入电视台,而转播是指(广播电台或电视台)播送别的电台或电视台的节目。就范围而言,直播包含实时转播。③

2.与电台广播、电视直播的辨析

网络直播与电台广播、电视直播相同点在于三者都属于实时传播的方式。传输内容及传输载体不同是网络直播④与电台广播的主要区别。网络直播传输内容包括数字信号,运输载体属于互联网。电台广播的传输内容主要是广播的呼号、频率、功率,运输载体是无线电信号。后者的运营需要经过严格的审批,而且会受到许多技术条件如信号范围、发射塔等的制约⑤。网络直播与电视直播主要区别在于两点:一是是否利用互联网作为传输载体;二是在准入机制上是否有严格的要求。对于网络直播而言,网络直播是指用互联网作为传播载体,对于进行直播的一方没有特殊要求;而对电视直播而言,其载体主要是各种电视台,在准入机制上有严格要求,如从业资格和相关证件。

3.与视频通话的辨析

网络直播与视频通话有一定相似之处,其都是利用流媒体技术传输声音、图像、视频的方式。但就其受众而言,网络直播的范围更广,不局限于一

---

① 易观、YYLIVE 联合发布.全民移动互联时代,娱乐直播的迁徙与变革——中国娱乐直播行业白皮书 2016[R]. 2016 年 9 月 13 日.

② 此"载体"与上文"载体"内涵不同。网络直播技术的载体是网络直播平台,网络直播平台是一种虚拟的平台,其实物化表现为:网页,客户端软件和手机 APP。

③ 朱玛.利益平衡视角下体育赛事转播权的法律保护[J]. 河北法学,2015(2):166.

④ 这里应当写为网络电台直播,其实是网络直播其中的一种表现形式,代表主要有喜马拉雅 APP、蜻蜓 APP 中的网络电台直播。

⑤ 同④.

个圈子或一对一、多方的形式之内,直播方为特定的,受众是不确定的;对于视频通话,一般局限于一定的社交圈,视频通话的主体均为特定人员。

三、网络直播平台的界定

目前对网络直播平台并没有一个准确的界定,通常是指提供直播服务的网站、客户端软件以及手机 APP。在电子商务法律关系中,平台可以作为网络服务提供商。

（一）网络直播平台的类型

目前在学理界并未对直播平台的分类达成一致,根据一些资讯和报道,有常见的这样几种划分方式。

依据直播平台的属性不同,将网络直播平台划分为娱乐直播、游戏直播、体育直播;依据直播平台的内容不同,将它分为泛娱乐类和解说类平台;依据直播内容的层次不同,划分为泛娱乐类和专业类两类平台①,在泛娱乐类项下,又进一步划分为游戏直播类平台和秀场直播类平台。在专业类平台中,将会涉及庭审直播、财经金融、体育、音乐、消费、旅游、生活等多种较为单一专业的平台。这种划分方式比较细致,但没有完全涵盖网络直播平台的内容。

随着直播平台数量的增加,同质化现象也更加严重,以上划分方式稍显混乱,有时会出现交叉混合、划分界限不明的情况。笔者根据网络直播平台是否独立,将当前涉及网络直播的平台划分成了两种类型(图1),这种划分方式有助于判断后续监管应当介入的深度。第一类是独立的直播平台②,这种平台的专业化程度较高,其作用就是与观众进行互动的网络直播。例如:YY、斗鱼、映客、虎牙、战旗、花椒等平台。在这种专业化的直播平台项下,可以按照平台的核心内容不同再划分为娱乐直播、游戏直播、体育直播等二级分类。这一类独立的平台应当属于监管的主要部分。

第二类是不独立的直播平台,主要指在原有的平台中嵌入直播模块,在

---

① 侯伟.泛娱乐直播平台如何实现版权变现？［N］.中国知识产权报,2016-07-01.
② 全文在这类专业化的平台中不会涉及庭审直播的平台,一是因为庭审直播平台专业性较强,其只是作为庭审公开的一种技术手段的载体;二是考虑到法院审案进行直播会有专人管理,一般不会出现上述平台中的乱象。所以在此不多赘述。

第二类平台向下可以细分出电商＋直播①、社交应用＋直播②、媒体＋直播、旅游＋直播等。此时的直播主要作为一种附属品存在,在不同的平台中有不同的作用,如在电商中利用直播达到营销目的、在媒体中利用直播快速获取新闻等。这一类平台中嵌入的直播模块也应在监管的范围之内。

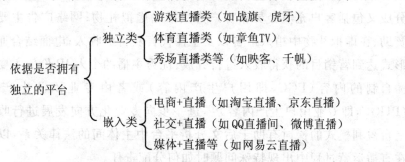

图 1　网络直播的两种类型

（二）网络直播平台的性质

关于直播平台的性质,《规定》中将平台界定为服务主体,依此定义可以将平台看作网络服务提供商③,提供的内容是网络直播服务,适用电子商务法律关系。

齐爱民教授在《中华人民共和国电子商务法草案建议稿》中指出,网络服务提供者主要提供四种服务:包括为商家和用户提供网络接入服务、传输服务和网络平台服务,不包括网络内容提供商和产品服务提供商。④ 吴汉东教授认为,网络服务提供商是提供中介服务的第三方主体,当事人是网络信息交流和交易活动的双方。⑤

根据上述学者对网络服务提供商的定义,笔者认为,根据前文对直播平台的分类,对于两类平台而言,不会因其自身地位是否独立而影响到责任的承担,换言之,只要提供了网络直播服务,就应当被视为提供互联网直播服

---

　　① 如淘宝直播、京东直播、天猫直播、逻辑思维。此类直播平台以营销为目的,通过直播展示商品性能,吸引受众消费,虽不是纯粹的直播平台,也应当严加监管。

　　② 如微信、微博、支付宝、QQ中开展的直播栏目。此类直播平台以传统社交平台为依托,开启直播模块的应用。

　　③ 《规定》第2条:在中华人民共和国境内提供、使用互联网直播服务,应当遵守本规定。本规定所称互联网直播,是指基于互联网,以视频、音频、图文等形式向公众持续发布实时信息的活动;本规定所称互联网直播服务提供者,是指提供互联网直播平台服务的主体;本规定所称互联网直播服务使用者,包括互联网直播发布者和用户。

　　④ 齐爱民. 中华人民共和国电子商务法草案建议稿[J]. 法学杂志,2014(10):8.

　　⑤ 吴汉东. 论网络服务提供者的著作权侵权责任[J]. 中国法学,2011(2):38－47.

务的主体。

　　(三)网络直播平台的盈利模式

　　据笔者调查资料显示,目前平台中的盈利方式主要分为四种:打赏分成、网络广告、电商结合、优秀主播的个人 IP(即知识产权)价值。其中打赏分成又包括客户充值会员和客户为主播送虚拟礼物;网络广告主要是广告赞助、在虚拟礼物中植入广告以及主播代言获得的收入;电商结合通过直播形式达到营销目的获得收入进行分成;优秀主播的个人 IP 价值主要是指主播自制的内容(PGC,即用户生产内容)或者由专业团队生产的内容(PUGC,即专业用户生产内容)①,进一步向专业化方向发展进行收费。对平台盈利模式的探讨有助于后文分析平台中主体间的法律关系,以及分析在直播运营过程中出现特殊问题时如何分配责任。

四、网络直播平台所涉主体的关系与责任

　　根据《规定》的内容,网络直播平台与用户之间构成了网络服务合同法律关系,但此类合同仍有其特殊性。《规定》中对主体的划分较为笼统,明确此类特殊合同中各个主体的地位有助于确定其分工,对其之间的法律关系进行梳理有助于从不同部门法角度进行归责,以便于后续责任的划分以及监管过程中对主体的追责。

　　一般在网络直播平台中,涉及的主体主要有平台、主播和观众。根据《规定》的划分标准,网络直播平台中主体分为直播服务提供者、直播服务使用者。使用者又细分为互联网直播发布者和用户。② 互联网直播服务提供者即平台,互联网直播发布者即所谓的主播,用户即观众。但其之间的关系,笔者认为在不同的情形之下有不同的表现形式。

---

　　① 以 UGC 为代表的网站如各大论坛、博客和微博客站点,其内容均由用户自行创作,管理人员只是协调和维护秩序;PGC 其既能共享高质量的内容,同时网站提供商又无须为此给付报酬。刘振兴. 浅析 UGC、PGC 和 OGC[EB/OL]. http://yjy. people. com. cn/n/2014/0120/c245079－24169402. html,2014-01-20/2016-11-20.

　　② 笔者认为互联网直播发布者和用户之间,有重合之处,换言之,用户包括直播发布者,此处将直播发布者单独拎出,可能出于方便公众理解的考量,在立法技术上加以调整。基于此,在后文中,将用观众代替用户,以便区分概念。

(一)网络直播平台与主播

网络直播平台和主播间的法律关系分为三种情形[①]:签约模式、合作模式以及不同于以上两种的单纯主播模式。

1.签约模式

签约模式,是指直播平台与主播签订劳动合同,此时直播平台与主播间成立劳动关系,适用我国《劳动法》的规定。主播为该平台的工作人员,平台则向其支付工资,并对主播的多项事务进行管理,如对主播的权利进行限制、记录出勤及在线时长等。如果主播出现了侵权等违法行为,作为用人单位的直播平台,应就此承担用人单位的法律责任,并且此种形态下平台应当承担的是无过错责任。按照民法原理,平台作为受益者,利用雇用主播为其效劳,为其创造经济利益。既然签约主播创造的利益都归属于平台,那签约主播在为平台服务中造成的风险也应当归属于平台,签约主播在执行职务中所造成他人的损失,应当由平台承担赔偿责任。这属于民法上所谓的报偿理论[②]。

2.合作模式

合作模式在实践中又细分为两种情况,根据主播是否隶属于经纪公司,分为经纪公司合作和主播个人合作。经纪公司合作是指隶属于某一经纪公司的主播,由经纪公司同直播平台签订演艺合作协议,直播平台并不对主播负责,只需按照合同规定履行各自的义务,经纪公司与直播平台双方约定按照比例分成,主播依照与经纪公司的经纪合同[③]获得收入;此时主播与平台之间成立劳务关系,劳务关系是指提供直播服务的一方以本人(主播个人或经纪公司)的名义提供直播服务,依照合同约定独立承担法律责任。个人合作是指直播平台与主播达成演艺合作协议,具体协议的形式可能是书面也可能是口头。双方依照协议按照比例分享收益。

---

① 朱巍,张天潘.网络直播监管与平台主体责任[EB/OL]. http://zjnews. china. com. cn/yuan-chuan/2016-07-26/95675. html,2016-07-26/2016-11-20.

② 所谓报偿理论,简而言之,由获得利益者承担所伴随的风险。还有另外一个理由,使用人可以通过投保保险来分散风险。因此规定为无过错责任是合理的。梁慧星.民事立法、理论、实务若干问题[EB/OL]. 2014 年 3 月 19 日. http://www. iolaw. org. cn/showArticle. aspx? id＝3999,2014-03-19/2016-11-29.

③ 学理中对于演艺经纪合同的性质仍存在争议,本文采取的观点是将经纪公司与主播之间签订合同的性质划为特殊的委托合同,所以经纪公司并不具有劳务派遣公司的资质。与平台之间不能成立劳务派遣关系。

笔者认为,这两种情形下直播平台与主播之间成立的均为劳务关系。主播的"自由度"和"打赏获益"特性决定了其与直播平台之间的演艺合作协议是一种合同关系。此时应当依合同约定明确各自的权利与义务。如果网络主播存在侵权行为,责任应当由主播个人或者派出经纪公司承担,而直播平台则承担的是一种合同责任。

3. 单纯主播模式

此时主播与用户身份重合,仅为注册会员时有违法违规的行为,平台在没有尽到监管义务时承担监管责任,尽到监管义务时由主播个人承担法律责任。

(二)网络直播平台与观众

笔者认为,平台与观众之间的法律关系应当用动态的眼光去考察。以观众充值为时间节点,可以将用户分为普通用户、会员用户。普通用户,在观众充值前只是作为注册直播平台的用户即网络直播服务的使用者,进行观赏浏览、并在直播中与主播进行简单的文字互动。会员用户,在平台充值成为平台会员,对平台的主播进行打赏之后,平台与观众之间应当视为成立了有偿合同即消费充值协议。在该有偿的服务合同成立之后,观众便享有了一定的会员权利,平台也将履行其一定的义务。比如,根据充值金额的多少对充值用户进行等级划分,相应等级的用户享有特殊的权利,如对昵称进行加亮、对用户给主播打赏的消息以公告的形式在全平台内滚动播出等。

对于观众即《规定》中所述用户而言,平台对于用户弹幕所发文字内容、昵称的用词、头像也应当负有监管责任。对不适当的用词用语应当利用技术手段进行监视,例如在淘宝中买家的评论如果涉及敏感词就会被屏蔽。对于上述两种用户,平台的注意程度也应当有所差别,笔者认为,对于会员用户应当有较高的注意和审查义务。因为会员用户的影响程度较高,其昵称会被加亮,给主播送虚拟礼物的信息也会在全屏滚动播出,主播为了表示感谢还会念出打赏人员的姓名。这种影响度较广的会员,更应当受到平台的重点关注。

(三)主播与观众

首先应当明确的是,主播与观众之间是否存在法律关系。对于平台而言,主播和观众都是作为网络直播服务商的使用者,应当考虑在什么情况下他们会产生法律关系?

笔者认为在两种情况下主播与观众之间会产生法律关系:观众充值打

赏主播时成立债权债务法律关系、观众或主播一方违规时形成侵权法律关系。具体而言,赠与合同表现为以自己的财产给予他方①。观众充值打赏主播时,可以视为观众对主播的赠与。观众与主播之间成立了赠与合同。在观众提出要求②主播完成后,此时成立的赠与合同性质属于附条件赠与。观众对主播打赏的虚拟礼物换算成金钱由平台作为保管者,平台的地位不影响主播与观众之间成立赠与合同。侵权法律关系,一般出现在如下情况中:观众利用弹幕对主播进行人格侮辱,此时观众就与主播之间成立以侵权的法律关系。造成不良影响或者严重后果时,观众应当承担相应的民事责任。与之相对应,较为严重的情况是主播在直播时违规,如与观众相互辱骂、对观众的隐私进行曝光等,此类情况如果发生纠纷,主播应承担民事责任,平台应当及时查封房间,放任不管的情况下承担相应的监管责任。

五、相关第三方的地位与责任

直播平台中还会涉及一定的特殊主体,其地位也应当进一步明确,如经纪公司、公会(家族)、入镜的非主播人员,以便明确各自的责任。在本文中将这类特殊主体定义为相关第三方。

(一)经纪公司

经纪公司又称为培训公司,是指可以内部资源互相调配的,主要用于包装和培训同直播平台合作主播的第三方主体。经纪公司同直播平台签订演艺合作协议,双方约定按照比例进行分成。正因为经纪公司独立的地位,成了众多平台规避责任的首选方式③,与经纪公司合作相较之直接签约主播,风险大大降低。

但是值得研究的是,经纪公司与主播之间签订的究竟是什么类型的合同,合同类型的确定有助于分析经纪公司的责任。对于此种合同的性质,学界尚未达成一致,有居间合同、劳动合同、委托合同观点之说④。笔者认为,

---

① 王泽鉴.民法概要(第二版)[M].北京:北京大学出版社,2011:276.

② 现实情况中观众会发送弹幕要求主播唱歌、跳舞或者其他。

③ 斗鱼直播平台的签约主播文森特与平台产生纠纷,起因是斗鱼平台擅自变更合同主体,文森特原合同是跟"广州斗鱼网络科技有限公司"签的,新合同变成了"深圳白驹网络科技有限公司",斗鱼平台由合同主体变更为第三方公司。报道详见:星竞界.主播文森特与斗鱼撕逼律师观点:新合同有诈[EB/OL].http://games.ifeng.com/lol/detail_2015_05/25/41063610_0.shtml,2015-05-25/2016-11-20.

④ 梅璐.演艺经纪合同的性质及司法纠纷处理[D].北京:中国政法大学,2011:18;于涛.我国演艺经纪制度法律研究[D].济南:山东大学,2016.

将演艺经纪合同定性为特殊的委托合同较为合适。演艺经纪合同中一般都包括了委托事项、授权范围、委托代理期限、双方作为委托人和受托人的权利和义务、报酬的数额或比例、违约情形及相应责任等内容,这些内容也完全体现了委托合同的特征。①

如果主播存在侵权行为,经纪公司与主播承担各自的合同责任,直播平台主要承担监管不利的责任。

(二)公会(家族)

工会(家族)的作用同经纪公司,但工会为直播平台内部的一个机构。换言之,工会是直播平台下的二级组织。其地位与作用视同 QQ 群与微信群中的群主,对自己公会下(家族内)的主播进行系统的培训及管理,通过对其直播内容的监督与反馈,引导主播吸引更多的人流量,带来经济利益。

笔者认为,平台内部的公会(家族)类似于学校中的一个部门,发生违规事项时,应当由平台作为责任承担的主体,在特殊情况下,如公会(家族)影响力特别巨大,其负责人对违规事项有直接参与及引导时,应当承担一定的法律责任。

(三)入镜的非主播人员

对于入镜的非主播人员,笔者归结为两类:自愿及非自愿。对于自愿的入镜非主播人员,如直播平台邀请的明星、主播邀请的朋友,在主播(直播发布者)获得打赏时,自愿的入镜非主播人员是知情的,事先可能已经谈论了出场费及收益分成,出现利益纠纷可能性较小。对于非自愿的入镜非主播人员或者其他具有版权利益的节目,如公开课堂中的授课者、其他平台中具有版权利益的节目②。在这类情况下,主播(直播发布者)对非自愿的入镜非主播人员进行拍摄,非自愿的入镜非主播人员是不知情的。在这过程中,观众因为对被拍摄者的喜爱进行了打赏,此时主播可能会涉及不当得利的问题,"不当得利者乃无法律上的原因而得到利益,致他人受损害者,应负返还义务"。③ 这时需要考虑被拍摄者对主播是否提出不当得利的返还请求权,以及主播获利了多少。

---

① 于涛.我国演艺经纪制度法律研究[D].济南:山东大学,2016.

② "耀宇诉斗鱼游戏直播侵权案"就是因为斗鱼游戏没有经过耀宇公司的授权而直播游戏。参见新浪游戏."中国首例电竞直播侵权案宣判:斗鱼盗播 DOTA2 比赛"[EB/OL]. http://games.sina.com.cn/e/n/2015－09－28/fxifmki9584639.shtml,2016-11-18.

③ 郑玉波.民法债编总论(第二版)[M].北京:中国政法大学出版社,2004:89－90.

此类问题多涉及版权归属,如果主播侵权,应当承担相应的责任,而平台没有尽到相应注意义务、告知义务时,在放任不管的情况下,应当承担监管责任。

六、结论

网络直播是一种流媒体技术手段,近年来得到了快速发展,然而其中的乱象也引起了监管部门的重视。本文通过对《互联网直播服务管理规定》中法律关系进行剖析,对网络直播涉及的主体地位进行了明确,明确了平台、主播、观众、经纪公司及公会各自的地位,从主体角度划分了监管责任,分析了特殊情况下的法律关系,明确了各自责任范围,确立了监管边界,平衡了各方利益,以促进网络直播新生行业的发展。

网络主播类型及直播法律关系探究
——兼评《网络直播服务管理规定》第 13 条

李文广

（天津商业大学法学院 天津 300134）

[摘要] 网络主播的类型可分为：签约主播、合作主播和自由主播。《网络直播服务管理规定》中将网络直播平台与主播、观众规定为"服务协议"关系，但并不适用于所有类型的主播。以网络主播的类型作为划分依据能够将不同类型的主播条件下的三方关系划分清楚，且条理分明。签约主播条件下，可适用"网络直播服务合同＋劳动合同"关系；合作主播条件下，可适用"网络平台服务合同＋网络直播服务合同"关系；自由主播条件下，可适用"网络平台服务合同＋网络直播服务合同"关系。

[关键词] 网络直播服务；网络直播平台；主播；服务协议

引言

随着"互联网＋"时代的到来，各类虚拟网络平台涌现，如网络直播平台、网约车平台、微社交软件平台等，从 PC 端的各种网站到移动端的各种 APP 软件，层出不穷。有数据显示，2015 年到 2016 年间，仅网络直播平台的数量已由 200 家增加到 400 多家，呈翻倍之势。但细观各大网络平台与使用者间的协议，可以发现网络平台都在以各种明示或暗示的方式规避其面临的法律风险。以网络直播平台为例，包括斗鱼、第一坊等多家网络直播平台，与主播签订的协议中明确提出"双方不构成任何劳动法律层面的雇佣、劳动、劳务关系"。显然，这是在以格式条款来规避民事责任。在当今社会中，风险无处不在，尤其是网络风险。因此，在民法"意思自治"原则下，合同当事人应该在协商一致的情况下，签订符合法律规定的各种形式、内容的协议。虽然合同约定的内容与形式自由，但仍须符合诚实信用原则。《网络直播服务管理规定》(以下简称《规定》)第 13 条规定,"互联网直播服务提供者应当与互联网直播服务使用者签订服务协议"。然而,"服务协议"能否涵盖网络直播服务法律关系,以及该"服务协议"的法律性质为何,值得探究。因此,本文以主播的类型为切入点,以期探究网络直播平台、主播、观众间法律关系。

一、网络主播的类型

网络主播,是指以网络直播平台为依托,提供网络直播服务的自然人。与传统主播相比,网络主播没有专业要求的限制,也无需电视台、电视演播厅等硬性设备,只要有网络、电脑或移动端以及麦克风等简单装备即可。因而,网络主播的准入门槛更低、形式更自由。实践中,根据主播与网络直播平台之间的合作协议,可以分为三种模式:签约模式、合伙分成模式和会员模式。①

第一,签约主播。签约主播是指与网络直播平台签订了劳动合同的主播。在这种情况下,网络直播平台与主播之间是雇佣关系。网络直播平台是雇佣人,主播是受雇人,网络直播平台和主播之间是隶属关系,平台对主播有严格监管的义务。主播根据网络直播平台的指示,在直播平台提供网络直播服务,并接受劳动报酬。如果主播在直播服务过程中出现侵权行为,则应该由直播平台承担损害赔偿责任,即"替代责任"。

第二,合作主播。合作主播是指主播与网络直播平台约定,由主播提供网络直播服务,网络直播平台提供平台,直播服务所取得的收益由主播与直播平台合伙分成。合作主播与网络直播平台是平等主体间的合同关系,网络直播平台对主播有监管义务。如果主播有侵权行为,则应当由主播个人承担,平台也应该就其过错承担责任。

第三,自由主播。主播为注册会员,并未与网络直播平台另外签订其他合同,此种情况下,主播与网络直播平台仅为软件使用合同关系。自由主播与平台之间的关系最为松散,平台对其有监管义务。

很多网络直播平台在与主播签订的协议中,都会以格式条款的方式否定劳动关系的存在。例如,在斗鱼直播协议中,有"你方与我方不构成任何

---

① 欧阳晨雨.直播平台和网络主播面临哪些法律问题[N].新京报,http://www.bjnews.com.cn/opinion/2016/09/27/418188.html,2016-9-27.

劳动法律层面的雇佣、劳动、劳务关系";1ROOM 平台直播合作协议中,约定"主播与第一坊或其关联公司之间不存在任何的劳动关系"。

二、《规定》中对网络直播法律关系的界定

《规定》第 13 条规定,"互联网直播服务提供者应当与互联网直播服务使用者签订服务协议"。在《规定》中,互联网直播服务提供者是指网络直播平台,而使用者是指观众和主播。该条规定将网络直播平台与观众、主播之间的关系定性为服务协议,似乎将直播平台、观众、主播纳入同一服务协议中,其中主播负担网络直播服务的发布义务,直播平台负担网络直播服务提供的义务,而观众则是负担支付服务费的义务。

笔者认为,《规定》第 13 条存在明显问题:

首先,将网络直播平台与观众之间的合同定性为服务协议。直播平台与观众之间的合同定性为服务协议,则应该由直播平台向观众提供网络直播服务,《规定》似乎也是这样规定的。但是此种网络直播服务关系对签约主播来说相对较为合理,对于合作主播和自由主播来说欠缺考虑。签约主播与直播平台之间签订了劳动合同,因此主播对于网络直播服务合同而言,只是合同的履行辅助人。网络直播服务合同的当事人是直播平台与观众,主播仅为履行网络直播服务义务的履行辅助人。

对于合作主播而言,直播平台与其签订的是网络直播服务合作协议,约定双方就网络直播服务合同中所收取的利益按一定的比例分成。直播平台与合作主播在网络直播服务合同中分别负担不同的义务。网络直播服务合同具体体现为网络直播平台的用户协议,在此协议中,直播平台将平台的义务和主播的义务以格式条款的形式展现出来,尽管此用户协议的当事人为网络直播平台与观众,但是主播在该协议中应当也视为直播平台的一方主体。原因在于,主播所提供的网络直播服务和网络直播平台所提供的平台服务共同构成网络直播服务协议中直播平台一方所负担的主给付内容。观众对直播平台与主播之间的关系也应当有一定的了解,如果网络直播服务中出现主播侵权行为,则被侵权人不仅可以主张直播平台的责任,还可以主张主播的侵权责任。

对于自由主播而言,如果认为直播平台与观众之间是服务协议,则应当对用户协议的性质加以认定。因为对于自由主播而言,其并未与直播平台签订其他合同,其所提供的网络直播服务所针对的应该是观众,而非直播平

台。在直播平台、观众、主播之间，直播平台所提供的服务是平台服务，而非直播服务，且平台服务针对的是所有使用者，不仅包括观众，还包括主播；主播所提供的是网络直播服务，该直播服务依托直播平台所提供的直播平台而提供给观众；观众所享受的是平台服务和网络直播服务。因此，根据各方所负担的合同义务，可以认定直播平台与观众和主播之间分别签订直播平台服务合同，而网络直播服务合同的当事人应当是主播与观众。

其次，将网络直播平台定义为直播服务提供者，直播平台与主播之间的合同定性为服务协议。网络直播平台为直播服务提供者，则意味着网络直播平台与观众之间签订的是网络直播服务合同，上文也提到此种关系并非适用于各种类型的主播。如果将直播平台定义为直播服务提供者，则直播平台与主播之间的关系如何认定？《规定》认为直播平台与主播之间是服务协议关系，如何理解这种服务关系？可以明确的是，直播平台在网络直播服务过程中提供了平台服务，而主播是借助直播平台而提供网络直播服务。在这种情况下，如果将直播平台视为直播服务提供者，主播仅仅为直播服务发布者的话，则将主播的直播服务视为一种劳务提供，那么此时直播平台与主播之间应当是雇佣关系。但是《规定》又将直播平台与主播之间视为服务协议关系，则认为直播平台为主播提供了平台服务。据此，笔者认为，《规定》将主播的网络直播服务行为并没有视为提供服务或劳务，而是认为主播开展的网络直播服务是借助直播平台营销直播服务的行为。

但是此种观点适用于自由主播，对于签约主播而言，此种行为性质的认定颇为不利。如果将直播服务视为一种可物化的服务，则忽略了网络直播服务的人身利益，只注重财产利益考量。网络直播服务是一种兼具人身性和财产性的服务行为，人身性主要体现在网络直播服务过程中，主播应当遵循公序良俗，同时也应当受到人格权的保护，不受他人任意侮辱、诽谤，对于不恰当的服务要求有权利拒绝；财产性则是主播以直播服务营利。

三、网络直播主体间的法律关系

关于网络直播平台、主播、观众之间的法律关系，有多种观点，但也都存在诸多不足。

（一）"居间合同＋网络直播服务合同"关系说

居间合同是指居间人一方为使委托人与第三人订立合同提供机会或进

行介绍活动,由委托人向居间人支付约定报酬的协议。① 一般认为,居间人为委托人提供订立合同的机会或媒介服务。如果将直播平台视为居间人,则观众与主播应为委托人。此时,对于观众与主播而言,直播平台为受托人,为观众与主播订立网络直播服务合同提供媒介服务,而网络直播服务合同的当事人为观众与主播。观众和主播分别与直播平台订立委托合同,直播平台利用平台服务提供媒介,观众与主播在平台完成网络直播服务合同的履行。

但是,实践中的网络直播平台并非仅仅是居间人,《规定》中规定,直播平台对网络直播服务有监管职责,且直播平台对观众和主播的身份信息等有审查责任。如果将直播平台仅仅视为居间人,直播平台所负担的责任与其在合同中的地位并不相符合,责任相对过重。实践中,网络直播平台对观众所支付的虚拟财产有保管义务,对主播的直播服务内容有审查监管责任等,不能仅仅将直播平台视为居间人。况且对于签约主播而言,直播平台并非居间人,而是直播服务合同的一方当事人。因此,将三方的法律关系简单概括为"居间合同+网络直播服务合同"关系甚为不妥。

(二)"网络平台服务合同+网络直播服务合同"关系说

该观点认为,网络直播平台分别与观众、主播签订网络平台服务合同,观众和主播都是网络平台的使用者,直播平台不仅要承担提供网络直播平台的义务,也对该平台上观众与主播间的网络直播服务具有监管职责。其与居间合同不同之处在于:居间合同中居间人受委托人委托,提供订立合同的机会和媒介服务,对委托人间的合同关系并不介入,居间人的责任相对有限,仅在一方出现违约或侵权行为时承担披露义务;但是在网络平台服务合同中,直播平台对平台上双方的行为有监管义务,且该合同为双务有偿合同,直播平台的监管责任相对较重。观众与主播是网络直播服务合同的双方当事人,双方利用网络直播平台为依托,履行网络直播服务的合同内容。

该观点中将网络直播平台定性为网络平台服务提供者,而真正的网络直播服务的双方当事人是观众与主播。然而,该种关系可以适用于自由主播,对于签约主播而言,直播平台尽管也提供平台的服务,但是网络直播服务合同的当事人却是直播平台和观众。另外,仅仅将直播平台定义为平台服务提供者,是否太过狭窄?直播平台不仅仅只是提供平台服务,其也规范

---

① 王利明.合同法研究(第3卷)[M].北京:中国人民大学出版社,2015:754.

管理平台上的直播服务行为、为用户提供虚拟货币兑换服务、审查用户的身份信息等，仅仅将直播平台视为平台服务提供者太过狭义。

（三）"网络直播服务合同＋劳动合同"关系说

该观点认为，网络直播服务合同当事人是观众与网络直播平台，而主播与直播平台签订了劳动合同或劳务协议，主播为网络直播服务合同中直播平台的旅行辅助人。直播平台中的用户协议即为网络直播服务合同，观众在同意用户协议的前提下，才能进入平台享受直播服务。主播与直播平台签订劳动关系，也能比较好地保证主播的利益，如最低工资等。同时将主播的行为造成的侵权责任转移至直播平台，也能更好地保证被侵权人的损害赔偿，加强平台对主播的监管。

但是，该关系说的缺点也较为明显。首先该关系说只能适用于签约主播，对于合作主播和自由主播来说，并不存在劳动合同。其次，在实践中，很多直播平台在与主播签订的协议中明确否认了劳动合同的存在，这也是近年来服务平台规避责任的一种手段。尽管劳动合同具有强制性，但是直播平台与主播之间并非传统的劳动关系，如何认定二者关系，在司法实践中也是比较棘手的问题。

（四）"服务协议"说

该种观点所称"服务协议"，是指《规定》提出的直播平台与主播、观众间签订的协议，如上文所说，直播平台与主播、观众之间分别签订的服务协议应当是"平台服务协议"。直播平台为直播服务提供者，主播为直播服务发布者，观众为用户，其中主播和观众又同时为使用者。按此规定，该协议的性质应当是"平台服务协议"，即由直播平台分别为主播和观众提供平台服务，且网络直播服务合同的当事人应当是直播服务发布者、直播服务提供者、用户，则此服务协议应当为三方主体间的协议。

但是，该协议是否为合同呢？合同一般是双方当事人意思表示一致的协议，而三方当事人的合同比较少。如果将该服务协议视为新型的三方当事人间的合同，是否必要？笔者对此比较困惑。

（五）对网络直播平台、主播、观众间法律关系的思考

网络直播平台、主播、观众之间的关系较为复杂，而且直播平台在与主播签订合同时又会否定劳动关系的存在，这是否会对主播的利益有损呢？分析三者之间的法律关系，应当从三方所负担义务入手。

对于网络直播平台而言，其所负担的义务应当是提供平台服务，对平台

上发生的网络直播服务行为进行监管,对观众出售虚拟物品,对主播所获取的虚拟物品的结算以及对观众、主播间的权利的维护等诸多平台服务职能。从平台所负担的义务来理解,似乎平台只是平台服务提供者。对于主播而言,其所负担的义务就是提供网络直播服务,利用该服务获取报酬。但是该服务又不能仅仅视为物化的利益,因为该服务不仅涉及主播的肖像权、隐私权等人身权,还涉及知识产权的问题,并非仅仅是财产利益。而对于观众来说,其所负担的义务就是提供具体的注册信息,以及对所享受的服务进行"打赏",打赏并不具有强制性,观众可以根据个人喜好而进行打赏。从三方所负担的义务来说,似乎平台除了网络直播服务以外,平台上所有的行为都与之有关,因此不能仅仅将其视为"平台服务提供者"。

由上文可知,对不同类型的主播,三方的法律关系并不一致。因此,笔者大胆认为,可以根据主播的不同类型,确定三方的法律关系。

第一,签约主播。对于签约主播,网络直播平台与之签订了劳动合同,则网络直播服务合同的当事人应当是直播平台与观众,而主播是网络直播服务合同的履行辅助人。三方的法律关系可适用"网络直播服务合同+劳动合同"关系,不过该法律关系中直播平台所负担的责任相对较大,不仅网络直播服务中出现违约或侵权行为时直播平台为合同当事人,平台对主播的侵权行为承担"替代责任",而且将主播与直播平台间的合同性质定性为劳动合同,主播将受到劳动合同法的保护,实践中直播平台利用协议否定劳动关系的行为会因违法而不受保护。

第二,合作主播。该类型的主播与网络直播平台是合作关系,由网络直播平台提供平台服务,而主播提供网络直播服务,所取得的收益由双方根据协议分成。对于该种类型的主播,三方间的法律关系可以适用"网络平台服务合同+网络直播服务合同"。其中,网络平台服务合同的当事人分别是直播平台与主播、直播平台与观众,而网络直播服务合同的当事人应当是主播与观众,而且可以认为这两个合同具有"契约联立"的关系。如果主播在网络直播的过程中出现侵权行为,被侵权人可以主张直播平台与主播的连带责任。

第三,自由主播。该类型的主播与网络直播平台间并没有合作关系或劳动关系,而只是平台服务关系。因此,三方间的法律关系可以适用"网络平台服务合同+网络直播服务合同"关系。由于自由主播与网络直播平台没有其他合同关系,则网络直播平台服务合同的当事人分别为直播平台与主播、直播平台与观众,网络直播服务合同的双方当事人是主播与观众。另外,网络直播平台对网络直播服务合同中主播的侵权行为,只承担过错责任,即直播平台仅对平台服务监管义务中的过错部分承担责任。

四、结语

网络直播服务关系错综复杂,三方关系难以区分。根据主播的不同类型对三方关系加以区分,不仅能够将三方关系划分清楚,而且能够将三方间合同关系的性质确定清楚,确定三方的权利义务关系。本文根据主播的类型对三方关系加以划分,虽然简单明了,但是也存在较大不足。首先,主播的类型划分并不全面,只是根据实践中的常态进行划分。其次,该法律关系划分的阐释条理粗糙,理论性不足。另外,本文对《规定》第13条的评价仅为个人理解,有不足之处,望请批评指正。

私力救济视角下自媒体意见表达的正当性研究

李然

（天津商业大学法学院 天津 300134）

[摘要] 2012 年的"民工讨薪发布会"①和"刘仲凡微博讨薪"②案，是权利人利用自媒体意见表达实现私力救济的实践，并取得了良好效果。但自媒体作为私力救济的一种手段，在被权利人用于私力救济时，由于过度救济而转化成侵权行为。在司法实践中，法官对该类案件也采取"一刀切"的态度，将其认定为侵权。究其原因，在于对私力救济视角下自媒体意见表达的正当性缺乏一个判定标准。因此，有必要探讨自媒体意见表达实现私力救济的必要性，进而论证其正当性，以期为自媒体意见表达实现私力救济提供法律依据和保障。

[关键词] 自媒体；私力救济；必要性；正当性

在我国，私力救济问题由来已久，法律上明确规定的权利在现实中为何难以实现，这是各种因素综合作用所导致的结果，权利的保护仍然存在很大的问题。维权渠道单一，所耗费的时间和经济成本高昂，程序复杂等一系列限制因素，成为权利人维权路上的一道道关卡。自媒体的出现打破了这一

---

① 一段《女民工模仿外交部新闻发言人讨薪》的视频在网上走红。视频中一名自称农民工的女性模仿外交部发言人的口吻讲述己方被用工方拖欠 1400 多万元的事实。视频中还有人扮演记者，与"新闻发言人"上演一问一答。不加修饰的外表，质朴的方言，女民工对着镜头念稿，时不时抿一下嘴唇，将讨薪的原委巧妙地套用到公众耳熟能详的外交辞令中，引起了人们的关注。

② 刘仲凡是重庆垫江人，自 2011 年到重庆市从事房屋装修工作，先后完成了 5 家房屋的装修工程。上级公司拖欠他一万多块钱的工资，多次催要未果，反被老板打伤住进医院，花去了大量的医药费。刘仲凡的女婿、同样是农民工的陈家静想到了网络，在他的努力下，帮岳父开通了微博，其中最著名的就是所谓的 17 行"讨薪诗"，并将自己的网名定为"讨薪寒"，这些维权得到了广大网友的大力支持。尽管如此，相关案件的司法程序却异常漫长，并通过了判决的强制执行，直到 2014 年五一，刘仲凡终于拿到了北拓建的工资共计 13057 元。只是为了讨回自己应得的劳动报酬，他一共走了 8 个司法程序，总共出庭多达二十余次，历经漫长的 939 天，才最终修得"善果"。

僵局,自媒体本身的优势,能有效化解上述难题,自媒体的价值也从出现之初的娱乐性进一步兼具了工具价值。自媒体意见表达实现私力救济开启了权利救济的新模式,并且会发展成为一种私力救济的新常态。因此,法律有必要对其做出引导和规制,充分利用自媒体的特点,保证私力救济视角下自媒体意见表达的合法性、合理性,最终实现法律的秩序价值。

一、私力救济视角下自媒体意见表达的合法性基础

自媒体意见表达实现私力救济属于私力救济中的自助行为,其合法性判定会受到民法中自助行为理论的影响。另一方面,由于私力救济的目的是通过自媒体意见表达的手段实现的,具有特殊性,其合法性也会受到新闻传播理论的影响。因此,笔者认为,私力救济视角下自媒体意见表达的合法性,来源于自助行为、义务人的容忍义务以及自媒体的自净规则。

（一）自助行为

1. 自助行为理论

关于自助行为的定义,因角度差异,存在"进攻说""权利保全说""公力救济例外说"等不同的观点。持"进攻说"的学者有德国学者梅迪库斯[1]、拉伦茨以及国内学者王利明[2]、梁慧星、张俊浩。他们认为自助行为具有进攻性,这是自助行为与正当防卫、紧急避险的主要区别。[3] 笔者赞同该学说。在自媒体意见表达实现私力救济的场合,权利人的权利受到侵害后,为维护自身的权利,即采取一种"攻击"义务人权利的方式,以牺牲义务人的权利来实现自己的权利保护,此种私力救济救济模式符合"进攻说"。

---

[1] 德国学者梅迪库斯认为,自助行为是为了阻止那些依靠官署的援助仍无法避免的危害请求权行为的发生,在法定条件下,权利人侵害他人之物并对债务人实施暴力的行为。

[2] 王利明教授在其主持的《中国民法典学者建议稿及立法理由·总则编》第289条"自助行为"中规定,"如果不能及时获得国家权力的保护,而且如不及时处理则请求权无法实现或其行使会有困难时,为了自助而扣押、毁损他人之物,或限制有逃亡嫌疑的债务人的人身自由,或者制止债务人对有义务容忍的行为进行抵抗的,行为人不承担民事责任"。

[3] 焦清扬.民事自助行为的价值定位及其制度构建[J].法学杂志,2014(7):127.

2. 自助行为立法例

关于自助行为的立法例,可以参鉴国外及我国台湾地区相关规定①。

3. 自助行为对私力救济视角下自媒体意见表达合法性的影响

由上述对自助行为理论的介绍可知,自助行为的性质和行为界限,与私力救济视角下自媒体意见表达的合法性具有关联。具体表现为自媒体意见表达的低成本、高效率的特点,与自助行为本身所具有的实现权利救济的时效性和成本优势相契合。自媒体意见表达实现私力救济实质就是一种自助行为的手段,自媒体意见表达实现私力救济也应该遵循有关自助行为的原则和规则。判断自助行为的施行手段与目的是否合乎正当,以及实施效果与受损利益是否合乎比例的标准,同样也适用于私力救济视角下自媒体意见表达。因此,自媒体意见表达实现私力救济应遵循比例原则,即权利人的意见表达造成对方权利损害的程度,不得超出自己权利受到侵害的程度。

(二)自甘风险原则

1. 自甘风险原则

自甘风险意指原告明知存在危险和可能发生损害后果,但仍然去面对,结果受到伤害。适用自甘风险前提有二:明知和主动同意。

2. 自甘风险对私力救济视角下自媒体意见表达合法性的影响

首先,关于明知。在自媒体意见表达实现私力救济中,义务人先前侵犯他人合法权利的行为可能将自身置于遭受权利侵犯的风险的境地。由于法律推定理性人对自己的行为及后果存在主观认知,义务人在做出行为时,对自身的行为性质和可能引发的后果是知晓的。此种明知符合"自甘风险"理论中明知的要件。需要加以说明的是,此时义务人的明知,不要求对行为所引发的侵害后果的性质、程度及范围存在十分明确的认知,只需有所意识即可。原因在于,如果对义务人苛以较高的认知义务,则严格了"自甘风险"的适用要件,提高了容忍义务标准,反而对权利人权利保护不周。其次,关于主动同意。实践中,要求义务人对他人侵犯自己合法权利做出明示同意,不

---

① 德国民事相关第 229 条规定,"以自助为目的而取走、破坏或毁损物的人,或以自助为目的而扣留有逃跑嫌疑的义务人的人,或以自助为目的而除去义务人对某一行为的抵抗(该行为系义务人有义务加以容忍的)的人,如不能适时地获得官方的救助,且存在不立即介入则请求权的实现将会落空或极为困难的危险,则不是不法的实施行为"。台湾民事相关规定第 151 条规定:"为保护自己权利,对于他人之自由或财产施以拘束,押收或毁损者,不负损害赔偿之责。但以不及受法院或其他有关机关援助,并非与其时为之,则请求权不得实行或其实行显有困难者为限。"

现实也不可能。因此,依据义务人不顾自己的行为可能引发对自己不利益风险而为之,法律可推断出其内心默示此种风险,并自愿承担容忍义务。最后需要加以说明的是,私力救济视角下自媒体意见表达义务人容忍义务的限度取决于义务人权利人权利侵犯的程度,侵犯程度越深,则容忍义务程度也越高,反之,则低。权利与义务之间呈现负相关比例关系,义务范围的大小从反面决定了权利范围的宽窄。因此,义务人容忍义务的大小,限缩了权利人私力救济的行为自由。

（三）自媒体自净规则

自媒体的自净规则也称为自清规则,学界对于这一概念并没有统一的表述。杨立新学者认为:"自媒体的自净规则是指基于自媒体的自组织性、交互性、多元性、开放性等特性,而导致网络用户能够平等发表意见,对新闻事件进行充分讨论,并且由于这种充分讨论而使虚假信息被快速揭露和匡正,将事实真相最终呈现出来,从而达到对被侵权人的权利进行保护和救济效果的侵权救济规则。"关于自净规则的性质,杨立新学者认为,自净规则从社会控制的角度来看,是一种私力救济的纠纷解决方式。①

由自媒体自净规则的概念和性质可知,其是私力救济制度与媒体意见表达的结合,也是法学理论和新闻传播学理论综合的结果。权利人将自身的困境、维权的诉求以及维权经历通过自媒体向社会传播,以获得舆论的支持和声援,从而达到维权的目的。自净规则运行机制很好地契合了自媒体意见表达实现私力救济的运作途径。因此,自净规则能够为私力救济视角下自媒体意见表达提供合法性的理论支撑。

二、私力救济视角下自媒体意见表达的合理性基础

（一）言论自由的限度

私力救济视角下自媒体意见表达的合理性受言论自由限度的影响。自媒体意见表达本质上是一种意见表达形式。意见表达是实现私力救济的途径,在自媒体意见表达实现私力救济的视角下,言论自由的边界与私力救济行为的合理性密切相关。因而在此视角下,言论自由的边界不再只是简单地不侵害他人的合法权利,而与原权利遭受侵犯的程度相关。具体而言,权利主体为实现私力救济的目的,借助自媒体表达的优势,形成舆论压力,通

---

①　杨立新,刘欢.自媒体自净规则保护名誉权的优势与不足[J].甘肃社会科学,2013(1):82.

过舆论施压来声讨义务人，敦促行为人履行义务，或利用自媒体意见表达进行反驳和辩论。为避免因自媒体意见表达实现私力救济造成新的侵权行为，对私力救济行为的合理性边界通过对言论自由的限制得以确定。

（二）避风港原则对自媒体意见表达实现私力救济合理性的影响

避风港原则①对私力救济视角下自媒体意见表达合理性的影响，体现在"意见领袖"帮助他人实现私力救济的参与性意见表达中，其可依据"避风港原则"而免责，即在接到要求删除不当言论的通知后及时删除，则不承担相关言论的侵权责任。避风港原则对自媒体意见表达实现私力救济合理性的影响具体表现为以下两方面：第一，大部分"意见领袖"都具有某方面的专业知识或是某一领域的专业人士，其对社会事件的判断更具专业性，而且其基于中立地位，做出的价值判断也更理性。基于"意见领袖"言论的专业性、理性的态度及中立性的地位，因此其帮助权利人利用自媒体实现私力救济，有利于自媒体意见表达实现私力救济的良性有序发展。第二，根据无因管理理论，"意见领袖"帮助他人实现私力救济的意见表达，其利益归属被管理人即私力救济权利人。同理，私力救济主体享有利益，也应承担该利益带来的不利后果。需要特别说明的是，如果"意见领袖"的言论对义务人权利的侵犯程度超出了义务人对私力救济权利人的容忍义务，则应该对超出部分承担侵权责任。

三、自媒体意见表达实现私力救济的正当性的法理基础

自媒体意见表达实现私力救济的过程中，权利人的私权利和义务人的私权利之间发生冲突，权利人私权的实现建立在义务人私权克减的基础上，因而需要进行权利之间的价值衡量。在不同位阶的权利之间做出选择相对容易，但是对处于同一价值位阶的两项权利做出选择，对正当性的要求更

---

① "避风港原则"是指在发生著作权侵权案件时，ISP（网络服务提供商）只提供空间服务，并不制作网页内容，如果 ISP 被告知侵权，则有删除的义务，否则就被视为侵权。如果侵权内容既不在 ISP 的服务器上存储，又没有被告知哪些内容应该删除，则 ISP 不承担侵权责任。避风港原则包括两部分："通知＋移除"。适用范围逐渐扩展至网络服务提供商的其他领域，不仅仅局限于著作权侵权。

高。再者,权利的价值位阶具有流动性①,权利之间的位阶会在不同的情况下发生变动。上述情形都会影响权利取舍的正当性,而此种正当性会直接影响到自媒体意见表达实现私力救济行为的正当性。因此,在做出判断时要严格参照一定的标准。

(一)关于权利价值位阶判断的两种理论

在面对同一位阶的两项权利发生冲突时,法律应努力维护二者的利益平衡,以保证做出价值选择的正当性。为实现此种平衡,存在两种不同的思路,即功利主义和道义论。

1.功利主义

功利主义产生于 18 世纪末 19 世纪初期,代表人物有杰里杰·边沁、詹姆斯·密尔、约翰·奥斯丁、约翰·密尔等。功利论主张判断人的行为正当与否,要看其结果。凡利大于弊的,就是正当的,否则就是不正当的。边沁也指出:"最大多数人的最大幸福是正确与错误的衡量标准。"②

2.道义论

道义论发端于古希腊时期的自然法与契约论。道义论主张判断行为人的行为正当与否,不是其结果,而是行为本身具有的特征或行为所体现的规则,凡是行为本身是正确的,或其体现的规则是正确的,无论其结果如何都是正当的。③ 道义论否定功利主义把人当作手段而非目的的观点,批判功利主义为了全体人的利益可以牺牲少数人利益的主张。

(二)对两种理论的评述

从上述思路看出,功利主义者是站在与利益分配无关的第三者的角度来评判利益分配正当与否。而罗尔斯是站在每个权利个体的角度来评判利益分配的正当与否。功利主义主要解决的是个人利益和公共利益之间的利益冲突,并且更加倾向于对公共利益的保护,其正当性标准建立在与个人利

---

① 由于法律追求价值的多元性,实际上并不存在任何情况下均处于优先位阶的权利或价值。换言之,权利的位阶秩序并没有整体的确定性,不可能形成像"化学元素表"那种固有的图谱,法律价值的位阶秩序具有一定的流动性,必须联系具体的条件和事实才能最后确定,而权利位阶的确立本身往往涉及复杂的价值判断。因此,我们在承认权利之间整体上"平等性"原则的同时,必须肯定在特定条件下某些权利的"优先性"。

② 张鸿霞.大众传播活动侵权人格权的归责原则研究[M].北京:中国政法大学出版社,2012:102.

③ 张鸿霞.大众传播活动侵权人格权的归则原则研究[M].北京:中国政法大学出版社,2012:106.

益无关的社会幸福的基础之上。而道义论的思路可以作为解决个人利益之间冲突的正当性依据,道义论更偏向于强调个体做出行为的正当性或体现规则的正当性,而非选择结果对社会利益产生的影响。道义论的正当性体现在对个体做出选择的"自决权"上,即行为是否正当取决于个体权衡利益之后的选择,而非参照笼统的社会利益标准。私力救济视角下自媒体意见表达引发的利益冲突是权利人之间的个体利益冲突。

(三)两种理论对自媒体意见表达实现私力救济的影响

笔者认为,在自媒体意见表达实现私力救济过程中,道义论应是解决权利冲突,做出价值选择的主要思路,同时也应参考价值选择所带来的社会影响,故而功利主义的思路也不能被完全抛弃,而应该把二者结合起来。在私力救济视角下自媒体意见表达的过程中,义务人侵害私力救济主体权利的行为,是牺牲他人利益增加自己利益的行为。同样地,义务人也必须为了他人利益的增加而容忍自己利益的减损。这样才能保持社会利益总量的平衡,否则容易导致社会利益失衡,不符合理性社会对公平争议的评判,体现了功利主义的宗旨,为自媒体意见表达实现私力救济下,义务人的容忍义务从法理上提供了正当性支撑。而道义论对个体权利的尊重,也为私力救济视角下自媒体的意见表达提供了伦理支持。

四、私力救济视角下自媒体意见表达正当性标准

实践中,因自媒体意见表达实现私力救济而侵犯义务人利益的行为,主要针对义务人的隐私权和名誉权。因此,在考察私力救济视角下自媒体意见表达的正当性标准时,以义务人隐私权和名誉权为切入点。由于司法实践中案例具有多样性、差异性以及个案的特殊性,要想构建一套具体的标准不仅不现实,而且也会导致因缺乏灵活性而失去可操作性。故而,笔者尝试从宏观上提出一套原则性的正当性标准,作为解决个案原则性的参照标准。

第一,合法性。私力救济视角下自媒体意见表达,必须在法律允许的范围内才具备正当性。首先,由于我国目前没有专门的媒体法,也没有针对自媒体意见表达的专门立法,但是自媒体意见表达也属于网络传播行为,因此可以适用有关网络传播的立法。例如《信息网络传播权保护条例》《最高人民法院关于审理利用信息网络侵害人身权益民事纠纷案件适用法律若干问题的规定》;其次,我国《民法通则》对私力救济制度做了原则性的规定,私力救济视角下自媒体意见表达也必须遵守相关的规定;最后,由于自媒体意见

表达实现私立救济的过度救济行为，所侵害的权利主要是人格权。故而，关于人格权保护的相关法律法规，对私力救济视角下自媒体意见表达的保护也具有规制作用。

第二，合理性。为保证标准兼具公正性，合理性的判断必须基于理性人标准，即在受到相同的权利侵害的情况下，由利益无关的第三人，对自媒体意见表达实现私力救济行为的合理性进行判断。包括程度合理、手段合理、范围合理。程度合理，即是要求采取自媒体意见表达实现私力救济的行为对义务人权利侵害的程度，要和权利人权利受到侵犯的程度相当，符合比例原则，否则会因过度救济而不具备正当性。手段合理，要求自媒体意见表达实现私力救济的手段与目的之间具有关联性，如债务人故意躲避债权人造成债权无法实现时，债权人通过公布债务人隐私迫使其"现身"，该隐私内容必须是和债权实现这一目的具有密切关联，如债务人的身份信息；不得公布与私力救济目的无关的债务人的其他信息。债权人还必须严格控制所掌握的债务人隐私内容的传播范围。范围合理包括两方面：其一，私力救济行为针对的对象范围合理。即自媒体意见表达实现私力救济的行为只能针对义务人本人，而不能侵犯到义务人以外的其他人的合法权利。其二，私力救济视角下自媒体意见表达的行为侵犯义务人的权利的范围必须合理，即因私力救济行为受到损害的义务人的权利与权利人先前遭受侵犯的权利的性质相当。具体而言，债权人的权利受到债务人的侵害，则债权人的私力救济行为不能侵犯义务人的人格权。即使造成对人格权的侵犯也必须是轻微的。

微信购物合同主体的特殊义务研究

赵雪微

（天津商业大学法学院 天津 300134）

[摘要] 微信购物合同主体的义务有广义与狭义之分，前者包括履行前、履行中和履行后的义务；后者仅指履行中的义务，其包含给付义务与附随义务。微信购物合同主体的附随义务具有特殊性。卖方的附随义务主要包括物流通知、原因回复、强制退款与宣传询问义务。买方的附随义务主要包括截图告知与发图确认的义务。

[关键词] 微信购物；合同；义务；隐私；告知

引言

微信购物合同不同于传统合同和电子合同，它的形成涵盖了微信的特点。双方当事人在履行微信购物合同时所负担的义务亦有不同于其他合同之处。本文针对微信购物合同中主体所负担的特殊义务进行研究，旨在阐明微信购物特点下，卖方和买方在合同中所负担的特殊义务，以及各义务在微信购物特点下的设置前提、含义及内容。

一、微信购物合同主体的义务类型

微信购物合同主体的义务包括合同履行前主体的义务、合同履行后主体的义务和合同履行中主体的义务，即先合同义务、后合同义务和合同履行义务。① 本文的微信购物合同主体的义务主要指微信购物合同履行当中主体的义务，即本文主要研究的是合同履行中的主体义务。合同履行义务包含给付义务和附随义务，根据微信购物的特点，微信购物合同主体的特殊义

---

① 王泽鉴.债法原理(第二版)[M].北京:北京大学出版社,2013:25.

务主要体现在附随义务当中。

（一）给付义务

在买卖合同当中,双方当事人的给付义务包括卖方向买方交付标的物并移转所有权的义务;买方向卖方交付约定的价款并受领标的物的义务。[①]在微信购物合同当中,由于微信购物合同也是买卖合同的一种,卖方在向买方交付标的物和转移所有权时,其所负担的义务和应当履行的职责与传统合同相比并无特别之处。同样,买方在向卖方履行价款义务和受领货物时,与淘宝网等其他已有购物网站相比,买方所履行的义务无特别之处,均是类似传统合同和其他网络购物合同的义务履行方式,由买卖双方来互负给付义务。

（二）附随义务

相较于给付义务方面,买卖当事人双方在附随义务上则有不同于传统合同和其他网络购物合同之处。首先,传统合同主体的附随义务依据传统合同的特点,其在设置上大多基于现实中的交易,而微信购物合同则是不同于传统合同的非面对面的一种新形式的购物合同。其在合同履行中有网络交易下特别需要注意之处。其次,淘宝网等其他已有购物网站的网络购物合同虽与微信购物合同都具有非面对面的属性,但淘宝网等其他已有购物网站的网络购物合同已形成适应网络购物环境的购物特点,且在购物流程与购物体制上相对较为完善。微信购物合同作为以微信为途径的购物方式缺乏成熟的网络购物体制。因此,通过微信购物的流程不同于淘宝网等其他网络购物。其购物体制的欠缺和购物流程的不完善,导致在合同履行时要特别注意买卖双方当事人的附随义务。

由上可知,根据微信购物的特点,微信购物合同主体的特殊义务主要体现在附随义务方面。

二、微信购物合同卖方的特殊义务

（一）物流通知义务

1.物流通知义务的含义

物流通知义务是指当买卖双方达成交易后,卖方随之进行发货并将货物物流信息告知买方的行为,即卖方在履行发货义务后,将物流信息的截图

---

① 　王泽鉴.债法原理(第二版)[M].北京:北京大学出版社,2013:26.

通过微信或手机电话等方式告知买方,可为网络截图也可为口头通知的方式。网络截图方式,如卖方事先对物流纸质或电子信息进行拍照后,将内容通过微信发给买方。口头方式,如买卖双方事先约定通过手机电话告知具体物流信息。在实际交易中,具体采用什么样的方式,取决于当事人双方的约定。

2.物流通知义务的内容

通知主要内容包括:物流编号、物流公司名称。对这两项内容的确知可使得买方在订单后查询到货物物流动态,即是否发货、货物到达何地、预计何时到达。买方获知物流编号和物流公司后可通过网络查询货物的运输动态,以此查询信息买方可以得知卖方是否发货和货物运输情况。即当卖方将货物单号告知买方时,则为卖方已向物流公司办理了货物运输,即卖家已履行了发货义务(当然,不排除虚假物流单号存在的情况,此时则另当别论);当买方通过网络或其他方式查询显示无物流动态时,则可能为物流公司尚在处理;当买方通过网络或其他方式查询显示出物流动态时,则买方可通过物流动态得知货物已到地点、将到地点并估算最终到达时间。

这样,在微信无物流功能的功能特点下,买方也能及时了解到卖方发货履行情况和货物运输情况。通过约束卖方的这一行为,保障了微信购物特点下买方的合法权益。

3.物流通知义务的设置前提

微信购物是非面对面的网络购物,买卖双方之间一般基于好友的信任而进行交易行为。微信本身不是为购物而设置的软件,因此有关购物的物流信息等功能并不是很健全。尤其对于本文要讨论的微信购物——通过微信朋友圈购物来说,好友之间的买卖依赖于双方之间的沟通与洽谈。在确定要进行买卖时,二者会以协商的方式确定如何发货、如何汇款。当双方约定好后,卖方会以和买方协商确定的方式进行发货。由于微信平台不像已有购物网站,如淘宝网、唯品会等那样,在卖家发货后,会显示物流跟踪信息。卖家对发送货物情况的了解完全来源于卖家的通知。当订单达成后,按照正常的交易顺序,在没有特殊情况之下,则应当进行货物发送行为并进入订单发货状态。若此时,不强调卖家的通知义务,则买家根本无从了解卖家到底有无发货和货物发送后的物流情况。因此,强调卖家的物流通知义务不仅有助于敦促卖家及时发货,同时也有利于买家了解货物运送的物流状态。

确立卖家的物流通知义务，从正面来看，其是适应微信购物合同特点、保护买方交易安全的针对卖方的合同义务，同时也是法律对于合同当事人需履行合同相应义务的必然要求。

确立卖家的物流通知的义务，从反面来看，可以帮助买家确知卖家的两种行为：卖家不发货行为和虽发货但未告知物流信息行为。

（1）卖家不发货的行为

即买卖双方达成交易后，本应由卖方履行发货的义务，但卖方基于各种原因未发货（如缺货、无货等原因），同时也未给予买方物流通知。从上文论述中可知，微信购物是不同于传统购物和其他网络购物的新型购物方式，其在购物中缺乏物流信息环节。而货物物流信息却是网络购物中必不可少的环节，针对微信购物这一特点，在发货时给予买方以物流通知，可让买方了解卖方是否为真实交易和是否依约履行义务。

卖方不发货包括：①缺货，即交易信息是真实的，只是由于销售量等问题导致目前货物短缺的状态。对于这一状态，虽然在货物短缺时无法发货，也不能进行物流通知，但在卖方补足货物后，要及时履行义务并通知买方，以便买方了解合同的履行情况。②无货，即卖方之处根本没有货物的存在，为不真实的欺诈交易行为。对此卖方当然无货物可发、无物流信息可通知。对此不真实的欺诈交易行为，买方可在确认虚假交易后，通过"举报"等方式寻求救济。

（2）卖方发货后物流状态未告知的行为

即买卖双方达成交易后，卖方确实依约履行了发货义务（不是微信购物合同卖方特有的义务），但基于一些原因未将物流信息告知买方的行为。此时，在合同履行方面，虽然卖方没有违反发货的义务，但不告知买方物流信息，则买方处在对合同履行进度不知情的情况。这样会影响合同后期的履行，即影响买方对货物物流的判断和在合理期间内进行验货、收货行为。①因此，这种情况同样属于违反了物流通知义务。

---

①　哪家物流公司发货、发货编号是多少，卖家在亲自办理或因下级代理而非亲自办理但得知该信息情况下，可以查询货物物流状态。因此，虽在发货之后未通知，但卖家通过实时跟踪物流动态，在物流到达后及时通知，也为该情况下的通知，即也为履行了物流通知义务（该义务防范的是货物到达后，未及时验货、收货带来的合同问题）。因此，文中说的未通知包括货物到达后未及时通知的情况。

(二)原因回复义务

1. 原因回复义务的含义

在微信购物合同中,卖方应当履行义务的法定期间为卖方收到货款后的合理期间。在实际交易中具体为,在非交易繁忙期,为收到货款后 24 至 72 小时的及时通知和安排;在交易繁忙期,则根据交易习惯及时通知和安排。笔者认为,所谓期间是指,买方付款一定时间后,卖方需进行发货的期间。对于期间应当为多久,根据法律关于合理期间的说法和网络购物交易习惯来界定。

期间未发货,则是指在这段应当发货的时间段内,卖方没有履行发货的义务。未发货的原因通知义务即为该文所述的原因回复义务。具体是指,买家付款后,卖家经过一定期间未发货,需向买家进行原因回复的义务。即当卖家期间经过而未发货则向买方阐释未发货的缘由。

2. 原因回复义务的内容

原因回复义务的内容,即为向买方回复期间经过却不发货的原因。具体而言,卖方不发货的原因有:

(1)暂时无货或缺货

该原因下的卖家虽然没有及时履行发货的义务,但其仍为合法销售行为,只是源于一些合法原因而不能及时履行义务。在交易中,一为合同履行需要,二为树立信誉,在无货或缺货的状态下,卖方势必会自愿告知买方原因。因此,在这种情况下,卖方在发货期间经过后,及时履行告知买方未发货的原因即可。

(2)欺诈销售

该原因下的卖方之所以没有发货是源于其销售本身为欺诈行为,当然也就没有真实货物的存在。非法卖方在收到货款后一般不再与买方联系,若进行原因回复,其内容也大多为不符合实际的。买方在合理期间经过之前,其无从得知卖方的欺诈销售行为,无法及时行使权利以救济。当期间经过后,其欺诈销售的事实才会暴露出来。因此,在此时赋予卖方以原因回复义务可以帮助买方合理区分交易的真实性,辨别对方当事人是否为恶意卖方,并及时行使权力以救济损失。

3. 原因回复义务的设置前提

根据微信购物不同于其他购物方式的特点,在交易达成后,买方将直接向卖方履行付款义务,而不是将价款存于中介平台,待收货后再通过支付行为由中介平台转出。在网络交易环境下,微信购物合同的这种买方直接向卖方履行合同价款义务的方式,使得买方在交易中的风险增大。同时也充分体现了在微信交易中买卖双方当事人之间信赖关系的重要性。

该信赖关系一般源自于好友或熟人关系。随着微信购物的发展,通过其他途径获知信息而添加的"好友"也随之出现,因此在购物时买卖双方之间的关系不一定都为现实生活中熟知的好友或熟人关系。这也是在微信购物时买方付款之后,卖方是否履行合同的风险增大的缘由之一。

(三)强制退款义务

1.强制退款义务的含义

强制退款义务是指,发货期间经过,卖方没有给予原因回复或虽回复但又经过合理期间后仍未发货,从而强制卖方退款的义务。如同上述原因回复义务的设置一样,在微信购物中没有相应的专门性网络购物管理机制(微信购物平台没有设置严格的购物中介功能),因此亦没有如同淘宝网一样,在购物出现问题时,买方向中介平台申请退货、退款的功能。买方付款后,在卖方没有发货且没有原因回复通知买方甚至杳无音信的情况下,买方不能通过在微信平台申请退款而救济损失,因此,根据微信购物的这种特点,赋予卖方以强制退款义务,可以补救微信购物中买方消极被动的地位。

2.强制退款义务的内容

(1)卖方收款后不发货且不回复的强制退款义务

卖方收款后不发货也未回复,其既没有履行发货义务也没有履行原因回复义务,此时,付款后的买方处在了交易中的被动地位,这种情况下赋予卖方以强制退款义务可以保护买方在交易中的利益。即卖方在此时拥有了一项必须向买方退款的强制性义务。这也是对微信购物合同履行中问题的一种补救。在卖方不履行该义务时,买方可以采取微信"举报"等措施来挽救自己的损失。

(2)卖方回复后经过合理期间仍未发货的强制退款义务

该项内容是指,卖方虽未发货但履行了原因回复义务,只是在回复后又经过合理期间卖方仍未发货(也即拖延发货)时,赋予卖方以强制退款义务。在实际交易中,不排除有些卖方以一些原因为借口来拖延交货甚至不交货,此时买方同样处在交易的被动和不利地位,基于微信平台并没有可供应用的"退款"功能,因此,此时要求卖方必须退款且作为一种强制性的规定,可以维护买方的利益,方便买方及时行使救济权利。

3.强制退款义务的设置前提

强制退款义务在履行时应当注意的是买方何时行使该义务和如何行使该义务的问题。

对于何时行使该义务的问题,笔者认为,基于微信购物的特点,买方本身就处于一种不利的地位,因此买方在认为自己权利遭受侵犯或者其他合同履行不能实现或者出现其他一般交易中的问题的情况下,买方可以要求卖方履行退款义务①。

对于如何行使该义务的问题,笔者认为,该义务为卖方负担的问题,在上述情况出现时,应由卖方自觉履行该义务。卖方不自觉履行该义务时,买方方可行使一些权利以救济,如行使微信中设置的"举报"功能。

(四)宣传询问义务

1.宣传询问义务的含义

宣传询问义务是指,卖方截取与买方的交易聊天信息图片并发至其微信朋友圈宣传时,需得到买方同意的义务。即卖方在用与买方的交易聊天记录截图做宣传时,为保护买方的隐私,应询问买方并征得买方同意后,方可进行宣传。宣传询问义务是对买方隐私保护的一种体现。防止卖方未经买方同意而随意将买方信息和与买方聊天信息公之于众。

2.宣传询问义务的内容

宣传询问义务的内容主要包括:卖方询问买方是否可以将截屏图片发至朋友圈;是否可以发布其头像、昵称和聊天内容。

在通过微信进行交易聊天等行为活动时,对于买方来说,本身就是比较私密的个人活动。买方可能基于一些原因不愿意让外人知道自己的购物内容和行为,而卖方的截图宣传无疑将会暴露买方的这一行为。因此,卖方在进行该行为时,需提前征得买方关于使用和发布买方微信头像、昵称和聊天内容的同意,从隐私权的角度保障买方的权益不受侵犯。②

3.宣传询问义务设置的前提

宣传询问义务的设置前提是,微信平台没有产品效用评价功能且卖方常以截屏内容宣传产品效用。

按照一般网络交易的方式,在买方收到产品后,网站会提供可供买方评

---

① 需在不影响卖方权利情况下,合理行使。例如,卖方已发货的情况下则不再负担该义务,除非后期货物出现其他新问题。

② 张新宝.隐私权的法律保护[M].北京:群众出版社,2004:39.

价的功能机制,但微信购物中,并没有此种产品评价功能。因此,在买方收到货物后,购物中出现的任何问题和产品的任何情况,买方皆无从通过微信购物评价向他人宣传或警示。买方对购物和产品的看法,在微信中,只能通过微信朋友圈这一功能在微信中展示。但观看者也只局限于其微信中的"好友"。买方与卖方"好友"重合外的人看不到该产品的评价情况。卖方为宣传其产品、扩大销售,往往会将其与买方的交易对话截图等发至朋友圈以向他人①展示该产品的热度。该截图中,有的卖方会将图片做些处理,如使用修图功能来模糊掉微信昵称、微信头像。但有的卖方则不会处理截图,而是直接将其发至微信朋友圈,这样,该买方的一些个人信息便会暴露出来。

对于该暴露的个人信息是否归属于个人隐私的范畴,分析如下:该信息一般主要包括微信昵称、微信头像、聊天对话内容。首先,需要明确的是,在微信搜索功能下,仅依据微信昵称和微信头像并不能精确搜索到或定位到该买方。其次,不能搜索或定位到该当事人,并不意味着没有侵犯该买方的隐私。在网络环境下,隐私的范围应得到扩展。② 在该截图中,包含了昵称、头像和聊天内容,因此,笔者认为,该暴露的个人信息属于个人隐私的范畴。在这一前提下,笔者认为,卖方截图与买方的交易内容且在没有抹掉必要信息的前提下,卖方应当提前询问买方,并经过其同意后方可进行截图宣传。

三、微信购物合同中买方的特殊义务

(一)截图告知义务

1. 截图告知义务的含义

截图告知义务是指,买方通过网络支付方式向卖方转账付款后,需将转账截图发给卖方,以告知付款事实的行为。买方的截图告知义务是建立在网络交易时网络支付前提之下的,即买方和卖方达成交易后,买方向卖方履行付款义务是通过网络转账,如微信转账、支付宝转账等其他电子转账方式完成的。

2. 截图告知义务的设置前提

买方向卖方履行付款义务是通过电子转账方式完成的,包括微信转账、支付宝转账等。在电子转账方式下容易出现这样的问题:该电子转账是通

---

① 为微信"好友"中且没有被屏蔽观看朋友圈功能的人。

② 王利明.论网络环境下人格权的保护[J].中国地质大学学报(社会科学版),2012(4):2—8.

过手机或电脑等电子设备来完成的,在转账时,避免不了网络电子数据交易下出现的问题,如电子转账滞后、技术问题导致转账失败甚至买方的电子金额虽扣除但卖方却未收到该笔金额的汇款。这种电子交易下的问题,在微信购物合同中则容易引起的问题有:买方已汇款、卖方未收到或买方无汇款却以已汇款欺诈卖方。因此,设置截图告知义务在合同履行时有利于防止该类问题的出现。

虽然买方和卖方都有可能以此为借口而做出欺诈的行为,但将该义务负担于买方的原因为:第一,交易达成后,买方承担着向卖方付款的义务,即向卖方转账属于买方应当履行的积极行为,卖方只是被动消极地接受该行为下所带来的效果。第二,转账的电子提示消息在电子平台中首先在转账方即买方处显示出来,卖方只有在收到转账款项后才会有电子消息的提示。根据电子转账的技术方式,界定电子转账信息首次出现的时间点为买方付款义务履行完毕点,也即该部分合同内容的风险转移时间点。由此可知,截图告知义务由买方负担更符合微信购物合同这种网络电子之下的交易。

(二)发图确认义务

1.发图确认义务的含义及内容

发图确认义务是指,买方收到货物后,通过电子途经等方式向卖方发送该货物的图片,以告知卖方其收到货物的行为。即发图确认义务是买方向卖方确认其收货的一种义务,其不仅可以确认买方是否收到货物,同时可以确认买方何时收到货物,这是在微信购物中,对买方附随义务上的一种要求。

发图确认义务的内容主要为,买方向卖方发送货物的图片信息。买方收到货物后,在及时检验货物无误后,将其拍照并发送给卖方。① 卖方据以该图片可在纠纷发生时主张权利。例如,收到货物的时间经过卖方对货物质量等的保证期间后,则卖方不再负有该保证义务,而卖方主张的期间的起算节点,即为收到该图片的时间。

2.发图确认义务设置的前提

(1)欺诈买方的存在

根据微信已有的功能所知,微信购物没有物流信息的显示和提醒,不仅在物流运行过程当中买方无法从微信功能中得知物流动态,同样,在买方收

---

① 在货物有问题的情况下,买方可以直接依据货物不符合要求的理由向卖方主张退换货。

到货物后,卖方亦不能通过微信功能得知这一信息,这样,对于微信购物来说,买方是否收到货物,卖方只能通过物流单号自行查询得知物流动态。但难免会有一些买方虽然收到了货物却以未收到为由,要求卖方重新发货或者退款。因此,在买方收到货物后,给予买方以发图确认义务以缓解卖方在此时的被动地位,避免相应欺诈问题的出现。

(2)便于后合同义务的履行

卖方了解货物的物流动态和何时到达买方地点,只能通过自己办理运输时的物流单号查询,但是物流单号查询到的信息为物流接收站或发货站在接收到货物后或发出货物后,在其单号下更新的动态,并不是买方实际收到货物的时间。虽然物流单号下的"已接收"或"送达成功"一般被认为是买方收到货物的时间。但根据微信购物的网络交易的特点,有时在物流单号下显示货物"已接收"或"送达成功",但实际中由于各种原因买方并没有真实收到货物,例如货物在向买方运送后,物流单号下动态更新,但在运送中出现运输问题等。买方收到货物后,首先会对货物进行及时检验,在出现问题时,与卖方沟通进行及时的退换货的行为;其次检验货物没有问题而接收货物后,在特定时间内出现问题,如15天或者某些电子产品的保质期为1年,买方可以向卖方进行及时退换货或者修理的行为。因此,确定买方收货时间对后合同义务的履行至关重要。

对于买方何时收到货物,笔者认为,依据公平原则,需以实际收货为准。在微信购物中,根据微信购物的特点,卖方无从得知买方的实际收货时间,因此,需要买方向卖方发送货物图片以确认其收到货物。

对于确认买方是否收到货物,买方虽可以通过电话、微信聊天等其他途径告知卖方,但在此强调以发图的方式给予卖方实际证据,便于卖方恰当及时地行使自己的权利和履行相应的义务。

四、小结

通过分析研究微信购物合同主体的特殊义务,不仅明确了双方当事人在合同履行过程中应当注意的事项,同时,有利于双方当事人在合同纠纷出现时,有效地利用双方各自所特有的义务来分配各自的责任。[①] 在保障合同顺利履行的同时,也保障了双方当事人的利益。

---

① 梁慧星.民法总论[M].北京:法律出版社,2011:82—83.

深度链接的定性问题研究

李月

（天津商业大学法学院 天津 300134）

[摘要]深度链接技术的快速发展促进了信息的共享也带来了新的用户体验,用户可以在网页之间随意跳转。但这也给传统的著作权带来了巨大挑战,技术的发展与著作权利益保护存在着一定的矛盾,用户、设链者和被设链者利益冲突不断。目前存在着"服务器标准""用户感知标准"等各种侵权认定标准,司法实践中适用混乱。"服务器标准"和"用户感知标准"已不再适合判断深度链接侵权与否,实质呈现标准更符合深度链接的侵权认定标准。只有及时应对实践中的挑战,寻求技术发展与法律保护之间的平衡,才能更好地解决这一问题,促进互联网行业的发展。

[关键词]深度链接;信息网络传播权;侵权认定

引言

互联网的快速发展导致社会信息的爆炸式增长,面对海量信息,人们期待以最快最有效的方式来获得信息,微信公众平台自媒体、微博营销、聚合服务型 APP 等新媒体应运而生。它们在帮助用户快速获得信息的同时也由此带来了一系列的法律问题和纠纷。近几年发生的今日头条案[①]、上海步升音乐文化传播有限公司诉百度案[②]、十一大唱片公司诉雅虎案[③]等案例均是通过设置深度链接,整合其他网络提供商的资源通过自己的平台来向用户推送。深度链接的法律属性以及侵权认定标准是我国对深度链接进行

[①] 王迁."今日头条"著作权侵权问题研究[J].中国版权,2014(4):10.
[②] 北京市第一中级人民法院(2005)一中民初字第 7978 号民事判决书。
[③] 北京市第二中级人民法院(2007)二中民初字第 02629 号民事判决书。

著作权法规制的过程中面临的不可回避的问题,这一问题也引起了学界和实务界的巨大争议。

一、深度链接的概述

"一般的链接指的就是超文本传输协议(http),它的目的就是利用计算机语言使不同文件夹或者同一个文件夹的内容通过一个个链接建立起来。"①链接好比一座桥梁,使得用户可以快速获得储存在不同位置的信息,在不同网页和文件中跳转。所有的网页都是根据超文本传输协议建立起来的,例如,当我们输入百度的网址 www.baidu.com 进入百度的页面后,网页上方的(URL)显示为 https://www.baidu.com/。

普通链接是指用户点击后进行跳转的链接,如果两个文件储存在不同位置时,用户点击后进行网页之间的跳转;如果储存在同一文件时,用户点击后跳转到相应的位置②。当用户进入司法部的网站后,我们可以看到网站由一个个的链接组成,当用户点击其中任意一个链接如"社区矫正管理局"后,页面会跳转到司法部社区矫正管理局的网站。

深度链接是指用户在点击链接后没有跳转到被设链网站的网页,仍然停留在设链者的网页。③ 深度链接和普通链接在以下四方面不同:第一,从控制角度上来看,对普通链接而言,用户点击普通链接之后跳转到被链接者的网页,此时是在被链接者的域名下面的,被链接者能够对播放的视频或者音乐等作品具有控制权,此时的普通链接就相当于一个方便用户获得信息的快速道路,对于链接的视频音乐等作品设链者并没有控制能力。但是深度链接就大不相同,其他平台设置深度链接后正版视频网站在该平台失去了控制权。第二,从权利收益角度分析,设置深度链接的设链者在网站制作上付出的成本和收益显然不成正比。当我们在播放作品时往往是瞬间完成的,但实际上这是一个复杂的过程。一般用户播放视频或者音乐要遵循以下三个步骤:首先,权利人要将视频音乐等作品上传到服务器中,服务器就相当于网站后方的巨大"仓库";其次,用户在客户端或者浏览器上点击链接,向"仓库"发出请求;最后,"在接到用户发出的请求后便将该作品在客户端网页进行播放。设链网站设置深度链接之后能够从被设链者的服务器中

---

① 官文娟,江向东.对深度链接的思考[J].山东图书馆学刊,2009(1):10.
② 崔国斌.加框链接的著作权法规制[J].政治与法律,2014(5):78.
③ 马晓明.网络视频深度链接侵权定性再讨论[J].中国版权,2015(4):46.

直接播放,信息网络传播市场的竞争本质上是网站流量的竞争①,设链者设置深度链接播放作品花费被设链者的宽带资源,据统计,正版视频网站每年需要投入 46.8 亿元在宽带资源上面,而设链者只需要有一个简单的网站,通过深度链接使用被设链者的宽带资源播放作品,这给被设链者的服务器增加了很大压力。此外,正版视频网站每年花费 180 多亿来进行版权采购,设链者不花费一分一毫就能够获得和购买正版视频的被设链者一样的效果,这使得购买版权的被设链者的利益付诸东流。最后,从传播范围来看,被设链者将作品公之于众之后,任何用户可在任何地点、任何时间对作品进行浏览阅读,对于没有任何限制的作品,深度链接并不会扩大受众范围。但对于一些需要付费的或者会员的作品,设链者通过深度链接使作品处于所有公众都可以免费阅读或浏览的平台,这就明显地扩大了作品的传播范围。

目前,小网站如雨后春笋般出现,建立一个网站非常简单,真正的困难在于网站里面的正版内容。笔者在百度输入电影网后,出现质量参差不齐的各大电影网站,仅有几家网站对于著作权人权益做到充分的保护,会把相关的网络视听许可证、出版物经营许可证、广播电视节目制作经营许可证以及与相关的企业法人营业执照和备案号在网站的底部声明。但是有的网站就简单地以"所有视频版权归原权利人,如有侵权 24 小时内删除"这种简单声明来逃避自己的责任。而这些制造粗糙的网站多以深度链接的形式进行牟利,因此对深度链接的规制刻不容缓。

对侵权作品进行深度链接,设链者和被设链者承担共同侵权无可争议,争议主要围绕深度链接正版内容的定性和适用标准,本文论述的对象是深度链接正版内容的情形,对于链接侵权作品暂不涉及。

二、深度链接的利益平衡考量

利益平衡是著作权中所追求的重要价值目标之一,在当前的网络环境中,快速便捷的传播方式使得侵权的方式也不断变化,对于深度链接,我们要从不同的视角加以认识。

从宏观角度上,保护著作权与信息共享存在着一定的矛盾。知识产权与传统物权等有形财产权有着很大的不同,由于客体的无形性导致任何人可以在同一时间以同一方式进行使用并获利,其损失远比物权等有形财产

---

① 杨勇. 深度链接的法律规制探究[J]. 中国版权,2015(1):54.

权的损失要大。设链者对被设链者的相关作品进行设链之后由于知识产权的无形性使得被设链者的财产受到难以估计的损失,因此知识产权占有权的特性在保护被设链者方面发挥着巨大的作用,简单点说就是设链者要想使用被设链者的作品必须付费。信息不同于其他有形物品,不会因为消费而减少它的价值,反而会在信息传播的过程中增加社会的无形财产。从这个意义上讲,信息共享的程度越高,它给社会带来的收益就越大。

从微观角度上,设链者、被设链者和用户也存在着一定的冲突。对用户而言,相比普通链接,深度链接更方便用户体验,一方面用户不需要在各个浏览器界面来回跳转,节省了时间。另一方面,网络聚合资源的平台使用深度链接将各个国家地区的资源整合在一起,用户可以在这海量信息中直接获得自己所需要的内容。对被设链者而言,虽然被设链者作为作品的提供者、管理者,但设链者设置深层链接以后,严重影响了被设链网站的关注度。并且一些设链者通过技术手段规避被设链网站的广告,甚至设置为自己收益的广告,深度链接架空了真正权利人的权利,设链者虽然作为作品的提供者、管理者,但却不是最后的受益者,这与著作权法所追求的目的背道而驰。

三、深度链接的侵权认定标准

(一)服务器标准

服务器标准是指网络服务提供者将作品上传或者以其他方式置于向公众开放的服务器里面的标准①。支持服务器标准的代表性学者有王迁、曹伟、王文翠。笔者将其观点归结为以下几点:第一,从文意解释上理解,"提供"指的就是将作品上传到服务器中,这是作为直接侵权的认定标准。随着信息技术的发展,出现了其他形式的侵权情形,深度链接就是最具有代表性的行为,北京、山东等地的指导意见中明确将链接行为作为一种技术辅助手段,即便深度链接确实存在侵权的情形,因为其无法适用服务器标准,因而归于其他形式的间接侵权。第二,从立法目的来理解,"提供"特指作品处于一种可以被公众所获得的状态的行为。提供作品是一种客观行为,某人实施"提供行为"是一个已经确定的事实。无论用户的主观臆想甚至误解都不应影响法院根据客观事实来认定真正的行为实施者。如果以主观性较强的"用户感知标准"去认定"提供行为"的实施者很容易出现违背客观事实的情

---

① 崔国斌.加框链接的著作权法规制[J].政治与法律,2014(5):79.

形。第三,在司法实践中,法院多采用"服务器标准"来认为设链者是否进行了侵权行为。2016 年的"兔子视频"案①便采用的是服务器标准,兔子视频是一款聚合类的 APP(手机软件),它通过深度链接的方式将各大网站的视频资源整合在一起,但是由于兔子视频采用的是深度链接方式并没有将视频资源储存在自己的服务器中,视频仍然储存在被设链网站的服务器之中。因此法院采取的"服务器标准"认定兔子视频对被设链网站没有实施信息网络传播行为,而仅仅是提供了链接服务。最后法院以设链者对被设链者的视频进行了人为的编排,主观上存在一定的过错,因此认定兔子视频应当承担侵权责任。同样,在"十一大唱片公司诉雅虎案"②中,法院认为由于雅虎公司没有将作品上传到服务器,我国现有立法规定只有提供作品才能够认定直接侵权,但实际上雅虎公司确实实施了侵害十一大唱片的行为,法院最后判决雅虎公司承担间接侵权责任。第四,国外主流观点均坚持服务器标准,最为典型的案例就是美国在 2006 年发生的 Perfect 10 公司诉谷歌案,此外德国最高法院在 2003 年判决的 Paperboy(报童)案也同样采取的是服务器标准③。

　　笔者认为,尽管"服务器标准"在认定深度链接的性质上发挥着重要的作用,但随着信息科学技术的发展,"服务器标准"的弊端也难以忽视,无法作为判断深度链接的侵权认定标准。设链者可以通过文件分享的形式使作品置于网络中而不储存在自己的服务器中,如果以"服务器标准"来判断设链者是否侵害被设链者的权益时,由于没有上传至对公众开放的服务器,无法认定其侵犯了被设链者的权益。

　　(二)用户感知标准

　　用户感知标准是以用户的直观感觉作为侵权认定标准。这一标准在实务中也常常受到法官的青睐,搜狐公司诉芭乐公司案④中便采用了此标准。《屌丝男士》是搜狐视频享有版权的作品,而芭乐公司对该视频设置了深度链接使其在芭乐 APP 上进行播放,《屌丝男士》视频仍然在搜狐视频的服务器上,并没有上传到芭乐公司的服务器之中,法院仍旧判定芭乐公司构成对搜狐公司的直接侵权。法院认为虽然芭乐视频在播放的时候显示了搜狐视

① 北京知识产权法院(2015)京知民终字第 559 号民事判决书。
② 北京市高级人民法院(2007)高民终字第 1190 号民事判决书。
③ 王迁.网络环境中版权直接侵权的认定[J].东方法学,2009(2):13.
④ 北京市石景山区人民法院(2013)石民初字第 1528 号民事判决书。

频的标志,但并无法证明自己提供的是链接服务,芭乐视频设置深度链接的行为已经使视频不必脱离其网站就可以直接观看。对于这里的"用户",有学者认为用户是指普通用户,一些学者认为是相关专家①。笔者认为"用户"应当是普通用户,因为普通用户代表了最广大观众的直观感觉,用户的点击量和浏览量是网站收益的主要部分,如果仅仅将相关的专家作为"用户感知标准"中的用户,这和法官或者专家辅助人的作用并无差别,并不能真正保护著作权人和正版网站的利益。

笔者认为,用户感知标准是一种主观性很强的标准,虽然这一标准使得法官有较大的自由裁量权,但其模糊性使得其不能真正地保护被设链者的权益。在实务中,一方面,如果法院采用用户感知标准,法律依据不够鲜明,说理不够充分,不能说服两方当事人;另一方面,法院如果只采用用户感知标准,很容易造成同案不同判的悲剧。当然,并不是说用户感知标准毫无用处,用户感知标准可以与其他标准相结合,作为其他标准之外的辅助标准,这样能更加有效全面地维护被设链者的利益。

(三)法律标准

法律标准是指以是否构成对于著作专有权的行使或者直接侵犯为标准进行判断。② 法律标准的代表学者有孔祥俊教授③,笔者将其理由概括为:深度链接的难点往往是由于法律的不清晰和事实的模糊,法律标准的不清晰可以通过价值取向来进行解决,事实不清用证据规则来解决。冯刚法官不赞同法律标准的适用,认为法律标准是因为对服务器标准的狭隘理解导致的,"服务器标准"是指"将作品上传到具有网络传输功能的硬件与软件的结合体以供网民获得的行为是网络提供行为"。

四、深度链接的定性

目前,理论界和实务界关于深度链接行为是对信息网络传播权的直接侵权还是间接侵权争议颇大。就其本质其实就是深度链接行为是一种提供作品行为还是处于网络服务提供行为,笔者认为深度链接行为是一种提供作品的行为,属于直接侵权。

首先,根据信息网络传播权的概念,信息网络传播权不转移作品的所有

---

① 陈加胜.信息网络传播权与链接的关系[J].电子知识产权,2010(2).
② 王迁.网络环境中版权直接侵权的认定[J].东方法学,2009(2).
③ 孔祥俊.论信息网络传播行为[J].人民司法,2012(7).

权或占有的方式向公众提供作品①。具体到深度链接所在的网络环境下判断传播行为的标准是行为人有没有以网络信号的形式来进行传播作品。著作权层面上的传播行为必须具有两个特点：第一，传播要有介质或载体。由于作品的无形性，传播行为必须通过一定的"介质"发生②，传播的客体是作品而非其他内容，提供网址的行为与提供作品的行为有着本质不同。第二，不要求具备独立性。"独立性"是指作品可以脱离其他传播者的行为而构成传播行为。著作权层面上的传播有首次传播和二次传播，二次传播是在首次传播的基础上进行的再次传播，设链网站是依靠被设链网站才能进行作品的传播，如果只有设链网站一方，设链网站就无法进行作品的交互式传播行为。被设链网站的服务器相当于"仓库"，作品相当于"仓库"里的一件"物品"，被设链网站进行播放视频或者图片时相当于在自己的"仓库"中取出"物品"，而设链网站相当于从别人的"仓库"中取走物品。如果被设链网站的"仓库"关闭，设链网站提供的链接就无法向用户提供作品，由此我们可以看出深度链接其实就是提供作品的行为。

其次，在司法实践上，目前我国法院已经在相关案例中将网络转播行为与深度链接行为做了区分。最为典型的案例就是"央视诉百度案"③，央视网对百度公司未经中央电视台的许可实时转播"2012 年春节联欢晚会"（以下简称"春晚"）并在百度视频上播放，央视网认为自己对春晚具有专有权利控制，百度公司未经许可转播春晚，百度公司这种转播行为侵害了自己的权利，因此将百度公司诉诸法院。而作为被告的百度公司在答辩中声称自己仅仅对春晚的视频设置了深度链接，并没有违反著作权法中有关专有权利控制的传播行为，也没有侵害到央视网的利益。但是由于百度公司在证明自己仅仅实施的是设链行为而非转播行为时证据不够充分，因此，法院最终判决百度公司春晚提供搜索链接服务的主张不能成立，百度网站直接提供春晚的网络实时转播，侵犯了央视网的著作权，应当承担侵权责任。转播和深度链接技术上存在不同，网络转播技术利用的是截取被转播网站的数据流通过自己的转播网站的服务器进行转播，具体到"央视诉百度案"中，百度公司截取了央视网的数据流而在百度公司自己的服务器中进行播放，而深

---

① 《著作权法》第 10 条第 1 款第 12 项规定："以有线或者无线的方式向公众提供作品，使公众可以在其个人选定的时间和地点获得作品的权利。"

② 陈绍玲. 论网络中设链行为的法律定性[J]. 知识产权，2015(12).

③ 北京市第一中级人民法院(2013)一中民终字第 3142 号民事判决书。

度链接技术是通过链接技术来连接到被设链者的作品,最终以网址的形式来向用户提供。很明显,百度公司并不是通过深度链接的方式向用户提供春晚。部分学者认为深度链接和网络转播可以等同是因为他只注意到了深度链接和网络转播在形式上有着相同点[①],并没有深入地理解深度链接和网络转播在技术手段上的差异,深度链接和网络转播在技术层面上就有着很大的不同,深度链接依靠的是链接技术,其隐蔽性很强,认定侵权具有一定的难度,而网络转播依靠的是转播第三方视频,侵权与否容易判断。深度链接和网络转播都是由新技术的发展而产生的,我们要想真正理解深度链接的定性问题就要了解深度链接的技术手段,才不至于将深度链接与网络转播相混淆。

　　最后,从法律起源上,我国著作权中的信息网络传播权是在国际公约的影响下形成的,尤其是《世界知识产权组织著作权条约》(WCT)。WCT 强化了传统的著作权、邻接权保护在网络空间的发展,因此它被称为"因特网条约"。诚然,深入地了解 WCT 对信息网络传播权采用的标准我们能更好地理解深度链接的定性问题,但过度看重 WCT 而忽视了我国的具体情况是与解决深度链接问题背道而驰的。有部分学者认为我国应遵循 WCT 中的规定,我们对深度链接保护的程度只能比 WCT 的保护程度要低。笔者并不认同这一看法,WCT 的确对提供作品做了一个界定,这个界定也的确与服务器标准相吻合,但这并不意味着提供行为与信息网络传播行为等同。此外,WCT 对于违反信息网络传播权的法律后果也没有涉及,即侵权人的责任承担问题,这也是问题的关键所在,WCT 在此部分特意留出立法空白以期望各个国家在处理本国有关信息网络传播权问题时根据本国具体国情和法律制度来对其进行规制。因此,关于深度链接的著作权规制问题应当参照我国的具体国情,不可过度依赖《世界知识产权组织著作权条约》。

五、对深度链接规制的建议

（一）采用实质呈现标准

　　相比其他认定标准来说,实质呈现标准更符合认定深度链接侵权的标准。首先,实质呈现标准不再以将作品上传到服务器中为要件,这就避免了上文服务器存在的弊端,即使设链者没有上传至自己的服务器中,只要将被

---

① 杨勇.深度链接的法律规制探究[J].中国版权,2015(1):55.

设链网站的内容实质性地呈现在自己的网站中甚至代替被设链网站时,我们就可以根据实质呈现标准认定设链者应当承担侵权责任。其次,实质呈现标准也避免了用户感知标准的主观性,由于每个用户对互联网的熟悉程度不同,很有可能不同的用户得出不同的结果,主观臆断性太强。而实质呈现标准虽借鉴了用户感知标准,但是要求设链者实质性呈现被设链者的内容。最后,实质呈现标准是以结果为导向的认定标准,能够真正维护被设链者的权利。如果设链者实质呈现了被设链者的作品,肯定会导致被设链网站的用户流失,必然使被设链者遭受巨大的损失,采用实质呈现标准能很好地维护被设链者的利益。

有部分学者类比电影著作权保护的产生,提出设立相关深度链接权的内容。笔者认为,无需在著作权中再规定"深度链接权"。传播技术的发展使著作权的客体不断扩大,各个国家也都加大了对著作权的立法保护力度,但是我们无须将新出现的著作权客体如深度链接都写入《著作权法》中。在司法实践中,法院也不应再以标的进行区分而是应在寻求著作权保护和不予保护上确定一般性原则。

(二)通过反不正当竞争法进行规制

适用反不正当竞争法的前提是双方具有竞争关系,具体到深度链接中,设链者和被设链者明显具有竞争关系。设链者和被设链者都以提供网络信息资源来获得更多的用户关注和点击量,他们基于相同的作品并且两者面向的用户具有高度的一致性,一方用户的增多往往都伴随着另一方用户的减少,当前的视频平台多以"会员+广告"的形式进行经营获利,设链者通过链接被设链者的视频或音乐资源而采用非会员制浏览,对用户而言,必然会选择不需付费非会员的视频资源,这就导致了很多被设链者的用户流向设链者。因此,设链者与被设链者具有竞争关系。反不正当竞争法规制的并不是普通链接行为,我们应当秉持技术中立原则,对于用户便捷获得信息的途径应当是给予支持的,它所针对的只是深度链接行为。很多设链者对被设链者的资源设置深度链接后通过技术手段屏蔽设链者的权利标识,如网站信息和节目商标等。如果把被设链者平台比作"仓库",平台上的作品比作"商品",设链者设置深度链接的行为犹如去别人的"仓库"拿"作品"在自己的平台出售,这种搭便车的行为损害了被设链者和著作权人的合法利益,扭曲了正常的市场竞争秩序。

六、结语

深度链接在促进信息传播、方便用户获取有效信息方面发挥了巨大的作用,但深度链接已打破了原有的利益平衡,如果不对其进行规制将会严重危害整个互联网经济的发展。"服务器标准"由于深度链接技术的发展,对未上传至设链者的服务器的情形无法认定侵权,也就不能真正保护著作权人的合法利益,"用户感知标准"由于主观性太强也不适宜作为认定深度链接侵权的标准,"实质性呈现标准"更符合当前认定深度链接侵权的标准,从法律概念、法律起源和司法实践中得出深度链接属于提供作品的行为。在互联网快速发展的时代,我们只有积极应对挑战才能合理地保护著作权人的利益,促进互联网行业的整体发展。

论计算机软件的可专利性

柳富恒

（天津商业大学法学院 天津 300134）

[摘要] 随着计算机产业的发展与壮大，计算机软件呈现出数量急剧增多，种类不断丰富，功能日益强大的特点。计算机软件是程序开发者汗水和智慧的结晶，凝聚着人类的创造力。如何更好地保护计算机软件和开发者的合法权益引起了各国的重视。本文从计算机软件的本质入手，介绍了计算机软件的保护模式，探讨了计算机软件是否具有可专利性的问题，提出了计算机软件是可以应用于产业的、能够带来较高效益的或解决技术难题的无体技术，理应得到专利保护的结论。希望本文能为未来的理论研究和司法实践起到抛砖引玉的作用。

[关键词] 计算机程序；可专利性；双重保护模式

一、计算机软件的发展概况及其规范方法

（一）发展概况

计算机软件（computer software）是一个使用频率高但很难对其准确定义的概念。我国国务院发布的《计算机软件保护条例》第二条指出，"计算机软件是指计算机程序及其有关文档"。第三条指出，"计算机程序（computer program）是指为了得到某种结果而可以由计算机等具有信息处理能力的装置执行的代码化指令序列，或者可以被自动转换成代码化指令序列的符号指令序列或者符号化语句序列"。

从上述概念可知，计算机软件有两大基本特征，从构成来看，计算机软件是一系列语句、指令的有序集合；从运行效果看，计算机软件能够解决指定的问题。

只因计算机依赖软件解决特定问题，在庞大的计算机产业中，计算机软

件早已超越硬件,拥有了最重要的位置,成为行业中的领头羊。微软公司开发的 Windows 操作系统在电脑终端保持着长久不息的生命力。从调研机构 Net Applications(网络应用)公司公布的数字来看,2014 年 10 月 Windows 平台的市场占有率高达 91.49% [①]。计算机软件既然取得了如此显赫的地位,就不得不重新考量已有的法律规范能否满足保护软件开发者的需要这一重大问题。

(二)计算机软件的规制方法

1.商业秘密式

在计算机产业发展初期,计算机软件是硬件的附属产品,没有自己的独立地位,因此计算机软件参照商业秘密法或者公平交易法等调整。若以商业秘密法保护计算机软件,需同时满足以下三种情况:①非一般大众可以轻易掌握,除非是该领域的专门技术者,即计算机软件须有创新性或新颖性;②能够为产权人增加实际收入或在商业市场中取得优势地位,即计算机软件有经济性或产业实用性;③权利人应当尽其所能保护该技术不被他人获得,即计算机软件须有秘密性。

采取商业秘密法的同时一般以合同作为补充,契约一方可以在契约中确定相对方承担保守商业秘密的责任,另一方可以在授权范围内使用该秘密。但这种形式依然有其局限性:首先,这种方法不能约束第三人的行为,若第三人采取不法手段窃取商业秘密,受害人很难得到有效救济;其次,一旦该技术秘密被一般大众所知或者不慎被媒体等暴露,该技术秘密便不再是秘密,将无法得到商业秘密法的保护。

2.著作权式

著作权保护模式起源于 20 世纪 80 年代初美国著作权法修正案,著作权保护模式是当今世界软件保护模式的主流选择。

与其他保护方式相比,著作权有着独到的优异性。首先,版权保护的要求较低,形式上满足独创性条件的软件便有权获取版权保护,因而保护范围很大;其次,版权保有开始保护的自动性,与专利不同,版权的取得不需要申请、审批,方便了软件开发者;最后,版权保护具有国际便利性,《伯尔尼公约》《世界版权公约》等为著作权的国际保护打开了方便之门。

---

① 天极软件.2014 年 10 月全球操作系统市场占有率统计数据[EB/OL]. 天极网,http://os. yesky. com/377/39867877. shtml.

但著作权保护模式也有其弊端,主要有权利产生无法证明,例如软件何时被创作,软件究竟包含哪些内容等;需合同共同完成保护,购买者不单单买入软件本身,而且还有一份使用许可合同;难以确定软件侵权,因其不保护软件的创作构思,而软件最重要的莫过于此;保护期限过于漫长,不符合软件生命周期短的特点。

3.专利式

最初人们普遍认为计算机软件不应由专利法调整,因为计算机软件的本质是演绎法或数字表达式,而演绎法或数字表达式不可以获得专利。但很快人们发现软件不全是数字表达式,也可以是专利权保护的客体。我国2001年专利审查指南明确指出五种计算机软件可以获得专利权,涵盖内容涉及工业生产、计算机优化、测控、数据分析和汉字输入。①

专利规制方法很好地弥补了著作权规制方法的不足,专利保护软件的算法及构思,这是著作权保护无法比拟的,专利期间与软件实际使用期相符等等。但专利保护也有其自身的缺点:第一,专利维护费用高,如果开发者不能将其转化成经济效益,开发者们不会选择专利保护软件;第二,专利申请、审查时间长,而软件寿命较短,往往造成软件成为专利后已经退出市场的尴尬境地;第三,专利权具有地域性,在一国注册后需在另一国另行注册才能得到后者保护。

二、计算机软件可专利性探析

(一)计算机软件可专利性的全球考察

对于计算机软件的可专利性问题,各国由最初的不承认软件的可专利性转而承认其可专利性,其中,承认其可专利性时期概括为四种学说,笔者称之为硬件联系说、实用功能说、拟制物品说和发明性概念说。

1.否认软件可专利性阶段

在1980年之前,全球各国普遍不认可软件的专利保护。以美国为例,

---

① 中华人民共和国国家知识产权局,公布专利审查指南(第12号)[OL].中华人民共和国知识产权局官方网站 http://www.sipo.gov.cn/zwgg/jl/201310/t20131023.837403.html,访问时间2016年5月29日。该文件指出,五种计算机软件可以获得专利权,分别是:用于工业程序控制的涉及计算机程序的发明专利申请;涉及计算机内部运行性能改善的发明专利申请;用于测量或测试程序控制的涉及计算机程序的发明专利申请;用于外部资料处理的涉及计算机程序的发明专利申请;涉及汉字编码方法及计算机汉字输入方法的发明专利申请。

最著名的案例是 Gottschalk v. Benson，409 U. S. 63（1972）（戈特沙尔克诉本森）一案，在该案中联邦最高法院认为，若准许该专利之申请，最终的结果将造成将数字表达式作为专利权的客体——申请人企图在计算机上采用其申请书中叙述的方法进行数据转换工作，这种操作的本质是数学运算，而数学运算就是数字表达式——这一结果是不可被接受的，从而推翻了美国关税与专利上诉法院（CCPA）的判决，不能授予申请人专利权。

这一判决的理论依据为 20 世纪 60 年代中期美国《计算机软件的专利性质》一文，该报告是由工程师、研究员、软件实业家和美国专利及商标局长官组成的专家特殊小组做出的[①]，得出的最终结论是计算机软件不应当成为专利权的客体。因为计算机软件的主要内容是算法，而算法无比接近自然法则，自然法则无论如何是不能受美国专利法保护的。

欧盟在很长时间内持该模式，欧盟议会于 20 世纪 90 年代初颁行了《欧共体计算机程序保护指令》，明确软件等同于"文学作品"，而且明确提出法律只保护程序的表现形式，程序包含的思想或原则不受保护[②]。许多西欧国家以为，若给予计算机软件专利保护，将有可能造成垄断障碍，从而危及专利制度本身。

2. 承认计算机软件可专利性阶段

1985 年后，以著作权保护软件的模式慢慢地显露出其缺陷。在 1986 年 Whelan Assocs. ,Inc. v. Jaslow Dental Lab. ,Inc. 797 F. 2d 1222（3d. Cir. 1986）（惠兰诉杰斯罗）案中，法院判定 Jaslow（杰斯罗）公司侵权，理由是"首先，被告仔细分析了原告的计算机接受、分析、转换数据等方式，从而使自己以另一套完全不同的计算机语言无差别拷贝出操作相似计算机的方法；其次，软件消费者在计算机上运行这两套软件时，会觉得二者完全相同，是同一款程序"。这一判决在美国实务界和学术界引起了激烈的口水战。因为在本案中，Jaslow 公司并没有抄袭 Whelan（惠兰）公司的程序，而是用另一种毫不相同的语言重新开发，但最终效果相同。这种只因袭思想实质而非内容形式的方法并没用违背版权法的精神，这种行为没有被法律认定为非法。由此可见，著作权保护的模式已经不再符合时代发展的需求，换言之，著作权与专利权双重保护即将呼之欲出。

①　杨佳. 美国软件专利制度发展脉络的研究[J]. 中国科技信息研究所,2006(9):19.
②　赵璐. 电子商务软件的知识产权保护[J]. 河北经贸大学学报,2008(1):18.

（1）硬件联系说。1980 年后，美国法院开始思考对软件施以有选择的专利保护。1981 年美国最高法院对 Diamond v. Diehr（钻石公司诉迪尔公司）一案进行调卷审理，法官最终以 5∶4 通过决定维持专利上诉法庭的判决，认定软件符合美国专利法第 101 节的要求，应授予专利。该判决认为，"方法是可专利性的，与使用工具的特殊形式无关"，"方法如果具备创新性和经济性，就如同一部机器一样是可专利性的，用专利的语言讲，方法就是技艺"。据此，最高法院认为 Diehr 公司的专利申请符合专利法保护客体的范围。但是该方法的核心在于计算机的作用，最高法院解释到，软件作为数字表达式不能得到专利保护，真正得到专利保护的是熟化橡胶的方法，当一个数字表达式有机地、不可分地融入一种产品制造过程或某种产品组合中，该过程和组合作为一个实物而存在，这一实物有特定作用，这种作用是可专利的。该案被认为是美国软件专利保护的转折点，此后美国在专利保护的道路上曲折前进。

这就是传统分析计算机软件是否可专利化的"两步测试法"，其流程如图 1 所示。从图中可以看出，与硬件的结合是是否授予专利的关键，其没有摆脱软件本身等同于数字表达式或数学演绎法的窠臼，也不承认软件本身具有可专利性。

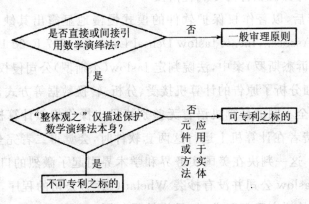

图 1　两步测试法流程图

20 世纪 70 年代中期，日本专利部门在《计算机程序发明的审查基准》中对软件的专利规制方法做出了相关规定：计算机软件可以作为方法发明受到专利法的保护，即使其含有自然法则。然而，得到专利的不是计算机软件本身，只有软硬件组合为一体，作为硬件的工具，软件对数据展开处理，并控制硬件、操作硬件，这种结合体才能获得专利法的保护①。

（2）独立功能说。独立功能说是指不强调软件在工序和应用上的"技术性"，而是强调"实用性"，这就体现了它脱离了硬件而独立存在的用处。1996 年美国《与计算机相关的发明的审查指南》明确指出与计算机程序相关的发明专利同其他发明一样具有可专利性。美国当局认为，任何计算机软件只要能够产生某一特定、产业实用且可见的结果且满足专利取得的一般条件就可以取得专利。

在该指导文件的影响下，State Street Bank & Trust v. Signature（州街银行诉签字财团）一案判决产生了。在该案判决中，法官认为"实用性"是判断权利要求是否符合法定标的的本质特性，也就是说无论软件发明的结果是有形的还是无形的，例如以数据呈现的，都可以取得专利。该案影响甚广，导致与计算机相关的"商业方法"成为可专利的客体，引发了商业方法的专利大战。

在此阶段，日本于 20 世纪末公布了新《计算机软件相关发明审查指南》，将计算机软件的可专利条件设置地较为宽松，指出与计算机有关的专利包括存有计算机程序的可读存储介质均可能受到专利保护。这一规定使得日本在计算机软件的专利保护方面走到了世界的前列，这意味着软件最终脱离硬件其本身可以有可专利性。

欧洲于 20 世纪 90 年代后独特性地提出了"技术性效果"的概念。一方面欧洲仍然坚持技术性是软件是否可以被授予专利的基础前提，另一方面又强调技术性的"效果"。这种效果需超越了计算机软硬件之间"惯常的"、"物理的"相互交流、双面互动，也就是说，纵然软件有自己独立的功能，但也要着重于与硬件的交流与互动，而这种交流与互动又不是普通软件具有的功能。这种标准让软件的功能局限于与硬件的结合之内，可以认为是两种理论的杂交产物，这种观点一直沿用至今。

（3）拟制物品说。所谓拟制物品，是指将计算机软件由法律拟制为一种实体物品从而将其纳入专利保护范围内。采用此说的国家从目前来看少之又少，只有日本一国。日本于 2002 年 4 月修改了《发明专利法》，同年 9 月生效②，该法即采用此说。软件被当作有形物品，任何人不经许可不得下载

① 王锋,周华.试析计算机软件的专利保护[J].郑州大学学报(哲学社会科学版),2002(35):83.
② 洪蔚芳.当今中国计算机软件保护之探讨[J].华东政法学院学报,2007(1):12.

获得专利的计算机软件,而且将程序在网络间的传播视为形式专利权的法律行为。在外观上,日本也放弃了只有存入存储介质的软件才可能收到专利保护的形式,使得这一制度更合理化、科学化。

(4)发明性概念说。在 State Street Bank & Trust v. Signature(州街银行诉签字财团)判决后,关于商业方法的战火由此点燃,专利诉讼不断增多,奥巴马政府为了维护专利制度的健康发展,与国会携手开始其任期内的专利新政。

在该背景下,美国各级法院做出了一系列否认包括商业方法在内的软件的可专利性判例,例如 Bilski v. Kappos(比尔斯基诉柯柏士)案中全体大法官一致认为商业方法不可以取得专利;Alice Corp. Pty. Ltd. v. CLS Bank Int'l(爱丽丝股份有限公司诉结算银行)案中大法官用"Prometheus (普罗米修斯)两步分析法"分析认为。利用计算机实施的商业方法、相关的计算机系统和存储媒介不具有可专利性。"Prometheus 两步分析法"由 Mayo Collaborative Services v. Prometheus Laboratories,Inc.(梅奥合作服务诉普罗米修斯实验室公司)案确立,其分析过程如图 2 所示:

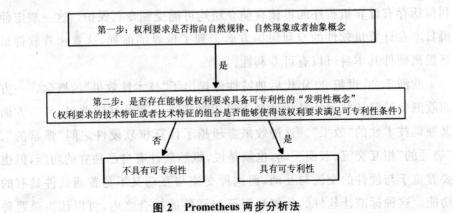

第一步:权利要求是否指向自然规律、自然现象或者抽象概念

是

第二步:是否存在能够使权利要求具备可专利性的"发明性概念"
(权利要求的技术特征或者技术特征的组合是否能够使得该权利要求满足可专利性条件)

否　　　　　　　　　是

不具有可专利性　　　　　具有可专利性

图 2　Prometheus 两步分析法

从上图可以看出,计算机软件是否可以取得专利取决于法官将其权利要求视为"发明性概念"还是"抽象概念"。遗憾的是,最高法院并没有明确两者之间的区别,只是用列举的形式指出哪些属于"发明性概念":(1)升级了现存产业工艺或技术,克服了产业上较为棘手的实践困难;(2)完善了计算机本身的功能与作用,提升了计算机的实用性。这种做法与我国 2001 年公布的专利审查指南相近,分别对应了上述文件的第一项和第二项。

（二）计算机软件可专利性的法律探析

笔者认为，不论是硬件联系说、拟制物品说还是发明性概念说，都没能精准地将计算机软件区别于其他受著作权保护的客体，独立功能说有一定合理性，但也不够准确。换言之，软件有自己独特的性质从而具有可专利性。

首先，我们必须抛弃传统观念，认为软件是算法的集合，而算法近似于数字表达式，这种看法是极其片面的。不用说软件并不简简单单是算法的集合，就以算法本身来看，它也不是数字表达式。数字表达式是抽象的，而算法是具体的，算法中每一个数据都必须存储于存储器中，都占有一定的空间，具有一定的精准度。简单而言，我们可以在人脑中进行极限运算，但是计算机却不可以，因为运算"无限"数据需要无穷多个存储单元，而存储介质是有形的，不可能是无穷多的。由此可见，算法绝不近似于数字表达式，充其量只是形同实异。况且，计算机程序是数据结构和算法的结合，算法是人类高度地凝结智慧的成果，它不是数字表达式更不是自然法则。而且，技术方案才是软件智力成果的最佳体现，它囊括了组织构造、处理流程、算法程式和技术方法等设计要素，只要获得了这种技术方案，也就掌握了计算机软件开发过程中的奥秘和精髓所在。与具有实体形式的技术工艺一样，软件的开发耗费了大量人类才智却得不到专利的保护，无论如何都是说不过去的。

其次，由于"发明全部都体现、利用、反映、依赖于或者应用了自然规律、自然现象或者抽象概念"，"一项发明不能仅仅因为涉及抽象概念就被判定为不具有可专利性"。计算机软件之所以被普遍误会为抽象概念、数字表达式或自然规律，是因为软件本身没有任何实体，与抽象概念、数字表达式等具有形式上的相似性。这种相似性使人们分不清软件到底属于"发明"还是"发现"，即分不清软件是抽象概念、数字表达式本身还是基于抽象概念、数字表达式而形成的技术。每一个软件都会有抽象概念、数字表达式和基于抽象概念、数字表达式而形成的技术，遗憾的是分辨这两者的区别实在困难，测定技术性的多少也会因研究人员的知识结构、价值观念的差异而不具有可量化性。但是计算机软件技术性的多少与产业实用性的强弱具有相当的独立性，既然技术性无从测定，那么就应该以产业实用性的强弱作为某一计算机软件是否能够被授予专利的先决条件。

因此，可专利的软件的本质乃是"可以应用于产业的、能够带来较高效益的或解决技术难题的无体技术"。决定某一软件是否应当授予专利需满足以下条件：①新颖性和创造性，这是所有专利都必须具有的属性；②较强的产业实用性，对于计算机软件而言，必须严格要求授予专利的条件，必须达到一定的预期的产业贡献率或产业增长预期才可以被授予专利；③不得为纯数学运算、数学演绎法等"人类智慧的基础单位""科学和技术工作的基本工具"。

三、业已成为专利的计算机软件之著作权保护

确定具有产业利用性的计算机软件可以被授予专利后，其是否仍将得到著作权的保护这一问题浮现出来。要解开这一困惑，必须重新审视计算机软件与作品的差别。

首先，从内容本质来看，计算机软件与作品相去甚远。纵览著作权意义上的作品，无一例外其内容具有欣赏性，比如文学、音乐、电影等，至少有观赏性。而计算机软件绝不是这样的，正常人是不会欣赏软件的，软件呈现出来的永远是冷冰冰的功能而不是可观赏的内容。实际上，大多数计算机软件是非开源的，其内容在开发阶段就已经被封装至保密状态，用户无法得知。这就是说，软件是由"文字"写成的，但是使用者却看不到这些"文字"，因此软件是否具有文字性值得怀疑。

其次，文字作品中的文字应当是指自然语言，如中文、英文、日文等，而计算机软件的开发需要的是逻辑语言，如低级语言和高级语言。这些人工语言与自然语言差别太大，不可同日而语。例如，擅自将英语作品翻译成中文势必构成"抄袭"，但把某一计算机软件由 C＋＋"翻译"成 Delphi 就不能称之为"抄袭"。

最后，计算机软件的外观与作品不同。作品是内容和形式的统一，可以说，欣赏一部作品感觉到的是其外在的表达形式，而感悟的是其实质内容。这两种大相径庭的生理体验在时间上、空间上是统一的。计算机软件则恰恰相反，由于软件的封装用户无法从外界得知软件本身的内容，用户可以看到的恰恰不是其内容，而是形式，一种仅仅是可供用户操作以便实现特定功能的界面，用户在使用软件时无从得知内部的数据结构和算法。因此，这一点可以使计算机软件区别于工程图、地图等图形作品。从内容看，这些图形作品同样不具有欣赏性，而是为了实现特定的功能。但是从外观上看，这些图形作品具有内容和形式统一的特点，异与计算机软件，即不能将计算机软

件视为图形作品保护。

当某一计算机软件被授予专利,其技术方案将被强制公开,非开源软件必将对外开放源代码,公众可以看到其"文字",这时计算机软件勉强可以称之为"文字作品"。但由于此时代码已经公开,数据已经暴露,只要用另一套计算机语言重新开发,就不能算对著作权的侵犯。若计算机软件处于秘密状态,则根本不能称之为"文字作品",也不应当受到著作权的保护。

笔者将这种观点称为内容区别说与外观区别说的二元论,以图使计算机软件真正找到自己的归属,为其取得可专利性奠定科学的法理基础。按此观点,具有产业利用性的计算机软件都应当归属专利法的规制而不是著作权法的规制,业已成为专利的软件将不应视为著作权法的客体。对于未成为专利的软件,由于其未公开源代码,姑且可以将其视为文字作品以著作权法进行规制,这也是国际通行的做法。

四、我国计算机软件规制方法的立法建议

我国于 2002 年颁行《计算机软件保护条例》,同时在 2001 年、2006 年、2010 年修改了《专利审查指南》,说明我国现阶段采用著作权和专利权的双重保护模式规范计算机软件。其中 2006 年的《专利审查指南》取消了之前列举式说明何种软件可以获得专利的规定,改为不完全的举例式,在计算机软件的专利保护中迈出了坚实的一步。但由于我国知识经济水平仍旧不发达,开发者往往忽略了用专利保障权益的途径,导致我国不能很好地实现较为先进的立法。

考虑到我国经济社会发展水平还比较低,知识产权保护意识和制度都存在不足,而且专利技术转化为生产力的比例极低,软件行业的发展也不能与软件业大国同日而语,从这些基本国情出发,笔者设计了适合我国的软件专利保护制度。

因此,放弃主要以著作权法规制计算机软件的做法,改为由专利法规制计算机软件,更加适合我国计算机软件产业的发展和科学技术的进步态势。

第一,免费软件实行登记制度。我国目前软件业发展水平较低,市场上大多数实用软件都是免费开放的,对这些软件应给予有限的保护。免费软件应有保持软件整体性的权利,比如一些免费软件内置广告组件,通过收取广告费来维持开发商的正常运营。如果有人将该软件的广告插件自行删除,并且在互联网上传播分享,势必影响开发商收益,此行为应构成侵权。

而这些软件必须经过登记才能受到保护。

第二，收费软件可以不必经过登记，但如果一旦销售，必须向工商管理部门或专利部门缴纳年费，即采用主动申报制度。收费软件在第一次实际销售时自动取得专利权，或向专利部门申请取得。近年来，外国软件逐渐在我国取得市场，如果不对这些软件收取一定的年费，势必损害我国利益。年费收取应与其销售收入相关，实行超额累进收取制度，一些势力庞大的软件开发商需缴纳较高的费用来维持其权利。这一做法将保护仍处在儿童期的我国的民族软件业，避免软件行业被国外垄断，继而维护我国经济安全、国防安全等，且添加销售取得制度可以有效地避免因专利审查、批准时间过长而带来的不利后果，令开发商解除后顾之忧。

第三，游戏软件不能得到专利权保护，仍由著作权保护。电子游戏在工学上的本质与软件相同，是广义软件的一种类型，但其不同于其他计算机软件。上文中讨论的计算机软件都用于工商业生产等，起码也是为解决生活中的问题，其实用性、功能性是十分显著的。而电子游戏主要用于用户休闲娱乐使用，有较高的欣赏性，这一点与著作权意义上的作品类似，不在本文所谓软件讨论的范围之内。因此游戏软件应划归著作权保护。

第四，关于计算机软件的保护期。免费软件保护期设定为 2 年。考虑到免费软件一般更新较快，两年前的版本对于用户来说实用性已经大大降低，如果保护期限设定较长，则无明显意义。付费软件保护期限应为 10 年，如果在保护期限内开发商将该软件免费提供给用户使用，则从转为免费软件的时间起按照免费软件保护期保护。付费软件专利不缴纳专利费用的，不予以保护，自停止缴纳专利费用的次年进入公有领域。专利权人请求延长其付费软件专利保护期的，可以同意，但必须缴纳相应费用。

论互联网金融犯罪及其刑事政策
——以非法吸收公众存款罪为视角

穆楠

（天津商业大学法学院 天津 300134）

[摘要]金融改革不断推进，互联网技术不断进步，现实生活中出现了互联网与金融的嫁接与融合——互联网金融，互联网金融作为金融领域的"新物种"，现阶段的刑事政策还未能成长为其"天敌"。本文从刑事政策的分类出发，以非法吸收公众存款罪为例，来对互联网金融的刑事政策进行分析，从立法和司法两方面来讨论其不足，并从以上两方面提出自己的完善建议，从而对互联网金融犯罪进行预防，实现以新手段推动金融改革的作用。

[关键词]互联网金融；互联网金融犯罪；非法吸收公众存款罪；刑事政策分析

引言

2012年开始，中国正式进入了互联网时代，互联网技术得到大面积普及，互联网金融成为促进中国金融业发展的重要动力。互联网金融的首次诞生是在2013年，阿里巴巴、平安以及腾讯三大公司合资成立众安保险公司。于此同时，P2P（点对点）网络借贷开始猖獗，余额宝开始出现，催化了其他"宝宝"的诞生，这一年被称作"互联网金融元年"。从此互联网金融不论在互联网领域还是金融领域都占据着重要的地位。

然而，随着互联网金融的快速发展，结合互联网的虚拟性、成本低等特点，互联网金融犯罪也频繁出现，甚至可以被称为是"犯罪阵地"转移现象。因此互联网金融犯罪应该越来越受重视。互联网金融犯罪的定义在理论界有十三种不同的解释。但笔者对互联网金融犯罪的理解是：犯罪行为的实施或者犯罪目的的实现借助于互联网的金融犯罪。调查报告显示，互联犯罪案件已经成为影响金融服务行业第二严重的经济犯罪活动,通过对 78 个国家的 3877 名受访者进行问卷调查,发现经历过互联网金融犯罪的人数比例高达 23%。① 2016 年 10 月国务院办公厅发布了《互联网金融风险专整治工作实施方案》。由于现在我们处于信息时代,所以互联网金融在这个时代的发展是自然而然的,但是要发展就不仅仅有益处肯定也有弊端,互联网金融不仅可以给这个时代带来发展,而且也集聚了风险。但是,我们如何在互联网金融犯罪飙升的时代达到整治的要求? 我们首先要搞清楚的是我们应当站在哪个角度看互联网金融犯罪? 此种犯罪是由于正常的互联网金融引起的还是行为人利用互联网金融手段故意实施的? 面对不同形态的互联网金融犯罪,在当前的大刑事政策背景下我们应该选择什么样立法? 本文以互联网金融犯罪的类型为切入点,对互联网金融可能涉及的犯罪进行仔细分析,指出要了解互联网金融的益处,把握互联网金融的未来发展,使互联网金融在健康发展的同时还要避免风险的出现。

一、互联网金融犯罪的状况及其类型

(一)互联网金融犯罪的状况

据报道,我国互联网金融犯罪案件正在以相当惊人的速度发展在金融犯罪案件中,占比接近一半,犯罪数额以及犯罪危险性也都在不断扩大。互联网金融案件也占全国互联网案件的 50% 以上,每年都能造成近亿元的损失。可见,互联网金融犯罪无论是在金融领域还是在互联网领域都占了很大的比例。而互联网依旧在不停创新,贴近人们生活的渠道也越来越多,由于其积聚风险的突发性、广泛性、隐蔽性等,很容易触碰到其他犯罪的"高压线",互联网金融在发展中很可能衍生出很多犯罪问题。

互联网金融创新在一定程度上很容易引发新的犯罪类型和犯罪方式。例如,诈骗类犯罪最初的惯用手法是人与人之间当面诈骗,手机普及后,发展为通过发送诈骗短信、拨打诈骗电话进行诈骗,再到现在互联网时代,犯罪分子可以利用互联网"一对多"的方式来进行诈骗,不仅手段隐蔽、作案时间短、作案面宽、涉及犯罪对象多,而且更容易毁灭证据、逃避侦查,使互联网很快成为民众受害的"最大的阵地"。

---

① 袁蓉君. 全球互联网犯罪日益威胁金融业[J]. 金融日报,2012(5):50.

（二）互联网金融犯罪出现数量增多、频率较高的状态

互联网金融的出现，虽然给普通民众用户带来融资的便捷，但是由于参与者的增多，打着创新的旗号以合法形式掩盖非法目的的行为也会随之增多。实践中最常见的有犯罪分子设置免费的 Wi-Fi（无线网）或者伪正规的 Wi-Fi 来引诱被害人上钩，从而获取其密码和一些金融信息来实施盗窃钱财的犯罪。也有的犯罪分子会利用病毒来实施犯罪，其通常的作案手法是：将病毒与正规软件绑定在一起，当人们下载正规软件的时候会激活病毒，病毒侵入用户的手机或者电脑，获取受害者的网银密码、QQ 密码以及一些隐私信息，最后实施侵犯财产或者其名誉的行为。

（三）互联网金融的违法犯罪类型

将互联网犯罪类型化，从不同的角度进行分类。主要从互联网金融犯罪涉及罪名以及内在联系出发来进行划分，保证刑事法律对该领域的犯罪进行科学的评价，从而达到控制犯罪的目的。

学术界对此有几种不同的认识。有的学者认为按金融刑法的法律风险进行划分，可以分成三类：（1）经营正当互联网业务的犯罪化风险，如涉嫌擅自设立金融机构犯罪、非法吸收公众存款犯罪、非法经营犯罪、集资诈骗犯罪、擅自发行股票、公司企业债券犯罪等；（2）利用互联网金融实施违法犯罪行为的犯罪化风险，如涉嫌洗钱犯罪、挪用资金犯罪、职务侵占犯罪、盗窃罪、诈骗罪等；（3）利用第三方平台转移资金、网络赌博、非法集资、利用网络银行实施地下钱庄活动、网络炒汇、炒金、证券期货等违法犯罪，银行卡犯罪，网上制假售假犯罪，网上赌博犯罪，网上传销犯罪等。笔者的观点是，无论互联网金融犯罪的种类多么纷繁复杂，但究其本质，依旧属于金融犯罪的范畴，对其分类仍应追本溯源，但在考虑时要将互联网的特性考虑在内，因此笔者的分类方法如下：（1）互联网金融作为犯罪主体的犯罪；（2）互联网金融作为犯罪对象的犯罪；（3）互联网金融作为犯罪工具的犯罪。

互联网金融作为犯罪主体的犯罪，即互联网金融企业作为犯罪行为"实施者"的犯罪，可能涉及的犯罪有集资诈骗罪、擅自设立金融机构罪、非法吸收公众存款罪等。

互联网金融作为犯罪对象的犯罪，即互联网金融作为刑事犯罪"被害人"的犯罪。这类犯罪的常见案例是互联网企业或平台等被盗窃被诈骗的案例。在现实中主要表现为：（1）非法入侵互联网金融系统内部窃取资金或者损坏系统；（2）破译互联网金融企业与其客户间的口令密码，进入账户划

拨资金等;(3)行为人对他人互联网金融的信息系统进行攻击,或者明知他人正在或者准备攻击别人信息系统而为他人提供技术或者工具等。

互联网金融作为犯罪工具的犯罪,是指犯罪分子利用互联网金融作为犯罪手段的犯罪,最为常见的是洗钱犯罪。互联网金融犯罪相较于传统的金融犯罪,其最显著的特点是不受时间和地域的限制,当事人不用千里迢迢赶到一张桌子上面签订单,而且其的合同形式也不一定是纸质的,可以使用电子订单,更简单便捷,这样不仅可以使洗钱变得容易,更增加了洗钱行为的识别和追踪难度,使互联网成为"黑钱"变"白钱"的理想场所。

虽然理论上将其分成三类,但实践中可能会出现各种类之间的交叉与重叠。例如,如果互联网金融企业参与以互联网金融作为犯罪工具的犯罪,即作为犯罪主体参与其中,是案件的同案犯。最常见的是互联网企业帮助犯罪分子进行洗钱活动,种类间的交叉与重叠导致实践中定罪上的竞合。如果这么看;这种分类方法并不科学,但是此种分类方法对于预防互联网金融犯罪是有一定价值的。因为将互联网金融作为犯罪工具和犯罪制度的犯罪是可以通过互联网金融企业内部制度以及技术上的改进来预防的,这样不仅不会违背国务院的号召,还可以减少互联网金融犯罪案件的发生,也就是说,可以在互联网金融健康发展的同时还能减小其发生犯罪的风险。而互联网金融作为犯罪主体的犯罪值得重点探讨,它对互联网金融的创新和发展有很大的阻碍作用,如果互联网金融自身不断的违法犯罪,不仅对互联网的荣誉与信任是极大的损害,而且会使互联网金融游走于犯罪圈的边缘,出现出罪与入罪的左右摇摆。因此本文主要围绕互联网金融犯罪这一主题进行讨论。

二、互联网金融犯罪的现有刑事政策分析

(一)现有互联网金融犯罪的刑事政策的概况

1.犯罪圈过宽

以非法吸收公众存款罪为例,互联网金融极易引发非法吸收公众存款罪,我国《刑法》第 176 条对非法吸收公众存款罪做出了规定。除此之外,还有两个司法解释对非法吸收公众存款的认定标准做出了进一步明确。2011年 1 月 4 日起施行的《关于审理非法集资刑事案件具体应用法律若干问题的解释》(以下简称《解释》)第 1 条规定:"违反国家金融管理法律规定,向社会公众吸收资金的行为,同时具备下列四个条件的,除刑法另有规定以外,

应当认定为刑法第 176 条规定的'非法吸收公众存款罪或变相吸收公众存款罪'：（一）未经有关部门依法批准或者借用合法经营的形式吸收资金；（二）通过媒体、推介会、传单、手机短信等途径向社会公开宣传；（三）承诺在一定期限内以货币、实物、股权等方式还本付息或者给付回报；（四）向社会公众即不特定的对象吸收资金，未向社会公开宣传，在亲友或者单位内部针对特定对象吸收资金的，不属于非法吸收或者变相吸收公众存款。"最高人民法院、最高人民检察院、公安部印发了《关于办理非法集资刑事案件适用法律若干问题的意见》第 2 条规定："《解释》第 1 条第 1 款第 2 项中'向社会公开宣传'，包括以各种途径向社会公众传播吸收资金的信息，以及明知吸收资金的信息向社会公众扩散而予以放任等情形。"第 3 条规定："下列情形不属于《解释》第 1 条第 2 款规定的'针对特定对象吸收资金'的行为，应当认为向社会公众吸收资金：（一）在向亲友或者单位内部人员吸收资金的过程中，明知亲友或者单位内部人员向不特定对象吸收资金而予以放任的；（二）以吸收资金为目的，将社会人员吸收为单位内部人员，并向其吸收资金的。"该条明确了不问途径，只要向社会吸收资金，并且对象是不特定的，就构成本罪。也就是说，除了向单位内部集资以外，均可能构成本罪，由此可见，非法吸收公众存款罪的犯罪圈过于宽大。

2.处罚过于严厉

按照我国刑罚的种类，结合非法吸收公众存款罪犯罪圈宽、入罪门槛低的特点，处罚有些严厉，对于一些游离在犯罪边缘，不小心触碰"非法吸收公众存款罪"高压线且危害较小的行为，动用刑法进行处罚有些严厉。

（二）我国当前互联网金融犯罪的刑事政策反思

针对以上部分对互联网金融引起的非法吸收公众存款罪的刑事政策概况，纠其造成非法吸收公众存款罪犯罪圈宽、处罚严厉的主要原因。我国是一个金融业几乎被大银行垄断的国家，大银行主宰着整个国家的经济命脉，而大银行的主要服务对象是大型的企业，我们知道，企业融资量越大，信息搜集成本也就会越低，但是小型企业融资额度小，在融资时候容易被大银行拒之门外。而当前我国又缺乏中小金融机构，致使小中型企业融资难，如果中小企业一直融不到资，就会出现倒闭潮。而中小企业是不可能完全消失在这个世界上的，其要想生存下来，融资途径仅剩下了民间融资这个唯一的渠道，而当前我国的立法逻辑是：要融资必须经过有关机关的批准，未经过批准的融资属于违法犯罪行为，触犯了非法吸收公众存款罪，要是始终按照这样的方法进行融资,那么民间融资全属于不法行为,这样不仅会使非法吸收公众存款罪的犯罪圈扩大,而且逻辑本身也是十分不合理的,更加不利于互联网金融的发展。处罚严厉的原因在于立法的不严,所以行为一旦落入犯罪圈,就会受到刑罚处罚。

笔者认为,我国目前的刑事政策是"立法不严、处罚严厉",该刑事政策的合理性十分值得研究。首先,"不严"的刑法结构是指互联网金融犯罪打击的范围过于广泛,很多不需要刑法处罚的行为也被拉进了犯罪领域,以至于一些轻微的互联网金融行为被严重处罚。笔者认为,互联网金融所涉犯罪不能简单地套用刑法采用犯罪化手段予以制裁,要首先考虑其金融创新的特殊性,由于其是一种新金融,就应该享受金融应该享受的"待遇"。(1)犯罪化的谨慎问题,主要针对的是那些行为形式或者从外观触碰犯罪红线的行为,虽然这些行为从外观来看可能触发犯罪问题,但是由于其涉及互联网金融,所以应当更多地要考虑它的创新意义。(2)从互联网金融作为创新的视角来看,它的出现、生长、发展是有利于我国金融市场改革的。按照这个角度,对于互联网金融创新,刑事政策更应该坚持宽松原则,尽可能不动用刑法来解决问题。(3)当互联网金融犯罪危及金融秩序的时候,需要考虑其与传统金融的差异性,考虑到互联网金融的投资特点,既然是投资,就有一定的风险,风险带来的后果不宜直接通过刑法进行制裁。其次,"厉"的刑法结构夸大了刑法严苛对互联网金融犯罪的效果。严刑确实会起到一般预防和特殊预防的功效,使得一些想要犯罪的人和已经犯罪的人产生恐惧心理,对预防犯罪和再犯罪有一定的作用。但是凡事适可而止,刑罚也是有一定限度的,只有刑罚可以预防犯罪的发生和避免犯罪的再发生,刑罚才是最有意义的,我们又知道单一因素并不能影响整个结果,也就是说只有刑罚是不能阻碍犯罪发生的,造成犯罪的因素是多种多样的。

三、我国互联网金融犯罪刑事政策之完善

(一)基本思路

刑事政策作为一个国家引导立法的政策,必须具有一定的价值维度,因为它是一个国家某段时间的价值取向。刑事政策的目标是自由、秩序、正义、效益,以及它们之间的互动关系,刑事政策的选择本质上是一种价值选

择。[1] 具体表现在：

1. 保障互联网金融的健康发展

互联网金融是金融界和互联网界交融的后果，它的出现不仅使传统的金融体系掀起了一场轩然大波，而且也让人看到了互联网的美好未来。在当下互联网时代，刑事政策的主要基调还是发展第一，制裁其次，当今这个年代，我们应该做的是很好地利用互联网金融，搭"互联网金融"的便车使经济发展走一段上坡路，只要其所带来的利益大于其所造成的损失即是可以被容忍的。由此可知，保障互联网金融的健康发展，理应成为互联网金融犯罪刑事政策的价值维度之一。

2. 防患于未然

近些年国家对互联网的重视是有目共睹的，对互联网行业投入的人力、物力、财力也是众所周知的，一旦其触碰刑法，走到不得不靠刑法来处罚的地步，那么对于国家的利益和公共利益的损害更是可想而知的。而由于互联网金融的新颖性，无论在技术上还是在政策上有很多纰漏是不可避免的，而一旦这些漏洞被犯罪分子抓住，无论对互联网金融的健康发展还是公民利益、公共利益甚至国家利益都会造成损害。因此防患于未然就是互联网金融犯罪的刑事政策的价值维度之二了。

（二）立法与司法层面的思考

要使互联网金融犯罪的刑事政策得以完善，最应该讨论的问题是：(1)在立法层面，互联网金融违法如何选择"入罪""出罪"？(2)在司法实践中，如何避免互联网金融违法向犯罪化扩张？

笔者认为，在立法层面，对互联网金融出现的问题，刑事政策应当适当宽松，尽可能地通过行政法规和民商事法规进行调整，以维护和扩大市场主体交易的自由。在动用刑罚时首先要遵循的是刑法的谦抑性，尽量放低构罪的门槛，坚持"立法滞后"的原则。刑法的谦抑性包括立法谦抑和司法谦抑，立法谦抑是指，将刑法作为抑制犯罪的最后一道防线，在可以动用其他法律时就不动用刑法。司法谦抑主要是针对法官，指法官在自由裁量权的范围内，尽量对立法机关和行政机关保持自我克制。把互联网融资出现的问题放置在合法的生产经营活动上来衡量，该规定具有重要的引领意义。"立法滞后"也是与刑法谦抑性相呼应的一项原则，强调刑法是社会的最后

---

① 严励. 论刑事政策的价值目标——刑事政策的理性四边之一[J]. 法学评论,2004(3):30.

一道防线,可以用其他的法律调整的就不动用刑法去调整。我们必须始终坚持刑法是人类社会的最后一道防线,这样既可以遏制犯罪,又不会造成不必要的损害。

在司法层面,要想避免互联网金融违法向犯罪化扩张,在司法上遇到互联网金融问题时就应当转变传统的认识思路,改变遇到问题便求救于刑法来维护金融管理秩序的传统思维。要注意以下几方面:(1)当金融界与法学界对互联网金融是创新模式还是犯罪工具存在不同认识时,应当尊重金融原理,尽可能用行政手段予以处理,不宜直接动用刑法。(2)对于不构成传统金融犯罪的特殊罪名,不宜采用普通罪名予以认定。(3)对于游走于法律边缘或者利用法律空白而在犯罪化认定上存在疑问的行为,应当做出罪化处理。(4)对于民事法律和刑事法律存在冲突的,不宜采用"先刑后民"的处理原则,当先适用民法。

四、结语

网络已经成为人们生活中不可或缺的一部分,是人类社会之外的"第二社会",互联网金融能否在金融改革中起到助推的作用,并且成为"后顾无忧"的平台,就看人们怎么样合理地运用刑法,因为"刑罚是一把双刃剑,用之得当,个人社会双受益;用之不当,二者均受伤害"。笔者认为,预防的最佳时期是萌芽时期,在平时,对互联网金融风险的认知和宣传是十分必要的,这样才能使投资者合理投资,尽量避开融资者利用融资所引发的犯罪风险。

更重要的是,在法律存在空白及模糊不清的情况下,我们应当运用现有的资源,使司法尽量做到最公正、最合理,而司法解释和指导性案例以及当前的刑事政策在此时就发挥了举足轻重的作用,明确互联网金融可能引发的犯罪风险,尽量用其他的法律去控制风险。要弥补刑法的漏洞,尽量使行为非犯罪化。谨慎运用刑法,在损失小于收益的范围内尽量不使用刑法,发挥互联网金融的优势,奖励要多于惩罚,过多的打击只会阻碍互联网的发展。

法律史问题探讨

略谈《折狱龟鉴》中谲术之运用

房莹

（天津商业大学法学院 天津 300134）

[摘要] 由于古代侦查技术相对落后，司法官们用常规的审讯方法往往不能够察尽实情，但是本着辩证释冤的理念，于是他们便发挥自己的聪明才智，运用谲术谋略这一非常规的方法察狱，在实际中取得了良好的效果。本文从谲术运用的原理、原则、方法、作用多个角度，结合《折狱龟鉴》中相关案例进行简析，以期展示司法官如何运用谲术谋略进行察狱审讯。

[关键词] 折狱龟鉴；审讯；谲术

引言

审讯问案的常规方法有如五听之法；但是有时案情隐秘或罪犯十分狡猾，常规的方法不能发挥作用时，司法官们往往运用"谲术"即非常规的方法审讯问案，在司法实践中取得了良好的效果。

一、谲术运用的原理：犯罪心理的分析

（一）趋利避害之心理

《折狱龟鉴·钩慝·张元济》：

唐代张元济在隋炀帝（杨广）大业年间，曾担任武阳县令，努力用道德教育训导士民，百姓都很拥护他。元武县跟武阳县相毗邻。有个元武百姓带着母牛寄住在岳父家里，八九年中，母牛生犊共有十几头。等到这人准备分开独自生活的时候，岳父家里不给他牛，告到县衙，历任县令判决不了。这人就到邻近的武阳县，求元济给他要牛。元济说："你们县里本来有县官，为什么到这里来告状呢？"这人流泪哭泣，没完没了，并且讲出他的苦衷。元济于是命令左右随从用布衫蒙住这人的头，把他带到岳父村里，说，"追捕盗牛

贼"。把村里的牛全聚齐了，问他们各家的牛都是哪里来的。他的岳父不知道是怎么回事，害怕受到牵连，于是指着母牛所生的小牛说："这些牛都是女婿家的，不关我的事"。元济于是揭开这人头上的布衫，对岳父家里的人说："这就是你家女婿，可以把牛归还他"。岳父家里的人叩头承认有罪。本案中司法官正是利用了岳父逃避罪责、趋利避害的心态从而查获真情，还女婿的牛。

（二）畏罪心虚之心理

《折狱龟鉴·谲盗·陈述古》：

宋朝时，枢密院直学士陈述古曾经任建州蒲城知县。县里有个财主丢失了东西，捕获了几个人，不知道到底是谁盗窃的。述古骗他们说："某庙有一口大钟最灵验，能够识别盗贼。不偷东西的摸上去没有声音，偷东西的摸上去就有声音。"对着钟祭拜了一番过后，就把大钟用布遮起来，派人把钟上涂了层墨汁。然后让囚犯们把手伸进去摸钟。完了以后检查他们的手，都有黑墨，只有一个囚犯手上没有黑墨，于是真正的犯人水落石出，就是那个手上没有墨汁的，因为他才是真贼，害怕大钟发出声音，所以不敢伸手去摸。一审问，立刻服罪了。这就是利用了罪犯畏罪的心理，使用诈术最终查明真正的罪犯。

（三）侥幸之心理

《折狱龟鉴·释冤上·庄遵》：

五代后汉时，庄遵起初任长安县令，后来升为扬州刺史，天性聪敏，明察真伪。阳陵有个女子，跟她的奸夫一起杀死了自己的丈夫。小叔发觉后，前来捉奸，女子就把鲜血涂到小叔身上，大声呼喊道："为什么想要跟我私通，就杀了自己的哥哥？"就到官府去起诉小叔。官府抓去小叔后，严刑拷打，过于残酷，因而被迫招认杀了哥哥。庄遵看出冤情，就吩咐属吏说："小叔犯了大逆不道的罪，迅速依法惩办，可以放嫂嫂回家去"。然后秘密派人夜间躲在嫂嫂墙边偷听。奸夫果然来了，问道："刺史大人明察真伪，见到小叔难道没有怀疑？"嫂嫂说："没有怀疑。"于是一起高兴起来。属吏立即拿获了他们，一起送入狱里，小叔就获释了。庄遵起初惩治小叔，释放嫂嫂，借嫂嫂之侥幸心理放松自己的行为，这种做法正是使用计谋来纠察坏人坏事。查明案情以后，就把杀人凶犯抓住了，这难道不说明辨明冤枉要具有相应的方法策略才能办到吗？

（四）思维定式之心理

《折狱龟鉴·谲盗·张咏》：

宋朝时，张咏尚书曾经任江宁知府。有个僧人到府衙来，拿出官府发给的度牒（出家文书），请求核实。张咏靠着几案，反复端详了好大一阵儿，拿起笔来批道："押送司理院审处杀人凶手"。第二天，所有官员都聚齐了，不晓得张咏知府为什么这样批示。张咏就把僧人传来审问："出家有几年了？"僧人回答："七年。"又问："为什么额头上有系头巾的痕迹？"僧人一听，立即惊慌无比，恐惧莫名，服罪求饶。原来他是个乡下人，跟僧人一起赶路，中途杀了僧人，拿走祠部的度牒，穿上僧袍，自己剃光了头，冒充起出家人来。犯人被问及出家年头时说有七年，故而头上不可能有任何痕迹，除非刚剃发完头巾痕迹还未消除，于是当张咏提出额头上有头巾痕迹的矛盾发问时，因不符合常理，违反思维定式，于是犯人的心理防线彻底崩塌了，惊慌失措，只好服罪。

二、谲术运用的原则

（一）正谲并用

1. 郑克在书中提到："鞫情之术，有正有谲。正以核之，陈枢是也；谲以摘之，王璹是也。术苟精焉，情必得矣。恃考掠者，乃无术也。"①

《折狱龟鉴·鞫情·陈枢》：

宋朝都官陈枢起初任宣州旌德知县时，繁昌县里有个大族乡绅杀了人，州里县里都不能查明案情定罪，淮南路转运司把案件转给陈枢审理。陈枢于是传来大族乡绅家的大小奴仆、门客等拷问审讯，把隐秘的情节全查出来，杀人凶手判了死刑，人们认为案件审判合情合理。

《折狱龟鉴·鞫情·王璹》：

唐贞观年间，尚书左丞李行廉弟弟前妻的儿子李忠，与他的后母私通，还一起私逃隐藏起来。后来被朝廷追查盘问，却说有人假冒宫廷使者将其传去。王璹下令把李忠及其后母带到屋子里审问，他们没有招供。王璹事先命令一个小吏躲在案几下面，又安排另一个小吏前来通报他，说是长史传他觐见。王璹仓促之间锁上房门就离开了。等王璹一离开，儿子和后母就商量好无论怎么审问坚决不予承认。过了一会儿，王璹回来了，谁知一开门

---

① ［清］郑克，刘俊文译注点校.折狱龟鉴译注［M］.上海：上海古籍出版社，1988：169.

桌子底下竟然藏着一个人,他听到了儿子和后母的对话,向王璹据实交代听到的内容。有了直接证人,儿子和后母也不再狡辩,于是服罪了。察情之术,有正规的,有变诈的。用正规方法来审讯核实,陈枢就是这样做的;用变诈方法来探求隐秘,王璹就是这样做的。只要方法策略精明,案情一定能查出来。

2.郑克又提到:"谲非正也,然事有赖以济者,则亦焉可废哉?抑又闻之,正不废谲,功乃可成;谲不失正,道乃可行。是于谲盗之术,取其一端而已,盖亦未可责备也。"①

《折狱龟鉴·谲盗·陈述古》一案中,正常的审讯没有效果的时候,陈述古利用囚犯畏罪的心理,使用诈术诳骗罪犯,最终使其自爆现身,案件真相水落石出。变诈不是一种正规的方法,然而有些事情就是靠这种方法成功了,那又怎么能废弃它呢?可是又听说过,使用正规的方法引诱盗贼,但又不背离正道,这种方法才切实可行。这就是说,在用变诈方法引诱盗贼中,采取它有用的一面罢了。

3."譬犹持重之将,不苟出于奇,亦必依於正。以此用谲,则无败事,尤可贵也。"②

《折狱龟鉴·钩慝·候临》:

候临曾任东阳县令,另一县里有个百姓,因为分割财产,把财物寄存在某亲戚家里。但是等到要取回的时候,反而被亲戚侵占了,不予返还,多次向官府告状,都无疾而终。后来得知候临明察秋毫,擅于断狱,于是前来伸冤。候临得知后告诉那人,他所属的县不归自己管辖,于法审理无据。只是让他写下财物名称、件数,然后回去。此后过了半年,县里抓获一名强盗,囚禁起来,让他故意指认吞财的亲戚是同伙,有赃物寄存在他家里。于是把这个人捉捕归案,下到狱里审问,他哭着诉说:"盗贼所说的赃物,都是亲戚所寄存的"。候临就派人找来那告状的人,辨认财物,全部还给了他。这是使用变诈探求案情的方法,虽然不算巧妙便捷,但却是沉稳机密。打个比方,就像处事稳重的将帅,从不轻率用兵,有时使用奇兵袭击敌人,也一定依靠正规兵法作为依托。这样使用变诈策略,就不会失败,这一点尤其可贵。

《折狱龟鉴·迹贼·魏昶》:

---

① [清]郑克,刘俊文译注点校.折狱龟鉴译注[M].上海:上海古籍出版社,1988:432.
② [清]郑克,刘俊文译注点校.折狱龟鉴译注[M].上海:上海古籍出版社,1988:388.

本案中,魏昶传来舍人家的奴仆,选出其中三名长相端正的少年,用布衫把他们的头包起来,是想使用变诈的手段查出罪犯;又传来四名卫士,问道:"最近十天以来什么人来找过舍人家?"这是用追查行迹的办法来查出罪犯。虽然同时兼用两种方法,但使用变诈的手段没有效果,追查行迹却取得效果了。这就好比张网捕捉飞鸟,捉住鸟的只是一个网眼,但是不能用只有一个网眼的网捕捉飞鸟。因此说,正谲并用,乃无失也。

（二）注意保密

使用谲术谋略事关成败,必须注意保密。

《折狱龟鉴·钩慝·包拯》:

"钩,致也,距,闭也。盖以闭其术为距,而能使彼不知为钩也。夫为隐深而不可得,故以钩致之。彼若知其为钩,则其隐必愈深,譬犹鱼逃于渊而终不可得也。"①意思是说,钩,就是诱导;距,就是隐密。因为以隐蔽的手法来保密,就能使对方不知道实际上在引诱他。有时案件真情隐藏得很深,办案人员没有一点头绪,所以就像用鱼饵诱鱼吞钩那样使用谋略察之。但如果保密工作做得不到位,让犯罪分子知道这是侦查人员撒下的诱饵,那么他们就隐藏得更深,就好像鱼儿逃回深渊难以捕获了。此外,如果有常规方法可以察狱,一般不要轻易运用谲术。因为谲术的运用要求极高,稍有差池就会弄巧成拙,需要司法官谨慎细密,擅于用谋,才能将其效果发挥出来。

三、谲术运用的方法

（一）乘虚而入法

《折狱龟鉴·察奸·俞献卿》:

宋朝时,俞献卿起初担任安丰县尉。有个僧人,布施了很多积蓄,他的徒弟见财起意,杀了僧人,没有携财潜逃,反而跟官府报告说僧人出游去了。献卿揣测其中有奸诈,盘问他说:"你师父跟我友好,不告别一声就离开了,这是为什么呢?"他的徒弟一听,神色大变。于是把这徒弟抓起来,找到了他所埋的尸首。县里众人听说以后,大吃一惊。富裕的僧人必定不能轻易出外游历。他要是出外游历的话,那就必定准备行装,告诉熟人,肯定不会像带个背包的游方僧人,很轻快地就走了。徒弟前来禀告的言语,已经令人怀疑;被盘问后的神色,也可以看出来。其中藏有奸诈,这是十分明显的,因此

---

① ［清］郑克,刘俊文译注点校.折狱龟鉴译注[M].上海:上海古籍出版社,1988:391.

要把这徒弟抓起来。本案中徒弟的行为很反常,颇有此地无银三百两之意味,真是欲盖弥彰,自投罗网。

（二）欲擒故纵法

《折狱龟鉴·证慝·慕容彦超》：

案子讲的是五代后汉时慕容彦超担任郓城主帅。有几个属吏偷吃了慕容彦超的樱桃,被告发后打死不承认,他们以为不承认就奈何不了他们。谁知彦超劝解安慰他们说："你们怎么敢偷盗我吃的东西呢,主管无故诬陷你们,不必为了这件事担心害怕。"于是赏赐他们喝酒,命令手下悄悄地在酒里放了名叫藜芦散的催吐药,喝完以后当即呕吐,吐出来的就有樱桃。于是几个属吏都服罪了。

《折狱龟鉴·谲盗·高谦之》：

北魏高谦之担任河阴县令。有一个诈骗犯,用布袋盛满瓦块,佯称黄金,骗人买马,然后带着马匹逃走了。朝廷下令紧急追捕。谦之就故意把一名囚犯套上木枷,拉到马市上,公开宣布这是先前诈骗买马的贼盗,现在要处死他。秘密派遣亲信窥察市场私下议论的人,有两个人见面后十分高兴,说："不用再担忧了！"差役立即抓住这两个人,送到狱中拷问追查,把他们的同党全部捉获。用变诈手段查获盗贼,也是使用智谋,引诱坏人自己露出真面目来。

（三）秘密取证法

秘密取证是在犯罪嫌疑对象不知情的情况下取得的,其所做的意思表示基本上是真实可信的,因而证据的可靠性较高。《折狱龟鉴》中主要是采用耳目布控和跟踪盯梢的方法。

《折狱龟鉴·谲盗·韦鼎》：

隋朝时,韦鼎曾经任光州刺史。州里有个土豪劣绅,外表装得道貌岸然,暗地里常常干非法的勾当,曾经当过盗贼。韦鼎在一次公开聚会的时候,看见了这个豪绅,当面问他："您是个很体面的人,怎么忽然做了盗贼?"就把他的同伙是谁、暗中策划想干什么、常在哪里逗留等情况一一说出来,那个人大吃一惊,怕得要命,当下就把暗中干过的坏事都交代了。这也是广泛安置耳目侦察贼盗的方法,用来审讯盗犯,就能揭露他们的阴谋诡计,打中要害,使他们只得自首求饶了。

《折狱龟鉴·谲贼·陆云》：

西晋时,陆云曾经任浚仪县令。有个百姓被人杀了,然而却不知道凶手是谁。陆云就把死者妻子拘捕起来，关了十来天，什么也没问她，就把她放走了。然后暗中派人跟在后边，对跟踪的人说："她走不出十里外，将会有个男人等着跟她说话，立即把那男人捕来"。过了不久，果然捕获了一个男的送来了。陆云审问他，他一一招认了杀人的事，原来是和死者妻子合谋一起杀死的。这大概是陆云看出死者妻子跟别人有奸情，所以把她拘捕起来，迷惑那个隐藏的坏人，使他产生疑心，自己出头来找死者妻子打探消息，被秘密跟踪者缉拿归案。

（四）紧扣证据法

《折狱龟鉴·辩诬·张鷟》：

唐朝时，张鷟担任河南郡河阳县尉。有个人名叫吕元，他伪造了一封以冯忱的名义盗卖官仓谷物的书信，嫁祸冯忱，因无其他证据，无法断明是非。张鷟于是取来吕元告状的文书，遮住其他字，仅留一个字，跟吕元说："如果是你的字，就注明是，不是你的字，就注明非"。吕元看过后，摇头说不是，但是去掉遮盖物，发现是其告状的文书。又取来伪造的信，照旧遮盖问他，他说是他的字。拿开遮盖的纸片，原来是他伪造的冯忱的书信。吕元终于服罪了。张鷟大概已经知道他是诬告陷害，想要使他服罪，所以采用遮住两头让他辨认字迹的方法来验证他的奸伪；让他自己注明哪个是他写的，来判定他的诬陷。这样他就隐瞒不住了，又怎么能不乖乖地服罪呢？

《折狱龟鉴·释冤下·许宗裔》：

五代前蜀时，许宗裔兼任剑州知州。州里有家民户遭到盗贼打劫，在灯光下记住盗贼面孔，到天亮后报告了官衙。抓获了一个人，所找到的赃物只有抽丝的钩子和缠丝的线轴罢了。宗裔带来囚犯审问，被捆绑的囚犯申诉审枉，说这些是自己家的东西。被告原告在大厅上互相争辩，各说一套。宗裔就命令取来两家抽丝的车子，用那钩子一试，大小正好跟囚犯家的车上木杆一致。又问他们丝线轴子是什么做的？一个说是杏木轴子，一个说是陶制轴子。就让手下当着他们的面打开线轴，一看确实是杏木轴子，跟囚犯说的相一致。于是原告承认了自己诬告别人盗窃的罪行，巡捕承担拷问用刑的责任。宗裔转眼之间，便辨明了案情，给受冤枉者昭雪平反。

四、谲术运用的作用

（一）查情之术

凡是推求案情，探明案件，有两方面目的：一是分析犯罪情节，一是找到可靠证据，弄清它是否符合事理，这样判别它的是非真假。寻找证据，是用来验证奸伪；分析情节，是借以探明奸伪。证据有时难以找到，情节也很不容易看得明白，于是采用变诈手段，用来揭露隐秘情况，然后案件就搞清楚了。

《折狱龟鉴·摘奸·李崇》：

李崇担任扬州刺史，有个百姓叫苟泰，他发现自己的儿子在郭奉伯家，原来这个孩子在三岁的时候丢了。但是郭家也据理力争说是自家的孩子，都有证人，无法辨明真相。于是李崇就命令把两个父亲和孩子分别监禁几天，忽然派狱吏告诉他们说："孩子突然死了，你们可以出来办丧事。"苟泰听说，悲痛得难以接受；郭奉伯只是叹两口气罢了，一点没有难过的意思。于是把孩子还给苟泰。

还记述了一件事，跟这也很相似：北朝北周于仲文任安固太守。有任、杜两家农户各自丢了一头牛。后来找到了一头牛，两家都来认领，长久不能判决。于仲文心想牛虽然不会说话，但是他认识它的同伴。于是令两家赶来自家的牛群，放开那头牛，牛径直走向任家的那群牛。又试探到底谁是真正的主人，轻轻打牛，观察到姓任的心疼，而姓杜的没有异样。仲文于是呵斥姓杜的冒认，使他服罪，回家去了。

（二）取证之法

有时案件真相近在咫尺，但是苦于没有强有力的证据，此时运用谲术取得犯罪证据就水到渠成了。

《折狱龟鉴·核奸·国渊》：

案子讲的是王安礼担任开封府尹时，有人投寄匿名书信告发一家富户谋划造反，京城人人恐慌。安礼不以为然，不予理睬。此后过了几天，朝廷传下圣旨，要求追究这一案件。安礼派人搜查富户家里，没有一点迹象。就问富户曾经与谁结怨为仇。富户回答说几个月前一个给人代写状纸借以为生的马生向我借钱，没有借给，多次流露怨言。于是安礼秘密借口别的事情把马生骗到府衙里来，回答问题，写了口供。取来匿名书信核对一遍，字迹没有丝毫差别，经过审讯，全招供了。这是利用谲术谋略取得证明罪犯的证据。

《折狱龟鉴·辩诬·御史某》：

隋朝末年，唐高祖李渊在太原率领军队起义。李靖和卫文升都是隋朝官员，共同守卫长安，就把李渊的家族收捕起来，全杀害了。等到李渊率兵平定关中一带,处死卫文升等人。轮到该砍李靖的头了,李靖说道:"李公平定关中,只是要报私仇呢,还是也想夺天下呢?如果想夺天下,不能将我这样的人才处死"。于是就把他赦免了。后来,李靖做了岐州刺史。有人迎合皇上旨意,告发李靖图谋造反,于是高祖命御史前去查证。御史知道这是故意诬告,请求跟告发的人一起出发。走过几个驿站,御史佯装丢失了状纸,异常惊慌害怕,用鞭子抽打保管状纸的属吏。于是向告发的人乞求说:"李靖谋反罪状分明,下官亲自接受皇帝派遣,前去处理,现在丢了状纸,恐怕这条命也保不住了。请您开恩,救救我吧!"告发的人信以为真,就另外又写了一份状纸交给御史,御史把这第二份状词跟原来的那份一核对,内容各不相同,当天就返回京城长安,启奏了皇帝,诬告的人被处死了。

　　根据常理,人们对真实发生的事情,在复述的时候不会因为时间、地点、环境的变化而出入甚大,即使有区别也是细节上的。御史假装丢失状纸,又表现得惊慌失措,佯称相信李靖谋反的事实,目的就是使告发人消除顾虑和怀疑,从而很自然地重写状词。一经比对,是真是假,就可以得到一个很好的检验。辨明诬枉的方法策略,有正规的,有变诈的。御史知道这是诬告,所以使用变诈手段来取得证据。

　　(三)缉捕之计

　　有时知道犯罪人是谁,可是要把他们缉拿归案却不易,无从下手,运用谲术谋略往往取得意想不到的效果。

　　《折狱龟鉴·谲贼·柳庆》:

　　北朝后周时,柳庆担任雍州别驾。有家人姓胡,不幸遭遇了抢劫,后报了官,可是仍然查询不到盗贼的去向,有很多邻居被牵连入罪。柳庆打算用计谋将盗贼一网打尽。于是写了一封匿名信,贴在官府门口,说:"是我们抢劫了胡家,现在后悔了所作所为,同伙的人很多,恐怕还是有人会泄露。现在想要投案自首,害怕不能得到赦免。如果答应先自首的免于治罪,就到官府来交代罪行。"柳庆又贴出一份赦免的文书。果然,过了几天,有人就前来自首,随后全部同伙都归案了,案件很快就告破。

　　《折狱龟鉴·察盗·高湝》:

　　本案讲的是,高湝任并州刺史时,有个妇人在河边洗衣服,一个骑马的男子路过,趁其不备丢下一双旧靴,换走盆里的新靴跑了。妇人拿着旧靴到州衙告状。高湝留下靴子,召集住在城里的老婆婆们,拿出靴子给她们看,哄骗她们说有个人被杀死了,留下一双靴子,问她们可否认识。一个老婆婆拍着胸脯哭道她我儿子昨天穿这双靴子去他岳父家了。按她说的，捕获了那个换靴的人。当时的人们都称赞他明察秋毫。高湝留下靴子是要当作线索查询盗贼，故而编造假话哄骗老婆婆们，是用了变诈手段取得老婆婆的证言，凭人证查获了盗贼。

与此类似一例还有《折狱龟鉴·谲贼·杨津》：

北朝后魏时，杨津担任岐州刺史。有一个武功县人带着三百匹绢，走到距岐州城十里远的地方遇上强盗，把绢抢走了。当时，正好有位朝廷使者骑马经过这里，那武功县人就把被劫的事告诉了他。使者到了州衙，告诉了刺史杨津。杨津就出了一份告示说："有个人在城东十里的地方被杀死了，身着某种颜色、骑着某种颜色的马，但是无法确认他的身份。如果他有家属，可以速来认尸收殓。"告示贴出去，一个老妇人哭着来了，说："那是我的儿子"。官府立即派人骑上快马追捕，连同赃物一起抓回来了。

这跟高湝留下靴子欺骗老婆婆来查出窃贼的方法一样。高湝是把一双靴子当作线索，杨津是用衣服和马的颜色当作线索，不过他们都是使用变诈手段查获了案犯。不同的地方是，高湝手里确有靴子，然后以这线索为主，兼用变诈手段破案；杨津却没掌握什么凭证，只是说了衣服和马的颜色，那就是以变诈手段为主，公布这个真实线索让人相信。

审讯是古代司法官处理案件的一个重要阶段，关系着后续的查证、审判程序的进行。中国古代的审讯问案之法也是历经从简至繁，不断丰富完善起来。既有常规的审讯之法，又有"谲术"这一非常规审讯之法，正谲并用，无往不破也。《折狱龟鉴》中的众多案例可以呈现"谲术"谋略之运用，展现其精彩魅力，"谲术"在特殊情况下，着实发挥了查情取证、决疑息讼的关键作用。

ADR^① 与中国古代传统消极诉讼思想契合性探究
——以佛教经义为视角

张勇

（天津商业大学法学院 天津 300134）

[摘要] 佛经禅语的价值观念主要体现为注重个体自我修行完善，无论顿悟还是禅定，均散发着明显的个体自觉气息。在舍与得、色与空、律与肆等关系之间进行参悟，从而到达智慧的彼岸。这一观念为一国帝王或上层统治阶级所接受，使得其对民众的影响更加强大和深入。与此交融，中华民族形成了自觉自律、与人为善、谦和不争、极具忍耐性的大众性格。普通民众遇到现实争议，大多不愿"对簿公堂"。这一特点，给当今世人留下中国民众似乎历史性地缺乏法律维权意识和自身维权自觉的印象。但是，正是这种貌似消极诉讼的思想特征，为现今我国司法实践推行非诉讼纠纷解决机制（ADR）提供了传统的、深厚的思想文化接纳基础，使 ADR 的应用，与依然产生影响的我国古代传统消极诉讼思想产生了天然的、历史的契合性。

[关键词] ADR；佛经禅语；消极诉讼；契合性

引言

与西方国家传统中个体的积极权利意识不同，中国传统民众对于诉讼常持有消极态度。佛教作为影响中国传统法律思想的重要力量之一，其主要宣传个人自我身心修行、自我救赎、与人为善、因果轮回等要义，无疑促进了中国古代传统消极诉讼思想的形成。时至今日，在面对纠纷时，民众除了对现有法律体制实际运作和诉讼成本等进行考虑之外，对于诉讼造成的自身社会影响，当事人之间诉讼后感情继续情况等问题的考虑依然是重要的

---

① ADR（全称 Alternative Dispute Resolution），即非诉讼纠纷解决机制。

一方面。为了自身的社会群体形象以及感情网的维系,中国传统民众内心根源上产生消极、甚至排斥诉讼的态度。有批评者甚至认为,这是国人维权意识不强的恶源。但从另外的意义上来思考,或许这为勃然发展的 ADR 及其相关制度提供了思想观念上的接纳基础。

一、三分中国传统文化之一

文化具有综合性和整合性,丰富的中国古代传统文化洪流,一般被认为由儒释道三大家汇聚而成。其中,佛教经义对于民众的影响,从漫漫历史长河中而来,丝丝融入中国传统思想的血脉。从汉朝佛教传入中国,两汉之后,魏晋玄学与佛教合流,直至宋明理学儒佛道三家融一,无不证明佛教对中国古代传统思想的发展产生了举足轻重的影响。①

佛经禅语是佛教中的经籍典语,是佛教思想传播和影响大众的直接载体。除了正式皈依宗教外,即使没有皈依教会佛教的普通民众也会对佛经禅语有所耳闻,甚至其思想精髓在潜移默化之中便融入了个人思想,甚至形成民间佛教,有的朝代甚至一度达到了"家家阿弥陀,户户观世音"的盛况。除了宗教性质和民间性质的佛教,还有以上层知识分子等为主的士林佛教。加之,接受佛教经义的帝国最高统治者对佛教的传播和发展的推动,佛教思想渗透到了中国各个阶层的传统思想之中,甚至已经形成了"援佛入儒""儒表佛里"的中国古代传统思想特点。

佛教典籍通常按照其所载内容分为经、律、论三藏,分别指佛陀之言的汇编、教徒信众的纪律或行为规范、对经律的解释阐述。本文采用广义佛经概念。又因佛教典籍浩瀚,博大精深,故本文仅以其中传播深远、受众广泛的佛教经义为基础进行阐述,去探寻佛经禅语中那些对中国古代传统消极诉讼思想产生和形成有所影响的部分,进而阐明 ADR 在我国的施行是民众基础深厚的需求,与我国消极诉讼的传统法律思想是有积极的契合性的。另外,佛教主要有大乘佛教与原始佛教之分②,故而本文的阐述综合了上述二者佛经禅语的精神内核。

---

① 蒋维乔.中国佛教史[M].北京:商务印书馆,2015:3.

② [美]休斯顿·史密斯.人的宗教[M].刘安云,译.海口:海南出版社,2016:115-122.

二、佛经禅语的精神内核

（一）自修自悟，自律自觉

原始佛教认为人类靠自己存于宇宙之中，通过自力进行自我修习达到解脱，这要求修习者注重自我修习。不仅是身体的禁欲断念，更重要的是内心性格品行的自我修养，重在自觉自律。自觉，提高了民众自身的品格修养，甚至是忏悔改过的自身能力，在自我修习中减少纠纷的发生。自律，通过在修习中遵守各种戒律，约束自身行为，从而减少纷争，形成平和的人际交往关系。

作为中国古代最早被翻译的经书，《四十二章经》作为佛教的入门之经，强调了人修习佛道应该远离诸种欲念，弃恶扬善，注重自身身心的修炼，即最主要是戒贪嗔痴念。"出家沙门者，断欲去爱，识自心源，悟无为法。内无所得，外无所求。"①要求信徒自身断绝贪念奢求，即断欲绝求，割爱去贪。而且认为财色招苦，色欲障道，欲火烧身，反而我空怖灭，智明破魔，进而垢净明存，无著得道。《梵网经》更是直接规定了修习者要遵守的十重戒，四十八轻戒。从杀、盗、淫、妄语等十重戒，到不敬师友等四十八轻戒，除了个别佛教色彩明显的规定之外，大部分与一般世间法律规定的项目是相互呼应融通的。尤其在影响范围最广的《维摩诘经》中巧妙地将出世和入世统一起来，认为"心净则佛土净"，这无疑为没有皈依教会佛教，依然在尘世中的各类人群修习佛法提供了合理的解释和途径。《圆觉经》更是载明众生只是因为妄念和情欲才失了修行，否则众生皆应成佛。内因是事物发展的根本，而这些或详细或概括规定的经文，无不从个体内在自我约束的根本层面断绝修习者为恶行的最初意识，无论是自我修养的层次还是仅仅是对于戒律的敬畏，都在约束本心的基础上，进而使人们减少与他人之间的冲突。

自觉，即自我觉悟、自我醒悟等。佛家讲究顿悟，注重个体心境的自我修行，"即心即佛，顿悟成佛"。② 无论善恶，还是明了过失进行改悔都主要靠自我内心的觉悟和反思。佛家认为"若人有过，自解知非，改恶行善，罪自消灭。如病得汗，渐有痊损耳。"③除此之外，在日常生活中应"于一切行住

① 赖永海.佛教十三经·四十二章经[M].尚云，译.北京：中华书局，2010：12.
② 赖永海.佛教十三经·坛经[M].尚云，译.北京：中华书局，2010：4.
③ 赖永海.佛教十三经·四十二章经[M].尚云，译.北京：中华书局，2010：19.

坐卧,常行一直心"①便自识本心,自见本性。更要"外禅内定,自修自行。"②并且在《梵网经》中示明了诸如十发趣心,十长养心,十金刚心,十地③来明示修习要追求和到达的具体内容,使修习者以修习具备诸心为方向和目标,从而修成一颗善良、豁达、觉悟高尚的佛心。

此外,自觉与自律不仅仅指作为个体的一个人,一个国家在某种意义上也可以抽象地看作一个个体。正如《金光明经》被认为是护国之经,诵读可以维护国家利益,增加福报。这无疑迎合了统治者希望国泰民安、统治长久的心态。经书中载明,通过四天王的护佑,达到各个国家"人民丰实,自足于财,心无贪吝,亦无嫉妒"④的自足自乐,不互相侵扰纠纷的状态。国家作为个体,应将重心放在自我内部的富足安乐,不去觊觎他国的土地和财富,并且国王应依此经以正法治世,使世间无争讼相斗,使国家之间没有纠葛和战乱。

这就为大到国家个体小到自我个体,都埋下了关注自我修行和发展并不去觊觎他人的思想根基,即个人在日常生活关注自我修习,即使遇到纠纷需要救济时也主要自省各自原因,自我救赎、自我醒悟,而不是去打扰他人,与人为善,少寻求他人外力;国家注重内在,不与他国夺利,则和平安宁。

(二)同源同归,慈悲为怀

无论最原始的佛教经过发展渐变为多少支派,依旧同源于创始者,同归于慈悲心:原始佛教由"智慧"而推出"四大德"要求:"慈悲为怀、同情、安之若素、为他人的快乐和幸福而喜乐"⑤,大乘佛教主要品德即为慈悲。可见,佛教注重因果,教人为善,存善心,为善行,结善缘,成善果。从消极的禁止方面要求修习者"众生以十事为善,亦以十事为恶"。⑥ 要修十善而去十恶,勿为恶行。并且遇到恶人攻击时,有"'今子骂我,我今不纳;子自持祸,归子身矣!'犹回应声,影之随行,终无免离。慎勿为恶!"⑦的觉悟。同时以比喻的手法指明"恶人害贤者,犹仰天而唾;唾不至天,还从已堕。逆风扬尘,尘

① 赖永海.佛教十三经·坛经[M].尚云,译.北京:中华书局,2010:76.
② 赖永海.佛教十三经·坛经[M].尚云,译.北京:中华书局,2010:84.
③ 赖永海.佛教十三经·梵网经[M].尚云,译.北京:中华书局,2010:11.
④ 赖永海.佛教十三经·金光明经[M].尚云,译.北京:中华书局,2010:57.
⑤ [美]休斯顿·史密斯.人的宗教[M].刘安云译,海口:海南出版社,2016:118.
⑥ 赖永海.佛教十三经·四十二章经[M].尚云,译.北京:中华书局,2010:16.
⑦ 赖永海.佛教十三经·四十二章经[M].尚云,译.北京:中华书局,2010:21.

不致彼,还坌己身。贤不可毁,祸必灭己。"①众生只需要自身存善心,为善行即可。看到恶人为恶也无须去理会,他也会自食恶果。除了消极的禁止之外,还从积极方面倡导和鼓励修习者要有行善行,怀善心的愿心,有帮助他人的慈心,救济他人的悲心,施惠他人的施心。②

（三）忍恕不争,"舍得"相依

对于人与人之间的相处,佛教注重众生平等,谦和有礼,不争不抢,和平共处,即使受到不公平的对待和他人的攻击侵害,也是忍字为先,宽恕当前。因果轮回,冥冥之中自有因缘,恶人并不会因此逍遥法外,自会得到应有的因果报应;善良的人也不会因此失去所得,会因善因,结善缘,得善果。

《古尊宿语录》中的寒山问拾得,云:"世间有人谤我、欺我、辱我、笑我、轻我、贱我、骗我,如何处置乎?"拾得曰:"忍他、让他、避他、由他、耐他、敬他、不要理他,再过几年你且看他。"③除了本身不争之外,当他人对己身进行身心伤害时他自会得到惩罚,无须自身的争执反击,你自避开他,过上几年,你再看他,他会得到应有的报应。故,还有经文云"恶人闻善,故来扰乱者;汝自禁息,当无嗔责。彼来恶者,当自恶之"。④ 故而,平日里,民众尽量避免与他人争执,产生冲突。当遇到纠纷的时候,也尽量采取所谓"大事化小,小事化无"的和缓心态来解决。如果是遇到力量不足以与之抗衡的恶人的时候,心中也会愿意去相信恶人终会有恶报。如果自己内心因委屈而产生愤懑情绪,那么原因也是自身修习不够,定力不足。

世人还常语"舍得"二字,其意总是在"舍"不在"得",其实"舍"与"得"之间有着微妙的循环联系,有"舍"有"得",有"得"有"失"。"舍"并不意味着注定的失去,有时候反而是另一种"得到"。故而,人要有看淡财色等外物的"舍心"⑤。人舍己已经拥有之物而帮助他人,不仅不会损失自己的福报,甚至会在帮助他人的同时,增加自己的福报。"睹人施道,助之欢喜,得福甚大。"自己的福报不会因为帮助他人而有所减损灭失。这就"譬如一炬之火,数千百人,各以炬来分取,熟食除冥,此炬如故。"⑥故人的舍并不意味着失

---

① 赖永海.佛教十三经·四十二章经[M].尚云,译.北京:中华书局,2010:22.
② 赖永海.佛教十三经·梵网经[M].尚云,译.北京:中华书局,2010:11.
③ [宋]赜藏主.古尊宿语录[M].北京:中华书局,1994.
④ 赖永海.佛教十三经·四十二章经[M].尚云,译.北京:中华书局,2010:20.
⑤ 赖永海.佛教十三经·梵网经[M].尚云,译.北京:中华书局,2010:11.
⑥ 赖永海.佛教十三经·四十二章经[M].尚云,译.北京:中华书局,2010:24.

去,反而意味着一种得到,是一种福报的维持和积累。这就使得人们在面对纠纷中表象的失去的时候,不一味地执着于弥补失去,争取得到,反而对于某些利益,学会主动地舍弃放下,谦和不争,从而得到人与人之间利益的平衡,人际间关系的和平和谐。

三、自上而下消极诉讼的法律生活

作为思想观念,其传播的广度和对受众影响的深度,取决于其被接受的程度。在中国古代,身处社会不同阶层,代表着不同的群体利益的人们,却都接受佛经禅语所承载的意念。接受了佛教经义的国家最高统治者是佛教传播和发展的巨大推动力,使得佛教思想渗透到了中国古代各个阶层的传统思想之中。佛教经义为不同阶层的人打造了不同的信仰之路,不同阶层的受众均可以在佛经典籍中找寻到自己的心灵依托。除了原始佛教倡导的需要正式皈依的教会佛教,大乘佛教所提倡的无须皈依、适合于普通民众的民间佛教,在历史上甚至一度达到"家家阿弥陀,户户观世音"的盛况。此外,还有以上层知识分子等为主的士林佛教,名人雅士们在接受儒家传统思想的同时,也参禅悟道,或修身养性,或平复世俗创伤。在自上而下与自下而上之间,佛教满足了不同人的不同精神需求,渗入人们观念之中。

(一)帝王的统治信仰

对于一国的最高统治者来说,随着佛教的传播和发展,宗教经常出现的六个特征,即权威、仪式、玄想、传统、恩宠及奥秘①也无法避免地出现在佛教之中。这些特征无疑为稳固王朝统治,稳定民众局势,提供了强有力的保障。《无量寿经》卷上说:"世间帝王,人中独尊,皆由宿世积德所致。慈惠博施,仁爱兼济,履信修善,无所违众。是以寿终福业,得升善道。上生天上,享兹福乐。积善余庆,今得为人,乃生王家,自然尊贵。仪容端正,众所敬事,妙衣珍缮,随心服御,宿福所追,故能致此。"②这无疑为帝王理所当然地作为最高统治者的存在并且执掌最高的权力做了合理的解释。同时,由此也可得出,帝王之所以统治人间,享尽尊荣,皆因其"宿世积德,慈惠博施,仁爱兼济,履信修善"修得善因。

佛经中的《金光明经》历来被视为护国之经,这部宣扬信奉佛教能庇护

① [美]休斯顿·史密斯.人的宗教[M].刘安云,译.海口:海南出版社,2016:90.
② 赖永海.佛教十三经·无量寿经[M].尚云,译.北京:中华书局,2010:12.

国家的佛经极大地吸引了各朝各代的帝王们。比如《弘明集》中有载，何尚之答宋文帝赞扬佛教事曰:"百家之乡,十人持五戒,则十人淳谨。百人修十善则百人和睦。传此风教遍于守内,则仁人百万矣。夫能行一善,则去一恶。去一恶,则息以刑。一刑息于家,则百刑息于国。则陛下言坐致太平是也。"①康僧会也说:"佛法省欲去奢,恶杀非争斗,当民生涂炭,天下扰乱,佛法诚对治之良药,安心之要术,佛教始盛于汉末,殆亦因此欤?"②经书中倡导的自律、不争、忍耐等思想,无疑增加了百姓温和顺从的性格,对磨灭百姓的反抗意识、稳定统治秩序有着积极的作用。如果每一个百姓都不争,都自律,则家室之内、邻里之间没有纠纷,进而乡里没有狱讼,逐级而上,国家安宁和平,利于统治者维护和巩固自身政权和统治。这无疑迎合了统治者的需要,这一思想的传播得到了最高统治者当然的倡导和支持。

　　(二)王臣的仕途圣经

　　有了最高统治者的支持,那么在"率土之滨,莫非王臣"③的封建社会,作为帝王之臣的官吏们,无疑要响应最高统治者的号召。佛经中的一些思想内容也正好契合了官员们的某些精神需求,诸因综合之下,官吏们纷纷受到影响。佛家还有"念佛一声罪灭河沙"一说,即是说一个有罪之人,如果发自内心念佛就能消除他的罪恶。因此,部分官吏会以各种理由、方式要求罪犯虔诚礼佛,以祈求消除罪孽。例如,"浩弟淹……百姓有罪,使礼佛赎愆,动至数千拜"。④"后魏张彝……为国造佛寺名曰:兴皇,诸有罪咎者随其轻重谪为土木之功无复鞭杖之罚"。⑤再加上有的朝代将少讼无讼作为衡量一个官员执政能力高低、政绩优劣的标准,因此,官员们为了修得善果,提升政绩,也尽量指引百姓消极诉讼,自身公务中尽量减少狱讼,执行刑罚中避免杀罚。

　　此外,还有一些或怀才不遇、或遭到贬谪的官员和学者,自觉看透了尘世浮沉,便在佛经中寻求对内心的安慰,弥补尘世不顺带来的创伤,也积极地修习佛法,诵读佛经。这都推动了对当时所谓世俗中统治阶级和司法程序解决纠纷的消极态度的弥漫。

---

①　[南北朝]梁僧祐.弘明集,第 11 卷.

②　[清]严可均.全三国文,第 75 卷.

③　《诗经·小雅·谷风之什·北山》。

④　[唐]李大师,李延寿.南史,第 32 卷.

⑤　[宋]王钦若.册府元龟,第 927 卷.

（三）百姓的处世之道

由于最高帝王的支持和倡导，再加上统治管理官员日常政权执行中的推动和导引，寻常百姓家信奉佛教、接受经义也就在情理之中了。条件允许的人家甚至专门设有佛堂，严格依照佛历规定进行供奉和朝拜，并诵经祈福，祈求自家生活安乐顺遂。但日常生活无法完全避免矛盾和纠纷，此时，诉讼的激烈对抗形式，往往使得昔日有情感维系的人们冰冷机械地对簿公堂。这在注重人情的中国传统社会，是对人情的一种致命的损伤。尤其在一些当事人双方有着特殊身份关系的案件中，案件本身的输赢利益与日后生活中双方的人情维系、关系恢复相比，似乎不再那么重要。中国古代的法律人情即法，礼为主导，即使法律已经在方方面面将人情融入法中，但是，当生活在中国古代传统社会里的人们面对人情与法的冲突时，习以为常的做法是以情变法，似乎人情是人们更多考虑的因素，在人们观念中情是重于法的①。佛经所提倡的修习精神无疑符合了百姓维系日常人际和谐的需要。

四、ADR 与中国古代传统消极诉讼思想的契合性循迹

ADR，即非诉讼纠纷解决机制，源于美国，是对诉讼以外其他解决纠纷方式的总称。ADR 是一个开放包容的概念，广义的 ADR 主要包括和解、调解、法律谈判、仲裁等非诉讼纠纷解决制度。这些制度的核心共同特征体现为：尊重当事人自主意愿，灵活平和解决纠纷。这使得当事人的自我意志表达被尊重，进而在相互谅解、自愿协商的基础上平和地解决纠纷，这减少了当事人直接"对簿公堂"带来的伤害，有利于维持当事人之间的和谐友好关系。由此可见，ADR 与中国古代传统消极诉讼思想的契合性表现如下文所述。

（一）价值理念的契合性

通过以上对具有代表性的 ADR 制度的特征简述，可以看出其精神实质主要体现在：当纠纷当事人由自身内心主动表现出主动化解纠纷的意思时，尊重这种意思，并为此针对不同情形提供多种比诉讼更为缓和的解决方式。甚至给予具有权威性的法律上的保护和认可。无论是否有第三方参与纠纷的解决，其主要是基于人与人之间所形成的互相依赖、信赖的关系，启动前提主要取决于当事人之间的自愿。这一价值理念正好与受到自修自

---

① 马小红.中国古代社会的法律观[M].郑州：大象出版社，2009：70—71.

悟、自律自觉、慈悲为怀、忍恕不争、平和处世、与人为善等观念影响，而消极甚至排斥与"互赖"之人冷对"公堂"的人们产生了共鸣。在思想观念和价值理念的基础层面上达到一致。

（二）直接目的的契合性

当纠纷产生的时候，法律制度之所以被设计，其直接的目的是化解矛盾，定分止争，使人与人之间的状态回归纠纷之前，使社会的状态归于平稳和谐。纠纷中的当事人最直接的目的大多是得到自我认知中"公平"的解决方案，并可以兼顾维持良好的人际关系。在无法忽视人情影响力的中国社会，力求两全其美的解决争议，是大多数当事人的期待目的。当在法律认可的范围内，存在可以在适当调整一些利益让渡、调和某些利益分配的条件下，有更为友好缓和的解决纠纷或争议的可能性时，一些消极诉讼的当事人可以选择此种有别于正式诉讼制度的方式更好地保护自己的权益，稳定和纠纷争议相关人员之间的关系，这不仅增强了司法制度的灵活性，提升了法律程序的可接受度，也增加了民众对于司法制度的情感好感，以及对法律本身的信赖和对司法维权的依赖。

（三）社会效果的契合性

面对纠纷和矛盾，通过法律制度的施行，所求的效果是公平合理，井然有序；社会所求的效果是社会的平稳和谐，安宁平和；而个人所求的效果，是在纠纷解决之后，除利益的平衡之外，尽可能减少因纠纷带来的对于日常生活的消极影响。诉讼可以给予最权威的判决，却未必是后续社会效果、人际关系效果最优的解决方式。在消极诉讼的原因因素中，诉讼对其产生的后续社会效果的消极影响，是注重人情的人们考虑的重要因素。在无法否认中国古代传统消极诉讼思想的影响效果的前提下，ADR 的出现使得人们可以选择比诉讼更为缓和和多样化的纠纷解决形式。与诉讼相比，ADR 既充分尊重当事人的意志自由，又有利于维持人与人之间的友善关系。在自主意愿的引导之下，人们会主动舍弃某些可接受的利益，以达到既能化解纠纷，公平解决自身争议，又可保护人情平和，弥补消极影响的效果。

人们无法彻底切断传统思想的传承和影响，若一味去判断或评价一种思想状态的优劣毫无意义。在一定程度上依然存在并影响着现代生活的中国古代传统的消极诉讼思想需要 ADR 的出现和施行，而 ADR 的施行也迎合了传统思想影响下的中国人对于案件纠纷的处理习惯的需要，二者具有一定的契合性。

"团体格局"视角下的清代蒙古地区法制研究
——以《蒙古律例》为核心

赵珊

（天津商业大学法学院 天津 300134）

[摘要] 费孝通先生于其大作《乡土中国》中论述中国乡土社会是"差序格局"时，对比阐释西洋社会为"团体格局"，"团体格局"在以游牧经济为生的部落形态中尤为凸显。作为清王朝重要臣属的蒙古，历世以游牧为源，虽经繁战，其部落形态仍亦如往昔呈现"团体格局"的"捆柴"样态。更为重要的是，此"团体格局"的影响亦渗透入其法律。《蒙古律例》是清代蒙古地区的重要法律适用文件，笔者于管中窥其条文所涵纳的"团体格局"思想，力求对描摹清代蒙古地区独特的法制形貌有所裨益。

[关键词] "团体格局"；清代蒙古；《蒙古律例》；法律评析

引言

明代末期的中国北疆，以努尔哈赤为首的女真族迅速崛起，蒙古各部则延续元朝覆亡以来的派系，争端不断。努尔哈赤在与明武战的间隙，以或武力、或和平的方式笼络蒙古各部。在这一过程中，蒙古多个部落逐渐附属于清，成为清王朝龙兴的得力襄佐。清自太祖努尔哈赤以降，始终予蒙古部族以盟旗制度，奠定了终清一世蒙古地区以旗为根、以盟为会的基本社会形态。此社会形态与清统辖之下的内地有明显差异。费孝通先生指出西洋社会中（尤以游牧民族为重）的人如同柴捆里的柴火稻草，各有其所归属的束和捆（即团体），"'团体'是生活的前提"①，执行团体意志的代理者是可能失去代理资格的。从该视角着眼，可以窥见清代蒙古地区的盟旗聚落模式、盟

---

① 费孝通.乡土中国[M].北京:北京大学出版社,2012:51.

旗与成员的关系、盟旗首领与成员和部族的关系等,均带有鲜明的"团体格局"烙印。以《蒙古律例》[①]为核心视野,则又发现这种烙印理所当然地镌刻于其法律。

乾隆五十四年(1789 年)编纂了系统的《蒙古律例》。[②] 经前后多次增例,已成蒙古地区的核心法律依据。从体例上看,《蒙古律例》统摄官衔(二十四条)、户口差徭(二十三条)、朝贡(九条)、会盟行军(十三条)、边境卡哨(十七条)、盗贼(三十五条)、人命(十条)、首告(五条)、捕亡(二十条)、杂犯(十八条)、喇嘛例(六条)、断狱(二十九条)等十二卷共计 209 条,以及增订则例[③]。从内容来看,《蒙古律例》由善纳汉学的满清王朝编纂,断然将受儒家礼义思想之濡染,"刑罚精神上已经包含了清朝统治者的立法思想"[④]。但综观全本,《蒙古律例》中更为精深的法律价值取向大多容纳蒙古民族与部落的习惯法,并"主要以蒙古固有的法律制度和法典为主要的法源"[⑤]。譬如,《大清律例·刑律·人命》中有奴婢及雇工人谋杀家长,罪与子孙同,处斩(家长未亡)或凌迟(家长身亡)。《蒙古律例·人命》亦有类似规定:"家奴杀其主者,凌迟处死。"[⑥]又如,《大清律例·刑律·贼盗》有"凡盗民间马、牛、驴、骡、猪、羊、鸡、犬、鸭者,并计赃,以窃盗论"(计赃坐罪最低刑为笞杖,最高刑可至死刑)。《蒙古律例·盗贼》的相关条文则是"偷猪、狗者,罚五畜;偷鹅、鸭、鸡者,罚三岁牛;仍令赔偿被窃之物。"[⑦]正如该律条中的赔偿性惩罚所示,《蒙古律例》中大多数条文均以赔偿定量牲畜为罚,而不似内地

①　本文所依《蒙古律例》取自台北广文书局 1972 年版的《史料四编 蒙古律例》,该版本为铅字本繁体竖版,因之本文所引条文均由笔者自行点校。

②　张晋藩主编.中国法制通史·第八卷·清[M].北京:法律出版社,1999:572.(清代对蒙古地区制定法律的过程自清太祖努尔哈赤即始,其后几朝均有对蒙古地区律书进行增删修订的记载,散见于清实录。具体可参见杨强.蒙古族法律传统与近代转型[M].北京:中国政法大学出版社,2013:47—50.日本学者荻原守在其论文中引用了岛田正郎对日本所存五版《蒙古律例》的考订理论,认为清乾隆五年、乾隆六年等均有对《蒙古律例》的编纂,但最后也是最完整一版应为乾隆五十四年纂定。详见荻原守.清朝的蒙古例——《蒙古律例》《理藩院则例》及其他[M].载杨一凡、[日]寺田浩明.日本学者中国法制史论著集[M].北京:中华书局,2016:407—434.)

③　"增订则例"共计 23 则,最为晚近一则增于嘉庆十九年(1814 年)。或因《钦定理藩院则例》于嘉庆二十二年(1817 年)刊行,之后有关蒙古法律事项可于《钦定理藩院则例》中增例,是为《蒙古律例》不再新增则例之因。

④　杨强.蒙古族法律传统与近代转型[M].北京:中国政法大学出版社,2013:50.

⑤　同④.

⑥　此例虽不能完全佐证《蒙古律例》受儒学礼义浸染,因蒙古族的奴隶制度故为久远,但《蒙古律例》为清廷所编制,固然会受内地汉学影响。

⑦　王国维. 史料四编 蒙古律例[M].台北:广文书局,1972:63.

全部以身体刑为罚。

正是因为《蒙古律例》中大量与当时内地相为趣异的条文,使得以洞见清代蒙古地区的"团体格局"样态所滋生出独特的道德体系,更为关键的是其对清代蒙古地区法制形态的影响。这种"团体格局"的社会样态对其法律的影响,在盟旗制度的社会组织形态、盟旗与成员的关系以及盟旗首领与成员和团体本身的关系等三方面的法律条文中,尤为显彰。

一、清代蒙古地区的"捆柴"般社会样态

综观有清一代,前半期均与蒙古的少数部族有战。但有清一代,蒙古各部多归附于清。清代自龙兴至极盛再到渐衰,均看重满蒙关系,千方百计稳定蒙古地区。清对蒙古的统治力度,取决于蒙古部族对清的依附态度。对时有反抗的少数蒙古部族,在武力征服后实行中央直接统治的派员官僚制度——即总管旗制。而对率先归附的漠南蒙古等大多数部族实行自治程度较高的、世袭的"扎萨克"旗制度。清圣祖康熙曾言:"昔太祖、太宗时、招徕蒙古随得随即分旗、分佐领,封为扎萨克,各有所统,是以至今安辑。"[①]此即是为盟旗制度,蒙古各部族多以姓氏或地域为名,被清政府编之以"旗"[②],各旗旗长称为"扎萨克";若干旗又复归一盟,设一盟长。同时,盟与旗亦肩负蒙古地区的司法重任。[③] 清代所行盟旗制度将蒙古各部族圈定于固定区域,在便于管理的同时,又利于分化部族联系、减少部族间摩擦以及谨防蒙古部族势大称霸致战。

正如"团体格局"的定义所示,清代的蒙古人个体因血缘关系、因地域关系,如一根根柴火稻草般归于旗"束"之下,诸多旗"束"又化于盟"捆"之中,而众多盟"捆"则又形成"蒙古"这一挑柴归于清王朝治下。这种从人个体到"束""捆""挑"的社会组织样态,是清代蒙古地区"团体格局"最基本的外表样态。作为清代蒙古"团体格局"最外层的"盟",其盟长负责组织各旗会盟

---

① 《清圣祖实录》卷之一百八十五,康熙三十六年(1697 年)八月乙亥。

② "旗"并不是清代蒙古社会组织的最小单位,每旗之下还散见"苏木""昂木""得沁""巴嘎"等小社会组织(有趣的是,"巴嘎"在蒙古语中就是"束""捆""包"等意。关于清代蒙古社会组织的论述,详见[日]田山茂.清代蒙古社会制度[M].北京:商务印书馆,1987:103-119.)但因《蒙古律例》之中所有的审事主体均为旗长——扎萨克,故而对清代蒙古地区社会"团体格局"形态的论述只及于盟旗两级。

③ 盟长衙门与旗扎萨克衙门是蒙古地区的两级司法机构。详细介绍参见柏岭.清代蒙古族地区审判制度研究[D].呼和浩特:内蒙古大学,2014.

事项,据《蒙古律例·会盟行军》:"外藩蒙古三年赴盟一次,审事、比丁"。①
相较于旗来讲,盟不是蒙古社会的"常设"组织,但它在三年为期的阶段内可
有效牵制各旗。这一是在于"盟"负责三年一次的"比丁",即核查各旗人口,
直接掌管各个旗"束"的发展衰落与否;另一则在于"盟"对于"会盟已示而王
等不到"②有法定的处罚权,这也是提防与控制各旗妄自图强的重要手段。
"旗"则是清代蒙古社会"团体格局"中最重要的一层,从《蒙古律例》亦可考
扎萨克掌管全旗司法,是与民众直接接触的司法层级,亦为清代蒙古地区最
主要的团体意志代理者与执行者。

　　蒙古社会的"团体格局"样态,在外观上虽与自宋开始历代沿袭、亦为清
代内地所采的"十户为一牌,一百户为一甲,一千户为一保"③的保甲(也称
牌甲④)制度异曲同工。但究其内里,则相差甚远。保甲制度只是根据统治
需要生硬地将每个家庭——即"户"连接起来,"稽察奸宄,肃清盗源"⑤是其
根本目的。而蒙古的旗内人民个人之间有着共同的血缘(甚至意味着共同
的祖先)、地缘(共同生活与战斗)、信仰等复杂关系,"谁是团体里的人,谁是
团体外的人,不能模糊,一定得分清楚"。⑥《蒙古律例·户口差徭》有律言:
"凡系离散、就食、他往买卖,年久还族,兄弟告求归宗者,概不准行。"⑦这于
当时内地的宗族社会思想是断然不能接受的,因而清律也不可能如此规定。
中国乡土社会对于宗族有着天然的亲近感,只有严重触犯族规才可能被施
以驱逐出族的严厉惩罚。而边疆蒙古对于离家年久的人就严格禁止归宗,
使"少小离家"之人的"老大回"之梦成为空想,但这反而佐证以一根根"柴
草"为喻的个人才是蒙古盟旗中的基本单位,而非保甲制度的以"户"为单
位。不仅如此,该律下文有言:"若由久住之旗分,逃往别旗者,逐回。若匿
不发回,照隐匿逃人例治罪,将逃人鞭一百,仍发回原住旗分"。⑧ 旗与旗之
间深刻的鸿渐,各自的成员断然逾越不得。

---

①　王国维.史料四编 蒙古律例[M].台北:广文书局,1972:33.

②　同①。

③　[美]D.布迪,[美]C.莫里斯.中华帝国的法律[M].朱勇译,南京:江苏人民出版社,2010:334.

④　保甲制度通说由宋代始用,但笔者认为商鞅变法之中的"令民为什伍"是保甲制度的雏形。保甲制度历代均有所发展和演化,一直沿用到民国时期,旨于进行社会组织和实现社会控制。

⑤　《嘉庆朝实录》卷之五十八,嘉庆五年(1800年)正月己卯。

⑥　费孝通.乡土中国[M].北京:北京大学出版社,2012:41.

⑦　王国维.史料四编 蒙古律例[M].台北:广文书局,1972:19.

⑧　同⑦。

　　蒙古的旗内会形成如此深厚的联系,则与其游牧经济有着密切关系。依赖于"逐水草而居"的游牧,蒙古人是不能独自进行觅食、打猎、放牧、战斗等活动来维持生存的,在这些过程中自然会形成团体,以增强生存的可能性。这种生存本能的驱使反映于其法制,即如"三丁披甲一副,凡遇出兵,遣二留一"。① 几近于全民皆兵的蒙古,对于出兵打仗仍有着清晰的生存团体规划,"遣二"确保壮丁兵员之足,"留一"要保障后继种族团体之续。因而,游牧而生的蒙古人的"团体格局"是与其生存并行且不可缺废的。当然,这种与生存俱来的"团体格局"在规范其成员、首领以及盟旗三者关系的法律中有着更为深刻的体现。

二、清代蒙古地区的"柴草"般社会成员

　　在"团体格局"的"捆柴"样态中,每一个作为"柴草"的社会成员都有其所归属的"束"与"捆",道德的基本观念建筑在团体和个人的关系上。② 团体建筑于个人又超出个人,团体的道德观念与价值取向是团体成员必须遵守的。同时,团体中作为"柴草"的个人之间是相对平等的,假使个人之间有尊卑等级,也是团体所事先规定并为其中个人所天然接受的,所以团体意志(可比作扎成一束或一捆柴所用的绳子,但绳子有形,团体意志却是无形)对于"柴草"般的成员是一以视之的。这就于法律中的权利与义务观念有草创之意,即"柴草"般的个人对自己所属的这一捆柴的团体是有义务的,同一团体内的个人之间平等且可主张权利。蒙古民族以游牧为生,游牧又以群居为常。因而蒙古人对于其所属的旗和盟有着天然的归属性和依赖性。也正因如此,在吸收了诸多蒙古民族习惯法的《蒙古律例》中,尤可清晰洞见成员在共同的团体意志之下,对盟旗所担负的义务,以及盟旗赋予其的权利雏形。

　　(一)个人之间的平等

　　在清代的蒙古地区,法律对平人之间的结亲聘礼数目有明确规定——"两姓结亲据系平人,其聘礼牲畜给马二匹、牛二只、羊二十只"。③ 在规定数目之下,可以少给,但不能多给,逾越数额即属"违例","违例多给,将额外

――――――――――

① 王国维. 史料四编 蒙古律例[M]. 台北:广文书局,1972:16.
② 费孝通. 乡土中国[M]. 北京:北京大学出版社,2012:52.
③ 王国维. 史料四编 蒙古律例[M]. 台北:广文书局,1972:20.

牲畜照例存公,减者无罪"。① 对同等级人的婚嫁这种私事,清代蒙古在法律上的细致规定,与当时内地将民事视为"细事"的理念大为趣异。从中有两点可以推见,一是马、牛、羊等牲畜对游牧的蒙古人的生产生活极为重要,这从《蒙古律例》的其他条文中也可推知。正因如此,如果因不同团体之间的平人婚嫁,而使其中一方失去大量牲畜,是为团体意志所不容的;二则是蒙古盟旗通过团体意志勉力维护团体成员之间的平等。这种平等不仅表现在宏观的成员之间——平人行聘的聘礼均是固定数量,更彰显于微观的意欲结亲的男女双方之间。"蒙古结亲行聘给畜"一律的后半段中有明言:"婿故将所给之畜取回,女故取回一半,若父母愿给而婿憎嫌不娶,所给牲畜不准取回。所聘之女年至二十而不娶,其父母另有愿聘之处,听之。"男女双方之间的行聘牲畜如同契约一般,男方取回牲畜或因牲畜事而憎嫌不娶,达一定期限该婚嫁契约即论无效。此举与清代内地婚嫁之中男女双方极不平等的地位形成鲜明对照,对于保护女方权益大有裨益。由此虽不能畅言蒙古法律能够实现绝对平等,但从《蒙古律例》中的些许条文可以审慎地论见,清代蒙古的"团体格局"理念在推动其以法律维护团体成员平等一事中有其先进的步伐节奏。

(二)个人对团体的义务

费孝通先生论证团体和个人的关系时言道:"团体对个人的关系就象征在神对于信徒的关系中,是个有赏罚的裁判者,是个公正的维持者,是个全能的保护者。"②团体之于个人,犹如神对于信徒。那么也就可以说,个人之于团体,就好比信徒之于神明。众所周知,信徒之于神明,一在信仰,二在遵从。也正由此意发展,作为个人的蒙古人,天然地信仰其所属的团体(盟旗)、遵从团体的共同意志。

在以游牧为生存属性的蒙古民族中,置于首位的团体意志则当是盟旗的发展与存续,并且此意志紧紧拴牢在法律的缰绳之上。正因如此,《蒙古律例》中的罚则,绝大多数以牲畜为罚,可见牲畜是游牧民族的生存之根,以

---

① 王国维.史料四编 蒙古律例[M].台北:广文书局,1972:20.

② 费孝通.乡土中国[M].北京:北京大学出版社,2012:52.(费孝通先生在论及此处时有两层含义,一是以神明和教徒的关系比喻团体对个人的关系,二是提到要理解"团体格局"社会中的道德体系,就必须谈及他们的宗教观念。此处笔者并不打算论述清代蒙古人的宗教观念,而是仅以此句看作比喻,意在说明团体是裁判者、维持者和保护者这一重点。但不可否认,有史以来蒙古族的法律传统中,"宗教发挥着极为重要的影响"。关于宗教对蒙古族的法律传统的影响,可参见杨强.蒙古族法律传统与近代转型[M].北京:中国政法大学出版社,2013:83~97.)

罚没、赔偿牲畜为罚比伤人身体更加有效和痛苦。除此之外,相互救助也是由蒙古人的生存团体意志所决定,这也当然成为蒙古个人要对团体履行的重要义务。

《蒙古律例·杂犯》中规定不容留宿致行人冻死须罚一九牲畜①,即使行人未死,也须罚两岁牛一只。清代蒙古地区偏居中华北疆,气候寒冷是其生存阻碍之一,因而个人之间须承担在寒冷的气候下互相辅助以维护团体生存延续的义务。这种严厉的惩罚旨在维护团体延续的共同意志,督促个人履行作为"柴草"对于"束""捆"的义务。此外,《蒙古律例·户口差徭》中有"蒙古等遇灾年互相赈济"一律,则是站在盟旗团体之间的角度,以遵从更为宏观的蒙古民族生存延续的团体共同意志。

三、清代蒙古地区的团体"代理人"

团体是超于个人的"实在",不是有形的东西……是先于任何个人而又不能脱离个人的共同意志。② 作为无形的实在的团体,其意志的执行还需要介于团体与个人之间的"代理人"。"代理人"代为执行团体意志,以期实现对团体内个人的赏罚、判别与保护。清代蒙古社会中最基本的"代理人"是旗长——"扎萨克",再高一级便是盟长。处于帝制之下的清代蒙古边疆,团体"代理人"一方面是本旗、盟团体意志的代理者,另一方面也是清廷统治边疆的政治代理者。在这种双重代理模式下,代理人享有权力和权利,亦担惩罚与义务。论及前者,其享有法定的司法权力,"蒙古刑狱,内外扎萨克王、公、台吉、塔布囊及协理台吉等承审"。③《蒙古律例·断狱》有律"存公牲畜赏与公事效力之人"④,扎萨克是旗这一团体的"代理人",因其享有司法权,为公事所效之力当属最大,因而获得存公牲畜的大部分可看作是代理人享有的酬劳权利。这仅是管中窥豹,实际上"代理人"所享有的权力和权利繁多。但惩罚与义务,却是"代理人"身份中更重要的部分。代理人是团体意志在实践中的执行者,其权力与团体意志一样,是团体成员所认同的。但其个人,如若与团体意志相悖行,也是岌岌可危的。

---

① 《蒙古律例·断狱》中"罚罪九数"条规定:罚罪之九数,乃马二匹、犍牛二只、乳牛二只、三岁牛二只、两岁牛一只;五数则犍牛一只、乳牛一只、三岁牛一只、两岁牛两只。
② 费孝通.乡土中国[M].北京:北京大学出版社,2012:52.
③ 参见《清史稿·刑法志》。
④ 王国维.史料四编 蒙古律例[M].台北:广文书局,1972:101.

　　清代的蒙古盟旗深居中国北疆,赖游牧以为生,不事种植。在这一民族传统中,牛羊等牲畜极为重要,是生产生活的必需品。而牛羊生存赖以牧草与水源,但这二者均非人力所能收获与控制,因而蒙古民族"靠天吃饭"的可能性更高。在这种情况下,任何一次灾荒都可能导致盟旗人口的减损甚至整个团体的消亡。所以蒙古盟旗间在灾荒之年的互相赈济就显得尤为重要,这当然也是蒙古种族这一大范围的团体的意志所要求的,而这种救助的义务在实际上更多地落在了团体"代理人"——扎萨克和盟长的肩上。《蒙古律例·户口差徭》中的"蒙古等遇灾年互相赈济"一律明文写道:"外藩蒙古等倘遇灾年,该扎萨克并旗内当户、喇嘛等,另其设法养赡。"①这样一来,团体在灾年之中养赡"柴草"成员的责任,在法律层面首先归于"代理人"——扎萨克。继而律中指出,如果该旗仍不能自济,则同盟其他旗要贡献牛羊来协助,从而在"盟"这一更大的团体范围内执行团体意志。当然,偏处帝国一隅的蒙古,亦处于王化之下。在连年灾荒之时,中央政府也须承担救助义务,因而律中规定:"倘遇连年荒歉,同盟内不能养赡,盟长会同扎萨克公同报院,请旨派员查明拨银赈济。"中央政府拨银救助,也是当时内地逢遇灾年的常规做法。在内地,赈灾银两全部来源于中央财政。但在蒙古地区,该赈济银两中却纳有团体代理人的薪俸——"该扎萨克王、公、台吉、塔布囊等将次年俸银预先支领,入于赈恤内使用。"团体代理人在赈济时倾个人之力,是依"团体"这个"实在"的意志所要求,充任"全能的保护者"的有力佐证。不仅如此,法律还将团体蒙受灾荒的责任归于代理人"不爱养属下之人",意图重申部族的团体意志,亦即如代理人不能实现团体意志的公认价值,则要被取代。因此,代理人(扎萨克王、公、台吉、塔布囊等)"不爱养属下之人又致困厄",则"将受困之人撤出",而代理人——扎萨克的职位及本旗成员也将归于"本盟内之扎萨克有贤能者",团体"代理人"即易位于更符合团体意志的人。

四、结论

　　"差序格局"造就了中国传统乡土社会独特的道德体系和法律取向,同理,游牧民族"团体格局"的社会形态对其法律也存在着清晰的影响脉络。

---

　　①　王国维.史料四编 蒙古律例[M].台北:广文书局,1972:24.(该段落中所引律文均出自该条该页。)

这种脉络主要有三条线索，一是法律依据其原生的部族结构规范其组织形态和社会秩序；二是身处团体中的蒙古人，在人与人之间以及人与团体之间都有明晰的权利义务关系，同等级人以平等为价值取向，享有团体赋予的生存权利，亦负担维持团体存续的义务；三是团体意志在现实中的代理人——"扎萨克"或"盟长"等，其所享有的权力与权利、得到的酬赏与惩罚，均是由成员认可的团体意志所给予的，一旦其违背团体意志是可以被取代的。

因之与内地有着截然不同的社会样态，清代蒙古地区的法律在理论上也蕴含着更多的蒙古民族和社会的特色。试图从微观的特色上来描摹和建构其宏观的法律样貌，是本文研究的旨趣所在。需要特别说明的是，笔者才疏学浅、学力有限，对费孝通先生论述团体格局的理解，以及本文从"团体格局"这一社会学视角，结合《蒙古律例》试观清代蒙古地区法制的特质，均属个人志趣的一家之言，管中窥豹、挂一漏万之处颇多，还望方家海涵并赐教。

论保辜制度朴素的程序性价值及当下启示

朱恒

（天津商业大学法学院 天津 300134）

[**摘要**] 保辜制度作为我国古代处理伤人案件的一项刑事法律制度，由于其复杂性和特殊性，近年来研究者甚繁。学界研究旨趣主要集中于考证该制度的源起、确立以及入律，纵然有将其与当下的比较疑难的因果关系判断以及热门的刑事和解制度联系在一起，但就保辜制度在判断因果关系过程中正当性的法理基础却鲜有提及。本文从微观角度以一起唐朝发生的行车伤人案件为例，呈现该制度在司法实践中的运行全貌，继而揭示其在实践中所蕴含的朴素的程序性价值。

[**关键词**] 保辜之制；伤人案卷；程序性价值

一、保辜制度释义

何谓保辜？《清律辑注》解释说："保，养也，辜，罪也，保辜，谓殴伤人未致死，当官立限以保之，保人之伤，正所以保己之罪也。"这一解释无疑说明了保辜之设立的旨趣意在于两点，一是维护被害人的利益，二是确立加害人的救助义务。

由于该制度的渊源甚早，关于其源起及入律的准确时间学界看法不一。① 据蔡枢衡提到的"古者保辜"之说，他认为保辜制度于西周时期可能已经出现。② 不过将保辜制度作为一项规范之制并正式完备入律，肇始自《唐律》。其可见《唐律疏议·斗讼律》第 307 条之规定"诸保辜者，手足殴伤

---

① 相关论文请参考，牛忠志. 借鉴古代保辜制度[J]. 北京理工大学学报，2003（3）：27—29. 陶涛. 中国古代保辜制度探析[J]. 淮北煤炭师范学院学报，2003（5）：77—79.

② 蔡枢衡. 中国刑法史[M]. 南宁：广西人民出版社，1983：208.

限十日,以他物殴伤人者二十日,以刃及汤火伤人者三十日,折跌肢体及跛骨者五十日……"①唐后,宋、元、明、清的保辜都承继了唐律该制的相关规定,并在技术层面和内容上臻渐完善。其中,《大清律集解附例》在律文之后附上关于该制的专门条例,反映出司法者在司法适用中要求突破律文本身的限制。法条原文如下:"斗殴伤人,辜限内不平复,延至限外,若手足、他物、金刃及汤火伤,限外十日之内;折跌肢体及破骨堕胎,限外二十日之内,果因本伤身死,情真事实者,方拟死罪,奏请定夺……"此后,其终于褪去了积淀了两千多年的熠熠光辉,陨落在清末变法修律的滚滚大潮中。那么,我们不禁要问,漫漫几千年,这一制度何以其强大的生命力适应我国古代社会的风俗和国情呢?笔者认为,与该制度内生的程序性价值不无相关。

二、保辜制度存有的程序性特征与价值

言及保辜制度的程序性价值,实乃从该制度在确定行为人危害行为与损害结果关系的过程和方式的角度来分析保辜的价值,而这一过程和方式是否可以称得上具有法律程序性,继而保辜制度实行过程可以称得上是一种法律程序性价值则有待商榷。因此,笔者下文将以保辜制度实行过程的程序性是与法律程序特征存在契合为理路出发,从而论证保辜制度的法律程序性价值。

为更为直观地把握唐代保辜之制的具体司法适用的情况,有必要通过援引一些当时的判例来窥探该制度的实施过程,由于年代久远,今人只能在一些零星涉及和粗略记述中考析保辜在唐代司法活动中的运用和实践。

据 1972 年出土于新疆吐鲁番阿斯塔纳的《唐宝应元年康失芬行车伤人案卷》(以下简称《康某伤人案卷》)记载,②该案卷是一起非殴伤人的人身伤害案件,该卷的第一行到第十五行乃原告呈状:平民史拽那等呈控行客靳嗔奴所雇车夫康某,理由是康某于街头驱车快行,辗伤了当时"于张鹤店门前坐"的男童金儿和女童想子,导致金儿"腰下骨并碎破"与想子"腰骨损失",恳请县司予以公正处理;接下来说的是县司对诉讼两造的讯问与核实:先是对此案原告史某某等的讯问,他们"依实谨辩",陈述了行为人身份和辗伤自己子女经过等诸事实;继而对行为人康失芬予以讯问,他也"依实谨辩",供

---

① ［唐］长孙无忌等. 唐律疏议[M]. 北京:中华书局,1983:388－389.
② 吐鲁番出土文书整理小组. 吐鲁番出土文书[M]. 北京:文物出版社,1999:128－134.

认不讳,同时辩解谓,由于自己所驾之牛车,不谙其性行,"拽挽不得,力所不逮"遂致碾伤被害男女的后果,不过,行为人康某亦甘愿官司处分;而后为县司在科处前再次对双方讯问,康某提出"今情愿保释,以医药看待",然后勾检官留下如下批词"检诚白,十九日";最后在何伏昏等保人出具的担保书后,由县司对该案件做出最终处理决定,县令批示:"放出,靳保辜"。

(一)保辜之制实施过程所体现出的法律程序性特征

第一,法律程序具有形式性。在中国古代,程序观念极为淡薄,正当程序"基因"严重缺失,因强调关注实体问题、目标问题、结果问题,而对导致结果的因果关系判断往往是根据司法者的主观经验和情感进行的自由裁量。但诚如上文中的案件,该案向我们提供了一个如何适用保辜、怎样做到依法定罪的完整审断过程。这样就确定了一个可供司法者参考的审案断狱程序,司法者沿着一定的程式行为,继而一方面有利于定罪量刑公正合理,为涉及因果关系难以断定的疑难案件的公正裁断提供了可行性;另一方面,由于司法者的自由裁量权相当程度上得以约束,使其先入为主的惯性思维得到有效抑制。因此,保辜之制,这一虽然只有象征性、仪式性的古代刑事法律制度,在那个擅权专断的古代,其确立和适用却是难能可贵的。

第二,法律程序所予以规范的是特定的行为。[①] 那么,什么样的行为可能符合法律程序所规制对象的标准呢?一般来说,是指一些比较重要的法律行为,诸如审判、制定法律、刑事诉讼等,它们都会受到法律程序的拘束,继而发展出相应的立法程序、司法审判程序、行政诉讼程序等。这些法律行为程序相应就构成了当代法律程序的部分外延。而保辜之制是就殴伤人或伤害他人但未当即致死的情形而言。因此,可以料定保辜适用于如下两种情形:殴伤或非殴致伤的其他伤害情形,对此律注有确切的说明:"凡是殴人,皆立辜限,手足殴人,伤与不伤,限十日……注云:'殴、伤不相须',谓殴及伤,各保辜十日。然伤人皆须因殴,今言不相须者,为下有僵仆或恐迫而伤,此则不因殴而有伤损,故云'殴、伤不相须'……"[②]可见,保辜的适用范围还是比较确定的。一是但凡殴伤他人皆须确立辜期,且依据行为与伤情,确立相应的保辜期限。二是凡殴伤他人不问明原因皆须保辜,即加害人的伤害行为可以是殴打、推搡致跌倒撞伤、抑或遭受恐吓致伤。三是不问案件

---

① 公丕详.法理学[M].上海:复旦大学出版社,2010:162.
② [唐]长孙无忌等.唐律疏议[M].北京:中华书局,1983:388-389.

加害人主观意志是基于故意还是过失,径行适用该规定。另据《康某伤人案卷》并参照唐律中保辜条文的若干规定,此案当是一起非殴伤人案件,行为人康某在街头上驱车快行,由于自己力不能逮,致使被害人受损伤的后果。结合保辜之制的适用范围,故康某依律表示自己"今情愿保辜,将医药看待",县司也予准许。所以该制度是适用特定行为——殴伤或非殴伤且受害人未当即致死的案件,应属无疑。

(二)保辜制度具有的程序性价值

虽然保辜在实践过程中具有法律程序性,但并非任何法律程序都有正当性,此中蕴含有价值判断问题。因此,论析保辜制度的价值,其实际意义也是为古老保辜制度尚存有正当性正名。这里,笔者试从保辜制度的形式价值和实质价值两个方面具体分析其所具有的程序性价值。

1.保辜制度的形式价值

法律程序在功能上的特征表现为工具性,即作为实现实体、效率、道德等价值的工具。因此,这里试将保辜制度作为一种实现实体、效率、道德的工具进行逐一分析。

第一,实现实体的价值。功利主义代表英国学者杰里米·边沁认为,"程序法的唯一正当目的,则是最大限度地实现实体法",[①]即将程序看作是一种实现实体的附庸,其功能在于有利于查明案件真相和保证实体目的之实现。考虑到古代医学勘验水平相对落后的情形,通过辜期的设立以观察因果关系的进一步发展,使得通过这一程序来断定所害行为与损害结果之间证成与否,从而具体地适用刑法条文,这从一定程度上体现了古代朴素的"罚当其罪"的原则,有利于审判时做到罪、责、刑相适应。纵然保辜制度是被规定在实体法之中,但在我国古代民刑不分、程序实体统一入律的特定历史条件下,仍不妨碍这一制度保障实体法适用的价值。

第二,实现效率的价值。从财富最大化和成本最小化角度而言,这一制度的价值和意义是减少法律实施过程中的经济耗费、节约司法成本。我们在考虑一种法律程序是否体现效率价值,节约司法成本时,主要是要考虑该程序是否具有可操作性。其中律文明确规定了辜后的罪刑确定标准,即"限内死者,各依杀人论……及虽在限内,以他故死,各依本殴伤法"。这里可以看到,纵然律文是通过简单的时间继起来作为因果关系有无的标准,但置于

---

① 樊崇义等.正当法律程序研究[M].北京:中国人民公安大学出版社,2005:122.

当时社会环境,也是我国古代立法者朴素程序思想的体现。同时现实案件中因果关系的判断极为困难,尤其对于一因多果、多因一果抑或多因多果的情形,所以律文特别强调,虽在限内由于其他原因致死,都依本来伤害行为确定罪名。这样划分就明确了当存在他故时如何对行为人归责的情形,即行为人对他故致死不负责任,只对自己的行为导致后果负责。当然,古人没有考虑殴伤行为和受害人死亡与他故介入后的影响程度,即介入其他因素致被害人死亡的相关性和机率大小问题被忽视,而是笼统地定为以本殴定罪,存在一定的缺陷。这可能是古人通过对保辜之制简化规定,从而使得其在司法适用中更易操作。

以上使保辜制度在定罪量刑方面具有易操作性从而使案件可以在较短的审限内审结。但上文引用的案例《康某伤人案卷》中县令批示:释放康某,靳某保辜,仍随牙,依余判。而且从康某本人"情愿保释,以医药看待,若不差身死,愿求准法科断"一句,不难看出这一制度的适用条件和适用结果,即行为人必须是主观恶性较小且情愿保辜,辜后给予被害人"医药看待",这样既给了加害人"保己之罪"的机会,也在一定程度上减轻了司法机关的羁押率,使司法机关能将有限的人力、物力集中到其他案件上。

第三,维护传统伦理道德的价值。这一制度的出现,从文化视角来看,是归结于中国古代的泛道德观念和人情事理主义。由于中国古代治罪方面主张德主刑辅,其中汉武帝时期依据儒家经典中的微言大义来论心定罪则是这一思想的最初实践,即在古代的道德文化背景下,行为人应该具有这样一种道德操守(这种道德操守不仅作为社会的基本行为标准被人们接受,而且也被立法者上升为国家意志),行为人在自己实施伤人行为后,必须采取一切可能措施去给予救治。因为,古代中国立法者认为,在一般的斗殴、伤害案件中,双方当事人斗殴多因偶然罅隙所致,然损害发生后,未尝不想弥合与受害人之间的关系,保辜之制基于这样一种人性考量,为行为人犯罪后提供了一条退路,使其可以经由自己的事后补救行为,即积极对被害人予以安慰和进行探视,争取司法官的宽大处理,而且可以令司法者通过行为人将功补过的行动判断其道德是否缺失,从而成为定罪量刑的准度。当然,这在一定程度上增加了社会公众的道德负担,即行为人实施行为后,不仅会受到法律的追究,也会受到来自普通民众的道德谴责,并且这种公众舆论压力已然成为立法的考量因素,司法者又将这种无形的道德操守贯穿于自己有形的司法实践活动之中,这些都造成了中国古代严刑峻法的产生和严苛残酷的司法审判的事实。也就是在当时的传统社会背景下，人们忌惮触犯道德底线，而这种底线又被规定得较高，因此导致人们动辄得咎，从而希望通过自己的积极行为尽可能弥补自己的过错，以求得来自社会公众的宽恕和司法者的从轻裁定。着眼于这一点，保辜制度通过规定，但凡保辜的人，要被责令医药看待，也是为了检验行为人行为后心中是否尚存公民基本的道德操守。显然，这也是统治者为维护其长久统治，通过提高公众内心过高的道德准则的手段，进而使公众以犯罪为耻，继而其"论心定罪"的意图昭然若揭。因此，保辜治罪在一定程度上是以心治罪，行为人行为后的内心趋向是影响其罪罚的重要因素。同时，我们知道刑法有指引、预见、评价、教育的功能，保辜制度作为一种古代刑事法律制度也是为了教导人们积极为善，即使是已经触犯了刑法，但只要内心的良心未泯，则尚有从轻、减轻的余地。保辜制度就是在这样一种道德文化背景下产生的，反过来又顺应了这样的道德潮流，并指引人们良心向善。

2.保辜制度的实质价值

既然保辜具有法律程序性，是一种保证公正目的和结果实现的工具和手段，那么这种工具和手段是否可以由其他别的工具和手段来取代呢？法律程序固然是工具和形式，但法律程序绝不是简单的工具和形式，其还具有自身相对的独立意义。保辜制度作为一种实现实体、效率、道德价值的工具，其具有形式价值，又由于其具有相对独立性，则又蕴含着独特的内在价值。

第一，保辜的公正价值。法律程序的公正价值一般是指同类人应当受到相同的对待。在司法程序中，公正是首要的价值目标，人们针对审判程序总是以"不偏不倚""一视同仁"等做出评价，这就是所谓法律程序的公正问题。

从以上引的案例可以看出，司法官（县司）的裁定是在原告的控诉与被告人提出保辜请求的基础上，依据唐律中律文的规定和勾检官的处理意见，做出了"检诚白，十九日""放出，靳保辜，仍随牙，依余判"的批示，这样的审判程序即使得司法审判活动在一个相对有序的环境下进行，司法者必须依程序裁决，不得存有任何主观偏见，从而左右审判活动的进行，也保证了司法审判活动的权威和公允。还有一个值得玩味的是行为者表达了他"准法科断"的希望，虽然这可能是自己的一厢情愿，但观乎整个案件的审判过程，既可以领略到唐代普通民众对法律的熟知与敬畏，又再现了司法者以实际审判活动对该制度的予以落实与践行。这既是古代公正司法、依法定罪的一个具体体现，也是唐代法律制度发达的一个侧面。

第二，保辜体现的民本价值。该制度的创设，是基于统治者一直标榜的"所以重民命而慎罚也"之思想。保辜之制的基本宗旨，不但是使加害人的违法行为得以追究，也是使受害人的合法利益得以保障，责令行为人在伤害事实产生以后，积极主动进行救助活动，从而最大限度阻滞损害结果的进一步加剧并恢复至伤害发生前的状况。

而现代法律制度的一项价值目标就是对人权的尊重和保护，即通过程序的手段来保障当事人的人身自由权、人格尊严权等程序性权利，反对酷刑、不人道待遇或有辱人格的行为。尽管保辜制度作为一项古代法律程序没能像今天对人权保护得那样具体而微，但在保护人的基本人权——生存权和发展权方面则是值得称道的。人的生命是宝贵的，是需要倍加珍惜的。纵使统治者此番推行保辜的根本目的是维护其阶级统治，费尽心机宣扬"慎刑""慎杀"思想的目的是为了维护作为生产力构成中最活跃的因素，即劳动力，但客观上保障了生命权的效果却是毋庸置疑的。正如一句法言所说"法律仍在耐心等待相反结果的出现，因为在茶杯与嘴唇之间，仍有很多困难……"我们可以设想，或许古代立法者正是怀着这样的人文情怀才设立这样的制度，继而阻断这种因果关系，试图挽回即将逝去的被害人的生命。

第三，保辜具有的可预测性价值，并且这种可预测性价值是以法律程序存在秩序性为基础的。上引案件较明确地反映了保辜制度的实施程序，据前文所述其一般实施程式，可以得出，这一断狱过程是相当完整的。所有的审案判决都是沿着规范的、连续的程式进行的。尤其值得提及的是其配套制度，即保人担保制度。不言而喻，保辜适用时可能出现行为人在辜期内逃亡或藏匿，因此对于此类行为必须予以规制。上文康某伤人案就比较详尽地说明了保人担保制度的情况。如前文所述，当行为人康某情愿保辜后，由保人靳某以其财产和人身来担保行为人辜期内义务的即时履行。如果行为人没有在辜期内很好地履行保辜义务，保人将为此负连带责任。而且保人与行为人之间通常是朋友或亲戚关系，如若行为人辜期内不积极履行义务，将被视为是背信弃义的行为，其必将遭到舆论的讨伐，这对于传统社会中严重依赖团体的个体来说，无异于放逐，这样行为人将忌惮食言的不利后果继而不敢轻易违背他的保辜义务承诺。而秩序建立的一项标准就是分工，这里不仅是指案件审理中行为人、受害人、县司、勾检官和县令各司其职，还有就是各项法律制度之间也应该是一个有秩序的体系,相互契合。可见,一项法律制度的建立必须有其他相关法律制度的保障,而这些制度之间必须紧密相连,形式上与功能上成为一个有机整体。这样,正常的法律秩序才能建立,当事人的可预测权利才能得到保障。

同时,保辜之制也有恢复社会秩序的功能。正如前文所提及的,立法者认为在因为生活琐事引致的斗殴伤害案件中,行为发生之后,行为人顿生悔恨之意自不待言。此时,行为人往往情愿医治被害人,并积极寻求对方及其家属的谅解,逐步消解双方对立情绪,并最终达成和解,使破裂的人际和社会关系得以弥合。当然,保辜制度的适用也适宜了当时中国的文化土壤,因为古代中国民众普遍有一种厌讼非讼的心理。同时,儒家"和"文化在当时也广受推崇,所以寄希望于当事人之间和解的手段从而息诉止争、消除民众复仇和积怨心理、稳定社会秩序是可行并契合实际的。

三、借鉴与反思——兼议该制度对时下我国"附条件不起诉"制度的启示

从附条件不起诉制度实施背景来看,其在正式入律之前曾在诸多省市经多年试点,从落实的效果来看,该制度的实施起到化解社会矛盾、节约司法资源的作用,并使得司法实践中存在的司法不公、人权保障不充分现象得到一定缓解,同时符合对轻微犯罪非犯罪化处理的发展趋势,并得到社会各界的广泛认可和支持。而沿革两千多年的保辜制度浸润了我们祖先朴素的人文情怀与超凡智慧,两种制度在实施中存在诸多契合,这说明保辜制度的合理成分在一定程度上对于当下诉讼程序产生了积极影响。

首先,对比两项制度,可以发现有些许相似之处。保辜制度的辜期是根据被害人的伤势轻重和犯罪嫌疑人的犯罪情节确立的,在期内要求犯罪嫌疑人对被害人进行救治,辜期届满后,根据被害人伤愈情况,由司法官做出是否减轻处罚的决定。相比较而言,附条件不起诉制度也是先规定一定的期限,在期内迫使嫌疑人履行相应的救助义务,如救治被害人、给付一定的赔偿金或者做出一定的公益给付等,公诉机关则依据犯罪嫌疑人履行义务的情况对其做出起诉或者不起诉的决定。并且,我国《刑事诉讼法》就未成年人犯罪规定得更为具体,其中第266至273条明确规定了适用的范围、如何适用、限制适用的情形。

同时,我们知道,整个刑事诉讼发展过程中一个主流指导思想便是保障人权,对于保障人权也主要是通过诉讼法律程序来实现的,诚然复杂的法律程序可以更充分地保障人权和司法公正,但也导致了一个不容忽视的问题,即诉讼成本相应提高,同时,这对于现阶段社会结构和经济结构正处于快速变动之中的我国来说已然成为当务之急。这其实就涉及程序性价值中的效率价值与人权价值冲突下如何权衡的问题。笔者认为司法实践中关于那些多发性、易发性但又不致对社会法益造成重大危害且行为人的主观恶性不大的案件中,为减少诉累、降低诉讼成本可以适当吸收保辜制度中的相关做法。

最后,从以上两项制度的确立过程中我们看到,我们立法者在制定相关法律法规时应该做到,先通过前期调研试点就制度可行性进行论证,再结合时代特点、着眼于实施效益伺机立法,最后应顺应时代变迁适时予以修正完善。这就需要我们立法者树立务实朴素的作风,培养革新思变思维,在立法过程中不因制度的一时善恶而偏废,学会如何改进制度进而重新适应社会发展,这样才能避免耗费大量人力、物力又致立法冗余、体系混乱的风险。概如是,方可制定出具有可操作性、长效性和普适性的良法来。

四、结语

纵然保辜制度由于立法粗陋乃至与近世主流程序价值相背离而在清末变法运动中被废止,但一如本文论证所明,该刑事法律制度具有朴素的程序性,毋庸置喙的是,虽然这种朴素的程序性规定相较于现代科学、规范的程序规范不可同日而语,然其作为一项延续了几千年的古老刑事法律制度,必定有其合理性之处在今天看来一些价值取向的确显得有失公允,已不为现代刑法体系所容,但在当时历史情境下是适宜又可行的。其中最令人称道的是其蕴涵的程序性价值,不能不为古人博大的人文情怀和精深的哲学智慧所倾服。大道行思,现在我们正走在完善中国特色社会主义法治体系的漫漫征程中,我们不仅要引进国外法律资源,同时更要立足本土,汲取我国固有法文化中的合理养分,以期对移植法的中国化有所助益。

参赛获奖论文专栏

"垃圾快递"的界定及其规制

桂栗丽

（天津商业大学法学院 天津 300134）

[摘要] 垃圾快递与违禁品快递有相似之处，但不能等同。根据不同性质，垃圾快递可分为三种类型。引发纠纷的主要原因在于相关法律法规不完善、行业制度混乱、制度执行不力等。垃圾快递行为包括炒信刷单、寄送恐吓物品以及泄露快递单上个人信息，三种行为分别违反了我国的《消费者权益保护法》《民法通则》和《反不正当竞争法》的规定，侵犯了消费者的权益。通过借鉴国外快递行业规范的先进经验，建议采用细化《中华人民共和国邮政法》中惩罚措施、健全快递行业协会的自我监督机制、建立便于监管的快递网络新模式、优化网店信用评价体系、实行灵活化的快递实名制多种方式对垃圾快递现象进行规制，以保证快递行业的健康有序发展。

[关键词] 快递；垃圾快递；违禁品快递；知情权；人格权

引言

近年来，随着电子商务的兴起与网络购物的快速发展，快递①已成为网络购物中不可缺少的环节之一。2015 年中国网络购物市场交易规模为 3.8 万亿元，较去年同期增长 36.2%②。然而，在网络购物催生快递业迅速发展的同时，各大网购站点中也出现了一些不规范经营的现象，如有些卖家为了刷高网店信誉或者报复给中差评的顾客，邮寄垃圾快递，不但给快递市场带来了压力，也给消费者带来了困扰。特别是邮寄恐吓物品、邮寄空白快递包

---

① 本文中所言快递，是指除了中国邮政包裹以外的快递运输行业所运快递。因中国邮政有专门邮政法保护及规范，在这里不做讨论。

② 艾瑞咨询. 2015 我国网络购物交易市场规模数据分析［EB/OL］. 中国产业信息网，http://www.chyxx.com/industry/201605/415288.html. 2016-09-01.

的报道,引发了人们对垃圾快递现象背后的法律思考。

一、垃圾快递含义的界定及其相关纠纷

2011 年山东郑某一连收到 4 封空白快递,2013 年浙江的徐某在收到数封含有垃圾的快递后,无奈之下找记者曝光了快递行业邮寄垃圾快递之事。此时垃圾快递作为一个名词,渐渐进入了公众视野。

（一）垃圾快递的含义与违禁品快递的辨析

1. 垃圾快递的含义

有的人将包裹中不含物品的空包快递称作垃圾快递;也有的人认为其中含有垃圾①的快递才能够称为垃圾快递。包括电视中曾报道的长时间无人认领的快递②,笔者也将其划分在本文讨论的垃圾快递范围之内。就垃圾快递的含义而言,笔者倾向于将垃圾快递定义为在没有实际交易的前提下,寄送人通过正当或不正当手段获取收件人地址后,寄送的包裹中不含物品,或者只包含废弃的、无用物质等对收件人无益,并且给物流运输带来负担的快递。

根据垃圾快递不同的性质,可以对其进行相应的分类。根据快递包裹中是否包含物品可以分为空包垃圾快递和非空包垃圾快递;根据快递包裹中所含物品的内容性质的不同,可以分为宣传类垃圾快递和非宣传类垃圾快递;根据寄送目的的不同,可以分为炒信刷钻类③垃圾快递和报复类垃圾快递。对垃圾快递的不同分类,能更好地界定垃圾快递的范围,从而明确本文对垃圾快递现象规制的指向。

2. 垃圾快递与违禁品快递的辨析

违禁品快递,即包裹中含有违禁品的快递。2013 年年末发生的圆通快递运送化学有毒试剂小样泄露,致 1 死 9 伤④,这就是违禁品快递的例证。

垃圾快递与违禁品快递都会在不同程度上对人们的日常生活造成困扰,有时垃圾快递也包含了违禁品范围中妨害公共卫生的物品。垃圾快递

---

① 此处垃圾主要指废纸、卡片、废弃物等对收件人无用的物品。

② 此处无人认领快递不是信息填写错误的正常快递,而是指电商卖家为了炒信刷钻而发出的快递。此种快递的特征是有真实地址但却是虚假的收件人和联系方式,导致快递无人认领,这种办法可以帮助电商卖家降低被投诉的机率以逃避监管。

③ 炒信类快递主要指不法商家为提高成交量、信用等级而寄送的空包件。

④ "夺命快递"致 1 死 9 中毒[N]. 山西晚报,2015－3－21.

与违禁品快递两者存在一定相似之处,但也有明显的差异。

(1)相同点

从两者来源角度,快递寄件人信息不明是两者的共同之处。其一是寄件人信息模糊,给收件人的投诉造成了障碍;其二是快递公司查验时疏漏,给垃圾快递与违禁品快递的寄件人留下了可乘之机。

(2)不同点

第一,在危险程度上,违禁品快递远远高于垃圾快递。违禁品本身包括很多危险物品,不仅给社会稳定带来隐患,造成严重后果时还会受到刑法的制裁;垃圾快递也会扰乱市场秩序,但是其中寄送物品还不至于造成人员伤亡,只是会对物流运输业造成人力、物力的浪费。

第二,在法律规范对两者规制上,对违禁品快递的规范严于垃圾快递。在2013年交通部颁发的《快递市场管理办法》(以下简称《办法》)中已明令禁止送递违禁品,并对类型加以限定;而对于垃圾快递,目前没有具体的法律文件对其进行规制,只有申通快递总公司在2015年3月20日发布的"关于禁止受理淘宝、天猫平台卖家炒信快递的通知"①。从文本的效力来说《办法》是部门规章,而申通公司内部发布的通知只是公司文件,并无普适性。

正是由于违禁品快递与垃圾快递的差异,人们对于违禁品快递的关注度远高于垃圾快递。但随着垃圾快递现象愈演愈烈,这一现象已引起学者们的广泛关注和讨论,并试图探究其成因和法律规制。

(二)垃圾快递的纠纷类型与成因

基于前文对垃圾快递的分类,笔者将辅以典型纠纷对这三种不同类别的垃圾快递进行解释与分析,进而归纳出垃圾快递的成因。

1.纠纷类型

(1)空包垃圾快递与非空包垃圾快递

根据快递包裹中是否包含物品,可以划分为空包垃圾快递和非空包垃圾快递。空包垃圾快递是指包裹中没有东西的快递,如2011年发生在山东

---

① 郑思芳.淘宝禁刷单从快递入手 申通或禁发空包裹[EB/OL].载亿邦动力网,http://www.100ec.cn,2015-3-29.

郑某连收四封空快递事件①。非空包垃圾快递是指包裹中包含有物品的快递,如 2013 年浙江徐某连续一月收神秘包裹事件②。这种根据包裹中是否包含物品的分类方式有助于认定垃圾快递的性质,对于后期认定其属于何种侵权行为也有重要意义。

(2)宣传类垃圾快递和非宣传类垃圾快递

根据快递包裹中所含物品的内容性质的不同,可以分为宣传类快递和非宣传类快递。

在 2015 年发生的天津董某垃圾快递纠纷③中,含有网店信息的包裹就可以称作是宣传类垃圾快递,而其余几种都可以划分为非宣传类的垃圾快递。这种根据包裹内的物品的性质不同的划分方式,有助于认定寄件人的主观心理态度,对于后期认定垃圾快递是否侵权和如何归责有一定作用。

(3)炒信刷单类垃圾快递和报复类垃圾快递

根据寄送快递目的的不同可以分为炒信刷单类垃圾快递和报复类垃圾快递。

炒信刷单类快递主要是指电商通过物流环节的刷单邮寄的快递。商家邮寄这样的快递主要是为了生成订单记录,用人为的手段提高网店的信用度与销量,使得网络店铺的业绩飙升。购物平台上各种刷信誉的手段已经形成了一条产业链④。报复类垃圾快递主要是指消费者在购物平台交易给卖家中差评后,与卖家产生纠纷,卖家为报复消费者向消费者邮寄垃圾快

---

① 2011 年山东的郑教授一连收到 4 封快递,寄件人与其并不相识,而这 4 封来自聊城的快递中有 3 封没有任何物件,其中一封快递中只有一张纸条,寄件人称只是想要这些快递单子的单号,郑教授对此充满了疑虑。吴发屋. 连收四封空白快递,发件人仅为获得快递单号[EB/OL]. 潍坊传媒网,http://www. wfcmw. cn/wfcmw/cmwsh/2011/06/29/091426. shtml,2011-06-29/2013-12-18.

② 2013 年家住金华市区的徐女士连续一个月收到多封神秘包裹,包裹中物品从零碎纸片到装有不明液体的玻璃瓶。淘宝空包困扰:网购达人竟收到用过的避孕套[EB/OL]. 都市快报,2015-05-22.

③ 2015 年 5 月 20 日,天津的董女士在两个月内连续收到 6 件"莫名"的快递包裹,里面最"贵重"的东西是一根红绳,其余是纸夹子、塑料袋和空气。除了红绳包裹内有网店信息外,其余的包裹寄件人处模糊不清。淘宝禁市民总被空包骚扰太闹心 收件不查验快递存漏洞[N]. 每日新报,2015-05-22.

④ 截稿之前,该现象首次获得惩罚在 2015 年 4 月 7 日,阿里巴巴集团旗下菜鸟网络发布声明,因快递公司"城市 100"协助商家进行严重的炒信行为,已对其服务进行强制下线。这是阿拉巴巴集团首次对快递公司协助炒信行为采取行动。阿里开出 5 月首张炒信罚单:23 商家发物流空单[EB/OL]. 腾讯科技,http://tech. qq. com/a/20150504/048005. htm,2015-05-22.

递,淘宝出现的寿衣门和买家收到恐吓信事件①中的包裹就是指的此类垃圾快递。

这两种垃圾快递的划分根据就在于卖家邮寄快递的目的以及和买家之前是否与邮寄垃圾快递的卖家之间有过交易,卖家邮寄垃圾快递时是否有明确的收件人指向。此划分标准有助于对垃圾快递行为进行准确定性,从行为目的方面确定侵犯收件人的何种权益。

在从法律上对这三类行为进行定性之前,我们必须正视垃圾快递现象逐渐增多的原因。寄件人邮寄垃圾快递背后的原因值得我们进一步深究。

2.垃圾快递纠纷的成因分析

据统计,在2014年我国快递的业务量已经排名世界第一②。与之相对应的是我国快递业自身也存在很多问题,垃圾快递现象的频发,不仅暴露了我国在制度规范上的漏洞,也体现了相关部门监管的缺失,笔者拟对垃圾快递纠纷的成因予以剖析。

第一,相关法律法规不完善,对垃圾快递现象规制于法无据,或参照适用有困难。

截止到2016年,我国在严格意义上与快递行业相关的法律仅有《中华人民共和国邮政法》(以下简称《邮政法》)一部,快递行业不属于其规制范围,在这里仅是参照适用《邮政法》。

2013年针对快递行业颁布的《办法》性质属于部门规章,效力较低,在实践中推行不易。同时,快递服务合同属于无名合同,依法律规定其仅能适用合同法总则或参照适用分则或其他法律中最相类似的规定。另外,由于法律规定中惩罚措施不明晰,导致快递公司对于快递检查的重视程度不够。因此,法律的滞后性让快递行业中出现的新问题缺乏法律约束和规范。

第二,行业制度混乱,垃圾快递现象难以控制。

快递行业管理制度混乱主要体现在快递企业制度有漏洞,而快递行业中多数企业的加盟方式是出现制度漏洞的主因,相对于直营模式,特许经营

---

① 2012年一名武汉网友在网上发帖称,自己网购裙子和描述不一样,沟通不成,给了卖家一个差评,卖家后来竟在网上买了一套寿衣发了过来。无独有偶,山东潍坊的一买家在某网站购物,因起纠纷投诉卖家后,收到了卖家快递包裹恐吓信。网购给差评竟被卖家恐吓 国外如何管控网购侵权[EB/OL].中国广播,http://china.cnr.cn/qqhygbw/201205/t20120526_509711085_2.shtml,2013-12-18.

② 刘晓峰.2014年我国快递业务量达140亿件 跃居世界第一[N].人民日报(海外版),2015-04-19.

模式下的加盟方式的成本较低①,但由于实行加盟模式的快递公司对其分公司及加盟网点疏于管理,违规现象使得"垃圾快递"难以遏制。

从快递企业制度方面来分析,一个原因是快递行业从业人员的培训以及管理是全部由各公司自己负责,由于加盟方式的松散,员工的管理和培训就较难达到统一的要求。举例来说,如果不善管理,一式四份的快递寄送单上的个人信息就会变成信息泄露的隐患②,而快递寄送单上的个人信息就成为网络热销商品,明码标价甚至公开出售③,这种倒卖快递单的行为为垃圾快递的出现提供了信息来源。

第三,制度执行不力,行业监管有疏漏。

我国《邮政法》规定,省一级邮政部门对快递公司有监管的权限,而作为区县级的邮政局对快递公司却没有监管权,这样监管上的漏洞使得很多快递公司"无人管"。

一方面,由于快递行业包含多种服务内容,涉及诸多运输部门④。似乎邮政、交通、工商等多个部门都能够对快递行业进行监督管理,但多头管理的情况下,就会导致部门之间协调不够,边界不清。实际上仍然会缺乏监管。

另一方面,现如今快递公司多为民营企业,为了追求利润,在寄件过程中,自然会偏向于选择提高效率。寄件时如果寄件人都已将物品包装好,基于隐私和效率考量,快递员一般只做形式审查。而除2015年新实施的《快递服务》系列国家标准外,《邮政法》第25条中对验视程序也有规定。但是,从"夺命快递"⑤的惨痛事实来看,验视制度执行不力,使得垃圾快递的流通更为"便利"。

二、垃圾快递行为的定性

在垃圾快递现象的盛行下,不法商家的行为值得进一步分析。

---

① 李志豹.快递业洗牌:加盟变直营[N].中国企业报,2013-12-18.
② 骆庆国.物流立法应关注的几个问题及解决对策[J].中国流通经济,2013(5):111.
③ 赵宇飞.快递单信息买卖形成"灰色产业链"[N].经济参考报,2013-12-18.
④ 周晓利.电子商务飞速发展背景下快递业发展探讨[J].企业经济,2012(5):110.
⑤ 王丽丽,尤越.快递成为毒品运输新选择[N].检察日报,2014-08-14.

（一）刷单炒信行为的界定

1. 于其他商家而言属于不正当竞争

商家通过快递公司寄出没有任何商品的包裹，伪造发货的假象，以此提升网店的出货量、销售量。在经济法视角下，这属于一种不正当竞争行为。刘俊海教授认为，通过刷单提升销量的商家获得了一种不公平的竞争优势地位，没有刷单的诚实企业因此失去了市场份额，这就是不正当竞争。这种寄送空包的快递单本身虽然并无商品配送，却显示出了配送过程中相关的所有信息[①]。笔者认为这种行为本身就违反了公平交易的原则，使得原本的市场秩序也遭到破坏。

2. 于消费者而言属于欺诈

一般来说，在日常的实体交易过程中，欺诈行为的认定较为便利，具体到本文中，商家通过发垃圾快递来刷高网店的交易量的这一手段能否认定为欺诈行为在实践中则有一定困难。《消费者权益保护法》的宗旨是保护现代消费社会中的弱者，网上交易有虚拟性，消费者无法辨别真伪，属于弱势一方，通常会根据其他顾客的反馈来选择。店主将商铺的信誉以及产品的评价予以公开展示，对消费者的决策起着重大的作用。若商家都以寄送垃圾快递的手段刷高成交量，虚增网店信誉，笔者认为，这种行为可以被认定为民事欺诈行为。消费者对此有权要求撤销买卖合同，追究商家的法律责任。

从另一种角度来说，电商卖家间互发垃圾快递"刷钻"，虚增网店信誉的这种行为，打乱了网购平台上的公平秩序，会造成消费者无法辨明网店的真实信誉额度，这一行为也侵害了消费者的知情权、公平交易权。

（二）快递行业违规行为的界定

1. 邮寄含恐吓物品行为侵犯消费者人格权

在之前对垃圾快递的分类中有一类是卖家报复类的垃圾快递，例如收到中差评的店主给评论人员寄送这些有辱人格、使人精神受到创伤的一些物品，这种行为会给收件人造成精神损害，主要表现为权利人的生理和精神痛苦等[②]，实际上寄送类似这样的物品也属于一种侵权行为，虽然该行为在法律上没有明确规定，从法律条文很难判断卖家的行为侵犯了买家的何种

① 巩宸宇. 空包刷单行为涉及哪些法律问题[N]. 检察日报，2016-06-03.
② 张新宝. 侵权责任构成要件研究[M]. 北京：法律出版社，2007：237.

权利、卖家应该承担何种法律后果。从法的价值来看,秩序是法律追求的一种价值①,包括经济秩序、社会秩序等多方面的秩序问题。卖家的这种行为不但影响了社会经济秩序,而且对网上交易的售后服务方面负面影响尤甚。

从民法角度来说,在现代民法中人们越来越重视精神权利的价值,重视精神创伤和精神痛苦对人格利益的损害②。有的学者认为卖家的这种行为既侵犯了人格尊严等一般人格权,也违背了民法的基本原则——公序良俗原则③;也有人认为卖家的行为侵犯了收件人的姓名权、名誉权这一类具体人格权。

笔者较为赞同第一种观点,卖家邮寄有辱人格的物品实际上是以侮辱的方式侵犯了收件人的一般人格权,虽然在现行的民法通则中并没有明确地将一般人格权列出,但是在《最高人民法院关于确定民事侵权精神损害赔偿责任若干问题的解释》中已经在精神损害赔偿制度保护的范围内列出了人格尊严,可以认为是通过司法解释确认了一般人格权④,另外在民法典草案的建议稿⑤中已经将人格权单独成编,这点变化将有助于法律的适用,明确了权利内容后可以用依照侵权责任法对其进行认定和处理。民事主体在行使权利时,其行为应遵从善良风俗习惯。卖家寄送寿衣的行为,体现的是诅咒对方"早死"的恶劣意图,同时更是对于对方精神和人格尊严的极大损害。这种行为并没有侵犯姓名权与名誉权,因为邮寄恐吓物品并不是表示对收件人姓名的不尊重,而是对收件人人格的侮辱和精神伤害,再者说邮寄恐吓物品也没有使收件人的社会评价及影响力降低⑥,邮寄此类快递是一对一的行为,没有造成恶劣的社会影响,因此也不是侵犯了收件人的名誉权。而至于卖家邮寄匿名恐吓信的行为,不仅是对公民合法权益的侵犯,究其根本也是对整个社会秩序一种扰乱。从目前来看,我国《治安管理处罚法》第 42 条可以对这种行为加以调整及规范。

对该类问题的解决途径可以分为两种:第一,采用非诉或者非法律的解

---

①　张文显.法理学[M].北京:高等教育出版社,2007(3):305.

②　王利明.人格权法的发展与完善——以人格尊严的保护为视角[J].法律科学,2012(4):167.

③　梁慧星.市场经济与公序良俗原则[J].中国社会科学院研究生院学报,1993(6):21.

④　王利明.民商法研究(第 7 辑)[M].北京:法律出版社,2014:98.

⑤　中国民法学研究会.中华人民共和国民法典·民法总则专家建议稿(征求意见稿)[EB/OL].http://www.chinalaw.org.cn,2015-06-04.

⑥　王利明.民商法研究(第 2 辑)[M].北京:法律出版社,2004:131.

决方式①。由于网上经营商店总要依靠一个网络平台,如淘宝网,一旦发生这种侵权行为,受害人可以向网络平台申诉,对侵权的店主予以惩戒;或者向消费者权益保护组织寻求帮助;第二,通过法律程序解决,如向人民法院提起民事诉讼,控告网店和店主,要求他们停止侵权行为,赔礼道歉,赔偿损失。若是收到匿名的恐吓信,则应当向公安机关报案,由公安机关通过网络监督功能系统,查清并处罚幕后的指使者或直接对侵权行为实施人进行治安管理方面的处罚。

2.倒卖快递单上个人信息的行为侵犯消费者隐私权

倒卖快递寄送单上个人信息的行为,需要放到当前互联网的背景下进行讨论,网络环境下的人格权与现实生活中的人格权有一定的区别,在现实生活中个人姓名、工作单位及职务并不是隐私,但是到了网络环境中这种信息可能会成为重要的隐私②。因此快递寄送单上的信息也成了网络环境下人格权体现的一个方面,即隐私权。《牛津法律大辞典》的定义:隐私权是指不受他人干扰的权利,关于人的私生活不受侵犯或不得将人的私生活非法公开的权利要求。关于隐私权,我国学者也有不同的表述,张新宝教授认为,隐私权是指公民享有的私人生活安宁与私人信息依法受到保护,不被他人非法侵扰、知悉、搜集、利用和公开等的一种人格权③。王利明教授认为,隐私权是自然人享有的对其个人的与公共利益无关的个人信息、私人活动和私有领域进行支配的一种人格权④。尽管措辞各异,但共性都是在强调个人信息的私密性。隐私权的内涵和外延随着信息技术的不断发展也在不断扩张,保护范围也由最初保护私人生活秘密扩张到对个人信息资料、通信、私人住所空间等的保护⑤。因此笔者认为,倒卖快递寄送单上信息的行为属于侵犯消费者具体人格权——隐私权的行为。

有人认为,网络购物的兴盛和一式四份的快递寄送单已经将个人信息私密性的程度降到了最低,个人信息变得更加易于获取,但这并不意味着个人信息已经被公开并且能够随意买卖。垃圾快递行为的盛行,源于个人信

①　周本清.法律能否维护网购存在的问题[EB/OL].http://www.51sole.com/b2b/isid6404.html,2015-03-27.

②　王利明.试论人格权的新发展[J].法商研究,2006(5):16.

③　张新宝.隐私权的法律保护[M].北京:群众出版社,2004:70.

④　王利明.人格权法研究[M].北京:中国人民大学出版社,2005:594.

⑤　王利明.隐私权概念的再界定[J].法学家,2012(1):108.

息的泄露。而载有收寄件人个人信息的快递单便是信息泄露的源头,从这个角度来看,倒卖快递寄送单与直接倒卖公民个人信息的性质相同。按照我国刑法第 253 条规定,非法提供和获取个人信息属于违法行为,应追究信息泄露者的法律责任。

三、对我国垃圾快递规制的思考

国外一些国家的快递行业已经发展得较为成熟,我国应当对有益之处予以借鉴,并结合我国的实际情况从立法、行业规范、监督评价等多个方面进行完善。

(一) 细化《邮政法》中的惩罚措施

目前的《邮政法》于 2009 年颁布实施,惩罚措施主要是在《邮政法》的第 67 条至 79 条,那时我国的电商远不如今天发达,快递行业的发展也不及现在的规模宏大,其中规定较为原则,不利于直接适用。

我国应当借鉴英国的做法,细化快递行业相关法律的规定,改善快递业的服务质量,充分保证客户的生命安全和货品安全,在我国《邮政法》中补充相关规定,细化规范的内容。我国应明确规范对违规企业的惩罚措施,在条文中增加对程度的表述,例如第 67 条可以细化成四个程度:由邮政管理部门责令限期改正的;逾期不改,没有造成危害后果的;逾期不改,造成危害后果的;逾期不改,造成严重危害后果的。通过这种分级方式,可以相应处以不同数额的罚款。只有细化规定并落实,才能减少垃圾快递现象的发生。

(二) 健全快递行业协会的自我监督机制

我国可以借鉴美国的做法,健全和完善快递行业协会,加强快递行业的自律、自我完善。对于我国快递行业来而言,不能只依赖政府管理,行业协会的作用也值得关注。

我们要根据市场的需要以及市场竞争的规律,在快递行业中,建立内部监管体系并自行制定内部准则,以抑制恶性竞争,发挥行业协会的自律作用。我国现行的快递行业协会需要进一步转变其社会地位,不断提高其服务能力,完善其内部管理制度。另外,还可以增加快递企业的等级认定、快递从业人员的资格认定、快递从业人员培训等事项,让快递行业协会真正发挥出它的作用。

(三) 建立全方位监管的快递网络新模式

垃圾快递现象出现的原因之一就是信息的泄露,近年来我国快递行业鱼龙混杂,企业庞杂造成管理不力,没有统一的平台对企业进行规制管理。就目前来看,我国快递服务还属于单一模式,只局限于点到点、户对户,多数快递企业服务的范围比较狭窄。德国的一体化物流体系和日本统一化监管的做法都值得我国借鉴。目前我国有的快递企业已经意识并逐渐改变其经营理念①。例如顺丰速运,早在 2002 年就采用了便于管理的直营模式,其是我国快递行业中管理到位并且拥有完善的物流体系的成功典范。

2013 年 5 月阿里巴巴集团已经启动了中国智能物流骨干网项目,在这种体系之下,快递的运送可以得到统一的跟踪处理,便于监管,对个人信息泄露情况追责也相对便捷。

(四)实行灵活化的快递实名制

关于快递实名制的做法,我国可以借鉴德国与美国的做法,实行灵活化的快递收寄实名制。垃圾快递现象给民众造成困扰的原因之一就是寄件人填写的信息模糊或错误,造成投诉无门。所谓快递实名制,系指寄件人邮寄快递时需要出示身份证并登记,信息录入软件是由公安部门安装的一种专门的实名制登记系统。登记后对于可疑的物件,服务人员有开包检验的权利,若检查出不适合运输的物品,可一键录入公安系统。所谓灵活化是指在收寄物品时向快递员列明一个判定标准,如对于何种物品必须要实名制收寄,其他普通物品不一定采取实名制收寄,这样在提高安全性的同时也能兼顾效率。毋庸置疑,灵活化的快递实名制能够加强对快递源头的安全管理,对寄送垃圾快递行为有所震慑。

(五)优化网店信用评价体系

电商卖家为得到较高的网店信誉互发垃圾快递,以便于更多交易的达成。而这种信誉评价体系实际上也存在着一定的弊端。以淘宝网为例,淘宝网络购物平台的信用评价机制存在一定的问题,如用户评价真实性难以考证、评分累计值参考因素单一、评分权限设置不合理等。② 若众多的网络购物平台能够对信用评价体系加以优化完善,恶意刷评价的现象会有所改善,垃圾快递的现象自然也会消减。

笔者建议,电商平台要通过技术手段对信用评价体系进行监管,如对买家也实行实名认证,对用户是否有真实交易进行监管,对炒信刷钻的店铺予

① 罗文丽.快递业机遇和挑战并存——访中国物流与采购联合会副会长兼秘书长崔忠付[J].中国物流与采购,2007(22):31－33.

② 唐欢.基于淘宝网 C2C 交易的信用评价体系研究[D].上海:上海大学,2013.

以封杀处理。另外,还要加强电商平台后台的监控设置,如监控买卖家账号注册的行为,监控用户在阿里平台的交易行为,监控网店的评价情况,抽查是否有大量刷评价的现象存在,监控卖家在同一时期内交易量的增长情况,监控物流、资金、评价维度等数据,建立一个覆盖交易、物流、资金一条龙的监控与识别系统。

四、结论

快递业务是互联网和电子商务的枢纽,已经成为"互联网+"时代不可缺少的中坚力量,然而,我国的电子商务发展仍处于起步阶段,网络欺诈、不正当竞争、炒信刷单、报复买家等行为成为阻碍网购市场健康发展的"毒瘤"。与此同时,垃圾快递的纠纷也逐日增多,亟须建立以立法完善、行业自律、落实监管、技术创新的多位一体解决模式,以促进我国快递行业的健康有序发展。

软件打车合同订立中的特殊问题
——以优步打车为视角

庞珉心

（天津商业大学法学院 天津 300134）

[摘要]随着网络技术的快速发展,软件打车合同越来越普遍。但由于现阶段法律规定不完善,致使其在运行的过程中频繁引发纠纷。这种软件打车合同,究其本质应属于新型客运合同,具有很多独特之处。使用中,约车界面显示的司机信息其实是司机向不特定乘客发出的要约邀请,乘客的叫车行为则构成要约,司机随即接单构成承诺,至此合同成立。司机基于合同的附随义务,承担合同成立前的空驶费与燃油费。叫车的电子要约一般具有可撤销性,但存在特殊情形,应结合实践分情形讨论。刷单行为下涉及三方主体、两种合同,无论何种刷单方式,其刷单行为都是无效行为,软件平台有权撤销赠与合同或主张合同未发生效力。

[关键词]软件打车;新型客运合同;刷单

一、引言

随着网络技术的发展,电子合同日益普遍,人们越来越多地感受到"互联网＋"时代所带来的便捷与高效,与人们日常出行息息相关的软件应运而生。现在市场上的软件打车可分为两种:一是即时叫车,包括专车和快车。前者面对中高端群体,车型较好,并配有商务礼仪服务,含起步价且车价较高,后者车型较差,车费低,无起步价;二是预约叫车,如顺风车,司机为上班族,以顺路接单,无起步价。"Uber",中文音译为优步,是一种智能手机打车应用软件,于2014年由美国正式引入国内市场,2016年被滴滴收购。与由打车起步的滴滴不同,优步由专车起家,其操作程序为:用户在网上下载软件后,输入起点和目的地,自愿选择车型及乘车方式(专车或拼车),由软件平台自动匹配车辆,司机根据路线、乘客资信等选择是否接受订单,完成客运后由第三方支付宝自动扣除车费。作为新事物的软件打车对个人生活产生了巨大影响,在提高打车效率的同时也对传统的合同法制度带来了冲击。由于现有法律法规相对滞后,国内相关产业发展并不完善,使得其在运行过程中产生了很多法律问题,也将会在电子合同使用中遭遇法律漏洞的风险。本文以优步打车为视角,主要探讨软件打车合同在订立过程中存在的特殊问题,追溯合同双方争议根源,以此作为解决相关争议、完善相关法律法规的依据。

二、软件打车合同的含义及主要纠纷

(一)软件打车合同的含义

根据《合同法》中有无名称规定进行划分,乘客通过软件打车而订立的合同应属于合同法中的无名合同。笔者认为,虽然合同的载体和形式发生了根本变化,但其实际上是乘客与司机订立的一种新型客运合同,是客运合同的一种特殊形式。与传统的扬招打车相比,新型客运合同具有以下特点:

(1)合同主体的虚拟化与复杂化。网络的虚拟性决定了电子合同的虚拟性,其无法像传统合同一样很轻易地辨认出主体。现实生活中的可见信息被电子数据所代替,这在一定程度上造成了合同主体的虚拟性与不确定性。并且,第三方支付方式的运用使得软件打车合同不再局限于两方主体,多方参与造成了合同主体的复杂化。

(2)信息传递的快速化。新型的客运合同由于是通过数据电文的方式订立,速度极快,合同成立简洁迅速,大大提高了打车成功率,也有效降低了"空驶率",车辆资源得到有效配置。

(3)合同载体与形式的电子化。网络这一新时代下产生的载体形式属于《合同法》中的数据电文,有别于传统的纸质形式和口头形式。点对点模式下的扬招打车,司机与乘客间通过口头订立客运合同,目的地等事项是由双方当面交涉。而软件打车则是点对面的模式,要约和承诺都是以数据电文的形式发出,改变了传统的纸质形式或对话形式,甚至连合同的支付方式也是在线完成的。这一切都脱离了传统的客运合同的范畴。

(4)司机缔约的相对自由化。基于公共运输行业的社会属性,强制缔约义务作为合同意定性的例外明确规定在《合同法》中,即一般情况下如出租车、公交车等承运方不得拒载。无论是传统扬招打车还是软件打车,它的属性都是公共运输业,是法定强制缔约的主体。笔者认为虽然这种规定有其合理性与合法性,但换个角度而言,对乘客利益的过度保护反而忽视了司机群体的诉求。如今这种强制性在优步打车中略有缓解,司机可以根据路线、价格等因素选择是否接单,对三星以下的差评乘客甚至可以拒单。这在很大程度上保障了司机与乘客的缔约自由,也是合同意思自治原则的体现。

(二)软件打车合同订立的纠纷类型

(1)由司机资格引起的纠纷。司机是客运合同的主体,是订立合同的直接参与者,其主体资格是合同能否成立生效的重要因素。虽然现如今,我国已出台相关法律明确将其合法化,不再涉嫌非法经营,但由主体资格所引发的争议却仍未得到解决,诸如残障人士、无责任能力的人是否可以成为专车司机等一些具体问题,仍无相关规定。此外,专车入门门槛较低,司机注册时仅仅需要填写身份证号码、驾驶证、驾龄、5年内是否有犯罪记录、车辆价格、使用年限、车牌号等一些基本信息,并且所填信息的真实性却无从查证。近期出现的"幽灵车"事件也间接地表明,司机资格的审核形同虚设,监管力度不够。这一系列问题都对合同的成立及履行产生了重大影响。

(2)由取消订单引起的纠纷。合同信息传递速度快的同时也带来了一系列问题,如要约性质的叫车行为或承诺性质的接单行为,一经发出便瞬时到达,无法及时地行使撤回与撤销的权利。除乘客恶意取消订单外,大多数乘客会出现操作失误或等候司机太久等原因而不得已取消订单的情况,甚至是司机单方面预期违约告知乘客取消订单的情形,明明不存在过错的乘客却要承担不利后果,确实有违公平原则。

(3)由合同主要条款引起的纠纷。这种纠纷主要涉及两方面,一为价格条款,二为支付方式等格式条款。首先,价格条款是客运合同的主要条款。司机由原始地点到与乘客约定的上车地点期间的费用,应由司机自行负担还是计入车费由乘客负担,究其根源是对合同成立时间的界定。另外,优步打车中经常出现的议价行为该如何定性?其次,优步与第三方平台支付宝合作,由优步软件平台先行垫付车费给司机,待乘客完成行程后无须输入密码来确认付款,而是由支付宝直接扣除车费返还给软件平台。这条关于付款方式的格式条款,虽达到了简化程序、方便合同双方的目的,但无疑侵害了乘客的权利,在现实中也确实引起了不少纠纷。

三、车费计算的起点时间问题

车费计算的起点时间,实际上解决的是司机由接单地点到达乘客约定的接载地点期间的车费负担问题。车费可以说是客运合同的核心,由乘客在司机依约送达目的地后给予,是司机的权利、乘客的义务。而权利的行使与义务的履行都是以合同成立并生效为前提条件的,所以,关于车费计算的起点时间问题,实际上是对合同成立时间的界定。在这之前,应先对软件打车过程中的行为进行定性分析。

首先,"要约的引诱,乃在引诱他人向其为要约,其本身并不发生法律上的效果"①,仅起到引导和邀请的作用。其与要约的主要区别在于,前者对于发出人产生拘束作用,合同可经相对方承诺而成立,是合同成立的必经程序。而要约邀请对发出人没有拘束作用,相对人接受与否与合同成立无关。在使用优步软件打车时,约车界面显示的附近专车个数、地理位置以及前往接载地点所需时间等电子数据应视为司机发出的要约邀请。理由一,这是司机通过软件平台针对不特定的多数人发出的,司机点击"上线",旨在向附近的潜在乘客显示自己的地理位置,并表明已做好载客的准备,等待乘客叫车,并且这种行为是不注重相对人的性质的。理由二,司机在发出后并无受拘束的意思,仍然可以选择接单与否,如乘客评价在三颗星以下,司机可以拒绝接单。理由三,此时的司机信息只显示地理位置,承运的地点亦不知晓,合同内容处于不明确状态。

其次,"要约系以订立契约为目的之须受领的意思表示"②。其必须符合两个条件:一是内容须明确具体,因此要约必须包括该合同的必要条款,具体到客运合同,至少应包括客运的出发地及目的地;二是相对人的承诺将导致合同的成立。笔者认为,乘客将所在地理位置等信息以数据电文的方式发送到优步平台上的行为,构成要约。理由一,乘客是向特定的周围的司机发出,所有在平台上满足条件的司机打开软件都可看到此要约;理由二,乘客传达的是愿与他人订立合同的意思表示,该意思表示明确具体,包括出发地和目的地,且乘客发出后有受约束的意思,对司机接单达成客运合意具有期待。

---

① 王泽鉴.债法原理[M].北京:中国政法大学出版社,2009:123.
② 王泽鉴.债法原理[M].北京:中国政法大学出版社,2009:122.

最后,承诺是要约的受领人向要约人表示其欲使契约成立的意思表示。[①]与其他打车软件不同,优步司机无须抢单,系统将自动匹配附近的司机。司机点击接单的行为,构成承诺。承诺到达即生效,当司机的接单信息以数据电文的方式发送到乘客手机上时,承诺即生效,此时合同便成立,无须等到乘客上车之时。一旦合同确定成立,无效力瑕疵时合同便生效,双方主合同权利义务随之产生。

实践中,司机前往接载地点所产生的空驶费和燃油费由司机方承担,笔者比较赞同。虽然产生于合同成立并生效后,但是因合同条款中的乘车地点为接载地点,而非司机接单时的地点,司机负有前往接载地点开始履行客运合同的义务,这一点明显区别于传统的扬招打车。既然这属于合同的一项义务,自然由司机承担费用合情合理。综上可知,乘客车费的起算时间应为乘客上车时,即从接载地点起算。

四、电子要约是否具有可撤销性问题

已经生效的要约可以在承诺发出前,因要约人的撤销行为而失去效力。关于要约的撤销,我国《合同法》调和折中英美法与大陆法的立场,与《联合国国际货物销售合同公约》做出了一致的规定,即除特定的两种情形外,要约一般是具有可撤销性的。[②]关于电子要约的撤销存在两种对立立场:一种立场认为应贴合《合同法》的基本规定;另一种立场认为这一规定对通过数据电文方式成立的合同无法适用,主要理由是电子要约与承诺借助网络传播,其快速性致使要约根本不可能在承诺发出前撤销。[③]笔者认为,在软件打车中应分情况讨论,要约只在特定的情况下可以撤销,并且应在公平、平等、互利原则的基础上,结合电子合同以及新技术带来的不同情况来确定其撤销的规则。

以优步打车为例,系统为叫车的乘客自动匹配车辆后,司机需在十五秒内接单,否则系统会自动匹配其他车辆。于是,乘客取消订单会存在以下几种情况:一是当乘客点击"预约叫车"后,页面将会显示"取消"符号,乘客在

① 梅仲协.民法要义[M].北京:中国政法大学出版社,2004:169.
② 《合同法》第 19 条:有下列情形之一的,要约不得撤销:(一)要约人确定了承诺期限或者以其他形式明示要约不可撤销;(二)受要约人有理由认为要约是不可撤销的,并已经为履行合同做了准备工作.
③ 柴振国,姜南.电子商务合同中的若干法律问题[J].西北政法学院报,2001(1):13.

平台自动匹配至司机点击接单的十五秒空白期内取消订单；二是由于地理位置、乘客信誉等多方面原因，司机未接单，乘客取消订单；三是乘客在司机收到订单后接单的五分钟内取消订单；四是乘客在司机接单后超过五分钟才取消订单。需明确的是，根据要约到达生效主义，乘客的叫车订单到达软件系统即视为要约已到达司机，此时要约生效，已具备要约撤销的前提条件。在第一种和第二种情况下，司机均未接单即承诺尚未发出，要约自然可以撤销。对于第三种与第四种情况，可以结合消费者的反悔权来理解。为保证网络购物中买卖双方地位的平等性，扭转消费者与商家信息不对称的局面，《消费者权益保护法》第25条赋予了消费者为期七天的反悔权。类比到软件打车中，司机与乘客借用手机软件这种网络产物订立客运合同，同样存在合同双方信息不对称的情况，因此赋予乘客一定时限的反悔权存在其合理性。在合理的时间节点内，乘客取消订单，司机的损失相对微小，可以对乘客进行倾斜性保护，即上述第三种情况。而超过了该时间节点时，即第四种情况，司机已对乘客产生信赖利益，有理由相信乘客在短时间内不会更改乘车地点或取消订单，且多半已往承载地点行驶了很长一段距离，即开始了合同履行的准备工作。如果允许要约在此时可以撤销，则会产生一系列连锁反应，司机将会损失因准备工作所产生的空车费和燃油费。所以，将此时乘客取消订单的行为视为乘客明示违约，扣除必要的车费以补偿司机的损失是合理的。至于五分钟时间节点确定的合理性，笔者认为还是可以接受的。出于软件打车的特殊功能，给予的反悔时间过长会违背软件打车高效的宗旨，造成时间的浪费，时间过短则不利于要约撤销权的行使。

因此，笔者认为软件打车合同中的要约是具有可撤销性的，具体操作可根据上述不同情况进行。

五、刷单行为的性质认定问题

软件打车兴起后，日益庞大的司机队伍间竞争激烈，司机的成单率与好评率直接关系到奖励倍数与奖励金额，高成单率、高好评率的司机将获得更高奖励。然而，成单率和好评率并不是在短时间内建立起来的，尤其在打车平台优惠与补贴大幅度降低的形势下，这就催生了"刷单"这一怪象，即利用软件漏洞赚取高额补贴。如2015年5月上海发生了"一号专车"司机恶意刷单，通过延长确认订单的服务时间骗取打车软件奖励与垫付费用的案件，现部分涉案人员或涉合同诈骗已被刑事拘留。再如2016年中秋期间多地出现的优步"幽灵车"事件,这些司机接单后自行开始和结束行程,未乘车的乘客却被自动扣费。现如今各打车平台和拼车平台均有不同程度的刷单现象,且日益升级,对于合同的正常履行存在严重威胁,值得深入分析。

(一)刷单中合同性质的认定

笔者认为,在刷单模式下,主要涉及三方主体间的两种合同,一是司机与软件平台间的附条件的赠与合同,二是司机与乘客间的若干个新型客运合同,现具体分析。

(1)软件平台承诺对满足一定条件的特定司机给予奖励的行为,可以认定是软件平台与司机之间签订的附条件的赠与合同。首先,赠与合同的客体要求具有财产性质,虽然司机所获的红包补贴是通过虚拟的方式,但均可转换为实际的财产利益,这一点符合赠与合同客体的要求。其次,赠与合同是典型的单务合同,但赠与方可以为合同附加解除条件或停止条件,从而缔结附条件的赠与合同。其中,停止条件可以起到限制法律行为发生效力的作用。以优步打车的奖励政策为例,其规定当周评分大于或等于4.7,完成90趟行程且成单率大于或等于70%,即可获得高达3倍的卓越奖励,放低标准还可依次获得菁英奖励和普通奖励。上述的各种要求即为软件平台对赠与合同所附的条件,并且软件平台只有当司机符合上述要求时,才会对其履行赠与义务。因此,所附的条件应是停止条件。再次,附停止条件的法律行为具有停止法律行为生效时间的作用,一旦条件成就,便立即发生法律效力。[①] 关于奖励的规定在司机加入软件平台时便有明确告知,赠与合同在此时已然成立,只是尚未生效。当司机具备上述这些要求时条件成就,合同便发生法律效力,司机可依此获得承诺的奖励。此外,若所附停止条件未成就,而当事人以不正当手段促成条件成就的,仍视为条件未成就。由此可知,当司机故意刷单来促成自己满足奖励条件时,赠与合同所附条件并未成就,平台可以此为由主张赠与合同尚未发生效力,拒绝奖励。

(2)司机与乘客间成立新型客运合同。可以看出,该种合同正常履行与成立的数量是司机获得奖励的条件。也就是说,客运合同在某种程度上与附条件赠与合同的生效之间存在一定关联,即其数量与质量的累积最终使得赠与合同条件成就。但这两种合同并不属于"契约联立"。联立合同存在两种联立方式,一是因缔约行为而产生的简单的外观联立,二是在效力上产

---

① 王泽鉴.民法总则[M].北京:北京大学出版社,2009:398.

生的相互间具有依存关系的联立。① 在这里,赠与合同与客运合同不存在外观的结合。司机与乘客间的合同效力问题涉及的仅仅是每一个单独的合同,这些合同的质量与累计数量构成了赠与合同的条件,而每一个单独的合同不成立、无效、撤销或解除对赠与合同没有影响。因此,此种情形下的赠与合同与客运合同不属于"契约联立"。

(二)刷单行为性质的认定

依据刷单主体的不同,刷单行为具体可以分为职业刷单和司机利用乘客刷单两种司机利用乘客刷单的情形。这两种所涉主体、行为表现形式及法律关系方面均存在差异,有必要分开认定。

1.职业刷单行为

职业刷单已经形成从手机号码到社交群的完整产业链,刷单人拖动叫车页面图钉成为离司机最近的乘客,加大司机抢单成功率,一旦被别的司机抢到则取消重新操作。笔者认为,司机与职业刷单人的行为是通过通谋虚伪表示所形成的、以合法的客运合同形式掩盖非法骗取软件平台奖励与补贴的行为,同时也是恶意串通损害软件平台利益的行为。

首先,很显然的是,司机与刷单人在主观上存在事先沟通,均具有恶意,司机企图以此方式骗得软件平台的补贴与奖励,而刷单人则通过此方式获得约定的提成。因此,司机与刷单人的行为属于"恶意串通损害第三人利益"(第三人即软件平台)的行为。其次,虚伪表示的表意人内心真意与外在表示不相符,如果这种不相符是其与相对人通谋而为的,则属于通谋虚伪表示。此种刷单是司机与刷单人通谋而为,司机与刷单人并没有缔结和履行客运合同的真实意思,且二者互相知情。最后,若表意人实施虚伪表示行为的同时还追求欺诈第三人、损害第三人利益、规避法律行为等非法目的,则该行为同时构成以合法形式掩盖非法目的的民事行为。② 司机与刷单人以表面上合法的客运合同的形式,掩盖了司机骗取补贴与奖励的非法目的,也构成"以合法形式掩盖非法目的"的行为。此外,在刷单过程中,刷单人未达成与特定司机的订单而频繁取消与其他司机的订单,因合同已成立,在要约未撤销成功时对其他司机产生了违约责任。

① 王泽鉴.债法原理[M].北京:中国政法大学出版社,2009:7.
② 黄立.民法总则[M].北京:中国政法大学出版社,2002:313.

2.司机利用乘客刷单

实践中也存在两种司机利用乘客刷单的情形,认定存在差异。第一种是司机正常接单后联系乘客表明将不会接送,并提出补发一定金额的红包作为补偿,随后司机自行行驶一段路程,双方确认结束行程,司机获得奖励。这样可能使乘客陷入两难境地,若不接受,可能会产生未完成的现存订单致使无法重新打车的情况;若取消,可能要承担违约扣除车费的风险。有人认为,司机与乘客的行为属于"恶意串通损害第三人"即损害软件打车平台的利益的行为。笔者不同意,"恶意串通"这一概念虽存在不清晰之嫌,但毫无疑问的是其必须满足双方是"恶意"的。司机无接送意思却接单,以向乘客发红包的方式骗取奖励,主观上认定为存在恶意应是共识,但将乘客认定为存在恶意却有不妥。乘客只是接受司机的建议,甚至是不得已的,并且对司机"骗补"的意图并无主观上的沟通与了解。整个过程中司机占据主导地位,乘客最多可称得上是主观上存在过错,而恶意串通则加重了其主观过错的程度。因此笔者认为,这种方式下司机行为性质的认定与上述方式的第三点应相同,只不过司机这里没有和他人串通,而是通过单独虚伪表示的方式。如前所述,乘客只是主观上存在过错,并无虚伪表示,成为司机构建合法客运合同的工具,不应对乘客予以苛责。

第二种就是前文所提到的"幽灵车"的方式,司机接单后不联系乘客迅速开始行程,不到一分钟结束行程,并自动扣费十元左右。司机的行为也属于"以合法形式掩盖非法目的"的行为。

无论是何种刷单方式,无论刷单行为被认定为上述中的哪一种,都是无效的民事行为。司机与乘客间的客运合同因司机方的过错而无效,乘客可向平台反馈,索还全额车费,并要求司机对其承担缔约过失责任。此外,就司机与平台间的附条件赠与合同而言,司机的行为涉嫌欺诈。从民法角度看,刑法上的合同诈骗必然涉及民事欺诈。欺诈,即故意引起、增强或维持错误。① 司机违反诚实信用原则,故意以虚假的成单与好评来欺骗软件公司,使其因相信司机具备赠与合同的条件而垫付车费并给予奖励与补贴,其合同效力为可撤销。被诈骗人即软件平台,可以主张撤销合同,并可以依据《合同法》第42条关于缔约过失的规定请求损害赔偿,或者依据《侵权责任法》第58条主张不当得利返还。总之,刑事责任的承担并不等同于订立合

---

① 唐英.浅析以合法形式掩盖非法目的的民事行为[J].行政与法,2012(10):102.

同行为的性质认定,也不妨碍与诈骗罪并存的合同责任。

综上所述,软件打车合同本身不同于传统的扬招打车,订立合同中的一系列法律问题有深究之必要。本文以优步打车为视角,对软件打车合同的含义进行界定,并就软件打车合同中会出现的三种特殊情况做出了具体分析。希望本文可以对解决实践中软件打车合同订立阶段的相关法律问题有所裨益。

打车软件运行中的特殊问题探析

郭晓月

（天津商业大学法学院 天津 300134）

[**摘要**] 打车软件是随着信息经济的发展和移动手机的普及出现的新兴的出行方式。打车软件运行过程中存在乘客安全难保障、侵犯乘客自由缔约权、乘客与司机违约、涉嫌不正当竞争与经营者集中等特殊问题。这些特殊问题反映到法学领域体现出公平权、安全权、合同目的、市场秩序、不正当竞争、经营者集中等法理概念。本文从法学角度对特殊问题进行探析，并通过借鉴存在美国打车软件优步（Uber）模式，英国打车软件嗨喽（Hailo）模式，新加坡打车软件迪尔卡（DialACab）模式的有益经验，为特殊问题的解决提供新型思路。我国应从运营商、政府等方面采取措施，如打车软件与电调平台合作、加入精准导航系统、增加违约险、严格规定准入条件、政府加强管制等，从而促进打车软件在我国的进一步发展。

[**关键词**] 打车软件；滴滴打车；不正当竞争

一、导言

打车软件是指使用移动终端打车的手机 APP 应用程序，随着我国信息经济的深入发展，打车软件这一信息时代的产物迅速进入我国市场。从最初的多款打车软件竞相上市到滴滴打车与快的打车占据大部分打车软件市场，再到滴滴打车与快的打车的合并，以及近来滴滴出行与优步的合并，打车软件的市场日益扩大。打车软件的快速发展准确地破解了出租车与乘客之间信息不对称的难题，解决了出租车市场供不应求的情况，极大地提高了打车市场的效率，为人们的出行带来了便利。然而，任何新生事物的发展总会伴随着问题的出现，打车软件在运行过程中也存在许多弊端，例如，乘客安全难以保障、老年人出行难、政府难以管制、涉及不正当竞争与垄断等。

目前国内外对此问题的探讨尚处于初步阶段,对软件打车合同订立中存在的特殊问题尚未有成熟的建议,因此有必要对此问题进行深入的探析。

二、打车软件运行中的特殊问题及分析

打车软件这种通过手机 APP 订立合同的方式很是简便和高效。对于乘客群体来说,软件为乘客的出行提供了极大的便利。例如,人们可以在出门前就可以预定好车辆,不用在马路上等车。人们也可以在着急乘车的时候,使用打车软件,以便及时打到车。对于司机群体来说,打车软件的使用提高了乘客和司机的配对率,节省了时间,节约了社会资源①。然而,这种方式也带来了一些问题。

(一)打车软件运行中的特殊问题

1. 乘客的自由缔约权难以实现②

有部分乘客表示随着打车软件的使用率大幅增加,经常出现出租车司机拒载的情况。由于大量的司机加入了软件打车的群体,他们会选择使用软件接客,使得路边招手打车的乘客或者不会使用打车软件的乘客遭到拒载,不能自由地行使缔约权。

2. 乘客安全难以保障

一方面是司机边开车边接客问题。司机在接单后,双方的合同即成立,司机应安全地将乘客送到目的地,然而司机边开车边接客的行为造成了安全隐患③。再者是专车服务中的车辆都是挂靠在汽车租赁公司的私家车,有些甚至没有运营资质,也没有严格的准入程序,属于传统意义上的"黑车"。据实际调查,有些女乘客会遇到被骚扰的情况④,也有的乘客会遇到软件上叫的车辆与来的车辆牌照不一的情况等。

3. 违约问题频现

违约体现在两个方面⑤:一是乘客的原因导致违约。当司机接到乘客发送的相关信息时,合同即在双方之间成立,然而,在司机找乘客的过程中,乘客有可能因为等的时间过久或者有更方便的车辆而离开,便会导致违约。

---

① 唐铭鸿.浅谈专车服务的现状及发展方向[J].湖南科技大学学报,2015(12).
② 吴永花.打车软件存在的问题及对策分析[J].城市社会,2015(17):3.
③ 曾宪培,陈鹏.从打车软件想到的出租车管制分析[J].交通企业管理,2014(10):1.
④ 李晓卿.出租车运输合同成立问题研究[J].湖南大学学报,2012(15).
⑤ 王利明.试论合同的成立与生效[D].北京:中国人民大学,1996.

二是司机的原因导致违约。司机在找乘客的过程中还会连续不断地收到订单消息,司机可能因为找不到乘客或者有更赚钱的订单而放弃已经接到的订单,这也会导致违约。这种违约零成本的方式需要进一步完善。

4. 涉嫌不正当竞争

打车软件初始进入打车市场都会通过给乘客和司机大力度的补贴来排挤其他打车软件以抢占市场份额行为①。根据《反不正当竞争法》的规定,这一行为涉嫌构成降价排挤行为。该行为严重冲击了传统的扬招打车市场和出租车电调平台,破坏了市场的竞争结构,最终损害的是消费者的权益。

5. 涉嫌经营者集中

近来滴滴出行与优步的合并引起了较大的争议,一些学者认为滴滴与优步合并垄断了绝大部分网约车市场,涉嫌经营者集中②。2016 年 9 月 2日,商务部新闻发言人沈丹阳第三次就滴滴出行与优步合并做出回应,首次明确表态,商务部正在根据相关法律规定,对该合并进行调查,要求合并方说明未申报的集中原因,介绍交易情况和网约车运营模式以及相关市场的竞争状况等。

(二)对打车软件运行中的特殊问题分析

打车软件运行中存在的特殊问题涉及《中华人民共和国合同法》(以下简称《合同法》)、《中华人民共和国反不正当竞争法》(以下简称《反不正当竞争法》)以及《中华人民共和国反垄断法》(以下简称《反垄断法》)中的诸多理论规定与精神内涵。本部分将从合同成立条件、合同法的基本目标、合同双方权利义务、不正当竞争、经营者集中等角度对特殊问题展开探讨,从理论层面对其进行深入的分析,将民商法与经济法理论运用于对特殊问题的探析中,以期更清晰地理解特殊问题。

1. 乘客自由缔约权受侵害的法理分析

缔结合同的基本原则是意思自治,以追求合同双方自由缔约权的实现。绝对的契约自由说忽视了现实中缔约主体能力不平等的现状,也忽视了对弱势群体的保护,实际中应追求实质上的正义。体现在软件打车中便是强制缔约制度③。由于城市出租车系统是公共资源,应保障不同缔约能力的

①　王昉荔,吴炜. 政府与市场关系协同性分析——以打车软件为例[J]. 长春理工大学学报(社会科学版),2015(7):2.

②　单平基. 从强制缔约看"打车软件"的法律规制[J]. 法学,2014(8):14.

③　李树荣. 合同订立中的缔约过失与侵权责任探析[J]. 汕头大学学报,2015(10):21.

主体享有同等条件下的缔约机会。然而打车软件的兴起,使得不会使用打车软件的群体打车更加困难,也使得司机挑肥拣瘦,招手车不停的现象较为常见。从此角度来看,打车软件的兴起在一定程度上打破了传统的出租车市场秩序,人们公平利用公共资源的权利遭到损害。因此,维持打车市场中的实质正义,使公共资源最大限度地给人们的生活带来便利是当下应当解决的问题。政府应出台相应的政策对司机拒载问题进行强制性的规范,以实现一部分不会使用智能软件乘客的自由缔约权。

2.乘客安全权遭侵犯的法理分析

根据我国《合同法》对运输合同的规定,司机应当在约定期间或者合理期间内将乘客安全运输到约定地点。因此,承运人保障乘客的安全是最低限度的义务。然而实践中由于打车软件的发展仍未成熟,在保障乘客安全方面打车软件运营商未采取合理有效的措施,司机边开车边抢单情况普遍,没有营运资质的私家车也加入打车软件的行列,安全隐患随处可见[①]。这就违反了《合同法》对运输合同中承运人最低限度义务的规定,成为打车软件进一步发展完善的障碍。因此,打车软件运营商应采取有效措施,防止司机边开车边接客,政府也应制定严格的私家车准入条件,从根源上减少造成安全隐患的因素。

3.双方违约问题的法理分析

根据我国《合同法》的规定,合同的成立是指订约当事人就合同的主要条款达成合意。合同的生效是指已经成立的合同在当事人之间产生了法律拘束力。经双方当事人达成合意的合同尚需满足合同主体具有民事行为能力、意思表示真实、不违反法律或社会公共利益。乘客使用打车软件叫车的过程便是与司机达成合意的过程,双方之间成立口头运输合同,由于尚没有法律对双方在此种形式下订立的合同的权利义务进行明确的规定,因此容易出现违约问题。我国合同法旨在促进合同的成立与生效并鼓励当事人订立合法的合同,保障合同的有效履行和合同双方利益的实现[②],因此,从合同法的角度,软件打车合同的订立是被允许和鼓励的,政府应出台相应政策保障合同当事人利益,市场应采取相应措施进一步完善打车软件,减少违约问题。

---

① 辛昕.打车软件背景下出租车拒载的法律问题探索[J].青年科学,2014(5):7.
② 王利明.合同法的目标与鼓励交易[J].法学研究,1996(3):5.

4. 对不正当竞争问题的法理分析

如今市面上兴起的打车软件主要有滴滴打车、神州专车、优步专车等。从开始的滴滴与快的"烧钱"大战,到专车高额补贴进入市场。这些软件运营商的目的即抢占市场份额,培养更多的消费者的软件打车习惯。从合同法的角度看就是促成更多的司机群体与消费者群体订立用车协议。各个打车软件运营商的大力度补贴,甚至以低于成本价的方式补贴的行为受益最多的是消费者,但从经济法的角度看,商家最终的目的是通过大力度补贴抢占市场份额,排除竞争,以达到对市场的垄断。在商家取消补贴后,人们会失去与垄断商议价的能力,最终损害的仍是消费者的利益[①]。故政府应出台相应政策规制不正当竞争,使得打车软件在合法有序的市场环境中运行,保障消费者的长远利益。

5. 对经营者集中的法理分析

经营者集中也可称为"企业合并",是垄断的形式之一,包括三种情形,第一种即是经营者合并。滴滴出行与优步的合并占据了大部分打车软件的市场份额,导致其他打车软件丧失竞争能力,以至于直接导致竞争对手数量的减少甚至消灭,严重影响市场结构,涉嫌横向合并[②]。按照《反垄断法》的规定,经营者集中达到一定的标准应当首先进行申报,由相关的国家机关进行审查,然而滴滴与优步的合并没有进行申报,是否达到垄断的后果仍未有明确的论断。

三、国外打车软件运行模式及分析

打车软件在英美等国家兴起的时间较早,在对司机的要求、交易方式、结算方式、车辆保险、乘客安全、隐私保护等方面发展较为成熟,通过研究国外打车软件的运行模式,汲取有益经验,对于完善我国的软件打车市场具有重要意义。

(一)美国 Uber 模式

Uber 于 2009 年在美国旧金山兴起,是基于网络 APP 将乘客和司机连接起来的一种打车软件。Uber 包含 Uber Black(高端车),Uber LUX(豪华车)、Uber SUV 及 UberX 等类别。Uber 公司不雇用专门的车辆和司机,是

---

① 崔建远. 合同一般法定解除条件探微[J]. 法律科学(西北政法大学学报),2011(6):5.
② 孔繁敏、杨庆瑜,张亮. 打车软件的经济效益评价——基于 AHP 模糊综合评价模型[J]. 热点聚焦,2015(4):1.

通过手机程序将私家车和乘客联系起来,根据交易量获得佣金。

美国政府对 Uber 的监管主要体现在五个方面:第一,对司机的要求,Uber 通过聘请第三方专业公司利用公开数据对司机的背景进行检查;第二,对车辆的要求,例如车辆的质量、车型、安全性能等。例如华盛顿特区出租车委员会在 2012 年起草了对于 Uber 车辆在重量和颜色等方面的规定;第三,对准入的要求,在美国允许 Uber 运行的各州市都要求 Uber 软件公司缴纳一定的费用方可注册。另外,在提供数量上和提供服务的区域上都进行了相应的限制;第四,对车费的要求,Uber 以提供高档服务为主,设置了加价功能。一些州政府规定在紧急情况下,应取消加价功能或设置加价上限;第五,对乘客隐私的要求,美国的一些立法和行政机构要求 Uber 提供"行程日志"包括行程开始和结束的时间和地点、行程距离、乘客上车地点等内容[①]。

(二)英国 Hailo 模式

Hailo 于 2011 年在伦敦发布,它是目前世界上应用最广泛的出租车应用程序,一年半时间内登陆全球八个城市,包括美国纽约、美国波士顿、美国芝加哥、加拿大多伦多、德国马德里、日本东京等。Hailo 有足够的签约司机以使乘客在较短的时间内打到车。

Hailo 盈利模式是根据成交的交易量从中抽取一定比例的费用,一部分来自于司机,另一部分来自于乘客。在伦敦,Hailo 从司机的盈利中抽成,乘客不需支付费用。而在美国波士顿和芝加哥,乘客需要支付相应费用。另外对违约问题有规定,如在伦敦,针对司机,如果连续违约而且没有合理原因,这名司机将失去继续使用该软件的资格。而如果乘客违约,乘客将被罚款[②]。

(三)新加坡 DialACab 模式

新加坡 DialACab 的运营有两个特点:第一,司机在一个订单未完成前不会显示出新的订单信息。第二,没有加价的规定,除了里程表上的金额,没有额外费用。但是 DialACab 在新加坡的运营很艰难,一是出租车公司发展都很成熟,用户可以在任何时间通过网络程序或者电话、短信叫车,并且出租车都安装有公司的中控系统,后台可以定位出租车所在位置和附近

① E. Allan Farnsworth. Contracts(Third Edition),The American Literature Bank,2004,p. 200.
② 周丽霞. 规范国内打车软件市场的思考——基于美国对 Uber 商业模式监管实践经验借鉴[J]. 热点聚焦,2015(7):3.

的订车信息,实现出租车和乘客的较快对接。二是电调平台投资巨大,打车软件市场空间小。DialACab 只能和一些小的出租汽车公司合作①。

综上,美国、英国、新加坡的打车软件发展程度各异,发展模式也有很大的差别。美国的打车软件在对乘客的保护上要求更严格,英国的打车软件在价格上规定严格,新加坡的打车软件竞争力差。相同点是三者在运营方面都较为规范,政府和打车软件运营商对软件打车合同的订立进行了相应的规制。

四、规范我国软件打车合同订立的思考

（一）加强打车软件与电调平台的合作

政府可将打车软件纳入电调平台,乘客可以通过电话短信预订车辆,将具体的位置发送到平台,平台再转发给距离最近的一个出租车,尽快使乘客打到车②。这样可以保障不会使用手机 App 的乘客群体和会使用手机 App 的乘客群体在订立运输合同方面的自由。再者,由政府运行平台可以统筹传统打车方式与软件打车的市场平衡。使打车软件更好地融入交通市场,减少侵害公民自由缔约权的问题。

（二）打车软件程序置入精准导航系统

笔者认为软件设计者可以在软件中装入精准导航系统,当司机接单后乘客就能准确定位司机的位置,并根据电子导航及时找到车辆。这可以避免乘客违约情况的出现。在欧美国家,很多打车软件都配有司机的详细信息,如性别、年龄等,乘客可以选择司机。笔者认为,打车软件中可以增设上述功能,乘客可以通过打车软件搜到与自己距离相差不多的出租车,根据自己的需要选择司机与出租车。同时,司机也就多了竞争的机会。

（三）增加违约险以规避风险

由于软件本身的原因或者特殊情况,司机和乘客出现违约的情况较为普遍。因此可以在软件设置中增加违约险一项,当乘客或出租车司机违约后,被违约的一方可以获得一个起步价的赔偿。乘客或司机可以自愿选择是否购买"违约险"。在信息社会的大背景下,电子合同日益普及,通过在电子支付中增添违约险既可以保障合同当事人的合法权益,也是电子合同促

①　丁瑞.颠覆:鬼才卡兰尼克与他的 Uber 帝国[J].市场观察,2015(9):2.
②　王保树.公司社会责任对公司法理论的影响[J].法学研究,2010(3):21.

进交易安全的有效措施①。这一方式有利于避免出现违约。

(四)严格规定准入条件

这一思考包含两个层面,一是严格规定对打车软件的准入条件②。如今市面上兴起的打车软件的类型日益增多,如滴滴打车、神州专车、优步专车等。日益增多的打车软件会吸引越来越多的私家车加入,如果没有严格的打车软件运营准入条件,会造成交通秩序混乱,交通拥堵,乘客的安全问题也难以保障,并且会造成不正当竞争问题。二是严格规定私家车的进入市场的条件。进入打车软件市场的私家车必须在所属的网络平台上进行注册并提供个人信息以及车辆信息,例如,有司机驾龄超过一定年限、违规情况超过一定次数、车辆使用超过一定时间、年检不合格等情况时不许准入。一方面能够最大限度地保障乘客的人身安全。另一方面也能够有效规制不正当竞争问题。

(五)政府加强管制

首先各个打车软件的大力度补贴降价已经涉嫌不正当竞争,排挤了传统的出租车行业,影响了正常的市场竞争秩序。随着滴滴与快的、滴滴与优步的合并,打车软件又涉嫌经营者集中,滴滴与优步在未申请审查的情况下进行了合并,对市场造成的影响以及其合并是否合法都无法判断③。因此,政府对于打车软件的运行应当加强管制,在立法上加以防范与规制,对于打车软件之间的合并进行严格的审查,防止出现垄断,破坏竞争,保护市场正常的竞争机制和消费者的权益。

五、结语

综上所述,在科学技术日新月异的大背景下,新兴事物层出不穷,在给人们的生活带来便利的同时往往也打破了传统。打车软件的出现无疑具有重要意义,但是它的崭新面貌并不能完全与社会契合。侵犯乘客的自由缔约权、安全权,违约问题,涉嫌不正当竞争与经营者集中等情况频频出现。因此,通过借鉴国外有益的经验并结合我国实际对软件打车合同订立过程中存在的特殊问题进行探析具有现实意义。

---

① 魏振瀛.民法(第三版)[M].北京:北京大学出版社,2007:16.
② 王利明.预约合同若干问题研究——我国司法解释相关规定评述[J].法学论坛,2014(8):30.
③ 杨经纬.债权法(第三版)[M].厦门:厦门大学出版社,2010:20.

微商买卖合同中卖方不履行义务的探究

李文广

（天津商业大学法学院 天津 300134）

[摘要]微商经营中卖方的优势更大，更容易利用优势地位侵害买方利益，存在卖方对产品质量问题消极解决、无法保障消费者知情权、物流信息不能及时提供、不交付产品的相关凭证、产品真伪无法辨明等问题。这些问题的出现主要是因为微商的特殊性导致买方举证能力不足，相关部门监管不到位，同时也缺乏平台的监管。因此，加强现有的法律法规的适用，加强税务、工商部门的监管，建立完善的微信平台管理制度，对微商的健康发展有重要的意义。

[关键词]微商；不履行义务；电商

引言

随着互联网技术的发展，微商作为以微社交软件平台（本文以微信平台为主）而兴起的新兴行业备受关注。自 2013 年起，微信平台开始运行，微商随之出现，至今已存在于大多数人的朋友圈。微商行业发展迅速，不可否认，2016 年微商行业更加火爆。然而，任何新兴事物都须经历新兴的不完善阶段，微商也是如此。近年来，不断有新闻爆出微商"毒面膜"事件、买方支付价款后被屏蔽等问题。尽管微商表面发展火爆，但是难掩其本身未充分发展的事实，微商发展过程中的监管制度仍然存在诸多瑕疵。我国针对电子商务的立法并不缺乏，但是对于微商的监管并非完美契合，如何将电子商务相关立法适用于微商并完善微商的监管，是亟待解决的问题。微信平台对于微商也并未做出太多相应的管理规定，利用现有的法律法规加强微信平台对微商的监管力度，是解决微商问题的重要手段。

本文试图以微商买卖合同中卖方不履行义务为线索，以期探究对微商监管制度的完善。

一、微商卖方不履行义务的表现

(一)产品质量问题,卖方消极解决

在买卖合同中,卖方负有交付合同约定的标的物并将标的物的所有权转移至买方的义务,而买方则需要承担支付合同约定的价款并受领标的物的义务。具体而言,在微商经营中,卖方的主给付义务就是将符合合同约定的产品交付给买方,买方支付价款。《中华人民共和国合同法》(以下简称《合同法》)第153条和第62条对出卖方交付产品的质量做出了规定,主要有出卖人提供的质量标准,国家、行业标准,以及通常标准或符合合同约定的特定标准等三种标准,三种质量标准先后适用。按照合同约定交付产品是卖方切实履行合同义务的表现,即使合同对产品的质量、数量等没有特别约定,卖方也应该秉承诚实信用原则,交付符合一般质量标准的产品。当产品出现质量问题时,卖方应当积极提供解决问题的方法与途径,良好的售后服务也是卖方履行合同义务的体现。

微商作为一个新兴行业,具体的监管措施还没有完全建立。许多微商卖方在与买方订立买卖合同时,利用该监管的空白期,在实际履行中以假冒伪劣的产品代替合格的产品交付给买方,严重侵害了买方的利益。而在买方与其进行交涉过程中,微商卖方则以各种理由推卸责任,或者直接将买方加入微聊黑名单,拒不提供解决问题的方法与途径。据报道,曾有人通过微商购买减肥产品,不仅未达到减肥目的,而且致使其患上各种疾病,在向卖方反映时被拉黑。① 微商与传统电商的不同之处在于,微商依托微社交平台,由于微社交平台的私密性,微信平台并不能很好地介入买卖合同的履行和监管。当卖方消极解决问题时,微信平台也无能力对买方提供售后服务帮助。

(二)专业知识欠缺,无法保障买方的知情权

对产品的专业知识有足够的了解,是卖方应该具有的素质。从法律角度而言,保障买方对产品的知情权是卖方的义务,因为卖方对产品的性能、品质的了解具有相对优势。这种义务与买卖合同相伴而生,卖方在履行给

---

① 花700多元买微商网红减肥糖 连大姨妈都吃丢了[EB/OL]. 微商—亿邦动力网,http://www.ebrun.com/20160816/187276.shtml.

付义务的同时也应该履行附随义务,包括说明、报告、协力等义务。《合同法》第 60 条规定了买卖双方当事人应当全面履行义务,包括根据合同的性质、目的和交易习惯履行的通知、协助、保密等附随义务。王泽鉴先生认为,附随义务的违反得构成不完全给付(包括瑕疵给付及加害给付)。① 不完全给付得构成侵权或违约,合同相对方有权请求违约救济或侵权损害赔偿。附随义务种类很多,但主要功能大体相同,多为促进实现主给付义务,使债权人的给付利益获得最大可能的满足,或者是维护债权人的人身或财产上利益。② 微商卖方在交付产品的前后,应尽可能保障买方的知情权,不致因买方对产品的不了解而造成人身或财产上的损害。

微商卖家以个人或小型店铺居多,且没有统一的管理平台,自由的同时充满了风险。这些微商卖家大多没有经过系统培训,对所销售产品的性能没有深入的了解,销量的提升主要是依靠熟人的介绍或者通过夸大产品的性能,欺瞒买方。另外,微商中海外代购也是普遍现象,买方大多不懂外语,需依赖卖方的解释与帮助。因此,卖方的专业知识就显得极为重要。无论买方的售前咨询还是收到产品后的使用指导,卖方的售后服务都为合同中附随义务的一部分。然而,很多情况下,当出现产品对买方造成损害时,卖方并不能提供及时解决问题的方法。例如,台湾艺人张庭代理的"TST 活酵母"系列护肤品,并未向买方介绍产品的过敏症状和不适用人群,致使很多人皮肤过敏,在接到买方反映后,客服坚称是在排毒阶段,而买方经过医生诊治,确认为皮肤过敏性损坏。③ 卖方不提供专业知识的解答,是不履行合同中附随义务的表现。

(三)物流信息不能及时提供

微商买卖中,合同的订立以及合同信息都是通过买卖双方聊天的形式确定,并没有形成严格的书面合同。无论是由于买方的原因,还是因为卖方的失误,都将会导致产品运输过程中物流信息的偏差。《合同法》第 141 条对标的物的交付地点和方式做出了规定,标的物需要运输的,而合同中双方并未对交付的地点与方式做出约定或约定不明确,卖方将标的物交付给第一承运人即为完成交付。按照该条款,微商卖方将约定的产品交付给物流

---

① 王泽鉴. 债法原理[M]. 北京:北京大学出版社,2013:27.

② 王泽鉴. 债法原理[M]. 北京:北京大学出版社,2013:84.

③ 代言面膜被指烂脸张庭摊上事儿了[EB/OL]. 网易新闻,http://news. 163. com/16/0908/14/C0ER761500014AED. html.

公司,即将风险转移给买方,但该物流清单仍掌握在卖方手中。当物流过程中致产品灭失或毁损时,卖方仍有协助买方请求损害赔偿的义务。然而,微商买卖合同订立后,卖方将产品交付给快递公司后就不再与买方联系,买方除等待产品到达外别无他法。

微商买卖并没有严格的监管程序,且多为零售方式。在这种情况下,欠缺经验的卖方或者心怀恶意的卖方会通过合同中的模糊条款侵害买方的利益。例如,如果买卖双方合同中并未提及可否适用平邮或者到付的方式,卖方在未与买方协商一致的情况下,使用这两种方式,会对买方造成不利的影响。微商买卖的产品物流运输信息一般掌握在卖方手中,此时,产品的风险负担尽管已经转移至买方,但买方仍可基于附随义务,请求卖方及时通知发货的时间、采用的物流方式以及物流信息的变更等。

（四）不给付产品凭证,产品真伪无法辨明

给付产品的相关凭证是卖方的义务,是卖方全面履行合同义务的表现。《合同法》第136条规定了卖方负交付除提取标的物单证以外的有关单证和资料的义务。产品的相关凭证不仅能够证明产品的产地、质量、数量等,还是证明产品是否符合合同约定的重要依据。给付相关凭证是卖方的从给付义务,是保证买方切实享有产品利益的行为。买方有权利要求卖方在交付产品的同时,给付产品的相关凭证,不能给付则需要承担履约不能的违约责任。

微商经营中,很多卖方并没有相应的经营资格,对所交付的产品也不能给付相关的凭证,对买方造成了利益侵害。更有甚者,卖方以"三无"产品充当正规商品,交付给买方,不仅产品质量没有保障,更会对买方的人身健康造成潜在的威胁。例如"毒面膜"事件中,一张面膜的成本只是几角钱,而被微商卖方吹嘘为海外精品,一张面膜售价高达十几二十几元,不仅构成欺诈,还会造成人身损害,需承担损害赔偿责任。[①] 买方有权利要求卖方提供产品的相关凭证,尤其是当产品造成买方人身或财产损害以后,买方可以通过诉讼途径寻求法律救济。卖方如果不能提供能够证明产品符合合同约定的质量标准,则需承担败诉的风险。

---

① 微商两千元减肥产品成本仅几元 真相让人惊讶[EB/OL].移动购物—亿邦动力网,http://www.ebrun.com/20160827/189400.shtml.

二、微商卖方不履行义务的原因分析

（一）举证能力不足

微信平台属于微社交软件，其最大的特点就是社交行为的私密性，而正因为此特点，导致微商买卖合同的举证难度大大增加。一些别有用心的微商卖家往往利用微信平台的这种特性，侵害买方的利益。例如，微信卖方在与买方聊天的过程中，就合同的条款问题选择性疏漏，而买方由于对商品专业知识的缺乏，不能注意这些疏漏，卖方就会利用这些疏漏侵害买方的利益。买方在合法权益被侵害以后，即使诉诸公权力救济，也会由于合同中并无约定而无法得到保护。

微信聊天的订约方式虽属书面合同，但是其证据形式不易保全，买方很难保证能够将买卖合同的聊天记录完整保存下来，在合法权益受到侵害以后寻求救济。无论是误删，还是法律意识淡薄，抑或其他原因，很多买方会出现在权益受侵害后，由于无法举证买卖合同的存在，无法得到保护。微信平台并不参与微商合同的订立与管理，因此买卖双方的个人信息并不为对方所明知，如果卖方收到买方支付的价款，或者买方权益受到侵害以后寻求卖方解决，卖方采取删好友或拉黑的方式，买方将会因无法取得卖方的联系方式致使合法权益无法得到保护。

（二）监管制度不到位

微商行业发展火爆的原因之一，就是新行业出现之初，监管制度相对落后，无法对新行业迅速进行监督管理。在微信发展最初的两三年，微商行业兴起，这种依托微社交网络兴起的行业，迅速受到传销组织的青睐。许多不法传销组织利用微商的高额利润宣传，诱导微信用户加入微传销组织，进行传销等不法活动。另外，微商行业发展火爆的另一个原因就是欠缺税收部门的监管，成本低廉，利润相对高。微商依靠社交聊天的方式订立买卖合同，由于微社交聊天的隐秘性，许多微商卖家借此逃脱税务部门的税收监管，偷税、漏税问题严重。

还有就是微商行业的进货渠道并没有得到监管，由于微商主体并没有进行工商登记注册，加上微商主体的隐秘性，工商部门无法对其进行监管。微商行业火爆的原因主要是微商买卖商品的成本低廉，消费者受到利益的驱使，更倾向于微商买卖。然而，微商主体并未进行工商登记，其进货渠道也纷繁复杂，其中小作坊、黑市的货物来源不乏存在，消费者的利益保护更添风险。

(三)缺乏平台管理

微商依托微信平台发展起来,但是微信平台并没有提供相应的平台管理。换句话说,微信平台设立之初,或许只是为了微社交的用途,微商行业的兴起并没有在其预测之内。然而,随着互联网行业的发展,电子商务也将一部分注意力转移至新的网络平台,微社交软件就是其中之一。微商行业的兴起为微信平台更添新的功能,这也将成为微信平台扩展功能的契机。

微商行业之所以火爆发展,一方面是因为没有相应监管部门的监管,另一方面就是没有相应的行业监管和平台监管。不像淘宝和京东等传统电子商务平台,微商行业近几年是自由发展,微商买卖双方仅仅是通过自身订立的合同进行约束,没有微信平台的介入,没有完善的制度进行相应的规范。例如,对于售后服务,淘宝和京东等传统电子商务平台提供客服介入功能,买卖双方任何一方违约,均会得到平台的相应处罚,卖方还会在平台内预交保证金,保证其行为符合平台的监管制度。但是微商行业还未发展得如此完善,买卖双方并不在平台的监管之下,卖方既不需要预交保证金,也不需要进行账户信息注册,买方利益保护存在极大的风险。

三、针对微商卖方不履行义务的法律规制

微商卖方并非都是专职从事微商行业,很多微商卖方仅仅是兼职,甚至仅仅偶尔从事微商。针对不同的微商卖方,应当采取不同的法律规制方法。

(一)加强现有法律、法规的适用

我国现有法律对微商买卖合同中的买方利益保护比较完善,如《合同法》《侵权责任法》《消费者权益保护法》以及《产品质量法》等诸多法律法规,均有对卖方交付产品的质量瑕疵问题的规定。然而,在实践中,偶尔从事或兼职从事微商行业的卖方多是通过熟人关系销售产品,紧密社会关系的存在占据了法律适用的空间,很多买方均因此而放弃使用法律保护自身合法权益。专职从事微商行业的卖方由于注重商业信誉,一般并不会销售瑕疵产品。买方在购买瑕疵商品后,大多因为商品价值不大而放弃追究卖方责任,也有因为无法查知卖方的具体信息或查知其具体信息的成本过高等原因而忍气吞声。

互联网时代已经到来,电子商务市场扩张已经不可避免,微商作为电子商务在微社交领域扩张的典型代表也应该遵守法律法规,将其纳入法治领

域。利用现有法律法规,加强监管,能够促进微商行业的健康发展。例如,《合同法》中对卖方不履行义务的违约责任的规定;《侵权责任法》中对卖方销售不合格商品,造成买方人身及财产损害赔偿责任的规定;《产品质量法》中对生产者和销售者销售不合格产品的质量认定和责任承担;《消费者权益保护法》中对消费者合法权益的救济等,诸多法律能够对买方利益提供救济,关键是加强法律在微商行业中的适用,鼓励买方在利益受到侵害之后能够主动寻求救济,合法权益能够得到保护。

(二)加强税务、工商等相关部门的监管

《网络交易管理办法》第 7 条明确规定网络交易经营者应该进行工商登记。针对专职甚至兼职的微商卖方来讲,其主体行为已经关涉商行为。工商部门应当加强对从事专职及兼职微商行为的监管,对已经达到纳税营业额的微商主体应该加强税务监督,并对其所销售的商品进行抽检,对其进行商主体登记。微商行业发展火爆的一个原因就是通过偷税漏税降低成本,由于没有工商登记,也没有平台监管,微商卖方一般都没有纳税负担。尽管微商行业刚刚起步,纳税金额并不多,但是偷税漏税会影响国家财税收入,微商行业的迅猛发展也表明对微商行业征税的急迫性和重要性。

加强税务、工商等相关部门的监管,需要微信平台的协助。微商兴起于熟人朋友圈,微商卖方在朋友圈晒图做广告,争取缔约机会。然而,熟人朋友圈的消费需求远远不能满足微商营业的需求,因此微商卖方会想方设法增加微信好友,如将微信名称改为某某品牌代购、某某品牌专营店等,申请大量陌生人添加好友,从而得到更广泛的广告宣传。微信平台可以利用这一特点,通过技术手段,查找在朋友圈做广告和大量增加微信好友的用户,通过数据监督,协助税务、工商部门确定微商用户,从而监督该用户进行工商登记,履行纳税义务等。

(三)加强微信平台的监管

微商以微信平台为依托,但是微信平台并没有建立完善的微商经营体系,而是任由微商自由发展,也没有将微商用户与普通用户区别开来。尽管微信平台建立了企业公众号为主的微商企业店铺管理模式,但是大企业并非微信平台监管的重点与难点,微商管理平台的重点应该放在小店铺或微商个体户的管理上。原因在于,虽然大企业公众号的客流量庞大,但是大企业往往有着企业的规章制度,能够做到自律,而小店铺或微商个体户才是管理的盲点,是出现问题最多的地方。例如,"毒面膜"事件就是微商个体户进行的"海外代购"引起的,还有个别微商用户通过微信兴起的传销或多级分销的经营模式已经涉嫌犯罪。

针对专职微商及品牌的公众号而言,微信平台可以建立类似于淘宝的微店铺,将专职微商及品牌店铺纳入微店铺,甚至可以将兼职微商纳入进来,建立系统的微商经营管理体系。这样不仅可以加强对微商行业的监管,肃清通过微商传销的不法行为,整治微商的杂乱环境,更能保护微商买卖双方的合法权益,保证微店铺的纳税监管。

四 、结语

微商依托微信平台而兴起,尽管发展火爆,但是缺乏相应的监督与管理,任由其自由发展,不仅对微商买方的人身与财产安全造成威胁,而且会对传统电商的经营造成一定的冲击,也会对国家的财政税收造成损失。利用现有的法律法规加强对微商的监管,加强对微商的工商和税务监督,建立完善的微商经营体系,是促进微商行业良好发展的重要途径。

"五大发展理念"背景下循环经济发展的法治思考

贺静怡

(天津商业大学法学院 天津 300134)

[摘要]中国当下正处于一个飞速发展的时期,但环境的污染问题与资源的稀缺使人们意识到发展循环经济的必要性。本文从中国现阶段面临的发展问题入手,分析发展循环经济的必要性和紧迫性;并从经济方面考量,政府、企业、消费者如何做才是发展循环经济,应该从哪些方面入手切实推进循环经济的发展;从国家立法机关的宏观立法方面等多个层面入手,分析循环经济在法律框架下的发展前景和方向。

[关键词]"五大发展理念";循环经济;法律规制

一、"五大发展理念"概述

(一)"五大发展理念"的提出

十一届三中全会以来,中国共产党将马克思主义基本原理和中国改革开放实践结合起来,不断探索,在此过程中形成了众多重要的理论成果,不断丰富着中国共产党的理论并反映到现实生活中,同样也取得了不小的进步,对于改善人民生活和推动国家的发展都有质的飞越。例如,关于社会主义本质的理论、关于社会主义初级阶段的理论等。这些理论充实和发展了马克思主义的固有理论,同时,也为马克思主义的相关理论开拓了新的境界和思考方式。

这些理论在实践工作中起到了重要的指引作用,不仅对经济发展,对法制建设及对人民生活福祉都提供了重要的参考标准和引导方向。同样,"五大发展理念"的提出结合了中国发展的现状,符合现阶段中国面临的国情和困境。"五大发展理念"的提出也犹如灯塔一样,为解决中国在发展道路中所面临的问题指明了方向。

（二）"五大发展理念"的内涵

所谓"五大发展理念"是指在十八届五中全会上提出的"创新、协调、绿色、开放、共享"的理念。这"五大发展理念"是对中国经济现阶段发展局面的总结、开创和指引。

"五大发展理念"总结起来只有五个词但其背后却有着深刻内涵。其中，"创新"是发展的驱动力。"协调"发展侧重于解决发展不平衡的问题。"绿色"发展则侧重于解决人与自然的和谐问题。"开放"是发展的途径，主要解决发展内在动力和外在条件的协调联动问题。① 而"共享"是发展的最终目的，对于解决公平问题有指引作用。

这五大发展理念的提出，为中国指明了前进方向和前进动力的关系，剖析了发展动力和发展条件的内外因素，道出了发展目的和发展成果的关系，在生活和生产中的各个领域都有引导和评价的作用。本文着重从循环经济发展和法治的角度阐述"五大发展理念"在经济和法治方面对我们提出了什么样的要求，以及在"五大发展理念"的背景下发展循环经济的必要性，最后讨论如何利用法治推动循环经济的发展。

二、中国现阶段发展存在的问题

（一）资源问题

中国是发展中的大国，当下中国在经济发展的道路上面临诸多矛盾和隐患。资源的浪费情况就是其中之一。中国地大物博，人口众多，资源是否缺乏不应该单单由总量反映，很大程度上，资源的人均占有量才真正地反映了一个国家资源的丰裕程度，而中国人均资源占有量却很少。

我国经济发展的动力主要是要素驱动。而资源的稀缺性和开采使用的粗放性这个特点会导致企业在发展过程中缺少精加工，延长产业链的发展模式，同样也会导致发展动力不足。依靠要素、劳动力和外向型产业驱动导致中国缺乏核心技术，缺乏对资源的深刻挖掘和精细利用。这将导致中国经济发展的动力和上升空间过于狭窄，制约了中国经济从传统型向近现代经济模式的发展。这显然与"绿色"发展和"创新"发展相违背。

---

① 韩振峰.五大发展理念是相互联系的有机整体[EB/OL].光明网,http://theory.gmw.cn/2016－01/20/content_18579734.htm,2017-01-15.

（二）经济结构失衡

中国经济发展出现结构失衡问题，农村和城市、效率和公平、物质和精神等都出现了不平衡的现象。在这众多失衡中，最基础也最亟待解决的就是经济结构失衡。经济结构失衡体现在经济的发展主要依靠资源和劳动力这一方面。早年间，中国劳动力价格低，具有竞争优势，但随着印度等周边国家劳动力价格竞争日益激烈，中国逐渐失去了劳动力在价格方面的竞争优势。资源也面临同样的威胁。

（三）物质基础和上层建筑的失衡

随着物质生活的日益提升，人们的精神需求也亟待提高。这两者在现阶段表现为一种失衡的状态，这种失衡表现为城乡发展不均衡，人民物质生活的发展和精神需求出现失衡。国民素质和自觉性较低，拜金主义和利己主义的盛行导致种种恶行层出不穷，也是物质与精神失衡的体现。

人们对于法律的认识层次较浅，其认识程度还仅停留在"不违背"这一层面上，而没有理解立法背后的意图。更有甚者，不仅对法律没有清晰的认识，还试图利用法律的漏洞为自己谋取经济利益。这种做法不仅会对他人造成损害，也损害了法律的威严。

（四）对国际环境更加依赖

在经济全球化的今天，中国经济在发展的同时，对外部环境也更加依赖。例如，索马里海盗实践对中国的进出口贸易就产生了深刻影响。与邻国的国际关系，以及国际贸易大环境的好坏，都与我国的经济发展有密切关系。内部因素决定了发展的动力，外部因素决定了发展的条件，因此，中国经济的发展与国际环境的好坏也密不可分。

综观多方因素，中国现阶段存在很多问题亟待解决，而"五大发展原则"为中国经济发展提供了方向。正确认识中国的问题，正确解读"五大发展理念"在经济上提出的要求，对探寻中国经济发展的出路具有非常重要的意义。

三、循环经济发展的必要性

（一）资源的稀缺性

中国是人口大国，根据中国第六次人口普查显示，中国现阶段共有13.32亿人。而庞大的人口基数会使人口在未来一段时间内都呈现上升趋势。一国资源的丰裕程度并不能仅仅看总量，还应该考虑到人均资源占有量。由此可见,中国的资源虽多,但人均可利用资源却极为稀少。可见,在"五大发展理念"的背景下去探寻一个经济发展和资源合理利用的新途径是很有必要的。

(二)自然资源的粗放型利用

在资源人均占有量较小的前提下,有很多企业对自然资源的开采和利用依旧停留在"短""粗""费"的程度上。所谓"短"是指企业在开采自然资源后直接出售,依旧停留在要素驱动的层面;"粗"是指企业对开采出的自然资源不进行深加工或者对加工流程把控不精密,生产过程的粗放导致出售的资源价值含量低;而"费"体现在资源的开采率远远大于使用率。这种资源粗放型的利用不仅增加了自然资源的开发强度,还会造成资源消耗量大、后备储蓄不足的后果。

传统经济消耗较高且效率低,发展循环经济可以帮助企业延长产业链,创造更多的收入模式和增长模式,还能对环境起到保护作用。可见,发展循环经济百利而无一害。

(三)环境污染问题有加重趋势

我国的能源使用效率较低,在生产过程中会产生较多的浪费和污染。再加上生活垃圾、工业"三废"的排放,中国多地都出现了水污染、沙尘暴、雾霾等恶劣天气状况。明显的一个特点就是"雾霾"这个特殊的天气在冬季渐渐变得越来越普遍,这是在发展经济的过程中不重视保护环境产生的恶果。发展循环经济就可以破除先污染后治理的模式,转而形成开采—生产—消费—再生产的模式,将生活及生产垃圾投入新一轮的生产中,能够极大地减少生活生产废弃物的排放,如果将科技运用到废弃物的处理上,甚至能够变废为宝,缓解日益严重的环境污染。

(四)发展观念的转变

在全球经济飞速发展的今天,人们的环保意识也在不断加强。以德国和日本为代表的循环经济立法将其引导到了发展方向为资源节约型的循环型社会。这也给了世界各国一个启示:发展循环经济不仅是对本国资源和环境的保护,对经济的发展创新、传播新的发展观念也起到一定的作用。

四、循环经济的概述和实现的经济途径

(一)循环经济概述

循环经济理念是可持续发展原则的深入和具体化的发展。随着绿色、

环保、可持续的经济深入发展,从 20 世纪 60 年代的废物回收利用发展为 70 年代对生产所需的原料从"摇篮到坟墓"的全程控制,即 3R 原则(Reduce,Repair,Remanufacture)。在 20 世纪 80 年代末 90 年代初,资源循环利用从单一产业发展成了产业与产业之间的交流,政府在其中也逐渐发挥出越来越重要的作用。重庆大学陈德敏教授对循环经济提出了以下定义:循环经济是指为保护环境、实现物质资源的永续利用及人类的可持续发展,按照生态循环体系的客观要求,通过市场机制、社会调控及清洁生产等方式促进物质在生产与生活中循环利用的一种经济运行形态。①

(二)政府层面

要想实现循环经济,政府的宏观调控可以起到很大作用。首先可以考虑的就是税收政策。税收作为一种强有力的宏观规制手段,对高污染、高能耗的企业和个人征税,将对环境的损害转化为税金加到其产品和消耗品的成本中,再通过市场的价格机制反映出来,作用于消费者。通过此循环可以起到宏观的调控作用。

除了税收,政府机构在采购的时候,也应当优先考量循环经济的发展情况。只有政府方面重视并鼓励循环经济的发展,且做出一些鼓励的举措,如在招投标时对发展循环经济的企业实行一些优惠政策,让他们在招投标时有较为优势的位置和机会,这样才会在无形中激励企业向循环经济的方向发展。

政府在推进循环经济时前期投入比较大,但循环经济一旦成为常态,由市场而不是由政府进行干预之后,其收益是巨大的。这种收益包括经济方面由长产业链和高技术含量的产品带来的回报,还包括环境的美化、资源的节约等。

(三)企业层面

企业是市场经济的主体,虽然在循环经济发展初期,对企业来说建立起一整套循环机制和再回收利用的设备,不管从人力还是物力来说都是一笔不小的投入。但当这一整套机制在政府的宏观调控或在市场的作用下产生经济效益并能取得更高的利润回报时,对企业来说未尝不是一件好事。

循环经济不仅仅是一个企业的事,它是建立在企业之间资源及废弃物的动态循环利用。因此站在企业的立场考虑,建立一个信息交互平台是开

---

① 周启梁,陈德敏.循环经济的理念演进及其实现路径[D].重庆:重庆大学,2006.

始"循环"的起点。信息沟通顺畅,资源交换或者循环就会变得畅通无阻。类别相似的循环经济企业可以建立循环经济企业工业园区。这样对于企业来说不仅可以减少原料循环利用的运输成本,也可以加强企业之间的沟通,相互借鉴,加快推进循环经济的发展。

循环经济对于企业自身的科技水平有很高的要求。这体现在开采资源时需对其进行深加工,精提炼需要科技含量高的开采技术。在生产过程中又要求企业对每一个流程都精确把控,细化分类。排放污染物之前需要进行处理甚至回收。所以,未来的企业发展方向应为科技驱动,而非简单的要素驱动。

企业不仅有进行经济活动创造利润的目的,在社会层面进行考量,还应肩负着承担社会责任的义务。从发展循环经济这一举措就可以看出,如果企业的发展符合时代发展的潮流,分担了一定的社会责任,在社会中就有较好的口碑和形象。一个企业拥有较高社会信誉和社会责任感,相当于拥有了一份强大的隐性财富。

(四)消费者层面

消费者在消费时虽然考虑的重点是价格因素,但我们也应该引导其在考虑价格因素的同时也要考量是否符合循环经济的发展趋势。消费者如果能在购买、使用产品时,优先考虑参与循环经济发展的企业,对企业来说是重要的引导因素。在生活中也应当注意垃圾的回收和分类,垃圾分类不仅能减少资源回收的成本,也可以培养消费者的环保理念。在使用诸如水、电、煤气、天然气、汽油等资源或能源的时候同样注重节约,并在生活中多使用清洁能源或可再生能源诸如风能、太阳能等。

消费者对消费观念的调整能反作用于企业。这可以促使企业调整发展战略,并且这项调整足以引起企业的重视。循环经济如果能在生产者、消费者、再生产者之间形成一个良性循环就更加符合"五大发展理念"中"协调发展"的内涵。

五、循环经济发展的法治考量

(一)我国循环经济的法治概况

我国对推动循环经济的立法包括《中华人民共和国宪法》第 26 条:"国

家保护和改善生活环境与生态环境,防止污染与其他公害。"①除了宪法之外还包括《中华人民共和国固体废物污染环境防止法》(1995 年),《中华人民共和国海洋环境保护法》(1982),《大气污染防治法》《水污染防治法》(1995),《中华人民共和国环境保护法》(2015)等法律。这些法律都对环境的保护进行了规制,并且大多数为义务性规范,对于环境保护和经济发展部分之间的衔接却很欠缺。

(二)宏观法律规制

通过系统立法,我们可以以将循环经济的发展以法律的形式确定下来。在立法过程中应当考虑到利用法律规制的原理。循环经济法需要考虑应当遵循一定的法律原则,以及明确循环经济法律的主体、客体以及主体和客体之间存在的法律关系。

法律原则在制定法律的过程中有着宗旨性作用。循环经济的立法同样应当明确法律原则,诸如重要资源归国家所有、有偿原则、宏观调控原则,综合开发原则、生态平衡和开源节流等。

在立法过程中还应当明确循环经济的主体、客体以及主客体之间的法律关系。我国资源经济关系的主体有:国家、国家机关、企业事业单位和其他社会组织、个人。鉴于循环经济和资源经济有着千丝万缕的联系,如两者涉及的主体比较相似,对于循环经济的立法可以参考资源经济关系的主体范围。

循环经济法律关系的内容应当包括循环经济法律关系所形成的经济权利和经济义务还有侵权责任。其中,权利主要包括对自然资源的所有权、使用权、行政监督管理权等。义务则包括合理规划、合理利用、合理开发保护的投入费用以及按规定缴纳与资源环境相关税费等义务。循环经济法律关系的客体则应当包括自然资源以及自然资源的转化物,诸如原材料能源及其废弃物等,还应当包括在循环经济发展的流程中具体可控的每一项可被回收利用的资源。

(三)合理利用法规

立法虽能够系统地规制循环经济,将循环经济梳理成体系。但制定法律所需时间较长,流程繁烦,工程量较大。因此,以行政命令等手段灵活应用法规也是一种较好的选择。所谓行政命令手段是指国家行政当局根据相

---

① 《中华人民共和国宪法》。

关的法律、法规和标准等,对生产者的生产技术、原料、产品、排放和售后服务进行管制、禁止或限制的行为。[①] 但法规和行政规章等命令手段使用的前提是有相应的法律法规作为支持。

(四)普及循环经济观念

循环经济的发展若单单依靠公权力,效果是有限的。因此除了政府的鼓励、法律的普及之外,循环经济若想要取得长足发展还应当有全体社会成员的配合。对广大公民进行循环经济观念的普及能够增强大众对法律和政府行为的认可度,能够让社会了解并接受循环经济从而在行动上自发地遵守循环经济发展的原则。有了社会力量的配合可大大降低普及循环经济法律和发展循环经济观念的成本,并且能扩大这种观念的影响范围,达到一传十、十传百的良好效果。

六、总结

因此,我们要在"五大发展理念"的指引下,探寻中国经济发展新出路,发展循环经济。本文从经济层面分析了循环经济发展的定义和必要性,并从法律的角度入手分析了发展循环经济所面临的法律主体、客体及存在的法律关系,论述了通过立法、行政命令及观念普及等方法对循环经济的发展所起到的作用。

---

① 赵鹏. 发展循环经济的手段研究[D]. 天津:天津大学,2003.

出版后记

　　天津商业大学法学院研究生教育开始于 2004 年,最初设立了民商法学、法学理论两个法学硕士学位点。2011 年,法学院正式获得法学一级学科硕士学位授权点,标志着法学院硕士学位点建设取得重大突破。2014年,依托法学一级学科硕士学位授权点,法学院获得了法律硕士授权点,拓宽了法学院高层次法律人才培养的平台。目前,法学院在法学理论、法律史、民商法学、经济法学、刑法学、宪法与行政法学六个学位点招收培养研究生,有在校研究生百余名,并培养了一大批优秀毕业生。

　　科研能力是研究生在法学领域进行理性创造活动所必需的能力。培养研究生的科研能力,是研究生教育本质的体现,也是国内外研究生教育的共同做法。天津商业大学法学研究生教育始终高度重视研究生科研能力的训练和养成,以此作为提高研究生培养质量的重要着力点。此次《天商法律评论》文集,首次面向法学院在校研究生征集论文,经过严格筛选和反复修改,最终从 70 余篇论文中选取了 38 篇较为出色的作品,并同时收录了参加"财经类高校法学专业法律职业技能大赛(研究生组)"征文并获奖的 5 篇论文。

　　所有收录论文均为研究生独立撰写,经过了各位研究生导师的悉心指导。虽然在专家眼中,这些作品难免稚嫩,但在论文撰写、修改和选拔的过程中,确实全面训练了研究生们发现问题和解决问题、资料搜集和处理信息、逻辑思维和学术表达等重要的科学研究能力。此次论文集由法学院获得的天津市"十三五"综合投资重点建设学科资金资助出版,体现了法学院对研究生自主学术探索的支持和鼓励。